환경직 공무원　농업기반공사

환경위생학

환경공학박사
장부규 / 문효정 / 김동우

머리말 PREFACE

산업이 발달하면서 각종 유해물질이 배출되어 대기환경은 물론, 수질, 토양의 오염으로 생태계가 파괴되고, 이로 인하여 인류의 건강은 과거에 경험해 보지 못한 새로운 위협들에 직면하고 있습니다.

환경위생학은 인간에 의해 저질러진 환경파괴와 오염문제가 인간의 건강을 위협하는 상황을 타개하기 위해 발전되어 온 학문입니다.

세계보건기구(WHO)는 '환경위생'을 인간의 발육, 건강 및 생존에 나쁜 영향을 줄 수 있는 모든 환경요인을 관리하는 것이라고 정의하고 있습니다. 즉, 환경위생학은 자연적이든 인위적이든 물리적, 화학적 환경에 기인한 건강의 장애문제를 다루는 분야입니다.

화려하게 발전하는 인류의 문명 뒤편에 드리워진 환경오염과 파괴라는 그늘은 인간의 의식적 노력이 없는 한 해결을 기대하기가 어렵습니다. 이런 점에서 환경위생학은 인류의 생존과 직결된 분야라고 할 수 있으며, 그 중요성은 아무리 강조해도 지나치지 않습니다.

이 책은 환경위생과 관련된 각종 고시나 공무원시험에 응시하고자 하는 분을 위해 좋은 길잡이가 될 수 있도록 저술되었습니다.

체계적으로 시험을 준비할 수 있도록 중요한 이론을 요약하였고, 문제풀이 형식으로 수험생 스스로 환경위생의 체계를 엮어나갈 수 있도록 하였습니다. 난해한 문제에는 해설을 붙여서 초보자라도 환경위생학을 공부하는 데 어려움을 느끼지 않을 것입니다.

책의 중반부에는 공무원시험 등 각종 시험을 대비한 FINAL TEST를 두어 환경위생학에 대한 이해도를 점검하도록 하였으며, 후반부에는 최신 기출문제를 수록하여 출제경향을 파악할 수 있도록 하였습니다. 새로 신설된 기준이나 근거법령은 최신의 것을 수록하였으므로 새로운 출제경향에 대비하는 데 어려움을 느끼지 않을 것입니다.

아무쪼록 이 책을 통해 수험생 여러분의 꿈을 이룰 수 있기를 바랍니다.

끝으로 이 책을 출판하는 데 협조를 아끼지 않으신 지구문화사의 주병오 사장님과 편집부 여러분께 감사드립니다.

정해년 9월

저자 대표

수·험·가·이·드

환경직렬(일반환경직류, 수질직류, 대기직류, 폐기물직류)

1 시험의 종류

(1) 국가직(환경부) 공무원 시험

1 환경 직렬의 6급 이하 공개채용시험과 전 직급의 특별채용시험은 소속장관이 시행합니다.

2 환경직렬의 공무원은 환경부 등에서 근무하게 됩니다.(환경부, 중앙환경분쟁조정위원회, 국립환경과학원, 국립환경인력개발원, 국립생물자원관 및 7개 유역(지방)환경청, 수도권대기환경청 등

3 시험과목

계급	시험과목		직렬분류	환경			
				일반환경	수질	대기	폐기물
6급 및 7급	공채	제1차	필수	국어(한문 포함), 영어, 한국사	국어(한문 포함), 영어, 한국사	국어(한문 포함), 영어, 한국사	국어(한문 포함), 영어, 한국사
		제2차	필수	화학개론, 환경공학, 환경계획, 환경생태학	화학개론, 수질오염관리, 상하수도공학, 수리수문학	화학개론, 대기오염관리, 미기상학, 연소공학	화학개론, 폐기물처리, 토양오염론, 환경미생물학
	특채 전직 승진	제1차	필수	환경공학	환경공학	환경공학	환경공학
		제2차	필수	환경화학	수질오염관리	대기오염관리	폐기물처리
			선택	상하수도공학, 환경보건(위생)학, 소음진동학, 폐기물처리, 환경미생물학, 대기오염관리, 수질오염관리 중 1과목	상하수도공학, 수질관리, 수리수문학, 수질오염분석, 미생물학 중 1과목	미기상학, 소음진동학, 연소공학, 대기환경화학, 대기오염분석, 유체역학 중 1과목	환경화학, 상하수도공학, 수질오염관리, 대기오염관리, 소음진동학, 환경미생물학 중 1과목
8급 및 9급	공채	제1차	필수	국어, 영어, 한국사	국어, 영어, 한국사	국어, 영어, 한국사	국어, 영어, 한국사
		제2차	필수	화학, 환경공학개론	화학, 수질오염개론	화학, 대기오염개론	화학, 폐기물처리개론
	특채 전직 승진	제1차	필수	환경공학개론	환경공학개론	환경공학개론	환경공학개론
		제2차	필수	화학, 환경보건(위생)학	화학, 환경보건(위생)학	화학, 지구과학	화학, 환경보건(위생)학

ENVIRONMENTAL HYGIENE

4 업무 개요

① 환경보전에 관한 종합계획 수립

② 대기오염, 토양오염, 소음, 진동, 악취 등으로 인한 보건 위생상의 위해방지 및 기타 환경보전에 관한 전문적이고 기술적인 업무

5 자격요건

① 국가공무원법 제33조의 결격사유가 없어야 하며, 공무원임용시험령 등 관계법령에 의하여 응시자격을 정지당한 자는 응시할 수 없음

② 자격제한(2007년)
- 7급
  - 환경관련 기사 자격 이상 소지자(경력제한 없음)
  - 환경관련 산업기사(3년) 자격 이상 소지자(해당자격증 소지 후 3년 이상 관련분야에서 연구 또는 근무한 경력이 있어야 함)
- 9급 : 환경관련 산업기사 자격이상 소지자(경력제한 없음)

③ 학력 · 거주지제한 없음

④ 나이제한
- 7급 : 20~35세
- 9급 : 18~35세

> **※ 국가직 · 지방직 공통사항**
> - 제대군인지원에관한법률 제2조에 의한 제대군인, 병역법 제26조 제1항 제1호 및 제3호와 제4호에 의한 공익근무요원, 제34조에 의한 공중보건의사 · 징병전담의사 · 국제협력의사, 제34조의2에 의한 공익법무관, 제34조의7에 의한 공익수의사, 제37조에 의한 전문연구요원, 제38조에 의한 산업기능요원이 복무기간이 만료되어 시험에 응시할 경우(면접시험 최종일 기준으로 전역예정일 또는 복무만료 예정일 전 6월 이내에 있는 자 포함) 군복무기간이 1년 미만은 1세, 1년 이상 2년 미만은 2세, 2년 이상은 3세로 응시상한연령을 각각 연장
> - 장애인고용촉진및직업재활법시행령 제4조에 의한 중증장애인은 3세, 그 밖의 장애인은 2세로 응시상한연령을 각각 연장(시험에 응시하고자 하는 자는 응시원서 접수마감일까지 장애인으로 유효하게 등록되어 있어야 함)

6 시험문항 : 5지선다 객관식 필기시험 각 과목별 50문항

① 필기시험에서 최종합격인원의 150%를 선발하여 면접시험을 실시하고, 최종합격자는 필기시험성적의 70%와 제3차 면접시험의 30%를 반영하여 결정함

수·험·가·이·드

② 제3차 면접시험은 면접·논술 및 영어능력시험으로 구분하여 시행하고, 각 항목별 반영비율은 각 10점씩 합계 30점으로 전체 반영비율의 30%임

③ 영어능력시험은 영어능력검정시험성적서[TEPS, TOEIC, TOEFL(PBT, CBT, IBT), G-TELP, FLEX에 한함]로 대체하고, 시험성적서의 성적에 따라 6~10점까지 반영하며, 시험성적서를 제출하지 아니하는 경우에는 5점으로 하거나 본인의 요청이 있는 경우 환경부장관이 정한 방법에 따라 평가한 후 성적을 반영함(영어능력검정시험성적서는 필기시험 합격자 발표 후 합격자에 한하여 제출)

(2) 지방직(지자체) 공무원 시험

1 매년 상반기에 공고가 나며 시험은 3~8월 사이에 실시됩니다. 각 지자체별로 꾸준히 채용수를 늘리고 있어서 전망이 밝은 편입니다.

2 자격요건

① 지방공무원법 제31조의 결격사유가 없고 지방공무원 임용령 제 65조의 규정에 의하여 응시자격을 정지당하지 않은 자

② 지역제한

서울	거주지 제한 없음
부산광역시	당해 연도 1월 1일 이전부터 면접시험 최종일까지 계속하여 주민등록상 주소지 또는 본적이 부산광역시로 되어 있는 자로 동기간 중 주민등록 말소사실이 없어야 함
울산광역시	당해 연도 1월 1일 이전부터 면접시험 최종일까지 계속하여 본인의 주민등록상 주소 또는 본적이 울산광역시로 되어 있어야 함
대구광역시	시험 공고일 전일부터 당해 시험의 면접시험 최종일까지 계속하여 본인의 주민등록상 주소 또는 본적이 대구광역시로 되어 있어야 함
대전광역시	공고일 전일부터 최종시험(면접시험)일까지 계속하여 본인의 주민등록상 주소지 또는 본적지가 대전광역시로 되어 있는 자
광주광역시	공고일 전일부터 최종시험일(면접시험일)까지 계속하여 본인의 주민등록상 주소 또는 본적이 광주광역시로 되어 있어야 함(동 기간 중 말소사실이 없어야 함)
인천광역시	당해 연도 1월 1일 전일부터 면접시험 최종일까지 계속하여 주민등록상 주소지 또는 본적이 인천광역시로 되어 있는 자로 동 기간 중 주민등록 말소 사실이 없어야 함
경기도	당해 연도 1월 1일 이전부터 최종시험(당해 면접시험 최종일)일까지 계속하여 주민등록상 주소지(동 기간 중 주민등록 말소 사실이 없어야 함) 또는 본적지가 경기도 내로 되어 있어야 함
강원도	• 도일괄 : 당해 연도 1월 1일 이전부터 최종시험(면접시험)일까지 계속하여 본인의 주민등록 또는 본적이 강원도 내로 되어 있는 자 • 시·군 지역제한 : 도일괄 조건을 충족한 자로서, 공고일 현재 본인의 주민등록 또는 본적이 해당 시·군에 되어 있는 자

경상남도	당해 연도 1월 1일 이전부터 당해 시험의 면접시험 최종일까지 계속하여 본인의 주민등록상 주소지 또는 본적지가 경상남도 내로 되어 있어야 하며, 동 기간 중 주민등록 말소 사실이 없어야 함
경상북도	당해 연도 1월 1일 현재 본인의 주민등록상 주소지 또는 본적지가 경상북도 내(울릉군 행정직 모집인원은 울릉군 내)로 되어 있어야 함
전라남도	당해 연도 1월 1일부터 당해 면접시험 최종일까지 계속하여 본적지 또는 주민등록상 주소지가 전라남도 내로 되어 있는 자로서 동 기간 중 주민등록 말소사실이 없어야 함
전라북도	2008년도부터 주소지 본적지 기준일은 당해 연도 1월 1일을 포함하여 전후로 연속하여 3개월간 시험에서 정한 당해 지역에 주민등록이 되어 있어야 응시할 수 있으며, 거주지 제한은 상·하반기 구분 없이 전라북도 내에 주소 또는 본적지가 있는 자, 해당 시·군에 주소지가 있는 자, 해당 시·군에 본적 또는 주소지가 있는 자 중에서 시군의 요구 유형별로 제한 시행
충청남도	당해 연도 1월 1일 이전부터 필기시험일까지 계속하여 본인의 주민등록상 주소지(동 기간 중 주민등록말소 사실이 없어야 함) 또는 본적지가 해당 지역에 되어 있는 자
충청북도	당해 연도 1월 1일부터 최종시험일까지 계속하여 본인의 주민등록상 주소지 또는 본적이 도내인 자
제주도	• 당해 연도 1월 1일 전일부터 본인 또는 부·모의 본적지가 제주특별자치도인 자 • 당해 연도 1월 1일 전일부터 본인 또는 부·모의 주민등록이 제주특별자치도에 등재되어 있으면서 최종시험(면접시험)일까지 제주도에 계속 거주하는 자. 단, 동 기간 중 주민등록 말소사실이 없는 자

③ **나이제한**
- 7급 : 20~37세(지자체별로 다소 차이가 있음)
- 9급 : 18~32세(〃   )

④ **자격제한** : 학력·경력 제한 없음(단, 제한경쟁시험일 경우 자격제한이 있을 수 있음)

3 시험과목
① **공개시험** : 국어, 영어, 한국사, 화학, 환경공학개론
② **제한경쟁시험** : 화학, 환경공학개론

4 시험문항 : 과목당 20문항(지방에 따라 4~5지선다형)

수·험·가·이·드

2 공통사항

1 가산 대상 자격증 : 직렬별 가산점(필기시험에서 4할 이상 득점한 경우에만 가산됨)

반영 대상 자격증

직렬	직류	국가기술자격법에 의한 자격증	국가기술자격법에 의한 자격증
환경	일반환경	**기술사** : 화공, 수자원개발, 상하수도, 조경, 산림, 농화학, 해양, 화공안전, 산업위생관리, 대기관리, 수질관리, 소음진동, 지질및지반, 폐기물처리, 자연환경관리, 토양환경, 방사선관리, 기상예보, 광해방지 **기능장** : 산림 **기사** : 화공, 조경, 산림, 식물보호, 농화학, 농림토양평가관리, 해양환경, 산업위생관리, 대기환경, 수질환경, 소음진동, 응용지질, 폐기물처리, 자연생태복원, 생물분류, 토양환경, 기상, 광해방지 **산업기사** : 공업화학, 조경, 산림, 식물보호, 농림토양평가관리, 해양조사, 산업위생관리, 대기환경, 수질환경, 소음진동, 폐기물처리, 자연생태복원 **기능사** : 조경, 산림, 환경 / 유독물취급기능사(1999. 3. 27. 이전 취득)	기사 자격증 가산비율 적용 : 의사, 약사, 수의사 산업기사 자격증 가산비율적용 : 위생사
	수질	**기술사** : 수자원개발, 상하수도, 산림, 농화학, 해양, 수산양식, 수질관리, 광해방지 **기능장** : 산림 **기사** : 농화학, 해양환경, 해양자원개발, 수산양식, 수질환경, 광해방지 **산업기사** : 산림, 해양조사, 수산양식, 수질환경 **기능사** : 조경, 산림, 환경 / 유독물취급기능사(1999. 3. 27. 이전 취득)	산업기사 자격증 가산비율적용 : 위생사
	대기	**기술사** : 산림, 대기관리, 소음진동, 지질 및 지반, 기상예보 **기능장** : 산림 **기사** : 대기환경, 소음진동, 응용지질, 기상 **산업기사** : 산림, 대기환경, 소음진동 **기능사** : 조경, 산림, 환경 / 유독물취급기능사(1999. 3. 27. 이전 취득)	산업기사 자격증 가산비율적용 : 위생사
	폐기물	**기술사** : 화공, 상하수도, 산림, 농화학, 원자력발전, 방사선관리, 산업위생관리, 폐기물처리, 토양환경, 광해방지 **기능장** : 산림 **기사** : 화공, 농화학, 원자력, 열관리, 산업위생관리, 폐기물처리, 토양환경, 광해방지 **산업기사** : 화공, 산림, 열관리, 산업위생관리, 폐기물처리 **기능사** : 조경, 산림, 환경 / 유독물취급기능사(1999. 3. 27. 이전 취득)	산업기사 자격증 가산비율적용 : 위생사

비 고 : 폐지된 자격증으로서 국가기술자격법령 등에 의하여 그 자격이 계속 인정되는 자격증은 가산대상 자격증으로 인정합니다.

반영 비율

구 분	6·7급/기능직 기능 7급 이상		8·9급/기능직 기능 8급 이하	
가산대상 자격증	기술사, 기능장, 기사	산업기사	기술사, 기능장, 기사, 산업기사	기능사
가산비율	5%	3%	5%	3%

비 고 : 국가기술자격법이 아닌 그 밖의 법령에서 정한 자격증에 대한 가산비율은 '그 밖의 법령에 의한 자격증' 란에서 정한 가산비율을 적용합니다.

3 시험에서 가산특전

① 가산특전대상자 및 가산점 비율표

구 분	가산비율	비 고
취업보호대상자 및 취업지원대상	자과목별 만점의 10% 또는 5%	취업보호(지원) 대상자 가점과 자격증가점은 각각 적용
전산관련 자격증소지자	과목별 만점의 0.5~3% (1개의 자격증만 인정)	

- 취업보호대상자 및 취업지원대상자
  - 독립유공자예우에관한법률 제16조 및 국가유공자등예우및지원에관한법률 제29조에 의한취업보호대상자와 5.18민주유공자예우에관한법률 제20조 및 특수임무수행자지원에관한법률제19조에 의한 취업지원대상자는 관련법률이 개정(2007. 3. 29 공포)되어 2007년 7월 1일부터 시행됨에 따라 매 과목 4할 이상 득점한 자에 한하여 과목별 만점의 일정비율(아래 표 참조)을 가산
  - 취업보호대상자 및 취업지원대상자 가점을 받아 합격하는 사람은 선발예정인원의 30%를 초과할 수 없음
- 본인이 취업보호대상자 및 취업지원대상자인지 여부는 사전에 국가보훈처에 확인하여야 함

보훈대상별 가점 적용비율

대 상 별	10% 가산대상	5% 가산대상
독립유공자	• 애국지사 본인 • 순국선열 유족 • 등록일 전 사망한 애국지사 유족·애국지사 가족	• 등록일 이후 사망한 애국지사 유족 • 장손인 손자녀의 자녀 중 1인국가유공자
국가유공자	• 국가유공자 본인 • 전몰군경, 순직군경, 4.19혁명사망자, 순직공무원, 특별공로순직자의 유족	• 국가유공자의 가족 • 국가유공자가 사망한 경우의 그 유족 • 사망한 국가유공자의 제매 중 1인 • 전몰·순직 유자녀의 자녀 중 1인

5·18민주 유공자	• 5.18민주화운동부상자 본인 • 기타 5.18민주화운동희생자 본인 • 5.18민주화운동사망자의 유족 또는 행방불명자의 가족	• 5·18민주화운동부상자 및 기타 5·18 민주화 운동희생자의 가족 • 5·18민주화운동부상자 및 기타 5·18민주화운동희생자가 사망한 경우의 그 유족 • 사망한 5·18민주유공자의 제매 중 1인
특수임무 수행자	• 특수임무부상자·특수임무공로자 본인 • 특수임무사망자의 유족 또는 행방불명자의 가족	• 특수임무부상자·특수임무공로자의 가족 • 특수임무부상자·특수임무공로자가 사망한 경우의 그 유족 • 특수임무사망자 또는 행방불명자의 제매중 1인
고엽제 후유의증	• 고엽제후유의증환자 본인	• 고엽제후유의증환자의 가족

② 전산관련 자격증 소지자

아래 표에 제시된 자격증(통신·정보처리 및 사무관리분야)을 소지한 응시자에게는 매과목 4할 이상 득점자에 한하여 각 과목별 득점에 각 과목별 만점의 일정비율(아래 표에서 정한 가산비율)에 해당하는 점수를 가산

구 분	자격증 등급별 가산비율					
7급	정보관리기술사, 전자계산기조직응용기술사, 정보처리기사, 전자계산기조직응용기사	3%	사무자동화산업기사, 정보처리산업기사, 전자계산기산업기사		2%	
9급	정보관리기술사, 전자계산기조직응용기술사, 정보처리기사, 전자계산기조직응용기사, 사무자동화산업기사, 정보처리산업기사, 전자계산기산업기사	3%	정보기기운용기능사, 정보처리기능사		2%	
7·9급	컴퓨터활용능력 1급	2%	워드프로세서1급, 컴퓨터활용능력2급	1.5%	워드프로세서2급, 컴퓨터활용능력3급	1%	워드프로세서1급, 컴퓨터활용능력2급	0.5%

• 폐지된 자격증으로서 국가기술자격법령 등에 의하여 그 자격이 계속 인정되는 자격증은 가산대상 자격으로 인정

③ 가산특전과 관련한 유의사항
• 가산특전을 받고자 하는 자는 필기시험 시행 전일까지 해당 요건을 갖추어야 하며, 반드시 필기시험 답안지의 가산표기란에 표기하여야 함
• 가산특전대상자의 증빙서류〔취업보호(취업지원)대상자증명서, 자격증사본〕를 응시원서 접수시 제출하여야 함(응시원서 접수일~필기시험 시행전일까지 기간 중에 가산자격이 발생한 자는 필기시험 합격자 발표일 당일 제출 가능)
• 2 이상의 자격증 중복 시 본인에게 유리한 것 하나만 가산함

3 양성평등임용목표제

① **적용대상** : 임용기관별로 선발예정인원이 5명 이상인 모든 직렬
② **임용목표** : 시험실시 단계별로 합격예정인원의 30%(인원수 계산 시 선발예정인원이 5명 이상 10명 미만일 경우 소수점 이하는 적용하지 않으며, 10명 이상인 경우에는 소수점 이하를 반올림함)
③ **실시방법** : 어느 한 성(性)의 합격자가 임용 목표비율에 미달할 경우에는 매 과목 4할이상 득점하고 전 과목 평균득점이 합격선 −3점 이상인 성(性)의 응시자 중 고득점자 순으로 목표미달인원 만큼 당초의 합격예정인원을 초과하여 추가 합격처리함

※ 임용목표인원에 미달하는 인원만큼 해당 성(性)의 응시자를 추가 합격시키는 것이므로 합격선에 든 다른 성의 합격자가 탈락되는 것은 아님

차례 CONTENTS

- 머리말/3
- 수험가이드/4

제1부　출제영역 요점정리

제1장　환경위생의 개요

제1절　환경과 환경위생학 / 19　　　제2절　환경위생의 성립과 역사 / 20

제2장　공기와 위생

제1절　공기 / 22　　　　　　　　　제2절　정상공기의 조성과 성상 / 22
제3절　실내공기의 변화 / 24　　　　제4절　실내공기오염의 심각성과 대책 / 28
제5절　온열이 인체에 미치는 영향 / 30　제6절　고온과 한랭 / 35
제7절　기후와 보건 / 37　　　　　　제8절　우리나라의 기후 / 39
　　　핵심문제 해설 / 41

제3장　주택 위생

제1절　주택위생의 개념 / 51　　　　제2절　환기 / 52
제3절　채광 및 조명 / 58
　　　핵심문제 해설 / 62

제4장　의복 위생

제1절　의복의 기능과 목적 / 67　　　제2절　의복과 기후 / 68
제3절　의복과 성상 / 70
　　　핵심문제 해설 / 73

제5장　상수 위생

제1절　물과 환경위생 / 76
제2절　물의 순환과 수원 / 78
제3절　음료수 / 79
제4절　상수도 / 84
제5절　물의 정수 / 85
제6절　우물물 / 89
핵심문제 해설 / 91

제6장　하수 위생

제1절　하수의 정의 / 104
제2절　하수와 위생 / 104
제3절　하수처리의 방식 / 105
제4절　하수의 오염도 측정 / 109
핵심문제 해설 / 111

제7장　식품 위생

제1절　식품위생의 정의 / 121
제2절　식중독 / 121
제3절　식품과 전염병 / 128
제4절　식품과 기생충 / 129
제5절　식품첨가물 / 131
제6절　식품의 보존 / 132
핵심문제 해설 / 134

제8장　소독 위생

제1절　소독의 정의 / 147
제2절　소독의 방법 / 147
제3절　법정전염병 / 151
핵심문제 해설 / 155

제9장　위생곤충과 쥐

제1절　위생곤충학의 정의와 목적 / 160
제2절　위생곤충의 병인작용 / 160
제3절　위생곤충의 종류 / 162
제4절　쥐 / 167
핵심문제 해설 / 169

CONTENTS

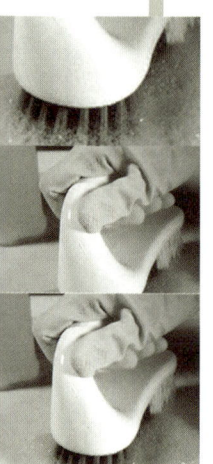

제10장 집합소 위생

제1절 개요 / 175
제2절 수영장 위생 / 175
제3절 공동욕 용수 위생 / 178
제4절 체육시설의 안전 및 위생기준 / 180
    핵심문제 해설 / 184

제11장 수질오염

제1절 수질오염의 특징과 원인 / 186
제2절 수질오염의 지표 / 188
제3절 수질오염물질 / 192
제4절 수질오염의 피해 / 194
제5절 부영양화와 적조 / 196
제6절 수질오염 방지와 수질기준 / 198
    핵심문제 해설 / 201

제12장 대기오염

제1절 대기오염 / 205
제2절 대기오염의 정의 / 207
제3절 대기오염도의 지배요인 / 214
제4절 대기오염물질의 피해 / 215
제5절 대기환경기준 / 219
제6절 대기오염 대책 / 220
    핵심문제 해설 / 222

제13장 폐기물처리 위생

제1절 폐기물의 정의 / 228
제2절 폐기물처리 / 229
제3절 분뇨처리 / 232
    핵심문제 해설 / 236

제14장 소음·진동 및 악취 위생

제1절 소음과 건강 / 240
제2절 소음의 허용기준 / 243
제3절 진동 / 247
제4절 악취 / 249
    핵심문제 해설 / 254

제15장 산업보건

제1절 산업보건의 개념 / 258
제2절 산업재해 / 259
제3절 산업피로 / 261
제4절 노동조건과 환경 / 264
제5절 여성·연소 근로자의 보호 / 266
제6절 직업병의 종류와 대책 / 269
핵심문제 해설 / 281

제 2 부 FINAL TEST 및 기출문제

FINAL TEST / 297
환경위생학 기술고시 / 365
총무처 7급 환경직 / 369
경기도 기출모음 / 373
서울시 6급 연구직 / 377
서울시 9급 보건직 / 380
경기도 9급 보건직 / 384
서울시 9급 보건직 / 388
인천시 9급 보건직 / 392
서울시 9급 보건직 / 396
참고문헌 / 399

제1부 요점정리 및 핵심문제 해설

01 환경위생의 개요
　핵심문제 해설

02 공기와 위생
　핵심문제 해설

03 주택 위생
　핵심문제 해설

04 의복 위생
　핵심문제 해설

05 상수 위생
　핵심문제 해설

06 하수 위생
　핵심문제 해설

07 식품 위생
　핵심문제 해설

08 소독 위생
　핵심문제 해설

09 위생곤충과 쥐
　핵심문제 해설

10 집합소 위생
　핵심문제 해설

11 수질오염
　핵심문제 해설

12 대기오염
　핵심문제 해설

13 폐기물처리 위생
　핵심문제 해설

14 소음·진동 및 악취 위생
　핵심문제 해설

15 산업보건
　핵심문제 해설

제1장 환경위생의 개요

제1절 환경과 환경위생학

1. 환경의 정의

자연의 상태인 자연환경, 사람의 일상생활과 밀접한 관계가 있는 생활환경으로 구성된다.

(1) **자연환경** : 지하와 지표(해양 포함) 및 지상의 모든 생물과 이를 둘러싸고 있는 비생물적인 것을 포함한 자연의 상태

(2) **생활환경** : 대기, 물, 폐기물, 소음·진동·악취 등 사람의 일상생활과 관계있는 환경

2. 환경위생학

(1) **정의** : 우리 주변을 둘러싸고 있는 모든 환경조건을 과학적으로 측정하고 연구하여 합리적이고 쾌적한 생활을 영위할 수 있도록 부적합한 환경을 개선하는 방법을 연구하는 학문

(2) **세계보건기구(WHO) 환경위생전문위원회** : "환경위생이란 인간의 신체 발육과 건강 및 생존에 유해한 영향을 미치거나 미칠 가능성이 있는 인간의 물리적 생활환경의 모든 요소를 통제하는 것이다."

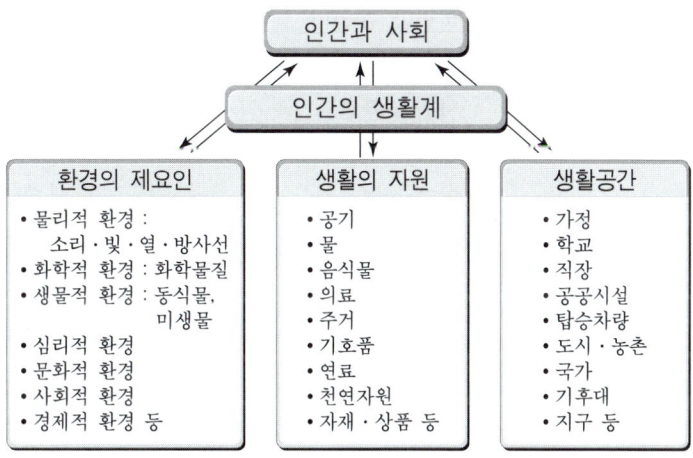

그림 1.1 ■■ 환경보건의 입장에서 본 생활환경

3. 환경위생의 영역

인간 주위의 환경을 그 요인에 따라 다시 자연적 환경과 사회적 환경으로 나눌 수 있다.

(1) 자연적 환경

① 이화학적 환경
- 공기 : 기온, 기습, 기류, 기압, 매연, 가스, 공기조성, 공기이온
- 물 : 강수, 수량, 수질, 지표수, 지하수
- 토지 : 지온, 지균, 토지조성
- 빛 : 광선, 자외선, 적외선, 방사선
- 소리 : 음향, 소음, 잡음

② 생물학적 환경
- 설치류(rodents), 모기·파리 등 유해곤충과 절지동물
- 병원미생물

(2) 사회적 환경

① 인위적 환경 : 의복, 식생활, 주택, 위생시설 등
② 사회적 환경 : 정치, 경제, 종교, 교육 등

제2절 환경위생의 성립과 역사

1. 성립

(1) 환경위생은 주로 이화학, 생물학, 의학, 공학의 기초적 원리나 토대 위에서 성립할 수 있다.

(2) 이화학적·생물학적·의학적 측면에서 연구해야만 인간 주위의 자연적·사회적 환경조건과 인체의 건강 및 질병의 관계를 규명할 수 있다.

(3) 위생공학적 원리 또는 기술의 연구를 통해 환경개선이나 보완을 실현할 수 있다

> **참고**
>
> Max von Pettenkofer(1818~1901)
> ① 환경위생을 근대과학으로 발전시키는 데 기여
> ② 독일 뮌헨대학에 위생학 강좌 개설(1886)
> ③ 의식주에 관계되는 분야에 관한 예방의학적 연구에 이화학적 기술을 도입해 실험위생학(experimental hygiene)을 발전시킴

2. 역사

표 1.1 환경위생의 역사

시대	국가	주 요 내 용
고대	그리이스	• Hippocrates(BC 460~357) : "의학은 인간과학"
	로마	• J. Caesar(BC 102~44) : 급·배수시설 보급 • M. T. Valo(BC 117~26) : 환기시설, 주택 개선 • P. Vitolvius(BC 106~43) : 건축위생 개선 • Galene(AD 130~200) : 인간의 건강유지와 증진에 관한 학문을 Hygiene이라고 칭함
중세	아라비아	• Abikenna(980~1036) : 질병예방법과 위생사상 보급
	유럽	• Friedrich 2세 : 불결물제거법, 급수시설 개선, 식품경찰, 시가청소법·건축위생법 제정 • 방역의사 활동 : 페스트 유행시대(1347년경) • 검역소 출현 : 콜레라 유행시대(1803년경)
근세	스위스	• Paracelsus(1493~1541) : 광산병 연구(산업의학의 출발점 제시)
	이탈리아	• Ramazzini(1633~1714) : 직업병 연구("직업인의 병" 저술)
	독일	• J. P. Frank(1745~1821) : 위생경찰 기능 확립
	영국	• E. Jenner(1749~1823) : 1796년에 우두종두법 발명(근대의학 확립)
근대	프랑스	• Claud Bernard : 근대 실험의학 창시, 항상성(homeostasis) 개념을 제창하여 순화(acclimatization) 현상 설명 • L. Pasteur(1822~1895) : 세균학 창시
	독일	• R. Koch(1843~1910) : 건열멸균법, 고압증기멸균법, 저온소독법, 승홍수소독법, 고열증기에 의한 소독법 발표
	영국	• S. Smith(1788~1861) : 1812년에 '건강철학' 발표(개인위생 지표) • J. Lister(1827~1912) : 석탄산살균법, 고온멸균법 발표 • E. Chadwick(1800~1875) : 구민법 개혁, '노동인구의 위생상태에 관한 보고서' 발표, 묘지위생에 관심
	미국	• Harvard와 Massachusetts대학에 세계 최초의 공중위생대학원 창립
현대	독일	• A. Grotjahn : 사회위생학 창립, "사회위생학사전" 출간(1912)
	미국	• E. Sydensticker : 사회의학의 필요성 강조 • H. E. Siegerist : 사회의학 체계화 • J. E. Gordon : '다병인복합설' 제창
	한국	• 일제시대 : 조선총독부에 위생과 설치 　(경찰권에 의한 청소·소독·예방접종·접객업소 식품위생 감시) • 미군정시대 : 군정청에 위생국 설치 　(보건후생국 → 보건후생부로 변경) • 1948. 7 : 보건후생부를 사회부로 축소 • 1949. 3 : 보건부 독립 • 1955 : 보건부와 사회부 통합 • 1994 : 보건복지부로 변경

제2장 공기와 위생

제1절 공기

(1) **공기의 의의** : 인간의 생명현상을 유지하게 하는 산소(O_2)를 포함하고 있는 기본적 환경요소(성인의 경우 하루에 13kl의 공기 소비)로서, 특히 산업의 발달로 인한 공기의 오염은 현재 심각한 피해를 주고 있다.

(2) **오염물질과 산업화로 인한 피해**
 ① 각종 공장 등에서 배출되는 CO_2 : 온실효과 → 기온 상승
 ② 공장이나 자동차에서 배출되는 배기가스 : 스모그현상 발생
 ③ 산림의 남벌 : O_2 농도의 감소

제2절 정상공기의 조성과 성상

1. 화학적 조성

지구를 둘러싸고 있는 대기의 하부층(해발 10km 이내)을 구성하고 있는 공기는 99% 정도가 질소와 산소로 구성돼 있으며 나머지 화학성분이 1% 정도를 점하고 있다. 건조상태에서 대기권 내의 정상공기의 화학적 조성은 아래 표와 같다.

표 2.1 정상공기의 화학적 성분

성 분	화학기호	체적백분율(%)	중량백분율(%)
산 소	O_2	20.93	23.01
질 소	N_2	78.10	75.51
이산화탄소	CO_2	0.03	0.04
아 르 곤	Ar	0.93	1.29
	H_2	0.01	0.001
오존 외 기타	O_3 등	미량	미량

2. 성상

(1) 산소(O_2)

① 공기 중의 비중은 1.105, 원자량은 16.00
② 공기 전체 부피의 20.93% 차지
③ 1일 산소소비량 (성인)

$$13kl \times \frac{4}{100} \left(\text{또는 } \frac{5}{100}\right) = 0.53(0.65)kl$$

④ 인체에 미치는 영향
   - 결핍 : 저산소증(Hypoxia)
   - 과다 : 산소중독증(Oxygen poison)

표 2.2 O_2에 의한 생체반응

농 도(%)	증 상
19~21	정상적으로 활동
16~17	두통, 구토감
14~15	호흡곤란, 맥박증가, 노동곤란
10~11	호흡곤란, 최면, 동작완만
7	질식사

(2) 이산화탄소(CO_2)

① 공기 중의 비중은 1.529, 원자량은 44.01
② 공기 전체 부피의 0.03% 차지
③ 성인의 CO_2 배출량
   - 약 4%의 CO_2 함유한 공기를 시간당 약 20l 배출
   - 식물의 탄소동화작용으로 공기 중의 함유량은 동일한 농도 유지
④ 실내공기의 오염척도 : CO_2 허용기준은 0.1%(1000ppm)

(3) 질소(N_2)

① 공기 중의 비중은 0.967, 원자량은 14.008
② 공기 전체 부피의 78.10%
③ 생리적 불활성가스이나, 고기압상태에서 인체에 영향
   - 3기압 : 자극작용
   - 4기압 : 마취작용
   - 10기압 이상 : 정신기능장애 유발 → 의식상실
④ 잠함병(caisson)의 원인 : 잠수 중에 지방조직이나 혈액 중에 용해되어 있다가 급격히 감압되면 기포를 형성하여 모세혈관 차단

표 2.3 흡기와 호기의 조성성분

(단위 : %)

구 분	산소(O_2)	이산화탄소(CO_2)	질소(N_2)
흡 기	20.93	0.03	78.10
호 기	17.00	4.00	79.00

3. 공기의 자정작용

대기는 자정작용(自淨作用, autopurification)을 하므로 정상공기의 조성에 큰 차이가 생기지 않는다.

(1) 공기 자체의 **희석작용**
(2) 강우나 강설에 의한 대기 중의 용해성 가스 및 부유분진의 **세정작용**
(3) 산소, 오존 및 과산화수소(H_2O_2) 등에 의한 **산화작용**
(4) 태양광선 중 자외선에 의한 **살균작용**
(5) CO_2와 O_2의 교환(식물의 탄소동화작용)

> **참고**
>
> **물의 자정작용**
> ① 물리적 작용 : 희석작용, 분쇄작용, 침전작용 등
> ② 화학적 작용 : 산화작용(폭기), 살균작용(자외선) 등
> ③ 생물학적 작용 : 유기물질 분해작용(수중생물), 식균작용(생물)

제3절 실내공기의 변화

1. 군집독

다수인이 밀집해 있는 실내의 공기가 화학적·물리적 변화를 일으켜서 불쾌감·두통·권태·현기증·구기·구토 및 식욕부진 등이 일어나는 현상

> 예 여름철에 환기가 불충분한 극장, 만원 버스, 겨울철에 난방이 잘된 밀폐된 실내에 다수인이 밀집해 있을 때 자주 발생

2. 군집독의 작용인자

(1) **취기**(odor) : '악취'를 뜻하며, 공기의 물리적·화학적 조성의 변화와 구기·체취 등이 취기와 혼동되어서 나타나는 것으로 해석하고 있다.

(2) **실온**(room temperature)
① 다수인이 밀집해 있는 실내의 온도는 난방 이외에도 체열방산과 끽연 등에 의해 상승한다.

② 보건적 실내온도
- 거실 : 18±2°C
- 침실 : 15±1°C
- 병실 : 21±2°C

(3) 실내습도(room humidity)
① 너무 건조하면 호흡기계 질환이 생길 수 있고, 너무 습하면 피부질환 발생
② 쾌적습도 : 40~70%
③ 평균 65%가 적당하며, 40% 이하는 건조하여 건강에 해롭다.

(4) 실내기류(air movement in room)
① 무풍인 상태에서 고온·고습하면 체열방산이 거의 이뤄지지 않으므로 이로 인해서 울열과 견디기 힘든 불쾌감이 생긴다.
② 일반적으로 실내에서는 1m/sec 전후의 기류가 있는 것이 좋다.
- 불감기류 : 0.2~0.5m/sec
- 무풍 : 0.1m/sec
- 쾌적기류 : 0.2~0.3m/sec(실외 1.0m/sec)

(5) 각종 가스
① 일산화탄소(CO)
- 무색·무미·무취·무자극성
- 발생원인 : 산소의 공급이 불충분하여 불완전 연소하거나 CO_2가 탄소(C)와 접촉하여 발생
- 호흡을 통해 흡입돼 HbO_2의 형성을 방해 → O_2 농도를 저하시켜 조직세포에 공급할 O_2의 부족현상 초래(CO의 이중작용)
- CO와 Hb(헤모글로빈)의 친화력은 산소보다 250~300배 강하다.
- 1000ppm 이상에서는 생명이 위험하므로 CO 가스의 발생이 많은 실내에서는 환기시설 필요
- 허용기준 : 표 2-7 참조
- 서한도 : 어떤 유해한 환경조건이 어느 한계를 넘어야만 안전할 때에 그 한계가 되는 값 → CO의 서한도는 0.01%(100ppm)

② 아황산가스(SO_2)
- 무색의 자극성 있는 기체
- 발생원 : 황(S)의 연소 (공업지대의 대기, 황산제조공장의 실내외, 기차가 다니는 터널, 중유를 쓰는 교통기관 등에서 다량 발생)
- 허용기준 : 표 2-7 참조
- 런던스모그사건(1952)의 발생 당시 대기중에 존재한 SO_2 최고농도는 약 1.4ppm(평균 0.7ppm)

(6) 먼지(Dust)
① 크기 : 0.005~500μm(증기 0.1~10μm, 연기 0.001~0.1μm)

② 인체에 영향을 미치는 먼지
  • $0.25 \sim 5\mu m$: 폐포에 도달
    − 크기가 $1\mu m$ 전후인 먼지의 폐포침착률이 가장 높다.
    − 입자의 크기가 아주 작은 것들은 확산에 의해 제거효율이 증가하므로 인체에 미치는 영향은 미미
  • $15\mu m$ 이상 : 비강, 목, 후두에서 대부분 제거
  • $5 \sim 10\mu m$: 상기도에서 배출

③ 먼지에 의한 장애
  • Allergy성 반응 : 화분, 유기성 먼지
  • 점막성 질환 : 결막염, 기관지염, 궤양
  • 금속열 : 산화아연의 증가
  • 진폐증 : 규폐, 탄폐, 석면폐 등
  • 금속중독 : 납, 수은, 망간 등
  • 전염성 질환 : 결핵, 인플루엔자 등
  • 방사능 장해, 폐암 등

표 2.4 미세입자와 거대입자

구 분	미세입자(직경 $2.5\mu m$ 이하)	거대입자(직경 $2.5\mu m$ 이상)
형성원	• 가스상 물질	• 고체입자/물방울
형성기전	• 화학반응, 핵형성, 응축/응결/응집 • 안개/구름의 증발 • 기체가 용해되거나 반응한 물방울	• 기계적 과정 : 충돌, 마모, 분쇄 • spray의 증발 • 먼지의 비산
구성성분	• SO_4^{-2}, NO_3^-, NH_4^+, H^+ • 유기화합물 : PA, HS, PNAs • 중금속(Pb, Cd, V, Ni, Cu, Zn, Mn, Fe 등) 입자와 결합한 물분자 등	• 재비산먼지 : 토양입자 등 • 유류 연소 시 비산재 광물(Si, Al, Ti, Fe)의 산화물 • 꽃가루, 곰팡이, 포자, 식물이나 동물의 사체조각 등 • $CaCO_3$, Cl, 해수염 등
용해도	• 용해성이 큼 • 흡습성, 조해성이 있음	• 비용해성
발생원	• 석탄, 가솔린, 디젤, 나무 등의 연소 • 유기화합물, SO_2, NOx의 대기 중 생성물 • 제련/제철소의 고온처리과정	• 산업공정에서 발생하거나 지면의 토양과 결합된 입자의 비산 • 생화학적 과정의 형성이나 분해 • 석탄/석유의 연소 • 해양의 물보라
반감기	• 수 일 ~ 수 주	• 수 분 ~ 수 시간
이동거리	• $100 \sim 1,000km$	• $1 \sim 10km$

3. 황사

(1) 발원지에 따라 크기가 다르나, 20μm보다 큰 입자는 조금 상승하다가 부근에 떨어지고, 그 이하는 부유하여 상층까지 올라간다.

(2) 우리나라에서 관측되는 황사의 크기는 1~10μm 범위이며, 3μm 내외의 입자가 가장 많다.

(3) 황사가 발생하면 자연상태에서 많이 존재하는 철, 망간, 니켈 등이 평상시보다 높게 측정된다(황사의 주성분이 토양입자라는 증거).

(4) 인체 및 환경에 유해한 납, 카드뮴 등 중금속성분의 오염도 상승현상은 관찰되지 않는다.

(5) 일반적으로 황사 발생 시 시간당 최고 먼지오염도는 약 200~500μg/m³

(6) 2007년 3월 23일 발생한 황사는 시간당 1,100μg/m³을 기록하여 연평균 먼지오염도(64μg/m³)의 17배 수준을 나타냄

표 2.5 황사의 성분 (단위 : μg/m³)

성분	미세먼지(PM_{10})*		조대먼지(PM_{15})**	
	평일	황사 발생일	평일	황사 발생일
알루미늄	0.24	5.71	0.26	24.7
철	0.14	2.64	0.42	21.2
칼륨	0.1	0.95	불검출	5.65
나트륨	0.08	0.26	불검출	0.79
아연	0.06	0.19	불검출	불검출
마그네슘	0.11	0.87	불검출	3.43

* particulate matter less than 10μm as an aerodynamic diameter
 (공기역학적 직경 10μm 이하의 먼지)

** particulate matter less than 15μm as an aerodynamic diameter
 (공기역학적 직경 15μm 이하의 먼지)

4. 새집증후군

(1) **정의** : 주택(아파트)의 신축이나 개축 직후에 거주자들이 겪는 건강문제나 불쾌감

(2) **원인** : 다양한 내부마감자재를 사용함으로써 휘발성유기화합물(VOCs) 및 포름알데히드(HCHO) 등의 유해화학물질이 발생하고 있으나 에너지 절약을 위해 건축물 외피가 고기밀화되면서 실내 거주자에게 기본적으로 요구되는 환기량이 부족한 것이 주요한 원인이다.

(3) **증상** : 두통, 피로, 호흡곤란, 피부염 등

(4) **예방법**
 ① 환기를 자주 실시한다.
 ② 공기정화기를 사용한다.

③ 자연 소재의 마감재를 사용한다.
④ 지은 지 3년 이상 된 집으로 이사한다.
⑤ 숯제품 등 공기정화용 상품을 이용한다.
⑥ 난방을 실시하여 유해가스를 배출시킨다.
⑦ 카페트 등의 사용을 줄인다.

제4절 실내공기오염의 심각성과 대책

1. 인체에 미치는 영향

(1) 인간은 하루 24시간 중 80% 이상을 실내에서 생활한다.

(2) 실내라는 한정된 공간에서 인공적인 설비를 통하여 오염된 공기가 계속 순환하면서 그 농도가 증가될 수 있다.

(3) 새로운 건축자재에서 많은 오염물질이 방출된다.

(4) 사무실에서 일하는 직장인들 가운데 각종 건강장해와 관련 증상을 호소하는 사람들이 늘어나고 있다.

(5) **영향**

① 실내공기 오염이 인체에 미치는 영향은 단순히 눈을 자극하는 증상부터 혈중 산소분자와 오염기체의 복잡한 결합까지 범위가 넓으며 개인에 따라 차이가 많다.

② 지하공간에서 생활하는 사람들에게는 기침, 가래, 코자극, 두통, 숨이 가빠지는 현상, 눈 자극 등의 증상이 나타날 수 있다.

③ 감기에 걸렸을 때 회복기간이 상당히 길어질 수 있다.

(6) **대책** : 쾌적한 환경을 위해 온도 · 습도 · 청정도 · 소음 · 조도를 적당한 수준으로 유지하고, 실내환경의 구성요소가 되는 벽 · 천장 · 가구 등의 색조화도 고려할 필요가 있다.

> **참고**
>
> **신축공동주택의 실내공기질 권고기준**(실내공기질관리법 시행규칙 별표 4의 2)
> - 포름알데히드 : $210\mu g/m^3$ 이하
> - 벤젠 : $30\mu g/m^3$ 이하
> - 톨루엔 : $1,000\mu g/m^3$ 이하
> - 에틸벤젠 : $360\mu g/m^3$ 이하
> - 자일렌 : $700\mu g/m^3$ 이하
> - 스티렌 : $300\mu g/m^3$ 이하

표 2.6 실내공기 오염물질의 발생원과 인체에 미치는 영향

오염물질	발 생 원	영향
연소가스	• 취사 및 난방, 흡연	• 두통, 현기증, 구토, 시각장해, 기관지염, 폐기능저하
흡연가스	• 흡연	• 초조감, 폐질환, 폐암
포름알데히드	• 단열재, 가구도료, 흡연, 접착제	• 눈·코 등의 자극, 기침, 두통, 정서불안, 기억력 감퇴
석면	• 내화성건축자재, 단열재, 가정용 전기제품	• 피부질환, 호흡기질환, 석면증, 폐암, 폐질환
라돈	• 건축자재(콘크리트, 시멘트, 벽돌, 진흙, 벽돌 등), 동굴, 천연가스	• 폐암
미생물	• 미생물가습기, 냉장고, 공기정화기, 살포제, 플라스틱제품, 페인트, 악취제거제	• 호흡기질환, 알레르기성질환, 홍역, 천연두
기타(오존, 납 등)	• 복사기, 생활용품, 연소기기	• 기침, 두통, 천식, 알레르기성질환
포르말린	• 도료, 합판, 벽지, 접착제	• 촉진작용, 아토피성피부염, 알레르기
프탈산화합물 : DOP(DOHO), DBP, BBP	• 벽지의 가소제, 도료	• 암 유발, 호르몬이상, 생식이상, 소화불량, 중추신경장애, 설사, 위장장애, 구토
유기인계 화학물질 : 페니트로티온, 펜치온, 인산폴리에스테르류	• 벽지, 합판	• 암 유발, 급성중독, 두통, 시력저하, 전신권태감, 발한, 의식불명
유기용제 : 초산부틸, 톨루엔, 크실렌, 아세톤	• 도료, 접착제, 비닐크로스	• 암 유발, 마취작용, 두통, 어지럼증, 눈·코·귀의 자극, 구토, 피부염, 중추신경계장애
염소화합물 : 모노염화비닐, 폴리염화비닐	• 비닐벽지	• 다이옥신 발생 • 뇌종양, 간장암, 폐암, 유방암, 임파선암, 어지럼증, 손발의 저림
유기염소화합물 : 펜타클로로페놀	• 목재의 방부처리제, 합판의 방충제	• 다이옥신 발생 • 종양, 백혈병, 태아기형, 피부장해, 간장장애, 식욕부진, 불면, 권태감

2. 실내공기질 관리

(1) 신축 공동주택의 측정항목 (실내공기질관리법 시행규칙 제7조)

포름알데히드, 벤젠, 톨루엔, 에틸벤젠, 자일렌, 스티렌

(2) 실내공간 오염물질 (실내공기질관리법 시행규칙 별표 1)

미세먼지(PM10), 이산화탄소(CO), 포름알데히드(HCHO), 총부유세균, 일산화탄소(CO), 이산화질소(NO_2), 라돈(Rn), 휘발성유기화합물(VOC), 석면, 오존

표 2.7 다중이용시설의 실내공기질 유지기준(실내공기질관리법 시행규칙 별표 2)

다중이용시설	오염물질 항목	PM10 ($\mu g/m^3$)	CO_2 (ppm)	HCHO ($\mu g/m^3$)	총부유세균 ($\mu g/m^3$)	CO (ppm)
지하역사, 지하도상가·여객자동차터미널의 대합실 및 철도역사의 대합실(연면적 2000m² 이상), 공항시설중 여객터미널(연면적 1500m² 이상), 항만시설중 대합실(연면적 5000m² 이상), 도서관·박물관 및 미술관(연면적 3000m² 이상), 장례식장 및 찜질방(연면적 1000m² 이상), 대규모 점포		150 이하	1,000 이하	120 이하		10 이하
의료기관(연면적 2000m² 이상 또는 병상수 100개 이상), 국공립보육시설(연면적 1000m² 이상), 국공립 노인전문요양시설·유료노인전문요양시설 및 노인전문병원(연면적 1000m² 이상), 산후조리원(연면적 500m² 이상)		100 이하			800 이하	
실내주차장(연면적 2000m² 이상)		200 이하				25 이하

제5절 온열이 인체에 미치는 영향

(1) 온열요소 (온열인자)
① 온열조건에 영향을 미치는 인자
② 기온, 기습, 기류, 복사열

(2) 온열상태 (온열조건) : 온열요소에 의해 이루어지는 종합적인 상태

1. 기온

(1) 정의
① 지상 1.5m의 높이에서 측정한 건구온도
② 온열조건과 가장 관계가 깊다.
③ 정확한 기온을 알려면 복사열을 고려해서 얇은 알루미늄판으로 차폐한 백엽상(shelter)을 이용한다.

(2) 기온의 측정
① ┌ 1일 최저기온 : 일출 전
  └ 1일 최고기온 : 오후 2시경
② 일교차
  • 하루 중 최고기온과 최저기온의 차이
  • 내륙＞해안＞산림

③ 연교차
- 1년 중 최고기온과 최저기온의 차이
- 열대지방 < 온대지방 < 한대지방

④ 지상의 고저에 따른 온도차 : 지상 100m마다 0.6~1.0℃씩 하강

(3) 온도계
① 수은온도계 : 2분간 측정
② 알코올온도계 : 이상저온에서 3분간 측정
③ 전기온도계 : 접근이 곤란한 측정장소에서 15분간 측정
④ 구부가 큰 온도계 : 15분 이상 측정

2. 기습

(1) 일정한 온도의 공기 중에 포함될 수 있는 수증기 상태
(2) 태양열과 지열의 방산을 막아주며, 인간의 생리작용에 유리하게 기여
(3) 온도가 높은 상태에서 습도가 높으면 불쾌감을 준다.
① 표준기습(쾌적습도) : 40~70%
② 1일 최저습도 : 온도가 가장 높은 오후 2시경(절대온도에 반비례)
③ 절대습도(f) : 공기 $1m^3$ 중에 포함된 수증기의 양(g) → 기온에 비례
④ 상대습도(R) : 절대습도와 공기가 최대로 포함할 수 있는 수증기량(F)의 비

$$R(\%) = \frac{절대습도(b)}{포화습도(F)} \times 100$$

(4) 습도의 측정
① 모발습도계 : 모발이 습도에 따라 변형되는 것을 이용한 습도계
② 자기습도계 : 습도를 자동기록하는 습도계(모발습도계에 포함)
③ Asman통풍습도계 : 일정한 풍속을 유지해주는 통풍장치가 부착된 습도계
④ August건습구계 : 건습온도계

3. 기류

(1) 공기의 흐름으로서, 고온상태에서는 기류가 없으면 불쾌감을 느낀다.

(2) 구분

- 실내
  - 인간이 감각하지 못하는 기류(불감기류 : 0.2~0.3m/sec) 존재
  - 작용
    - 신진대사 촉진
    - 냉한에 대한 저항력 강화
- 실외
  - 0.5~3m/sec의 기류 존재
  - 작용 : 방열작용을 도와서 쾌감을 준다.

(3) 기류의 측정
① 풍차풍속계 ② Kata 온도계 ③ 열선풍속계

4. 복사열

(1) 발열체에서 방산하는 열로서, 태양의 직사광선을 받거나 난로와 같은 발열체의 주위에 있을 때는 온도계가 표시해 주는 실제의 온도보다 더 큰 온감을 느끼게 된다.

(2) **영향범위** : 거리의 제곱에 비례해서 감소

(3) **측정**
① 흑구온도계   ② 복사계   ③ 복사고온계   ④ 블로미터

5. 온열조건과 체온조절의 생리기전

(1) **체온조절현상** : 온열조건이 변화해도 체온이 일정하게 유지되는 현상
① 화학적 조절 : 신진대사의 증감에 의한 체온조절
② 이학적 조절 : 온열요소에 의한 체열 방산으로 조절

(2) **이학적 조절**

환경조건	생리기전
저온	① 열생산 증가 : 몸의 떨림/근육긴장 → 마음대로근(수의근) 운동 증가 → TSH* 분비 증가 ② 열방출 감소 : 피부혈관 수축 → plasma 감소 → 자세변화 (피부 표면적의 노출 감소) → 입모(立毛)
고온	① 열생산 감소 : 식욕부진 → 활동정체/근육이완 → TSH 분비 감소 ② 열방출 증가 : 피부혈관 확장 → 발한 → 호흡촉진 → 자세변화 (피부 표면적의 노출 증가)

※ Thyroid Stimulating Hormone, 갑상선자극호르몬

6. 인체와 환경온도

(1) **혈관운동조절권**
① 환경온도 20~30°C 범위에서는 혈관운동을 통해 피부 표면의 혈액량을 조절하여 복사와 대류에 의한 체열방산과 대사에 의한 열생산 사이에서 평형이 이루어진다.
② 열평형방정식
$$M \pm C \pm R - E = 0$$
M : 대사에 의해 생성된 열, C : 대류, R : 복사, E : 증발

(2) **증발조절권**
① 환경온도 30°C 이상에서는 주로 증발에 의해서 체온이 조절된다.
(상온 : 복사 > 대류증발)
② 고열환경 작업 시 심부온도의 상한은 38°C (발한작용이 포화상태 도달)

(3) **대사조절권** : 환경온도 26°C 이하에서는 대사에 의해 체온이 조절된다.

표 2.8 신체기관의 체열생산량(체중 70kg)

부 위	체열생산(cal/일)	비중(%)
골격근	1,000	59.5
간	368	21.9
신장	74	4.9
심장	60	3.6
호흡	47	2.8
기타	131	7.8
합계	1,680	100

표 2.9 신체기관의 체열방출량(체중 70kg)

부 위	체열방출(cal/일)	비중(%)
골격근	35	1.3
간	51	1.9
신장	42	1.6
심장	558	20.7
호흡	833	30.8
기타	1,181	43.7
합계	2,700	100

7. 온열지수 (thermal index)

인체의 열교환에 작용하는 온열요소(기온, 기습, 기류, 복사열)를 단일 척도로 표현한 것(생리적·예방의학적)

(1) **감각온도**(effective temperature) : 온도, 습도, 기류의 3요소가 종합하여 인체에 주는 온감을 지수로 표시한 것(= 등감온도, 실효온도)
  ① 기온($t°F$), 포화습도(100%), 무풍상태를 기본으로 한다.
  ② 복사열을 고려하지 않음 : 복사열을 차단한 건구온도, 습구온도, 풍속 사용
    예 환경온도 65°F, 습도 100%의 정지공기 → 감각온도 65°F

(2) **수정감각온도**(effective temperature) : 건구온도계 대신 흑구온도계로 감각온도 측정(복사열을 고려하여 측정)

(3) **지적온도**(optimum temperature) : 열의 생산과 발산이 균형을 유지하여 가장 적당한 온감과 쾌적감을 느끼는 온도
  ① 주관적 지적온도 : 감각적으로 가장 쾌적한 온도(쾌감대 : 18±2°C)
  ② 생산적 지적온도 : 노동을 할 때 생산능률을 가장 높일 수 있는 온도
  ③ 생리적 지적온도 : 인간이 최소 에너지로 최대의 생리적 활동력을 발휘할 수 있는 온도

표 2.10 다양한 상황의 지적온도

단위 : °C(°F)

구 분	지 적 온 도
여 름	21(69)~26(78)
겨 울	18(65)~21(70)
취 침	18~20
온 돌	30~35
실 내	16~20
경작업	겨울 : 20±2, 여름 : 24.5±1.5
나 체	27~28
착 의	17~18

(4) Kata 냉각력 : 여러 가지 조건의 공기 중에서 인체(36.5°C) 표면의 열손실 정도를 측정하는 방법

① 100°F(35°C)에서 95°F(38°C)까지 알코올주가 내려가면서 방출하는 열량이 일정한 것으로 보고, 그 시간을 측정하여 그 값을 공기의 냉각력, 즉 단위시간에 단위면적에서 손실되는 열량(millical/cm²/sec)으로 표시함(기후조건을 표시하는 지수)

② 장·단점 : 기류를 가장 정확하게 측정할 수 있지만 체온조절능력을 가진 생체에 그대로 적용할 수 없다.

③ 측정도구
- 건구Kata한란계 : 기온과 기류에 의한 냉각력 측정
- 습구Kata한란계 : 기온, 기류, 증발에 의한 냉각력 측정

(5) 불쾌지수(discomfort index; DI) : 대기 중이나 한정된 장소에서 각종 기상상태 및 온열조건에 의하여 불쾌한 정도를 숫자로 표시한 것

$$DI = [건구온도(°C) + 습구온도(°C)] \times 0.72 + 40.6$$
$$= [건구온도(°F) + 습구온도(°F)] \times 0.40 + 15.0$$

- DI ≥ 70 : 10% 정도가 불쾌감
- DI ≥ 75 : 50% 정도가 불쾌
- DI ≥ 80 : 거의 모든 사람이 불쾌
- DI ≥ 85 : 모든 사람이 견디기 힘든 상태

(6) 습구-흑구지수(WBGT) : 1957년 Yaglou와 Minard에 의해 제안된 것으로서, 감각온도의 근사치를 얻기 위해 만들어진 지수

① 산출공식
- 태양직사광선이 있는 실외 : $WGI = 0.7 Tw + 0.2 Tg + 0.1 Ta$
- 실내 또는 태양직사광선이 없는 실외 : $WGI = 0.7 Tw + 0.3 Tg$

   Tg : 흑구온도, Ta : 건구온도, Tw : 습구온도

② 용도 : 사무실, 작업장의 열환경평가나 고열허용기준의 판정

(7) TGE지수 : 고온작업현장의 온도측정과 평가에 적합

$$TGE = T \times G \times E$$

   T : 작업환경의 평균기온, G : 평균 흑구온도(°C), E : 에너지대사율

(8) 기타 : 4시간 발한량 예측치(predicted four-hour sweat rate; p4SR), 온열부하지수(heat stress index; HSI), 습구건구지수(wet-dry index; WD index), 풍랭지수(windchill index) 등이 있다.

제6절 고온과 한랭

1. 열중증의 원인과 대책

표 2.11 열중증의 원인과 주요 증상

질환	원인	증상	이화학적 소견				치료
			피부	체온	혈중 Cl 농도	혈액농축	
열경련	탈수→ 체내 NaCl 감소	동통성 경련	습·온	정상 또는 약간상승	현저히 감소	현저	수분· NaCl보충
열허탈증	혈액순환계 이상	실신· 허탈	습·온·냉	정상범위	정상	정상	휴식·강심 및 5% 포도당주사
열사병 (울열증)	체온조절 부조화 (뇌온상승), 중추신 경 기능장애	혼수· 섬망	습·건·온	현저히 상승 (41~43°C)	정상	정상	급속 체온 냉각

(1) 고온작업 부적격자
① 비만자
② 심혈관계에 이상이 있는 자
③ 피부질환을 앓거나 앓을 수 있는 자
④ 발열성질환을 앓거나 회복기에 있는 자
⑤ 45세 이상의 고령자 등

(2) 의학적 대책
① 내성자 배치 : 부적격자 제외
② 냉수·염분(5~15g) 공급
③ 고온 순화
④ 쾌적한 환경(온열조건 개선)에서 충분히 휴식을 취할 것
⑤ 작업량·강도·시간 조절
⑥ 방열면·방열보호구·방열복 착용

2. 고온순화

(1) **고온순화에 소요되는 시간** : 고온 폭로 후 4~7일부터 시작하여 12~14일에 완성(1~2주)
(2) 수 일~수 주 동안 고온환경인 작업장을 떠나 있으면 고온순화가 부분적으로 소멸(다시 순화되려면 2~3일 소요)
(3) 고온환경의 작업장을 3주 이상 떠난 사람은 전혀 순화되지 않은 것으로 취급
(4) **고온순화와 생리적 변화**
① 직장온도가 떨어지고 맥박수가 감소한다.

② 조기발한 및 땀의 양이 증가한다.
③ 피부온도는 직장온도보다 더 떨어진다.
④ 염분배설이 억제돼 땀의 염분농도가 감소한다.
⑤ ADH(항이뇨호르몬) 분비 증가

(5) 고온순화에 관여하는 인자

① 하루 100분씩 동일한 고온조건에 폭로될 때 순화가 가장 빨리 이루어진다.
② 인공순화보다 자연순화가 더욱 효과적이며, 탈수현상과 염분섭취량에 크게 영향을 받는다.
- 탈수 : 탈수상태에서는 고온순화의 속도가 늦어지므로 고온에 폭로돼 있는 동안이나 폭로 후에 수분공급이 필요하다.
- 소금섭취 : 소금섭취량이 적으면(5~6g/일) 고온순화가 늦어진다.

표 2.12 고온의 노출기준(화학물질및물리적인자의노출기준 별표 4)

단위 : °C, WBGT

작업/휴식시간 \ 작업 강도	경작업*	중등작업**	중작업***
계속작업	30.0	26.7	25.0
매시간 75% 작업, 25% 휴식	30.6	28.0	25.9
매시간 50% 작업, 50% 휴식	31.4	29.4	27.9
매시간 25% 작업, 75% 휴식	32.2	31.1	30.0

* 경 작 업 : 200Kcal까지의 열량이 소요되는 작업을 말하며, 앉아서 또는 서서 기계의 조정을 하기 위하여 손 또는 팔을 가볍게 쓰는 일 등을 뜻함
** 중등작업 : 시간당 200~350Kcal의 열량이 소요되는 작업을 말하며, 물체를 들거나 밀면서 걸어다니는 일 등을 뜻함
*** 중 작 업 : 시간당 350~500Kcal의 열량이 소요되는 작업을 말하며, 곡괭이질 또는 삽질하는 일 등을 뜻함

3. 한랭증

(1) 종류

① **저체온증**(Hypothermia) : 체온이 35°C 이하로 떨어진 상태
- 35°C 이하 : 심장·뇌·폐 또는 기타 중요한 장기의 기능 저하
- 27°C 이하 : 부정맥 유발
- 25°C 이하 : 심장 정지

② **동창**(Chilblain) : 0~16°C 이하의 온도에서 바람이 불 때 쉽게 발생
③ **동상**(frost-bite) : 0°C 이하에서 조직이 실제로 얼어서 발생
④ **참호족**(trench foot) : 습하거나 꼭 끼는 구두를 신었을 때 쉽게 발생
⑤ **침수족**(immersion foot) : 찬물에 잠겨 있을 때 쉽게 발생

(2) 한랭으로 사망에 이르는 온도범위와 사망 원인

① 직장 온도가 임계온도(30°C)로 내려가면 각 장기의 기능은 급격히 하강하고 26.7°C에 달하면 혼수상태가 시작되며 21~25°C에 이르면 사망

② 원인
- 심실세동(ventricular fibrillation)
- 혈액점도의 증가로 인한 심부전
- 조직 지질의 응결

(3) 한랭장애 예방대책

① 적당한 난방 ② 적당한 휴식과 운동
③ 방한복 착용 ④ 작업시간 제한
⑤ 영양섭취(고지방 식이) ⑥ 손발을 건조한 상태로 유지

(4) 한랭순환의 기전

① 열생산의 증가 ② 체열보존능력의 증대
③ 체온조절기능의 항진 ④ 혈관운동기능의 항진
⑤ 추위에 대한 내성 증대

제7절 기후와 보건

(1) **일기** : 어느 지역에서 하루의 기상요소를 종합한 것
(2) **기후** : 일기의 평균상태를 표시한 대기현상의 종합
(3) **기후요소** : 기온, 기습, 기류(풍향, 풍속), 기압, 강수, 운량, 일광의 조사
(4) **기후인자** : 위도, 해발, 토질, 지형, 해류, 수륙분포 등

1. 기후의 영향

(1) **질병의 계절적 발생**
① **여름** : 심한 발한으로 한진(땀띠) · 피부염이 자주 발생하고 위액분비 감소
② **겨울** : 일광과 자외선 부족으로 구루병 자주 발생

(2) **생리적 기능의 변화** : 질병에 대한 감수성 증대
① **여름** : 기초대사 저하, 알칼리화
② **겨울** : 기초대사 항진, 산성화

(3) 병원체 및 병원매개물의 활동상태를 변화시킨다.

(4) 식물의 변화
① 초봄·겨울 : 비타민 C 부족
② 여름 : 식물의 변질이 쉽다.

(5) 생활양식의 변화
① 여름 : 소화기전염병 자주 발생
② 겨울 : 호흡기전염병 자주 발생

(6) 계절과 질병
① 봄 : 홍역(measles), 발진티푸스(typhus fever), 유행성뇌척수막염(epidemic-cerebrospinal meningitis)이 발생하기 쉽다.
② 여름 : 신경계통·소화기계통의 질병이 발생하기 쉽다.
  예) 이질(dysentery), 기관지염(bronchitis), 장염(enteritis), 말라리아(malaria), 뇌염(encephalitis), 소아마비(poliomyelitis)
③ 겨울 : 호흡기계통의 질병이 발생하기 쉽다.
  예) 폐렴(pneumonia), 기관지염(bronchitis), 유행성감기(influenza), 디프테리아(diphtheria), 천식(asthma), 신염(nephritis), 류머티즘(rheumatism), 장티푸스(typhoid fever), 파라티푸스(parathphoid fever), 간경변증(liver cirrhosis)

2. 기후순화

(1) 오랫동안 살던 지방에서 다른 지방으로 이주하였을 때 새로운 환경조건에 적응하기 위하여 신체가 기질적 혹은 기능적 변화를 일으키는 것

(2) 종류
① 개인적 순응성 : 연령, 성별, 생활양식, 인종 및 기질 등에 의한 차이
② 민족적 순응성 : 인종별로 영국·프랑스인은 한대에 순응성이 있고, 스페인·이탈리아인은 열대에 순응성이 있으며, 유태인과 중국인은 각종 기후에 잘 순응한다.

(3) 기전
① 대상적 순응성 : 새로운 환경에 대해 세포 또는 기관이 기능을 적응시키는 것
② 자극적 순응성 : 자극에 의해 저하된 기능을 정상으로 회복시키는 것
③ 수동적 순응성 : 약한 개체가 최적의 기후를 찾아내는 것

3. 기후도표

(1) Griffith Taylor는 기온과 습도의 결합상태가 인체에 미치는 영향을 고려해서 기후도표를 고안했다.

(2) 기후도표는 습구온도를 종축에, 상대(비교)습도를 횡축에 두어 각지의 월별 체감 기후를 도표화한 것이다. 즉 매달의 평균 기온과 평균 강수량을 좌표에 기입하여 연결하면 그 지역의 기후형과 특성을 간단히 알 수 있다.

(3) 그 도형(圖形)에서 체감 기후의 계절적 추이를 용이하게 파악할 수 있으며, 많은 지점의 도형을 비교함으로써 직감적으로 각지의 기후 특징을 알 수 있으므로 기후 구분의 자료로 사용한다.

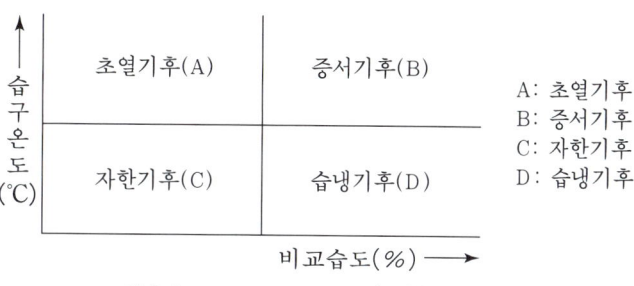

그림 2.1 ■■ Griffith Taylor의 기후도표

제8절 우리나라의 기후

1. 여름

(1) 여름에는 태평양에서 덥고 습기가 많은 남동풍이 불어온다.
(2) 무덥고 습기가 많은 남동풍과 남서풍의 영향으로 전국적으로 기온이 높고, 남북의 기온차가 크지 않다.
(3) 6~10월 중에는 태풍이 주로 발생하며, 그중 2~3개 정도는 우리나라에 직·간접적으로 영향을 준다.
(4) 태풍은 중심 최대 풍속이 17m/s 이상의 폭풍우를 동반하는 열대성저기압으로, 주로 북태평양 남서부에서 발생하여 아시아 동부로 이동한다.
(5) 동해안이 서해안보다 덜 덥다.
(6) 해안의 도시가 내륙의 도시보다 시원하다.
(7) 전체 강수량의 3분의 2가 홍수기인 6~9월에 집중된다.

2. 겨울

(1) 시베리아에서 차갑고 건조한 북서풍이 불어와서 남북의 기온차가 매우 크다.
(2) 서해안보다 동해안과 남해안에 비가 많이 내린다.
(3) 중강진, 신의주 등 북서쪽지역은 비가 적게 내린다.
(4) 강릉, 여수, 제주 등 남쪽과 동쪽지역은 비가 많이 온다.

(5) 울릉도는 겨울철에도 비(눈)가 많이 온다.

(6) 동해안지역이 서해안지역보다 기온이 높은 것은 동해안을 따라 흐르는 '동안해류'의 영향과 태백산맥이 찬 북서계절풍을 막아주기 때문이다.

3. 기단

(1) 우리나라 기후를 좌우하는 주요 요인이 되는 전선대는 열대해양성 기단인 북태평양기단과 한대내륙성 기단인 시베리아기단 및 두 기단의 경계가 되는 태평양한대 전선대이다.

(2) 시베리아기단(북서계절풍)은 우리나라로 이동하여 한랭하고 건조한 일기를 나타내며, 때때로 한파로 인한 혹한을 동반하기도 한다. 이 기단의 공기가 해상을 지날 때 수증기와 만나 산맥을 타고 상승하여 많은 눈을 내리게 할 때도 있다. 이 기단은 5~7일 주기로 발달과 쇠퇴를 반복하는 시베리아고기압과 함께 그 이동경로와 속도가 다르므로 겨울철에 삼한사온현상이 나타나게 만든다.

(3) 늦봄부터 이른 여름에 걸쳐 발생하는 오호츠크해기단은 비교적 한랭하고 수증기를 많이 포함하고 있다. 장마기에는 이 기단이 동서로 확장되어 열대해양성 기단인 북태평양기단과 더불어 장마전선을 형성한다. 오호츠크해기단은 장마의 초기에 한랭하고 습한 일기가 나타나는 원인이 되며, 이 기단이 장시간 머물면 장마가 오래 지속된다.

(4) 온난다습한 북태평양기단은 내륙지방에서 지표면의 복사열을 받아 적란운을 형성하여 한여름에 번개를 동반한 소나기를 내린다. 북태평양기단의 세력이 강하면 저기압이 우리나라에 접근할 수 없으므로 한발이 발생한다.

2. 공기와 위생 ‖ 핵심문제 해설

1 성인에게 필요한 1일 공기량은 대략 얼마인가?
  (가) 13kl   (나) 20kl
  (다) 25kl   (라) 30kl

  | 해설 | 13kl ÷ 24hour ≒ 500~550l/hour

2 정상공기의 화학적 성분의 백분율 중 틀린 것은?
  (가) O_2 - 21%   (나) CO_2 - 0.03%
  (다) N_2 - 0.78%   (라) Ar - 0.19%

3 공기 중 산소의 백분율은?
  (0°C, 760mmHg, 건조상태)
  (가) 78% (나) 21% (다) 15% (라) 36%

4 공기의 정상분압은?
  (가) 160mmHg   (나) 200mmHg
  (다) 550mmHg   (라) 760mmHg

5 공기 중 산소의 일반적인 변동범위는 몇 %인가?
  (가) 30~70%   (나) 29~35%
  (다) 31~51%   (라) 15~27%

  | 해설 | 일반적인 산소의 변동범위는 15~27%이나 보통 21% 정도이다.

6 인간의 호흡에서 호기 중의 O_2의 체적백분율은 대략 얼마인가?
  (가) 20%   (나) 19%
  (다) 17%   (라) 15%

  | 해설 | 호기와 흡기의 공기 조성성분

구분	O_2(%)	CO_2(%)	N_2(%)
호기(expiration)	17.00	4.00	79.00
흡기(inspiration)	20.93	0.03	78.1

7 호흡곤란을 가져오는 O_2의 농도는?
  (가) 20% 이하   (나) 15% 이하
  (다) 10% 이하   (라) 7% 이하

  | 해설 | 산소가 10% 정도 되면 호흡곤란이 오고, 7% 이하일 때는 질식사의 위험을 초래한다.

8 0°C, 760mmHg의 건조상태에서 CO_2의 백분율은?
  (가) 0.03%   (나) 0.94%
  (다) 0.01%   (라) 미량

9 다음 중 이산화탄소(CO_2)의 위생학적 허용기준은?
  (가) 0.001%   (나) 0.01%
  (다) 0.1%   (라) 1%

10 질식사를 가져올 수 있는 CO_2의 농도는?
  (가) 1% 이상   (나) 7% 이상
  (다) 10% 이상   (라) 15% 이상

  | 해설 | 7% 이상에서는 호흡곤란이 오고, 10% 이상이 되면 질식사한다.

11 CO_2를 실내공기 오염의 측정지표로 사용하는 이유는?
  (가) 미량으로도 인체에 해를 끼치므로
  (나) O_2와 반비례하므로
  (다) CO 가스로 변화하므로
  (라) 공기오염의 전반적인 상태를 추측할 수 있으므로

12 호기 시 CO_2의 백분율은?
  (가) 0.03%   (나) 4%
  (다) 0.94%   (라) 21%

해답 1 (가) 2 (다) 3 (나) 4 (라) 5 (라) 6 (다) 7 (다) 8 (가) 9 (다) 10 (다) 11 (라) 12 (나)

13 성인이 1시간에 배출하는 CO_2의 양은?
㉮ $5l$ ㉯ $10l$ ㉰ $21l$ ㉱ $25l$

|해설| 성인은 안전상태에서 1시간에 500~550l의 공기를 호흡하고, 호기 중 CO_2 농도는 약 4%이다.
∴ 500~550 × 4% ≒ 21l

14 사람수의 증가에 따라서 실내공기는 어떤 현상을 일으키는가?
㉮ 실온상승, 습도 증가, CO_2 증가
㉯ 실온상승, 습도 증가, CO_2 감소
㉰ 실온상승, 습도 감소, CO_2 감소
㉱ 실온하강, 습도 증가, CO_2 증가

15 실내 공기의 오탁지표로 쓰이는 것은?
㉮ CO ㉯ CO_2
㉰ NO ㉱ SO_2

16 0°C, 760mmHg 건조상태에서 N_2의 백분율은?
㉮ 78% ㉯ 29%
㉰ 0.03% ㉱ 21%

17 질소의 생리적 작용과 관계 없는 것은?
㉮ 마취 ㉯ 환각
㉰ 잠함병 ㉱ 호흡항진

|해설| 잠함병은 감압 시에 발생하는 것으로, N_2가 주원인이다.

18 군집독이란 무엇을 말하는가?
㉮ 하절기에 다수인이 집합하는 장소에서 환기시설이 없을 때 발생하는 것으로, 두통이나 불쾌감 등이 일어난다.
㉯ 실내조명등의 영향으로 일어나는 안구진탕증을 말한다.
㉰ 다수인이 모인 장소에서 O_3의 증가에 의하여 일어나는 것이다.
㉱ 체열방산이 용이하게 일어날 때 생기는 현상이다.

|해설| 군집독이란 하절기에 극장이나 강연장 등에서 다수인이 밀집되어 있으면서 환기시설이 없는 경우에 자주 발생되는데, 불쾌감·권태·두통·현기증·구기·구토·식욕저하 등이 일어난다.

19 군집독이 발생하는 원인은?
㉮ O_2의 부족
㉯ CO_2의 증가
㉰ 실내공기의 물리적·화학적 조성의 변화
㉱ 세균의 번식

20 군집독의 발생 가능성이 있는 실내에서 가장 필요한 사항은?
㉮ 청결 ㉯ 습도
㉰ 환기 ㉱ 조명

21 CO의 특징이 <u>아닌</u> 것은?
㉮ 무색 ㉯ 무미
㉰ 무취 ㉱ 자극성이 강하다.

|해설| CO 가스는 무색·무미·무취의 성상을 가지고 있으며, 물에 용해되지 않고, 피부나 점막에는 자극성이 없다.

22 연탄가스 중독의 주원인은?
㉮ SO_2 ㉯ CO ㉰ CO_2 ㉱ NO_2

23 CO와 Hb의 결합력은 산소보다 몇 배나 강한가?
㉮ 100~120배 ㉯ 50~80배
㉰ 200~250배 ㉱ 500~1000배

24 다음 보기와 같은 증세를 야기하는 오염물은?

보기
• 허혈증 • 중추신경장애 • 산소결핍 초래

㉮ O_2 ㉯ Hg
㉰ Pb ㉱ CO

해답 13 ㉰ 14 ㉮ 15 ㉯ 16 ㉮ 17 ㉱ 18 ㉮ 19 ㉰ 20 ㉰ 21 ㉱ 22 ㉯ 23 ㉰ 24 ㉱

25 CO가스의 인체 영향이 아닌 것은?
  (가) 체내 혈액기능 상실
  (나) 두통
  (다) 시력 장애
  (라) 췌장암 발생

26 CO중독자의 처리법 중 틀린 것은?
  (가) 고압산소요법
  (나) 신선한 공기흡입법
  (다) 식초흡입법(민간요법)
  (라) 고압질소흡입법

27 흡기 중 CO가 몇 % 정도이면 중독을 일으키는가?
  (가) 0.1%   (나) 0.03%
  (다) 0.004% (라) 0.9%
  |해설| 0.1% 정도면 CO 중독을 일으킨다.

28 우리나라의 경우, CO 중독에 대한 예방대책으로 옳지 않은 것은?
  (가) 가옥구조의 개선
  (나) 연료의 개선(석탄 이외의 열원)
  (다) 보건교육에 의한 계몽
  (라) 석탄, 기타 물질의 불완전연소

29 SO_2의 설명 중 틀린 것은?
  (가) 중유 연소과정에서 다량 발생한다.
  (나) 석탄과 매연 중에도 내포돼 있다.
  (다) 도시 공해의 요인이 된다.
  (라) 자극성이 없는 가스이다.
  |해설| SO_2는 자극성 취기가 있고, 점막의 염증·흉통·호흡곤란 등을 일으킨다.

30 수산화바륨($Ba(OH)_2$) 용액으로 측정하는 가스는?
  (가) CO   (나) CO_2
  (다) SO_2 (라) NO_2

31 다음 중 공기의 자정작용에 관여하는 인자가 아닌 것은?
  (가) 공기 자체의 희석작용
  (나) 강우나 강설 등에 의한 부유성 먼지의 세정작용
  (다) 일광에 의한 살균 정화작용
  (라) 인체의 호기 시 O_2의 산화작용
  |해설| 공기 자정작용 인자는 다음과 같다.
    ① 강우나 강설 등에 의한 용해성 gas나 부유성 dust의 세정작용
    ② O_2, O_3, H_2O_2 등에 의한 산화작용
    ③ 공기 자체의 희석작용
    ④ 식물에 의한 탄소 동화작용(CO_2와 O_2의 교환작용)

32 다음 중 먼지로 인한 장애가 아닌 것은?
  (가) Allergy성 반응   (나) 점막성 질환
  (다) 진폐증   (라) 난청
  |해설| 먼지로 인한 장애에는
    ① Allergy성 반응
    ② 점막성 질환(결막염, 기관지염)
    ③ 금속열(산화아연증기)
    ④ 진폐증(규폐, 탄폐 등)
    ⑤ 전염성 질환(결핵, 인플루엔자 등)
    ⑥ 폐암 등이 있다.

33 폐포에 도달할 수 있는 먼지의 크기는?
  (가) 10μ (나) $0.5 \sim 5\mu$
  (다) 15μ (라) 50μ

34 다음 중 온열요소가 되는 것은?
  (가) 기압, 기류, 습도, 기온
  (나) 습도, 기류, 복사열, 기압
  (다) 기온, 습도, 기류, 복사열
  (라) 기류, 습도, 기온, 기압

35 보통 기온이라 하는 것은?
  (가) 지상 1.5m에서의 건구온도
  (나) 지상 1.5m에서의 습구온도
  (다) 지상 1.7m에서의 건구온도
  (라) 지상 2.0m에서의 건구온도

해답 25 (라) 26 (라) 27 (가) 28 (라) 29 (라) 30 (라) 31 (다) 32 (라) 33 (나) 34 (다) 35 (가)

36 실외에서 기온측정은 지상 몇 m에서 하는가?
㈎ 1m ㈏ 1.5m
㈐ 2m ㈑ 2.5m

37 하루 중 최고 기온은 어느 때인가?
㈎ 오전 10시 ㈏ 낮 12시
㈐ 오후 2시 ㈑ 오후 4시

|해설| 하루 중 최저 기온은 아침 해뜨기 전이고 최고 기온은 오후 2시경이다. 또한, 습도는 오후 2시경이 가장 낮다.

38 다음 온도계 중 온도 측정시간이 잘못된 것은?
㈎ 수은온도계 : 2분 측정
㈏ 알콜온도계 : 3분 측정
㈐ 구부가 큰 온도계 : 15분 측정
㈑ 이상 모두 공히 5분 측정

39 다음 온도계 중 가장 낮은 온도까지 측정할 수 있는 것은?
㈎ 알코올온도계 ㈏ 수은온도계
㈐ Toluene 온도계 ㈑ Pentane 온도계

40 다음 중 감각온도의 인자에 포함되지 않는 것은?
㈎ 기온 ㈏ 기습
㈐ 기류 ㈑ 불쾌지수

|해설| 감각온도라 함은 기온·기습·기류를 종합하여 인체에 주는 온감을 말하며 그 공기 중의 포화습도와 정지된 기온 조건에서 얻어진다.

41 감각온도가 현재의 온감과 동일한 온감을 주는 상태는?
㈎ 무풍, 포화습도에서 습구온도
㈏ 무풍, 포화습도에서 건구온도
㈐ 0.5m/sec, 습도 80%에서 습구온도
㈑ 0.5m/sec, 습도 80%에서 건구온도

42 감각온도 60°F라는 것은 건구온도 60°F, 무풍(無風)의 기온인데, 이때의 습도는?
㈎ 40% ㈏ 60%
㈐ 80% ㈑ 100%

43 등감온도를 측정할 수 있는 도표는?
㈎ 감각온도도표 ㈏ 기온도표
㈐ 쾌적도표 ㈑ 기동표

44 여름철 쾌적 감각온도는?
㈎ 50~60°F ㈏ 60~74°F
㈐ 69~78°F ㈑ 70~84°F

|해설| 겨울철 : 60~70°F, 겨울철이 낮은 것은 인체의 순응현상 때문이다.

45 겨울철의 가장 쾌적한 감각온도는 몇 °C인가?
㈎ 16°C ㈏ 19°C
㈐ 22°C ㈑ 24°C

|해설| 여름철의 가장 쾌적한 감각온도는 21.7°C이다.

46 쾌감대의 범위는?
㈎ 66~67°F ㈏ 63~71°F
㈐ 71~78°F ㈑ 60~62°F

|해설| 감각온도 63~71°F의 범위를 쾌적대라 한다.

47 여름과 겨울의 실내 지적온도의 차이는 어떻게 되는가?
㈎ 여름이 높다.
㈏ 겨울이 높다.
㈐ 같다.
㈑ 여름이 높을 때도 있고, 겨울이 높을 때도 있다.

48 겨울철 실내 지적온도가 낮은 이유는?
㈎ 적응현상 ㈏ 순응현상
㈐ 공기밀도 상승 ㈑ 고기압 상승

해답 36 ㈏ 37 ㈐ 38 ㈑ 39 ㈑ 40 ㈑ 41 ㈏ 42 ㈑ 43 ㈎ 44 ㈐ 45 ㈏ 46 ㈏ 47 ㈎ 48 ㈏

49 침실의 지적온도는?
  ㈎ 10~12°C   ㈏ 14~16°C
  ㈐ 15~18°C   ㈑ 18~20°C
  |해설| 병실은 20~22°C가 적당하다.

50 쾌적도와 직접 관계 없는 것은?
  ㈎ 등감온도   ㈏ 건구온도
  ㈐ kata 냉각률   ㈑ 기류

51 인간이 순응할 수 있는 온도의 범위는?
  ㈎ 0~10°C   ㈏ 10~18°C
  ㈐ 10~40°C   ㈑ 10~30°C
  |해설| • 피부 순응범위 : 10~40°C
  • 의복에 의한 체온조절 범위 : 10~26°C

52 실외에서의 기온측정은 지상 몇 m에서 하는가?
  ㈎ 1.0m   ㈏ 1.5m
  ㈐ 2.0m   ㈑ 0.5m
  |해설| 실외의 소음과 기온은 지상 1.5m에서 측정한다.

53 지상 100m마다 온도차는 대략 몇 °C 정도인가?
  ㈎ 0.5~0.7°C   ㈏ 1.5°C
  ㈐ 1.5~2°C   ㈑ 2.5~3°C

54 실내에 가장 적합한 보건적 온도는?
  ㈎ 10~15°C   ㈏ 12~15°C
  ㈐ 16~20°C   ㈑ 20~22°C

55 병실의 적당한 온도는?
  ㈎ 10±2°C   ㈏ 14±2°C
  ㈐ 18±2°C   ㈑ 21±1°C

56 습도를 나타내는 데 가장 많이 쓰이는 것은?
  ㈎ 절대습도   ㈏ 상대습도
  ㈐ 포화차위   ㈑ 노점
  |해설| 상대습도(비교습도) = $\frac{절대습도}{포화습도} \times 100$

57 하루 중 습도가 가장 낮은 때는 언제인가?
  ㈎ 오후 2시경   ㈏ 오후 4시경
  ㈐ 낮 12시   ㈑ 오전 10시경

58 비교(상대)습도의 설명 중 틀린 내용은?
  ㈎ 절대온도에 반비례한다.
  ㈏ 포화습도에 대한 백분율(%)이다.
  ㈐ 공기 1m³ 중에 함유한 수증기량이다.
  ㈑ 비교습도(R.F)= $\frac{b}{F} \times 100$ 이다.

59 현재 공기 1m³ 중에 함유하고 있는 수증기량 또는 수증기 장력을 무엇이라고 하는가?
  ㈎ 포화습도   ㈏ 절대습도
  ㈐ 포차   ㈑ 비교습도

60 절대습도는 일정한 온도에서 포화습도보다 항상 어떠한가?
  ㈎ 높다.   ㈏ 낮다.
  ㈐ 낮거나 같다.   ㈑ 높거나 같다.

61 우리 일상생활에 가장 쾌적한 습도(표준기습)는?
  ㈎ 10~20%   ㈏ 20~40%
  ㈐ 30~60%   ㈑ 40~70%

62 습도의 측정기구가 아닌 것은?
  ㈎ Asmann 통풍습도계
  ㈏ August 건습구계
  ㈐ 회전습도계
  ㈑ 흑구온도계

63 Kata 냉각력의 측정은?
  ㈎ Kata 한란계의 95°F에서 100°F까지 상승 시간 측정
  ㈏ Kata 한란계의 100°F에서 95°F까지 하강 시간 측정
  ㈐ Kata 한란계의 5분 동안 하강온도
  ㈑ Kata 한란계의 5분 동안 하강온도 측정

해답 49 ㈏ 50 ㈐ 51 ㈐ 52 ㈏ 53 ㈎ 54 ㈐ 55 ㈑ 56 ㈏ 57 ㈎ 58 ㈐ 59 ㈏ 60 ㈐ 61 ㈑
62 ㈑ 63 ㈏

64 다음 중 불감기류의 설명으로 맞는 것은 어느 것인가?
  (가) 우리가 느끼지 못할 정도의 기류로 0.5m/sec 이하이다.
  (나) 보통기류가 5~10m/sec일 때이다.
  (다) 일반적으로 쾌감기류라고 하며, 50m/sec이다.
  (라) 3~4m/sec의 기류를 말한다.

  |해설| 불감기류(insensible air current)란 우리가 느끼지 못하는 기류로, 보통 0.2~0.5m/sec 정도이다.

65 다음 중 습식카타(Kata)한란계로 측정하는 것은?
  (가) 공기의 냉각력
  (나) 복사와 증발에 기인하는 냉각력
  (다) 대류와 증발에 기인하는 냉각력
  (라) 복사, 대류, 증발에 기인하는 냉각력

  |해설| • 건식 : 땀이 나지 않는 인체 피부에 대한 공기의 냉각력
  • 습식 : 땀에 젖은 인체피부에 대한 공기의 냉각력

66 습 kata 냉각력과 건 kata 냉각력의 차이는?
  (가) 복사   (나) 대류
  (다) 전도   (라) 증발

67 카타 냉각력의 크기를 변화시키는 인자로 묶인 것은?
  (가) 기온-습도   (나) 습도-풍속
  (다) 기온-풍속   (라) 복사열-습도

68 불감기류의 인체에 대한 가장 중요한 작용은?
  (가) 산소 공급   (나) CO_2 배출
  (다) 체열의 생산 (라) 체열의 방산

69 실내의 기류측정에 사용하는 온도계는?
  (가) 카타온도계   (나) 습구온도계
  (다) 흑구온도계   (라) 전구온도계

|해설| 카타온도계(kata thermometer)는 직경 1.8cm에 길이 4.0cm의 용적으로 되어 있는 구부(球部)와 길이 20cm의 가는 경부(頸部)로 되어 있고, 그 안에 붉게 착색한 알콜을 넣어서 눈금을 표시하였다. 주로 인체 표면에서 열손실을 측정할 때 사용한다.

70 다음 중 틀리게 짝지어진 것은?
  (가) 카타온도계-공기의 냉각력
  (나) 카타온도계-기류
  (다) 링겔만표-매연
  (라) 흑구온도계-감각온도

71 인체의 열생산의 약 60%를 차지하는 것은?
  (가) Liver   (나) Skeletal muscle
  (다) Lung   (라) Heart

72 체온보다 실온이 높을 때의 조절은?
  (가) 발한   (나) 복사열
  (다) 대류   (라) 접촉

73 다음 중 기류 측정기기가 아닌 것은?
  (가) hot wire anemometer
  (나) dry kata thermometer
  (다) vane anemometer
  (라) August thermometer

  |해설| August thermometer는 기온 및 기습의 측정에 쓰인다.

74 흑구온도계로 측정하는 것은?
  (가) 기온   (나) 기습
  (다) 기류   (라) 복사열

75 다음 중 복사열의 측정기구는?
  (가) kata 한란계   (나) 건구온도계
  (다) 습도온도계   (라) 흑구온도계

76 복사열과 온도를 측정하여 산출할 수 있는 온도지수는?
  (가) 불쾌지수   (나) 감각온도
  (다) WBGT 지수   (라) TGE 지수

해답 64 (가) 65 (라) 66 (라) 67 (다) 68 (라) 69 (가) 70 (라) 71 (나) 72 (가) 73 (라) 74 (라) 75 (라) 76 (다)

77 불쾌지수(Discomfort index) 설명 중 틀린 것은?
㉮ DI≥70 : 아주 유쾌하다.
㉯ DI≥75 : 반 이상이 불쾌하다.
㉰ DI≥79 : 모든 사람이 불쾌감을 느낀다.
㉱ DI≥80 : 매우 불쾌하다.
|해설| DI≥70일 때 일반적으로 불쾌하다.
DI =[건구온도(°F)+습구온도(°F)]×0.40+15
  =[건구온도(°C)+습구온도(°C)]×0.72+40.6

78 실외에서 불쾌지수가 잘 적용되지 않는 이유는 무엇이 고려되어 있지 않기 때문인가?
㉮ 기온 ㉯ 기습
㉰ 기류 ㉱ 기온, 기습

79 불쾌지수 측정에 필요한 기후 요소는?
㉮ 건구온도, 습구온도
㉯ 기온, 풍속
㉰ 기온, 기습, 풍속
㉱ 기습, 기동

80 불쾌지수가 얼마 이상이면 견딜 수 없는가?
㉮ 70 ㉯ 75
㉰ 80 ㉱ 85
|해설| DI≥70 : 10%의 사람이 불쾌감을 느낀다.
DI≥75 : 50%의 사람이 불쾌감을 느낀다.
DI≥80 : 거의 모든 사람이 불쾌감을 느낀다.

81 체열을 가장 많이 방산하는 것은?
㉮ 폐 ㉯ 간
㉰ 피부 ㉱ 배설물
|해설| 체열의 생산 : 골격근, 간
체열의 방산 : 피부에서 복사, 전도, 증발

82 발한의 임계온도는?
㉮ 28.8~31.9°C ㉯ 21.1~26.5°C
㉰ 36.5~41.4°C ㉱ 51.4~65.5°C

83 Bedford 등이 감각온도에서 복사열을 고려하지 않고 있는 건구온도 대신에 흑구온도를 사용할 것을 주장하여 만들어진 온도지수는?
㉮ 수정감각온도 ㉯ 적정감각온도
㉰ WBGT 지수 ㉱ 불쾌지수

84 인체가 땀을 흘려서 속옷이 젖었을 때의 열의 방출량은?
㉮ 건 kata 냉각력 ㉯ 습 kata 냉각력
㉰ kata 냉각력 ㉱ 불쾌지수

85 기온 35°C에서 증발에 의한 열방산량은?
㉮ 34% ㉯ 50%
㉰ 67% ㉱ 100%
|해설| 피부순환만으로 체온조절을 할 수 있는 범위는 대략 25~29°C이다. 25°C 이하에서는 냉각이 시작되며, 29°C 이상에서 전도와 대류에 의한 열방산은 극히 적다. 이때부터 발한이 시작된다. 따라서 35°C 이상에서 열방산은 거의 대부분 증발에 의할 수밖에 없다.

86 인간이 최소의 노동으로 최대의 생산능력을 발휘할 수 있는 적당한 온도는?
㉮ 주관적 지적온도 ㉯ 생산적 지적온도
㉰ 생리적 지적온도 ㉱ 조합적 지적온도

87 한랭이나 고열 등과 관계 없는 질병은?
㉮ 동창 ㉯ 참호족염
㉰ 열사병 ㉱ 잠함병

88 다음 중 어떤 온도조건에서 산소소모량이 높아지는가?
㉮ 고온 ㉯ 저온
㉰ 쾌적온도 ㉱ 건조한 온도

89 상온에서 인체의 열방산은 어떤 비율로 이루어지는가?
㉮ 복사 1/5, 전도 2/5, 대류 2/5
㉯ 복사 2/5, 전도 1/5, 대류 2/5
㉰ 복사 3/5, 전도 1/5, 대류 1/5
㉱ 복사 2/5, 전도 2/5, 대류 1/5

해답 77 ㉮ 78 ㉰ 79 ㉮ 80 ㉱ 81 ㉰ 82 ㉮ 83 ㉮ 84 ㉯ 85 ㉱ 86 ㉯ 87 ㉱ 88 ㉯ 89 ㉱

90 다음 중 열경련의 원인은?
㉮ 비타민 결핍
㉯ 체내 수분 및 염분의 결핍
㉰ 단백질의 결핍
㉱ 지방의 결핍

91 다음 열중증 중에서 식염을 투여함으로써 증상이 급속히 좋아지는 것은?
㉮ 열경련   ㉯ 일사병
㉰ 열피비   ㉱ 이상 전부

92 울열증(열사병)의 발생원인은?
㉮ 혈 중의 염분농도 저하
㉯ 근육의 경련
㉰ 혈관신경의 부조절
㉱ 뇌온 상승으로 인한 중추신경 마비

93 열사병의 치료로 최우선적인 것은?
㉮ 식염수의 투여
㉯ 항 경련제 투여
㉰ 체온의 하강
㉱ 휴식 및 진정제 투여

94 고온순화(heat acclimatization)에 관하여 잘못된 설명은?
㉮ 고온환경 또는 피부온도를 높게 유지한 상태로 매일 1~2 시간의 작업을 통하여 순화달성
㉯ 고온 환경을 떠난 지(휴가 등) 2주 이내라면 귀임 후(return to duty) 재순화시킬 필요는 없다.
㉰ 순화에 소요되는 기간은 대체로 1~2주이다.
㉱ 고온순화가 된 사람은 땀을 많이 흘린다.

95 고온에 대해 내성을 저하시키는 요인이 아닌 것은?
㉮ 췌장의 난포성 섬유종
㉯ 갑상선 기능항진증
㉰ 표준에 비해서 10% 이상 체중미달
㉱ 최대산소섭취량이 큰 사람

96 한대지방에서 잘 발생되는 질병이 아닌 것은?
㉮ 동상   ㉯ 동창
㉰ 군집독   ㉱ 참호족염

97 Hunting phenomenon(반응성 혈관확장)에 관한 설명 중 옳은 것은?
㉮ 국소의 한랭폭로시 출현
㉯ 일과성 변화이다.
㉰ 히스타민 물질에 기인
㉱ 모두 옳다.

98 발을 냉습한 곳에 오래 노출시킬 때 경련(spasm)을 동반하여 생기며 해군에서 특히 많이 볼 수 있는 것은?
㉮ Acute transient inflammatory reaction
㉯ Trench foot
㉰ Immersion foot
㉱ Frost bite

99 한랭에 의해 체온조절 실조에 이르는 임계직장온도는 얼마인가?
㉮ 25°C   ㉯ 27°C
㉰ 30°C   ㉱ 33°C

| 해설 | 직장온도가 임계온도(30°C)까지 하강하면 체온조절의 기능 및 신체 각 기관의 기능이 급격히 감소한다. 또한 26.7°C로 되면 혼수상태에 이르고, 21~25°C이면 사망한다.

100 사지 피부에 한랭이 작용했을 때 간헐성 반응과 혈관 이완을 일으키는 물질이라고 생각되는 것은?
㉮ Histamine-like substance
㉯ Acetylcholine
㉰ Epinephrine
㉱ Antihistamine

해답 90 ㉯ 91 ㉮ 92 ㉱ 93 ㉰ 94 ㉯ 95 ㉱ 96 ㉰ 97 ㉱ 98 ㉰ 99 ㉮ 100 ㉮

101 피부동결이 일어나는 일반적인 온도는?
㉮ 4°C ㉯ 0~4°C
㉰ 0~-2°C ㉱ -1°C
| 해설 | 피부동결은 0~-2°C에서 일어나며 창백·둔감·불투명 황색으로 변한 다음 따끔거리는 아픔, 소양감, 더운 느낌이 나타난다.

102 2도 동상의 증상은?
㉮ 홍반성 ㉯ 수포성
㉰ 괴저성 ㉱ 부패성
| 해설 | 1도 동상은 홍반성이고, 2도 동상은 수포성이며, 3도 증상은 괴저성이다. 4도 증상은 골을 포함한 심부의 완전괴사이다.

103 전신냉각의 직접 사인이 아닌 것은?
㉮ 급성 신부전
㉯ 심실 세동
㉰ 조직 지질의 응고
㉱ 혈액의 점도 증가

104 다음 중 기후대에 속하지 않은 것은?
㉮ 온대 ㉯ 열대
㉰ 한대 ㉱ 적도
| 해설 | ① 열대 : 연평균 온도가 20°C 이상의 지역
② 온대 : 연평균 온도 0~20°C인 지역. 4계절이 뚜렷하다.
③ 한대 : 연평균 온도가 0°C 이하인 지역

105 기후 요소에 해당하지 않는 항목은?
㉮ 기온 ㉯ 기습
㉰ 기류 ㉱ 지질
| 해설 | 기후를 형성하는 기후요소(climate elements)에는 기온, 기습, 기류, 기압, 강수, 구름의 양 및 일광의 조사 등이 있다.

106 기후순화 기전에 해당되지 않는 것은?
㉮ 대상적 순응 ㉯ 자극적 순응
㉰ 민족적 순응 ㉱ 수동적 순응
| 해설 | ① 대상적 순응 : 새로운 환경조건에 대해 세포나 기관이 그 기능을 적응시키는 것
② 자극적 순응 : 자극에 의하여 저하된 기능을 정상으로 회복시키는 것
③ 수동적 순응 : 약한 개체가 최적의 기후를 찾아내는 것

107 기후도표(climograph) 작성에 필요한 기후 요소는?
㉮ 건구온도와 기류
㉯ 습구온도와 비교습도
㉰ 습구온도와 기류
㉱ 건구온도와 비교습도

108 증습기후란 무엇인가?
㉮ 습구온도 - 높다. 비교습도 - 높다.
㉯ 습구온도 - 낮다. 비교습도 - 높다.
㉰ 습구온도 - 높다. 비교습도 - 낮다.
㉱ 습구온도 - 낮다. 비교습도 - 낮다.
| 해설 | ㉯는 습랭기후, ㉰는 초열기후, ㉱는 자한기후이다.

109 기후도표가 좌하방(겨울)에서 시작하여 우상방(여름)으로 비스듬히 기운 경우에 대한 옳은 설명은?
㉮ 기온의 연교차가 크다.
㉯ 여름엔 고온 건조하다.
㉰ 습도의 연교차는 작다.
㉱ 모두 옳다.

110 테일러식 기후도표에 의하면 우리나라의 기후는?
㉮ 여름에는 증서기후, 겨울에는 자한기후
㉯ 여름에는 증서기후, 겨울에는 초열기후
㉰ 여름에는 습냉기후, 겨울에는 자한기후
㉱ 여름에는 초열기후, 겨울에는 자한기후

111 저기압으로 인한 신체의 이상은?
㉮ 급성고산병 ㉯ 질소의 마취작용
㉰ 산소중독 ㉱ 탄산가스작용

해답 **101** ㉰ **102** ㉯ **103** ㉱ **104** ㉱ **105** ㉱ **106** ㉰ **107** ㉯ **108** ㉮ **109** ㉮ **110** ㉮ **111** ㉮

112 고기압의 화학적 장해작용이 아닌 것은?
㉮ 질소의 마취작용　㉯ 산소중독
㉰ 탄산가스의 작용　㉱ 기계적 장해

113 폐과팽창증후군 또는 폐과압사고를 일으키지 않는 것은?
㉮ 피하기종　　　　㉯ 기흉
㉰ 동맥혈 기체색전증　㉱ 감압병
|해설| ㉮㉯㉰ 외에 심낭기종 등이 있다.
　　　감압병 = 잠함병

114 고온에 의해 발생하는 2차 생리적 현상이 아닌 것은?
㉮ 심혈관장애　　　㉯ 신장장애
㉰ 신경계장애　　　㉱ 피부혈관 확장
|해설| 1차 체온조절이 되지 않아 고온상태가 유지되면서 중추신경계에 뇌부종 및 출혈이 있고, 심혈관계는 허탈이 온다. 또한 혈액응고와 용혈, 신장의 신세포 손상, 폐부종과 혈관내혈전(호흡기계), 간세포손상 등이 일어난다.

115 고열에 의한 건강 장해가 아닌 것은?
㉮ 열사병　　　　　㉯ 열피비
㉰ 열경련　　　　　㉱ 참호족
|해설| 참호족 = 저온피해

116 한랭장해가 아닌 것은?
㉮ 전신저체온증　　㉯ 침수족
㉰ 참호족　　　　　㉱ 열피비

117 다음 보기와 같은 증세를 나타내는 것은?
┤ 보기 ├
ㄱ. 임상적으로 허혈기, 충혈기, 치유기로 나눈다.
ㄴ. 발이 차고 통증과 부종을 나타낸다.
ㄷ. 충혈, 발적, 반상출혈을 일으킨다.

㉮ 참호족　　　　　㉯ 열피비
㉰ 동상　　　　　　㉱ 전신저체온증

해답 112 ㉱　113 ㉱　114 ㉱　115 ㉱　116 ㉱　117 ㉮

제3장 주택 위생

제1절 주택위생의 개념

1. **주택의 기능**

    (1) 생활적 요구 만족
    ① 풍우를 막고 생명과 재산을 보호한다.
    ② 토양을 건조한 상태로 유지한다.

    (2) 생리적 요구 만족
    ① 여름에는 서늘하게, 겨울에는 따뜻하게 하여 신체를 보호한다.
    ② 작업과 안식, 그리고 휴양기능을 제공해 건강을 유지하게 해준다.
    ③ 질병의 발생과 감염을 방지한다.

2. **주택과 환경**

    (1) 인간의 생활환경의 대부분을 차지한다.
    (2) 인간의 행복을 좌우할 뿐 아니라 문화국가의 척도가 된다.
    (3) 안전하고 건강하며 능률적이어야 한다.

3. **주택의 위생학적 조건**

    (1) 주택의 대지
    ① 산꼭대기와 저지대를 피하고 그 중간지대를 선택하는 것이 좋다.
    ② 대기, 소음, 진동 등 공해발생의 우려가 없고 교통이 편리해야 한다.
    ③ 청량한 음료수를 얻을 수 있고, 하수의 배수처리시설이 잘 갖춰져 있는 곳이 좋다.
    ④ 인근에 공해를 발생하는 공장이 없어야 한다.
    ⑤ **지형** : 남향 또는 동남향
    ⑥ **지질** : 청량한 음료수를 얻을 수 있고, 쓰레기 등의 매립지는 최소 10년 이상 경과하여야 한다.
    ⑦ **지하수위** : 지표에서 최소 1.5~3m 정도에 위치

    (2) 주택의 구조
    ① **지붕** : 방습, 방한, 방열이 잘 되어야 함

② 벽 : 방서, 방한, 방화, 방수, 방음이 잘 되고 열전도율이 커야 함
③ 마루 : 지면에서 45cm정도의 간격을 둔다.
④ 천장 : 높이가 210cm 정도 되도록 한다.
⑤ 거실의 배치
- 남쪽 : 거실 및 침실, 어린이 방
- 북쪽 : 화장실, 목욕탕, 부엌 등

4. 한식주택(한옥)의 문제점

(1) 좁은 지역에 밀집하여 거주하므로, 1인당 거주면적이 작다.
(2) 온돌방구조이므로 겨울철에 환기량이 적다.
(3) 벽체가 빈약하여 실내기온이 균일하지 않고, 변동이 심하다.
(4) 대지에 비해 건축면적이 과대하다.
(5) 채광량이 부족하다.
(6) 보건이나 위생을 고려하지 않고 주택의 외관만 장식하는 경향이 있다.
(7) 주방과 화장실 시설이 빈약하고, 관리가 불량하다.
(8) 우물, 특히 도시우물은 음료수로서 부적당한 것이 많다.
(9) 구충과 구서에 무관심하다.

제2절 환기

1. 환기의 의의

(1) 실내의 공기가 오탁되었거나 온도 및 습도가 높을 때 실외의 신선한 공기와 바꾸어서 쾌적하고 신선한 공기를 흡입하게 함으로써 건강을 유지하게 해준다.

(2) **인공환기의 필요성**

밀폐된 실내에 다수 거주 → CO_2 발생 ┐ 중독증상 발생
국소난방 → $CO_2 \cdot SO_2$ 및 악취 발생 ┘ (예 두통·구토·오심 등)

2. 환기의 종류

(1) **자연환기법**
① 특별한 장치가 없어도 출입문, 창, 벽, 천장 등의 틈새에서 공기가 유통되는 것을 자연환기라고 부른다.
② 원동력
- 실내외의 온도차(중력환기) • 기체의 확산력 • 외기의 풍력(풍력환기)

③ 중성대
- 환기를 실시하여 실내로 들어오는 공기는 하부로, 실외로 나가는 공기는 상부로 이동할 때, 그 중간에 형성되는 압력이 0인 지대
- 중성대가 천정 가까이에 위치하고 실내외의 기온차가 클수록 환기량은 증가한다.

④ 창 면적 : 거실 바닥면적의 1/20 정도가 적당

(2) 인공환기법

① 큰 건물, 주방, 공장, 극장, 병원, 탄광의 개내 등에서 자연환기만으로 불충분한 경우에 기계력을 이용하여 환기를 실시하는 것

② 종류
- 동력환기법 : 동력으로 바람을 일으켜서 환기하는 방법
  - 공기조정법
  - 배기(흡인식)환기법
  - 송기식 환기법
  - 평형식 환기법
- 개창환기법 : 창문을 열어서 실내에 신선한 공기를 환기하는 방법
- 영구환기법 : 변소나 부엌 등에 환기구를 설치하여 환기하는 방법
- 옥배환기법 : 지붕이나 천정을 이용해서 환기하는 방법

③ 인공환기에서 고려할 사항
- 오염 또는 과온된 공기는 신속하게 제거해야 한다.
- 생리적 쾌적감을 제공해야 한다(온도 · 습도).
- 성분이 양호한 신선한 공기를 제공해야 한다.
- 교환된 실내의 공기는 고르게 분포되어야 한다.
- 일시에 많은 양의 찬 공기가 들어와서 실내에 있는 사람에게 피해를 주는 일이 없어야 한다.
- 방안에 있는 사람이나 환자가 옷을 벗었을 때는 창을 열지 말아야 한다.

3. 표준환기량과 환기횟수

(1) 표준환기량

① 온도 기준

$$Q = \frac{H}{0.3(T-t)}$$

Q : 소요환기량(m^2/hr)
H : 발생열량(cal/hr)
T−t : 최고온도와 최저온도와의 온도차(℃)

② CO 기준

$$Q = \frac{V}{10 \times P}(10 \times V)$$

Q : 소요환기량(m^2/hr)
P : CO의 서한용량(0.005%)
V : CO의 발생량(l/hr)

③ CO_2 기준

$$Q = \frac{M}{K_1 - K_0}$$

Q : 소요환기량(m²/hr)
M : 1인 1시간 CO_2 호출량 또는 작업장에서 발생하는 CO_2의 양
K_1 : CO_2 서한용량(0.1%)
K_0 : 외기의 CO_2 용량(0.03%)

예 평상시 실내 CO_2 양은 20~22l(0.02~0.22m³/hr)이며 수면에 들 때는 12l(0.012m³/hr)이다. 실내의 CO_2 서한량을 0.1%, 1인당 CO_2 호출량 0.021m³/hr라고 할 때 사람의 시간당 소요환기량은 다음과 같다.

$$\frac{0.21 m^3}{0.001 - 0.0003} = 30 m^3/hr$$

표 3.1 다중이용시설의 필요 환기량*(건축물의설비등에관한규칙 별표 1의3)

다중이용시설 구분	필요 환기량(m³/인 · 1h)
지하역사	25 이상
지하도상가	36 이상
문화 및 집회시설	29 이상
판매 및 영업시설	29 이상
의료시설**	36 이상
교육연구 및 복지시설	36 이상
자동차 관련 시설***	27 이상
그 밖의 시설(찜질방·산후조리원)	25 이상

* 필요 환기량은 예상 이용인원이 가장 높은 시간대를 기준으로 산정한다.
** 의료시설 중 수술실 등 특수 용도로 사용되는 실의 경우에는 소관 중앙행정기관의 장이 달리 정할 수 있다.
*** 자동차 관련 시설 중 실내주차장(기계식 주차장을 제외한다)은 단위면적당 환기량 (m³/m² · h)으로 산정한다.

(2) 환기횟수

① 1시간 내에 실내에서 교환되는 공기량을 환기량이라고 하면, 환기횟수는 환기량을 실내의 용적으로 나눈 것이다.

$$N = \frac{X \cdot V}{U}$$

N : 환기횟수
V : 1인당 필요한 공기용적
U : 실내의 공기용적
X : 실내의 사람수

② 주택의 시간당 환기횟수(5~10℃) : 한옥은 1.5~3회, 양옥은 0.25~0.7회, 상층은 1.4~3.0회, 하층은 0.7~1.4회

표 3.2 다양한 실내 공간의 환기횟수

구 분	환기횟수(회/hr)
거 실	1~2
객 실	3~5
욕 실	1~2
변 소	3~5
부 엌	4~10
극장, 강당	4
대중식당	4~10
대중식당의 조리실	8~40
사 무 실	5~8

4. 작업장의 환기 (산업보건기준에 관한 규칙)

(1) 기적(氣積)은 바닥에서 4m 이상 높이에 있는 공간을 제외하고 1인당 10m³로 한다.

(2) 외기를 향해 직접 개방할 수 있는 창을 설치하고, 창의 면적은 바닥면적의 1/16 이상으로 한다. 단, 환기량이 1인에 대하여 매시간 30m³ 이상인 경우에는 예외로 한다.

(3) 기온이 10°C 이하인 경우는 환기할 때 근로자가 초속 1m 이상의 기류에 접촉하지 말아야 한다.

5. 실내오염의 원인과 대책

(1) 라돈(Rn)

① 자연적으로 존재하는 암석이나 토양에서 발생하는 자연방사성 가스

② 무색·무취·무미한 가스로서, 인간의 감각에 의해 감지될 수 없다.

③ 우라늄의 붕괴과정에서 생성되는 라돈은 인체의 자연방사선 피폭 위험률을 크게 높인다.

④ 라돈은 생성 당시부터 정전기적으로 전하를 띤 입자이므로 공기 중에 존재하는 먼지, 담배연기, 그리고 수증기와 즉시 부착하여 에어로졸 형태로 흡입된다.

⑤ 호흡을 통해 라돈을 흡입하면 폐에 흡착되어 붕괴하면서 주변 조직에 알파에너지를 방출 → 장기적으로 폐암 유발

⑥ 라돈은 건물의 균열된 틈, 연결부위, 또는 배수관이나 하수도관, 전기선로, 가스관 등을 통해서 실내로 유입된다.

⑦ 주요 발생원
- 건물 지반의 광석이나 주변 토양
- 상수도 및 건물자재
- 조리나 난방 목적으로 사용되는 천연가스

⑧ 우리나라는 아직 라돈에 대한 대책이나 주택의 실내 라돈 방출량과 관련된 규제가 마련돼 있지 않다(라돈 측정기술과 방지기술을 개발 중).

⑨ 대책 : 라돈을 근본적으로 차단하려면 주택을 설계하고 시공할 때부터 방지대책을 철저히 고려해야 한다.
- 자주 환기를 시킨다.
- 주택의 갈라진 틈새를 보수한다.
- 지하수는 사용하지 않는다.
- 유해가스를 제거하는 상품을 사용해 제거한다.

(2) 결로

① 발생
- 기후의 변화가 심하거나 아파트들이 밀집되어 동간 거리가 부족하거나 일조량이 부족하고 통풍이 잘 안 될 경우, 또는 외부의 습도가 높은 경우
- 아파트 등은 콘크리트건축물로서 자체가 수분을 함유하고 있는데, 베란다를 너무 기밀하게 시공하여 통풍을 할 수 없거나 난방설비가 불량하게 시공된 경우
- 바닥의 상층이 차갑거나 또는 방습층을 제대로 시공하지 않았거나 낡아서 제 기능을 다하지 못하는 경우
- 실내의 수증기 배출량이 많거나 통풍이 제대로 안 되는 상황에서 이를 고려하지 않고 사용하는 경우

② 벽체 표면에 결로현상이 나타나는 것이 보통이지만, 벽체 내부에 결로가 생기기도 한다.

③ 피해
- 재료의 부식 또는 분리
- 곰팡이 발생
- 습도가 높아지고 악취 발생
- 벽체의 결빙이나 동해
- 페인트 탈락

④ 방지대책 : 해당 지역의 기후를 감안한 아파트 배치·평면계획 및 설계
- 북측 거실 및 방은 수시로 자연환기를 시키고, 필요한 경우에 강제환기장치 설치
- 욕실이나 주방 등 다량의 습기가 발생하는 곳에 환기시설 설치
- 실내 온도변화를 줄여준다.
- 수증기가 발생하는 난방기는 피하고, 특히 북측 거실의 난방에 주의한다.
- 자주 환기를 시켜준다.
- 제습기 설치

6. 장마철 건강관리

장마철의 높은 온도와 습도는 곰팡이와 세균번식을 촉진해 각종 피부염과 위질환을 일으키며, 갑갑증이나 우울증, 불면증 등을 유발하기도 한다.

(1) 위질환
여름철에 가장 쉽게 발병하는 질병이다. 위장은 습기와 찬 음식에 의해 약해지므로, 실내의 습기를 없애고 몸을 따뜻하게 유지해 준다.

(2) 피부염
① 장마철에는 곰팡이에 의해 발생하는 접촉성 피부염, 무좀 등의 발병률이 높아진다.
② 젖은 옷이나 신발이 피부를 지속적으로 자극하면 접촉성 피부염으로 발전할 수 있으며, 이때는 염증이나 가려움증을 동반한 붉은 반점이 나타난다.
③ 예방법
- 발을 자주 씻고, 물기를 완전히 제거한다.
- 신발을 여러 켤레 준비해서 번갈아 가며 신는다.
- 수건·침실·변기 등을 자주 소독해 준다.
- 환기를 자주 실시해 준다.

(3) 근육통과 관절염
① 저기압과 높은 수분 조건에서는 관절과 근육의 통증이 일어나므로, 수분 흡수가 잘 되고 통풍이 잘 되는 옷을 입으며, 실내의 습도를 낮추기 위해 냉방을 하거나 외출할 때 난방을 해주는 것이 좋다.
② 따뜻한 욕조나 물에 관절을 담그고 마사지를 하면서 굽혔다 펴는 운동을 반복적으로 실시하여 관절을 움직여 주고, 의자에 앉는 생활을 하여 관절의 무리를 줄여 준다.
③ 장마철의 부족한 일조량은 불면증을 유발할 수 있으므로 낮잠은 10~15분 내외로 짧게 자고, 취침할 때 침실의 온도는 22~25°C로 높여서 숙면을 취할 수 있도록 한다.
④ 에어컨과 보일러를 사용해서 실내공기가 곰팡이·집먼지 진드기에 오염되는 것을 막고, 환기를 실시하여 습도를 40~60% 정도로 유지해 준다.

> **참고**
>
> **곰팡이**
> ① 인체에 기생하는 곰팡이 : 호흡기에 침투하여 아스페르길루스증을 유발하는 *Aspergillus fumigatus*, 인체 표면에 기생하는 백선균·기계버짐균·무좀균·티눈균 등의 피부감염균, 칸디다증을 유발하는 효모균의 일종인 칸디다균 등의 피부질환 병원균 등 40여 종
> ② 인간에게 유용한 곰팡이 : 누룩곰팡이·효모균·푸른곰팡이 등(누룩곰팡이는 곡물을 당화시키는 작용이 있어 오래 전부터 술을 빚는 데 이용됨)
> ③ 방제법 : 곰팡이류의 생육에 적합한 환경조건 가운데 습도나 온도조건, 또는 영양분의 공급을 물리적·화학적으로 부적합하게 만드는 방법 등

제3절 채광 및 조명

1. 자연조명과 인공조명

(1) 조명 및 채광은 주택위생의 중요한 요소 중 하나로서, 부적당한 조명은 육체적·정신적 건강뿐만 아니라 작업능률 및 시력에도 나쁜 영향을 미친다. 주택 조명은 보통 태양광선을 이용한 자연조명과 인공조명으로 나눈다.

(2) 자연조명
 ① 직사광선 및 대기 중의 수증기, 먼지 등의 입자에 대한 직사광선의 확산이나 반사 또는 투과하여 생기는 천공광에 의한 조명을 말한다. 연소산물이 없고, 조도가 균일하여 눈의 피로가 적다.
 ② 자연조명에서 고려해야 할 조건
  • 창의 방향은 남향을 기본으로 하여 작업실은 북향이 좋다.
  • 일조시간은 6시간/day가 이상적이며 최소 4시간/day이다.
  • 실내 거실의 안쪽 길이는 창틀 상단 높이의 1.5배 이하가 적당하다.
  • 광량이 많으면 커튼이나 기타 차광물 부착
 ③ 실내의 적정 개각은 4~5도, 입사각은 27~28도가 적당하다.
 ④ 유효창면적은 바닥면적의 1/7~1/5 정도가 좋다.

> **참고**
>
> **벽의 색깔별 광선투과율**
> ① 백색 : 70~80%   ② 황색 : 55~85%
> ③ 담녹색 : 40~65%   ④ 회색 : 15~55%
> ⑤ 농녹색 : 10~20%

(2) 인공조명
 ① 고체나 액체 또는 가스를 태워서 에너지를 이용하는 방법과 전기에너지를 이용해서 얻는 조명
 ② 종류
  • 초(candle) : 파라핀으로 만들며, 비위생적이다.
  • 석유등 : 석유가 연소할 때 특유의 냄새가 발생하며, 45°C에서 발화한다.
  • 아세틸렌등 : 색이 없고 가스가 연소할 때 특유의 냄새가 발생하며, 높은 조도를 얻을 수 있으나 고가이다. 구리와 결합하면 폭발한다.
  • 백열등 : 조도에 비해 열이 많고, 전류소모량도 많아진다.
  • 수은등 : 고압 수음증기 속의 아크방전에 의해 발광(효율↑)
   예) 탐조등, 사무실, 가로조명, 야간광고물 등에 이용

- 형광등 : 효율이 백열등에 비해 2.2~2.4배이면서, 전력소모는 1/3~1/2에 불과하다. **예** 사무실, 거실 등에 광범위하게 사용

③ 인공조명에서 고려해야 할 조건
- 작업을 할 때 조도는 충분히 밝아야 한다.
- 광색은 주광색에 가까워야 한다.
- 유해가스 발생이 없어야 한다.
- 열의 발생이 적고, 폭발 및 화재의 발생이 없어야 한다.
- 조도는 균일하게 유지되어야 한다.
- 작업할 때 광원은 간접조명이 좋고, 좌상방에 위치하는 것이 좋다.

표 3.3 인공조명의 조도기준

장 소		조도(Lux)
학교보건법	교실	300(책상면 기준)
산업보건안전에 관한 규칙	초정밀작업	750 이상
	정밀작업	300 이상
	보통작업	150 이상
	기타 작업	75 이상
한국산업규격(KS)의 조도기준	다중이용시설의 도서관(열람실)	150~300(200)*
	다중이용시설의 강당(회의)	60~150(100)
	백화점(일반부 전반)	600~1,500(1,000)
	시계점(점포내 전반)	300~600(400)
	병원(병실 일반)	150~300(200)
	보건소(일반 진료실)	300~600(400)
	은행(금전출납창구)	300~600(400)

*( ) 안은 표준조도임

2. 인공조명의 방법

(1) 직접조명

① 장점
- 조명효율이 높다.
- 벽, 천장의 색깔 등에 의해 조도가 영향받지 않는다.
- 설치가 간단하여 경제적이다.

② 단점
- 강한 현휘(눈부심)와 진한 음영 때문에 불쾌감을 느낀다.
- 균일한 조도를 얻기 힘들다.

(2) 간접조명

① 장점
- 눈이 부시지 않는다(현휘가 없음).
- 반사에 의해 산광이 되므로 온화한 감정을 느낀다.
- 진한 음영이 생기지 않는다.

② 단점
- 조명효율이 떨어지므로 비경제적이다.
- 조명기구의 설치 등이 복잡하다.

(3) 반간접조명
직접조명과 간접조명의 절충식으로, 직접조명과 간접조명의 장단점을 감안해 일정 비율로 섞어서 병행하는 방법이다.

3. 실내온도 조절

적당한 실내온도는 실내 공간배치의 목적, 작업의 종류 및 강도, 착의상태, 개인의 체질 및 습관 등에 따라 차이가 있다.

(1) 적정온도
① 실내의 최적온도는 $18 \pm 2°C$(적정 실내습도는 40~70%)
② 겨울철에는 습도가 낮아 기관지 및 호흡기질환을 유발하기 쉽고, 여름철에는 다습하여 피부질환이 발생하기 쉬우며, 곰팡이 번식이 용이하다.
③ 적당한 실내온도의 범위

표 3.4 실내온도의 적정 범위

장소	적당한 온도(°C)
거실, 사무실, 작업실, 학교	18~20
침실	12~15
욕실	20~22
병실	22
강당, 집회장, 경작업실	16~18
중작업실, 체육관, 대합실, 외출복 착용장소	10~15

(2) 난방
열에너지를 이용한 인공난방에는 국소난방법과 중앙난방법이 있다.

① 국소난방
- 실내의 온원(溫原)으로 난방을 실시하는 방법
- 연료가 적게 들지만 난방시설의 설치가 복잡하고, 연료를 저장하여 실내로 운반해 와야 한다. 먼지와 재의 발생, 연료산물에 의한 실내공기의 위탁 및 화재의 위험성 등도 단점으로 지적된다.
- 종류
  - 연통이 있는 것 : 석유, 장작, 석탄, 온돌, 페치카
  - 연통이 없는 것 : 화로, 도시가스, 완전연소난로, 전기난로 등

② 중앙난방
- 발열장치를 일정한 장소에 설치하고, 그 열을 일정한 장치를 통해 각 실로 보내는 식으로 난방을 실시하는 방법

- 종류
    - 공기난방 : 공기조절법에 의한 난방법(적절한 습도유지가 필요)
    - 온수난방 : 온수(약 70°C)를 도관을 통해 보내는 방법(조작이 쉽고 경제적이므로 소구역, 유치원, 병원 등에 적합)
    - 증기난방 : 저기압증기난방, 고압증기난방(습도조절이 용이하므로 면적이 넓은 건축물에 적합)

③ 난방을 할 때 주의할 점
- 실내가 고르게 덥혀져야 한다.
- 열 발생량을 자유롭게 조절할 수 있어야 한다.
- 난방에 따른 적절한 습도조절이 가능해야 한다.

3. 주택 위생 ▪ 핵심문제 해설

1 주거지역의 선택요건이 <u>아닌</u> 것은?
  ㈎ 배수가 잘 되는 곳
  ㈏ 악취나 유해가스가 없을 것
  ㈐ 일광이 잘 입사되는 곳
  ㈑ 점토 퇴적층이 쌓인 곳

  |해설| 주거지역 토지는 건조한 사석지가 적당하며 유기질이 없어야 한다.

2 다음 중 주택의 위생학적 조건이 <u>아닌</u> 것은?
  ㈎ 택지는 언덕의 중복에 위치하는 것이 좋다.
  ㈏ 지하수위는 1.5~3m 이상이어야 한다.
  ㈐ 방향은 남향으로 6° 이내가 이상적이다.
  ㈑ 지질은 침투성이고 습한 곳이 좋다.

3 다음은 주택에 대한 설명들이다. 올바른 것만으로 나열된 것은?

> ① 일조시간은 최소한 4시간 이상이어야 한다.
> ② 정밀한 작업을 계속하는 공간은 남향창보다 북향창이 좋다.
> ③ 이중창의 경우 그 간격은 10cm가 적당하다.
> ④ 채광량은 창이 세로로 긴 것이 가로로 긴 것보다 크다.
> ⑤ 침실의 기온은 10°C가 적당하다.

  ㈎ ①, ②, ③   ㈏ ①, ②, ④
  ㈐ ③, ④, ⑤   ㈑ ①, ④, ⑤

  |해설| 이중창의 간격은 최소 10cm 이상

4 한식주택의 보건학적 단점이 <u>아닌</u> 것은?
  ㈎ 소음방지 불량
  ㈏ 냉난방 조절불량
  ㈐ 채광·환기 양호
  ㈑ 기후 변화에 대한 조절불량

5 불량주택과 관계있는 질병은?

> ① 인플루엔자   ② 장티푸스
> ③ 결핵   ④ 수막구균성 수막염
> ⑤ 일본 뇌염

  ㈎ ①, ②   ㈏ ①, ③
  ㈐ ②, ③   ㈑ ④, ⑤

6 주거의 기본적 조건이 <u>아닌</u> 것은?
  ㈎ 가계상 주거비부담이 경제적일 것
  ㈏ 빈민촌과 가깝지 않을 것
  ㈐ 생리적 조건을 만족시킬 것
  ㈑ 정신적으로 안정감을 줄 수 있을 것

7 주택의 방향은?
  ㈎ 동북쪽   ㈏ 서쪽
  ㈐ 북쪽   ㈑ 동쪽~남쪽

8 실내 자연환기의 원동력이 되는 것은?
  ㈎ 기압차   ㈏ 기온차
  ㈐ 습도차   ㈑ 불감기류차

  |해설| 자연환기의 주작용은 실내외 온도차에 의하고, 기체의 확산이나 외기의 풍력도 영향을 미친다.

9 다음 중 일반위생에서 1인당 환기량은?
  ㈎ $10m^3/hr$ ㈏ $20m^3/hr$
  ㈐ $30m^3/hr$ ㈑ $40m^3/hr$

10 학교보건법에 규정된 1인당 환기량은?
  ㈎ $5m^3$ 이상   ㈏ $18m^3$ 이상
  ㈐ $21.6m^3$ 이상   ㈑ $25m^3$ 이상

11 실내 자연환기가 잘 되기 위한 중성대의 위치는 어디가 좋은가?
  ㈎ 방바닥 가까이   ㈏ 천장 가까이
  ㈐ 중간지점   ㈑ 무관하다.

해답 1 ㈑ 2 ㈑ 3 ㈏ 4 ㈐ 5 ㈏ 6 ㈏ 7 ㈑ 8 ㈏ 9 ㈐ 10 ㈐ 11 ㈏

12 환기를 위한 창의 면적은 거실 바닥면적에 대하여 어느 정도가 적당한가?
㉮ 1/10 ㉯ 1/5
㉰ 1/7 ㉱ 1/20

|해설| 채광을 위한 창과 환기를 위한 창의 면적을 구분하여 생각할 것

13 기적 30m³인 거실에서 어른 두 명이 있을 때 적당한 시간당 환기 횟수는?
㉮ 약 1회 ㉯ 약 2회
㉰ 약 5회 ㉱ 약 7회

|해설| $\frac{2 \times 30m^3/h}{30m^3} = 2$

14 중력환기는 주로 무엇에 의해 생기는가?
㉮ 실내외 기압차 ㉯ 실내외 기온차
㉰ 실내외 습도차 ㉱ 실내외 기류차

15 자연환기를 위해서는 유효 창면적의 몇 %이상이 직접 외기에 접하도록 하여야 하는가?
㉮ 1/5 ㉯ 1/10 ㉰ 1/20 ㉱ 1/30

16 다음 중 한식주택의 일반적인 환기 횟수는?
㉮ 1회/hr ㉯ 1.5~3회/hr
㉰ 4회/hr ㉱ 5회/hr

17 실내작업장에서 1인당 필요한 공기 체적의 최저 수준은?
㉮ 10m³ ㉯ 20m³
㉰ 50m³ ㉱ 60m³

|해설| 학교 : 21.6m³/hour
　　　 병원 : 60~70m³/hour

18 거실의 적당한 천장 높이는?
㉮ 2.1m ㉯ 4m
㉰ 1.5m ㉱ 3m

|해설| 천정은 가옥구조에 따라 다르나 너무 높으면 보온에 영향을 주고, 너무 낮으면 여름철에 나쁘기 때문에 2.1m 정도가 적당하다.

19 1인당 적당한 침실의 최소 면적은?
㉮ 3m² ㉯ 4m² ㉰ 5m² ㉱ 6m²

|해설| 1인당 4~6m², 건축 연면적의 33% 정도

20 자연채광을 많이 받을 수 있는 조건이 아닌 것은?
㉮ 창의 개각은 4~5°
㉯ 창의 입사각은 28° 이상
㉰ 창면적은 바닥면적의 1/10 이상
㉱ 거실의 안쪽 길이는 창틀 상단 높이의 1.5배 이내

|해설| 창면적은 1/5~1/7 정도가 좋다.

21 다음은 창의 채광에 관한 설명들이다. 올바르게 나열된 것은?

> ① 개각은 5도, 양각은 27도 이상이 좋다.
> ② 바닥면적에 대한 유효창의 면적은 1/7~1/5이 좋다.
> ③ 동일 방향·동일면적의 창인 경우에는 창이 옆으로 긴 것이 채광효과가 크다.
> ④ 정밀한 작업을 오래 할 경우에는 북향 창이 좋다.
> ⑤ 거실의 안쪽 길이는 창틀 상단의 2배 이상일 것

㉮ ①, ③, ⑤ ㉯ ②, ③, ④
㉰ ②, ③, ⑤ ㉱ ①, ②, ④

22 창의 채광효과를 높이려면?
㉮ 앙각 > 개각
㉯ 앙각 < 개각
㉰ 개각 = 앙각
㉱ 개각과 무관하다.

23 일광이 부족한 주택에서 잘 생기는 주거병이 아닌 것은?
㉮ 결핵 ㉯ 기관지염
㉰ 천식 ㉱ 심장병

|해설| 주거병이라 함은 가옥의 구조및 위치가 여러 가지 조건에 맞지 않아서 생기는 병을 말하는데 습기가 많은 곳에서는 신경통·신장염·심장병 등이 잘 발생하고 일광이 부족한 곳에서는 결핵·기관지염·천식·신경쇠약 등이 생기기 쉽다.

해답 12 ㉱ 13 ㉯ 14 ㉯ 15 ㉰ 16 ㉯ 17 ㉮ 18 ㉮ 19 ㉯ 20 ㉰ 21 ㉱ 22 ㉮ 23 ㉱

24 동일 면적과 동일 방향의 측창으로 채광효과를 올리기 위해서는?
  ㈎ 창의 수가 많아야 한다.
  ㈏ 창이 상하로 길어야 한다.
  ㈐ 창이 좌우로 길어야 한다.
  ㈑ 창의 위치가 높아야 한다.

25 다음 중 일광의 작용이 아닌 것은?
  ㈎ 비타민 D 합성
  ㈏ 구루병의 예방
  ㈐ 피부의 살균작용
  ㈑ 장기대사의 증진과 식욕감소
  |해설| 일광은 Hb 증가로 산소 결합능력을 증가시키고, 장기대사의 증진과 식욕을 왕성하게 한다.

26 자연채광을 위한 창문의 개각 및 입사각은?
  ㈎ 개각 2~3° 입사각 30° 이상
  ㈏ 개각 4~5° 입사각 20° 이상
  ㈐ 개각 4~5° 입사각 27° 이상
  ㈑ 개각 1~3° 입사각 27° 이상

27 자연채광이 적당할 때 활발하게 일어나는 현상은?
  ㈎ 골대사   ㈏ 발육
  ㈐ 살균   ㈑ 이상 전부

28 실내의 밝기는 천장이나 벽의 색에 의하여 영향을 받는다. 광선의 반사율을 연결한 것 중 틀린 내용을 찾으면?
  ㈎ 진녹색 : 10~20%
  ㈏ 연녹색 : 40~65%
  ㈐ 회색 : 15~55%
  ㈑ 백색 : 80~90%

29 유리를 닦은 지 1개월이 지나면 채광률은 얼마나 감소되는가?
  ㈎ 80%   ㈏ 20%
  ㈐ 100%   ㈑ 50%
  |해설| 청소 직후 10~15% 감소, 10일 후 35~40% 감소, 30일 후 89% 감소

30 일조시간은 여름과 겨울을 막론하고 최소 몇 시간 이상이어야 하는가?
  ㈎ 2시간   ㈏ 3시간
  ㈐ 4시간   ㈑ 6시간

31 자외선 중 가장 살균력이 강한 파장은?
  ㈎ 2,000Å   ㈏ 2,500Å
  ㈐ 2,900Å   ㈑ 3,300Å

32 자외선을 잘 통과시키지 않는 것은?
  ㈎ 규산유리   ㈏ 석영유리
  ㈐ 셀로판지   ㈑ 투과성 vinyl
  |해설| 규산은 자외선을 흡수한다.

33 자외선의 작용과 관계 없는 것은?
  ㈎ Vitamin D 형성 및 구루병 예방
  ㈏ 살균작용 (피하 1mm까지)
  ㈐ Melanin Pigment 형성 및 피부암 유발
  ㈑ 일사병의 원인 및 빨래를 건조시킨다.
  |해설| 일사병을 유발하는 것은 적외선이다.

34 자외선의 조사량에 대한 설명이 틀린 것은?
  ㈎ 저지대보다 고지대에 많다.
  ㈏ 적도지역에 갈수록 많다.
  ㈐ 7~8월이 12~1월보다 많다.
  ㈑ 보통 유리창이 빛투과비닐보다 투과량이 많다.

35 반사율 중에서 흰색과 검은색의 반사율이 맞게 된 것은?
  ㈎ 흰색은 90%이고 검은색은 10%이다.
  ㈏ 흰색은 10%이고 검은색은 90%이다.
  ㈐ 흰색은 20%이고 검은색은 80%이다.
  ㈑ 흰색은 80%이고 검은색은 20%이다.

36 인공조명이 구비해야 할 조건 중 틀린 것은?
  ㈎ 주광색에 가까워야 한다.
  ㈏ 열의 발생이 적어야 한다.
  ㈐ 폭발 및 발화 등의 위험성이 없어야 한다.
  ㈑ 휘도가 커야 한다.

해답 24 ㈏ 25 ㈑ 26 ㈐ 27 ㈑ 28 ㈑ 29 ㈎ 30 ㈐ 31 ㈏ 32 ㈎ 33 ㈑ 34 ㈑ 35 ㈎ 36 ㈑

37 조도의 단위는?
㉮ 와트(watt) ㉯ 촉광
㉰ 룩스(lux) ㉱ 루우멘(lumen)

38 안구보호에 가장 알맞은 조명은?
㉮ 간접조명 ㉯ 직접조명
㉰ 반간접조명 ㉱ 반직접조명

39 학교보건법에 규정된 책상면을 기준으로 한 교실의 조도는?
㉮ 100Lux ㉯ 200Lux
㉰ 300Lux ㉱ 400Lux

40 산업보건안전에관한규칙에 규정된 초정밀작업의 조도기준은?
㉮ 300 Lux 이상 ㉯ 400 Lux 이상
㉰ 600 Lux 이상 ㉱ 750 Lux 이상

41 산업보건안전에관한규칙에 규정된 보통작업의 조도기준은?
㉮ 100 Lux 이상 ㉯ 150 Lux 이상
㉰ 200 Lux 이상 ㉱ 300 Lux 이상

해설	산업보건안전에관한 규칙의 조도기준
초정밀작업	750 lux 이상
정밀작업	300 lux 이상
보통작업	150 lux 이상
기타 작업	75 lux 이상

42 정밀작업 시 시야중심과 주변과의 관계는?
㉮ 중심부가 낮아야 한다.
㉯ 주변이 낮아야 한다.
㉰ 같아야 한다.
㉱ 압축성이 커야 한다.

43 눈에 적당한 조도의 범위는?
㉮ 0.5~10,000 Lux
㉯ 100~1,000 Lux
㉰ 500~5,000 Lux
㉱ 1,000~3,000 Lux

44 한국산업규격(KS)에 규정된 병실의 표준조도는?
㉮ 100~300(200) ㉯ 300~400(350)
㉰ 500~600(500) ㉱ 550~700(600)

45 조도에 대한 설명으로 맞는 것은?
㉮ 촉(candle)으로 표시한다.
㉯ Lux는 1촉광의 광원이 1m의 거리에 떨어져서 광원에 직각인 평활평면을 비치는 밝기이다.
㉰ 휘도라고도 한다.
㉱ 일정 조도에서 물체를 식별할 수 있는 속도

46 중심시야와 주변시야의 휘도의 비율이 최적인 것은?
㉮ 10 : 1~5 : 1 ㉯ 8 : 1~4 : 1
㉰ 6 : 1~2 : 1 ㉱ 5 : 1~3 : 1

47 인공조명에서 고려해야 할 조건 중 틀린 것은?
㉮ 실내 조도는 주간에는 20~200 Lux, 야간에는 200~1,000 Lux로 해야 한다.
㉯ 광색은 일광에 가까운 것이 좋다.
㉰ 취급이 간편하고 경제적이어야 한다.
㉱ 조도는 시간과 장소에 따라 균등해야 한다.

48 한국산업규격(KS)에 규정된 다중시설 중 도서관 열람실의 표준조도는?
㉮ 150~300(200) ㉯ 300~400(350)
㉰ 500~600(500) ㉱ 550~700(600)

49 다음 중 틀린 사항은?
㉮ 조도는 여름에 최고, 겨울에는 최저이다.
㉯ 조도의 시간적 변화는 가을에 최대, 여름에는 안정하다.
㉰ 오전 10시에서 오후 2시 사이에 최고 조도에 도달된다.
㉱ 비가 오면 조도는 50% 이상 저하한다.

50 시력에 대한 설명으로 옳은 것은?
㉮ Illumination보다 brightness의 영향을 더 받는다.
㉯ Brightness보다 illumination의 영향을 더 받는다.
㉰ Brightness와 illumination의 영향을 비슷하게 받는다.
㉱ Brightness나 illumination와 관계 없다.

해답 37 ㉰ 38 ㉮ 39 ㉰ 40 ㉱ 41 ㉯ 42 ㉯ 43 ㉯ 44 ㉮ 45 ㉯ 46 ㉱ 47 ㉮ 48 ㉮ 49 ㉯
50 ㉰

51 조명에 의한 피해가 아닌 것은?
　㉮ 근시　　　　　㉯ 안정 피로
　㉰ 결핵　　　　　㉱ 안구진탕증

52 다음 중 조도계가 아닌 것은?
　㉮ 광전지 조도계　　㉯ 광전관 전도계
　㉰ 맥베스 조도계　　㉱ 웨버 광도계
　|해설| 웨버광도계는 광도를 측정하는 장치이다.

53 난방 시 실내공간의 온도 측정은 방바닥으로부터 얼마의 높이에서 하는가?
　㉮ 25cm　㉯ 35cm　㉰ 45cm　㉱ 60cm

54 인체에 쾌적한 온도 및 습도는?
　㉮ $18 \pm 2°C$, $40 \sim 70\%$
　㉯ $15 \pm 2°C$, $30 \sim 60\%$
　㉰ $20 \pm 2°C$, $50 \sim 80\%$
　㉱ $20 \pm 2°C$, $40 \sim 70\%$

55 병실에 적당한 온도는?
　㉮ 22°C 전후　　　㉯ 16°C 전후
　㉰ 26°C 전후　　　㉱ 14°C 전후
　|해설| 병실 22°C 전후, 욕실 20~22°C, 침실 13~15°C, 거실 18~20°C

56 국소난방법의 설명 중 맞지 않는 것은?
　㉮ 연료효율이 낮아서 비경제적이다.
　㉯ 화재의 위험성이 있다.
　㉰ 가스가 발생된다.
　㉱ 연료의 운반 시에 불편하다.

57 다음 중 국소난방법이 아닌 것은?
　㉮ 화로　　　　　㉯ 석유난로
　㉰ 온돌　　　　　㉱ 지역난방법
　|해설| 국소난방법에는 화로, 연탄난로, 석유난로, 기름난로, 전기난방, 온돌 등이 있다.

58 다음 중 중앙난방법이 아닌 것은?
　㉮ 공기난방법　　　㉯ 온수난방법
　㉰ 증기난방법　　　㉱ 전기난방법
　|해설| 중앙난방법에는 공기난방법, 온수난방법, 증기난방법, 지역난방법 등이 있다.

59 중앙냉방법에 해당되는 것은?
　㉮ room cooler　　㉯ 선풍기
　㉰ Car cooler　　　㉱ carrier system

60 공기조절(air conditioning)장치의 기능에 속하지 않는 것은?
　㉮ 여과　　　　　㉯ 가열 ~ 냉각
　㉰ 습도의 과감　　㉱ 오존발생

61 냉방 시 실내외의 적당한 온도차는?
　㉮ 20°C　㉯ 10°C　㉰ 13°C　㉱ 5~7°C
　|해설| 보통 실내외의 온도차는 5~7°C 정도가 적당하며, 10°C 이상 차이가 생기면 냉방병에 걸릴 수도 있다.

62 실내의 환경조건으로 부적당한 것은?
　㉮ 실온은 $18 \pm 2°C$
　㉯ 기습은 40~70%
　㉰ 중성대는 천장 가까이 형성
　㉱ 기류는 1m/sec

63 실내공기 오염원중 건물지반이나 균열부위에서 나오는 것으로 긴 반감기를 갖는 물질은?
　㉮ 라돈　　　　　㉯ 플리티늄
　㉰ x 선　　　　　㉱ 에어로졸

64 장마철에 자주 걸리는 질환이 아닌 것은?
　㉮ 위질환　　　　㉯ 피부염
　㉰ 근육통　　　　㉱ 안구질환

65 일조량이 부족하고 통풍이 잘 안되거나 외부의 습도가 높을 때 아파트 등 주택에 생기는 현상은?
　㉮ 결로현상　　　㉯ 냉동현상
　㉰ wash-out 현상　㉱ 건조현상

66 우리나라에 영향을 주는 기단이 아닌 것은?
　㉮ 시베리아기단　　㉯ 오츠그해기단
　㉰ 북태평양기단　　㉱ 남태평양기단

67 우리나라 기후의 중요한 요인이 되는 전선대는?
　㉮ 태평양한대전선　㉯ 서남아시아전선
　㉰ 동북부전선　　　㉱ 아열대전선

해답 51 ㉰ 52 ㉱ 53 ㉰ 54 ㉮ 55 ㉮ 56 ㉱ 57 ㉱ 58 ㉱ 59 ㉱ 60 ㉱ 61 ㉱ 62 ㉱ 63 ㉮
64 ㉱ 65 ㉮ 66 ㉱ 67 ㉮

제4장 의복 위생

제1절 의복의 기능과 목적

1. 의복의 의의
(1) 한 벌의 복장을 구성하는 각 피복과 그 피복이 포함하는 공기, 그리고 피복과 피복 사이의 공기층까지 포괄하여 의복이라고 한다.
(2) 의복은 인간이 누리는 생활의 특권이라고 할 수 있다.
(3) 인간의 지혜가 발달하고 여러 민족이 생기면서 지리적인 특성과 사회적 구조의 발전 정도에 따라 의복의 형태가 다양해졌다.

2. 의복의 기능
(1) 보건위생적 기능
 ① 체온조절 : 물리적·생리적 인자와 작용하여 의복기후 형성
  • 물리적 인자 : 기온, 기습, 기류, 복사열
  • 생리적 인자 : 복사, 대류, 증발
  • 신체와 환경 사이의 온도는 다음과 같이 표시된다.
   $$M = S \pm E \pm R \pm C$$
   M : 대사율
   S : 저장률
   E : 증발율
   R : 복사에 의한 열손실 또는 가온율
   C : 대류에 의한 열손실 또는 가온율
 ② 신체의 청결 유지 : 오염방지, 지방분 제거
 ③ 외계의 위해 방어 : 열·일광·외상·충해에 대한 보호
 ④ 능률화 : 적절한 옷을 선택하면 신체활동을 능률적으로 할 수 있다.

(2) 사회적 기능
 ① 소속의 표현 : 소속감과 사명감 제고
 ② 의례의 표현 : 의식에 참여하거나 예의·품위 유지
 ③ 개성의 표현 : 취미나 멋, 독특한 개성을 표현

제2절 의복과 기후

1. 의복의 기후조절

(1) 나체인 상태로 체온을 조절할 수 있는 하한선은 25~26°C이며, 이보다 기온이 낮을 때는 외기에 체열을 빼앗긴다. 따라서 급격한 체온하강을 막기 위해 의복이 필요하다.

(2) 의복으로 체온을 조절할 수 있는 기온의 범위는 10~25°C이며, 10°C 이하에서는 난방이, 26°C 이상에서는 냉방이 각각 필요하다.

(3) 의복이 피부 표면(체표)에 가까워지면 기온은 낮아지고 습도는 높아지며, 기류는 약해져서 0.1~0.4m/sec 정도가 된다.

(4) 의복과 체표 사이에는 의복기후가 형성된다. 신체에 미치는 있는 영향은 표 4-1과 같다.

(5) 체열은 주로 체표면의 증발·대류·전도·복사·증발에 의해서 방산하는데, 피부방열은 전체의 80~90%를 차지한다. 신체 각 부위별로는 하지(46%), 몸체(20%), 상지(20%), 두부(10%) 순으로 그 비중이 높다.

표 4.1 의복과 기후

구 분	기후조건	추 위 감	쾌 감	더 위 감
안정	기온	30°C 이하	32±1°C	34°C 이상
	기습	50±10%	50±10%	70% 이상
	기류	10cm/sec 이하	10cm/sec 이하	10cm/sec 이하
보행	기온	28°C 이하	30±1°C	34°C 이상
	기습	45±10%	45±10%	70% 이상
	기류	40cm/sec	40cm/sec	40cm/sec

2. 의복의 방한효과와 냉각률

(1) 방한효과 산출공식

$$\text{방한효과} = \frac{\text{한랭환경에서 입실 60분 후 몸통 부위의 의복 최내층의 평균온도와 실온의 차}}{\text{한랭환경에서 입실 직후 몸통부위의 최내층의 평균온도와 실온의 차}} \times 100$$

(2) 냉각률 산출공식

$$\text{냉각률} = \frac{\text{송풍 개시 직전의 피부} - \text{송풍 1시간 후의 피부온도}}{\text{송풍 개시 직전의 피부온도}} \times 100$$

(3) 냉각률로 비교해보면, 일본옷은 방서형, 중국(만주옷)은 방한형, 양복은 그 중간형이다. 한복은 방한형이라고 할 수 있다.

(4) 방한효과를 높이려면 내의는 얇은 것이 좋고, 외투는 두꺼운 것이 좋다.

3. 의복이 갖추어야 할 조건

(1) 가볍고 함기량이 클수록 좋다. 무거우면 혈액순환과 호흡운동을 방해하고 신체활동 전반에 지장을 준다. 5kg 이상이면 활동에 제한을 받는다.
  ① 남자 : 겨울 : 6~7kg, 여름 : 3~4kg
  ② 여자 : 겨울 : 5~6kg, 여름 : 2~3kg

(2) 후착(두껍게 입는 것)은 체열방산을 방해하여 신진대사장애, 피부저항력을 약화시키고, 특히 여름철에는 열성 질환의 원인이 된다. 땀에 젖은 피복 때문에 수분증발이 방해돼 열전도가 높아졌을 경우에는 급속한 냉각으로 인해 감기에 걸리기 쉽다.

(3) 피복의 압력이 지나치면 운동장애나 장기의 위치변화를 일으킨다. 여자의 코르셋이나 치마끈, 남자의 넥타이나 구두끈 등을 너무 세게 조이지 않는다.

(4) **의복의 오염과 전염병 매개작용**
  ① 의복의 오염은 함기량, 성상, 발한 정도와 관련돼 있다. 습해진 피복에서는 진애와 땀이 취기를 만든다.
  ② 오염물질은 습진을 일으키고 취기를 방출한다.
  ③ As · Pb · Cu · Al 등을 포함한 유해한 의복염료는 피부를 자극해서 염증을 유발하거나 때로는 흡수되어 중독을 일으키기도 한다.
  ④ 여관의 침구는 천연두 · 마진 · 발진성 질병 · 결핵 · 나병 · 옴 · 발진티푸스를 전염할 수 있다.

(5) 침실의 기온은 12~15°C가 좋고, 습도는 40~50%가 적당하지만, 잠옷을 입으면 기온을 2~3°C 낮추는 것이 좋다.

(6) 모자는 방한과 방서에 적합하고 가벼운 것이 좋다.

(7) 여름양말은 견직이나 목면 재질의 통기성이 우수한 것이 좋다.

(8) 방한화는 가벼운 것(1kg 이하)이 좋다.

4. 의복의 위생학적 구비조건

(1) **방서작업복**
  ① 고온, 고습, 태양 복사선과 자외선에서 신체를 보호
  ② 체온조절작용 : 대류와 환기로써 피부 표면의 방열을 방출
  ③ 재료의 선택
    • 흡수성과 열전도성이 적당할 것
    • 열선과 자외선을 방어할 만큼 치밀해야 한다.
    • 경도가 커서 운동할 때 의복 내 기류를 활발하게 할 것

(2) 방한작업복

① 통기성과 함기성, 열전도성이 적당할 것

② 구조
- 안쪽 : 기공의 형태로 많은 공기를 함유하여 피복의 열전도를 작게 함
- 바깥쪽 : 기밀하고도 유연하여 한기의 통과를 방어하고, 움직일 때 강제 대류와 환기가 적어야 함

(3) 공장작업복

① 체온조절작용 : 보온효과가 크고 체열방산이 잘 되어야 함

② 작업능률 향상 : 의복의 하중이 어깨와 골반부에 고르게 걸쳐야 하며 중착의는 피해야 한다.

③ 위해의 방지
- 기계적 원인 : 찰과상, 피부박리 등을 방지 → 탄력성, 강인성이 있고 간편해야 함
- 물리적 원인
  - 동상, 화상피해 등에 대해 방열 및 연소성이 적은 재료가 적당
  - 방사선의 피해를 막기 위해서는 납이 함유된 보호의 착용
- 화학적 원인 : 부식제, tar 및 기타 유독성 물질에 의한 피부염과 각종 중독을 방지하기 위해 고무제 장갑, 앞치마, 고무화 착용

제3절 의복과 성상

1. 섬유의 분류

의복의 재료가 되는 섬유는 아래 그림과 같이 분류한다.

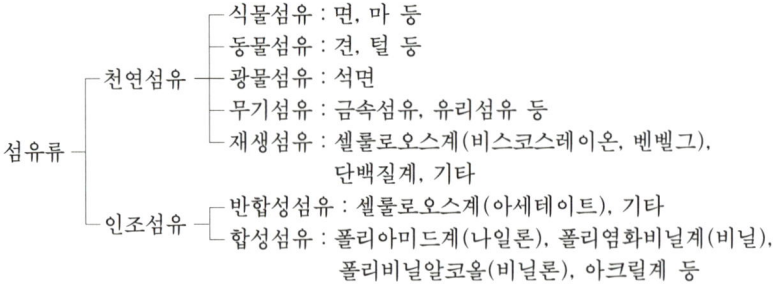

그림 4.1 ■■■ 섬유의 분류

2. 의복의 방한력

(1) CLO 의복의 보온효과는 재료의 열전도율, 피복의 함기량, 통기성, 흡수성, 압축성, 복사열, 내구성 등에 의해 결정된다.

(2) **의복의 방한력 단위**(열차단 단위)
① 1CLO : 기온 21°C(70°F), 기습 50% 이하, 기류 10cm/sec에서 피부온도를 33°C(70°F)로 유지시키는 의복의 방한력
② 나체(0CLO)에서 적정기온은 30°C → 1CLO의 보온성은 9°C 정도
③ 2CLO의 의복 착용시 12°C가 적당하지만 기류와 기습에 따라 다르다. (3.6°C에서 3CLO)
④ 의복의 최적 CLO : 방한복 4CLO, 방한화 2.5CLO, 방한장갑 2CLO, 보통작업복 1CLO 등 (4CLO에서 방한력 가장 우수)

3. 의복의 성질

(1) 보온력과 관계가 있는 피복재료의 중요한 성질은 아래 표와 같다.

1. 열전도율	공 기	1.0
	동물털	6.1
	견 직	19.2
	목면, 마직	29.9
2. 함기성	마 직	50%
	목 면	70~80%
	모 직	90%
	모 피	98%
3. 통기율(통기시간, 초)	군복상의감	18.8
	모 메리야스	5.7
	굵은 털옷감	2.8
	목면 메리야스	1.1
	굵게 짠 셔츠	0.3
4. 색과 복사열 흡수도	백 색	100
	황 색	165
	청 색	177
	회 색	188
	녹 색	194
	도(桃)색	194
	적 색	207
	자 색	226
	흑 색	250

(2) **기타**
① 흡습성 : 털(28%) > 견사(17%) > 목면·마직(12%)
② 흡수성 : 인조섬유 > 식물성 섬유 > 동물성 섬유

③ 압축성 : 모직물＞견직물＞면직·마직 크다.
④ 화학적 저항성 : 염화비닐계가 가장 큰 (예 작업복, 실험복)

4. 의복의 소독

① 일광소독 : 건조작용과 자외선에 의한 살균작용
② 고압증기소독 : 15 LBS(121.5°C)에서 20분 간 증기 소독
③ 열탕소독 : 100°C의 물에서 30분 소독(중탄산나트륨(중조)을 주입하면 소독 시간을 절반으로 단축)
④ 약물소독 : 3% Lysol과 석탄산에 20분 이상 담아 둔다.
⑤ 세탁법 : 세척 및 희석에 의한 제거(표백분이나 차아염소산소다 등을 적당한 농도로 희석 세탁함으로써 살균 및 표백 효과)
⑥ 가스소독 : 밀폐된 장소에 35% 포르말린(formalin)을 가스로 만들어서 소독

4. 의복위생 ∥ 핵심문제 해설

1 다음은 의복에 관한 설명들이다. 맞는 것만으로 묶인 것은?

> ① 의복의 위생학적 성능 중 함기량과 가장 밀접한 관계가 있는 것은 보온성이다.
> ② 방한력이 가장 좋은 의복은 약 3CLO의 방한력을 갖는다.
> ③ 압축성은 착복시 동작의 자유를 주며 충격을 완화시킨다.
> ④ 피복재료의 취기 흡수성은 흡습성에 비례한다.
> ⑤ 피복재료가 습윤하면 열전도율은 떨어진다.

㈎ ①, ③, ④　　㈏ ②, ③, ⑤
㈐ ①, ③, ⑤　　㈑ ②, ③, ④

2 열차단 단위의 표시는?
㈎ Lux　㈏ Ω　㈐ CLO　㈑ dB
| 해설 | 열차단 단위는 CLO가 사용되고 있는데, 방한력이 가장 좋은 것은 4CLO이고, 방한화가 2.5CLO, 방한장갑이 2CLO, 보통작업복은 1CLO 이다.

3 의복이 갖추어야 할 조건으로 볼 수 없는 것은?
㈎ 기후조절력이 좋은 것
㈏ 피부면을 청결하게 유지하는 것
㈐ 신체를 보호하는 것
㈑ 최신 개발섬유를 이용한 것

4 안정시에 쾌적한 의복기후의 온도는?
㈎ 36℃　　㈏ 32℃
㈐ 26℃　　㈑ 22℃

5 인간이 나체로 체온을 조절할 수 있는 최저온도는?
㈎ 15~16℃　　㈏ 18~19℃
㈐ 20~22℃　　㈑ 25~26℃

6 다음 설명 중 옳은 것은?
㈎ 의복위생의 개념에는 위엄 등 사회적 지위를 과시하기 위한 장식 등도 포함된다.
㈏ 의복이란 옷·양말·장갑·이불 등 인체보호를 위한 개개의 것을 말한다.
㈐ 피복이란 인체의 표피면과 의복 내외의 표면을 구성하는 공간 전체를 말한다.
㈑ 의복위생이란 피복재료의 물리·화학적 성질과 이것들로 만들어진 피복을 입음으로써 인체기능에 미치는 영향을 연구하여 건강을 확보·증진하고 정신적·육체적 능력을 최고도로 발휘하기 위한 과학이다.

7 다음 중 의복의 기능은?
㈎ 체온조절기능
㈏ 신체청결
㈐ 신체의 방어 및 보호
㈑ 이상 모두이다.

8 의복기후에서 안정 시에 온도, 습도, 기류가 이느 정도일 때 쾌감조건이라고 볼 수 있는가?
㈎ 32±1℃, 50±10%, 10cm/sec
㈏ 21±1℃, 20±10%, 5cm/sec
㈐ 32±1℃, 70±10%, 10cm/sec
㈑ 32±1℃, 30±10%, 0.5cm/sec
| 해설 | 의복 기후는 안정시에 온도 32±1℃, 습도 50±10%, 기류 10cm/sec 일 경우에 쾌감조건이라고 본다.

해답 1 ㈐　2 ㈐　3 ㈑　4 ㈏　5 ㈑　6 ㈑　7 ㈑　8 ㈎

9 성인 남자의 경우, 겨울철에 적당한 의복의 중량은?
㉮ 3~4kg ㉯ 4~5kg
㉰ 6~7kg ㉱ 13~15kg

| 해설 | 성인 남자의 경우 여름철에 3~4kg, 겨울철에 6~7kg 정도가 적당하며, 여자의 경우는 남자보다 1kg 정도 가벼운 것이 좋다.

10 동복의 위생학적 조건으로 적합하지 <u>않은</u> 것은?
㉮ 함기성이 커야 한다.
㉯ CLO가 커야 한다.
㉰ 흡수성이 커야 한다.
㉱ 압축성이 커야 한다.

11 여름철에 풀먹이기나 다듬질 등으로 옷감의 경도를 높이면 시원해진다. 그 이유는?
㉮ 강제 대류가 일어나기 때문에
㉯ 전열성이 커지기 때문에
㉰ 열 차단력이 커지기 때문에
㉱ 열 흡수력이 커지기 때문에

12 의복에 의해 체온을 조절할 수 있는 외기온도의 범위는?
㉮ 5~20°C ㉯ 8~22°C
㉰ 10~26°C ㉱ 15~33°C

| 해설 | 10°C 이하에서는 난방을, 26°C 이상에서는 냉방을 필요로 한다.

13 C.P. Yaglou의 주장에 의했을 때, 가장 방한력이 좋은 의복의 방한력은?
㉮ 1 CLO ㉯ 2 CLO
㉰ 3 CLO ㉱ 4 CLO

14 착의상 주의점으로 맞지 <u>않은</u> 것은?
㉮ 지나친 중복과 밀착 금지
㉯ 지나친 피부압이 없을 것
㉰ 오염되어 있지 않을 것
㉱ 미관상 좋으면 그만이다.

15 보행시의 쾌적한 의복기후는?
㉮ 20°C±2°C ㉯ 30°C±1°C
㉰ 35°C±1°C ㉱ 36°C±1°C

16 보통 작업복의 CLO는?
㉮ 4 CLO ㉯ 3 CLO
㉰ 2 CLO ㉱ 1 CLO

17 좋은 방한화의 CLO는?
㉮ 1 CLO ㉯ 2.5 CLO
㉰ 3 CLO ㉱ 4 CLO

18 모직옷에서 온감을 느끼는 이유는?
㉮ 함기량이 크기 때문에
㉯ 열전도율이 크기 때문에
㉰ 방열성이 아주 크기 때문에
㉱ 의복 내 온도조절이 가능하기 때문에

19 안정 시의 쾌적한 의복기후보다 약간 냉감을 느낄 수 있는 온도는?
㉮ 30°C ㉯ 31°C ㉰ 32°C ㉱ 33°C

20 성인 남자의 경우, 하계에 적당한 의복의 중량은?
㉮ 3~4kg ㉯ 4~5kg
㉰ 6~7kg ㉱ 7~9kg

21 열전도율이 가장 높은 옷감은?
㉮ 마직 ㉯ 면직 ㉰ 모직 ㉱ 견직

22 여름철 옷에 풀을 먹이면 시원한 이유는?
㉮ 전열성이 커지기 때문이다.
㉯ 방열성이 커지기 때문이다.
㉰ 광선 투과성이 적어지기 때문이다.
㉱ 의복 내 기류를 증대시키기 때문이다.

23 함기성이 가장 높은 옷감은?
㉮ 면직 ㉯ 마직 ㉰ 양모 ㉱ 모직

해답 9 ㉰ 10 ㉱ 11 ㉮ 12 ㉰ 13 ㉱ 14 ㉱ 15 ㉯ 16 ㉱ 17 ㉯ 18 ㉮ 19 ㉮ 20 ㉮ 21 ㉮
22 ㉱ 23 ㉰

24 마직물에 대한 내용으로 맞는 것은?
  (가) 함기성이 가장 크다.
  (나) 통기성이 가장 좋다.
  (다) 흡습성이 가장 크다.
  (라) 흡수성이 가장 크다.

25 의복 및 침구의 소독방법이 아닌 것은?
  (가) 일광소독   (나) 자비소독
  (다) 저온소독법   (라) 화학적 소독

26 전염이 의복과 무관한 질병은?
  (가) 장티푸스   (나) 안질
  (다) 폐렴   (라) 이상 모두

27 의복 내의 기류는 어느 작용과 가장 관계가 깊은가?
  (가) 신진대사작용   (나) 보온작용
  (다) 피부호흡작용   (라) 열전파작용

28 다음 설명 중 틀린 것을 고르면?
  (가) 의복의 하중을 어깨와 골반부에서 받는 것이 좋다.
  (나) 의복의 하중을 운동이 활발한 부분에 받으면 인체에 지장이 없다.
  (다) 남자의 경우, 의복의 무게가 겨울에 6~7kg, 여름에는 3~4kg이 좋다.
  (라) 여자의 경우는 남자보다 1kg 정도 가벼운 것이 좋다.

29 의복의 목적에 대한 설명 중 잘못된 것은?
  (가) 외부로부터 오염물질의 방지
  (나) 채광과 환기 방지
  (다) 체온조절 기능의 보조
  (라) 신체의 보호

30 동질의 피복에서 복사열의 흡수도가 가장 큰 것은?
  (가) 황색   (나) 청색   (다) 회색   (라) 적색

31 기온이 몇 °C씩 하강할 때마다 1CLO의 보온력을 가진 피복을 더 입어야 하는가?
  (가) 10°C   (나) 15°C
  (다) 8.8°C   (라) 4.5°C

32 다음 옷감 중 내열성이 가장 강한 것은?
  (가) 목면   (나) 인견   (다) 견직   (라) 양모
  |해설| 천연섬유 중 내열성이 가장 강한 것은 마직이다.

해답 24 (나) 25 (다) 26 (라) 27 (가) 28 (나) 29 (나) 30 (라) 31 (다) 32 (다)

제5장 상수 위생

제1절 물과 환경위생

1. 물의 의의
(1) 물은 공기 다음으로 인간의 생명을 유지하는 데 가장 중요하다고 할 수 있다.
(2) 성인의 경우 하루 2.0~2.5 l 의 물을 필요로 한다.
(3) 인체는 체중의 60~70%(세포 40%, 조직 20%, 혈액 5%)가 수분으로 구성되어 있다(신체의 각 세포의 형성과 활동 유지).
(4) 체중을 기준으로 수분을 10% 상실하면 생리적 이상이 오고, 20% 이상 상실하면 생명이 위험해진다.
(5) 물은 음식물의 소화, 운반, 영양분의 흡수, 노폐물의 배설, 호흡, 순환, 체온 조절 등의 역할을 한다.
(6) 일상생활에서도 요리, 세탁, 목욕, 청소, 공업용수, 소화용수, 다목적 급수 등 어디서나 물이 필요하다.
(7) 생활 수준이 높을수록 물의 사용량이 늘어난다.

2. 물과 건강
(1) 물은 수인성 전염병 및 기생충 질병의 전염원으로서 작용한다.
(2) 환경오염이 심해지면서 물은 중금속오염으로 인해 질병의 원인이 되기도 한다.
(3) 물은 무기질의 함유량에 따라 인간의 건강에 직접적으로 작용하기도 한다.

3. 수인성 전염병
(1) 특징
① 음료수로 사용하는 지역과 전염병 발생지역이 일치한다.
② 2차 감염률이 낮다.
③ 잠복기가 길고, 치명률과 발병률이 낮다.
④ 성별, 연령, 생활정도, 직업과 무관하게 발생한다.
⑤ 계절과 관계없이 발생한다.
⑥ 수질이 오염된 사실이 증명될 때가 많다.

(2) 종류

① 비브리오패혈증
- 감염 : 어패류를 생식하거나 해안에 상처난 피부를 통해서 비브리오패혈증균(비브리오불니피쿠스균) 침입
- 증상 : 일반적으로 구토·설사·복통을 일으키며 상처난 피부를 통해 감염이 되었을 경우에는 감염된 지 2일 이내에 발열·오한·피부괴사 등의 증상을 유발한다. 특히 이 경우에는 저항력이 현저히 떨어지므로 사망률이 50%에 이른다.

② 장티푸스
- 감염 : 대·소변에 오염된 물 또는 음식에 의해 전파(격리치료 대상)
- 증상 : 고열·두통·오한·설사·복통 등의 증상이 나타나며 장천공이나 장출혈 등의 합병증도 발생할 수 있다. 초기 증상은 독감과 비슷하며, 다른 수인성 질병과 차이점은 설사가 주증상이 아니기 때문에 판단하는 데 어려움이 따른다는 것이다.

③ 세균성 이질
- 감염 : 배설물 또는 음식을 통한 전염 또는 보균자와 직접 접촉에 의해 발병(격리치료대상)
- 증상 : 고열·구토·경련성 복통·설사 등이 나타나며 증상이 심해지면 대변에서 혈액 또는 고름 등이 관찰된다.

4. 기생충 질병

수질오염으로 간디스토마·폐디스토마·주혈흡충증 등의 기생충 질병과 회충·편충 등의 기생충이 전파될 수 있다.

5. 중금속 오염

산업장에서 유출된 시안·수은·질산은·카드뮴·유기인·아연 등 유독물질이 하천에 유입돼 수질을 오염시켜서 각종 중금속 질환의 원인이 된다.

6. 불소

(1) 불소가 다량 함유된 물을 장기간 마시면 반상치가 될 수 있으며, 불소가 부족한 물을 장기 음용했을 경우에는 우치 또는 충치가 생길 수 있다.

(2) **적정량** : 1.5 mg/l

(3) 과다함유시 반상치 발생, 과소함시 우치 또는 충치 발생

7. 수질오염의 피해

① 생활환경의 악화
② 음료수와 공업용수로 사용 부적합
③ 악취 및 가스 발생
④ 해충의 서식 및 질병발생원으로서 작용

제2절 물의 순환과 수원

(1) 물은 강수, 유출, 증발의 3단계를 거치며 순환한다.
(2) 인체의 60~70%는 수분으로 되어 있다(성인의 경우 세포에 40%, 조직에 20%, 혈액에 5%가 각각 존재). 수분의 10~15%를 상실하면 생리적 이상이 오고 20% 이상 상실하면 생명이 위험하다.

(3) **수원의 분류**
① 천수 : 강우, 강설
② 지표수 : 하천수, 호소수, 저수지수
③ 지하수 : 천층수, 심층수, 용천수, 복류수
④ 해수

(4) **수원의 비중** : 해수(97%) > 빙하(2.5%) > 기타(지하수 · 지표수 등)

1. 천수

① 연수로서, 순수한 물에 가장 가깝다(증류수의 일종).
② 수증기가 공중에서 응결되어 지표면에 떨어진 물이다.
③ 지상에 도달할 때까지 여러 가지 가스, 세균 또는 미생물, 매연, 먼지 등과 혼합되어 내려온 빗물은 음료수로서 부적합하다.
④ 천수를 직접 수원으로 하는 경우는 매우 드물지만 지표수와 지하수는 모두 우수에 의존한다.

2. 지표수

① 계절의 변화에 따라 수온이 바뀌며, 강우 · 강설 · 가뭄 등에 의해 탁도와 pH의 변화가 심하다.
② 암석, 토양의 풍화물(Na · Ca · Mg · K 등), 지중의 Na · CO_2 · 무기염류 등을 함유한다.
③ 지하수에 비해 알칼리도가 낮고 광물질(Mg, Ca)이 적으며, 경도가 낮다.
④ 동식물의 분해에 의한 유기물을 함유하여 산소의 소비량이 증가한다.
⑤ 농촌에서는 농약, 도시에서 공장 및 가정하수의 혼입이 각각 일어난다.

3. 지하수

① 수온이 거의 일정하며, 탁도가 낮고 강우에 의한 계절적 변동도 적다.
② 광물질 · 유기물 등을 함유해서 경도가 높다. 특히 Fe와 Mn이 풍부하다.
③ 미생물이나 세균류가 극히 적고, 지상의 오염에 의한 영향도 적다.
④ 지층이나 지역적인 수질의 차이가 크다.
⑤ 대량으로 취수하면 수위저하나 지반침하의 문제가 일어나는 경우가 있다.

제3절 음료수

1. 수질검사방법

(1) 현장 검사 : 취수장소의 환경조건에 따라 검사법이 다르다.

(2) 실험실 검사

① 이화학적 검사 : 수중 부유물 용해성분의 종류 및 양(온도·취기·맛·색도·탁도·pH)검사 → 독물오염 검사

② 화학적 검사 : 암모니아성 질소·아질산성 질소·질산성 질소·염소이온·$KMnO_3$ 검사

③ 생물학적 검사 : 현미경을 사용하여 대장균군·일반세균수 검사 → 생물에 의한 장애 해결, 생물을 이용하는 처리 방식에서 작업관리의 적부·처리효율 점검 및 개선

④ 기타 : 오수성 생물, 방사선학적 검사

2. 검사기준
(먹는물수질기준및검사등에관한규칙)

(1) 수질검사(제4조)

1) 일반수도사업자·전용상수도 설치자 및 소규모 급수시설을 관할하는 시장·군수·구청장은 수질검사를 실시하여야 한다.

① 정수장

- 냄새·맛·색도·탁도·수소이온농도 및 잔류염소에 관한 검사 : 매일 1회 이상
- 일반세균, 총대장균군, 대장균 또는 분원성대장균군, 암모니아성질소, 질산성질소, 과망간산칼륨소비량 및 증발잔류물에 관한 검사 : 매주 1회 이상. 다만, 일반세균, 총대장균군 및 대장균 또는 분원성대장균군을 제외한 항목에 대하여 지난 1년간 수질검사를 실시한 결과 수질기준의 10%를 초과한 적이 없는 항목에 대하여는 매월 1회 이상 실시
- 미생물·유기물질·심미적 영향물질에 대한 검사 : 매월 1회 이상. 다만, 일반세균·총대장균군·대장균(또는 분원성대장균군)·암모니아성질소·질산성질소·과망간산칼륨소비량·냄새·맛·색도·수소이온농도·염소이온·망간·탁도 및 알루미늄을 제외한 항목에 대하여 지난 3년간 수질검사를 실시한 결과 수질기준의 10%(정량한계치가 수질기준의 10%를 넘는 항목의 경우에는 그 항목의 정량한계치)를 초과한 적이 없는 항목에 대하여는 매분기 1회 이상
- 소독제 및 소독부산물질에 관한 검사 : 매분기 1회 이상. 다만, 총트리할로메탄 및 클로로포름은 매월 1회 이상

② 수도꼭지
- 일반세균·총대장균군·대장균(또는 분원성대장균군) 및 잔류염소에 관한 검사 : 매월 1회 이상
- 정수장별 수도관 노후지역에 대한 일반세균·총대장균군·대장균(또는 분원성대장균군)·암모니아성질소·동·아연·철·망간·염소이온 및 잔류염소에 관한 검사 : 매월 1회 이상

③ 수돗물 급수과정별 시설
- 일반세균, 총대장균군, 대장균 또는 분원성대장균군, 암모니아성질소, 총트리할로메탄, 동, 수소이온농도, 아연, 철, 탁도 및 잔류염소에 관한 급수과정별 시설(정수장, 정수장으로부터 물을 공급받는 주배수지를 기준으로 하여 급수구역별로 주배수지 전후, 급수구역 유입부, 급수구역내 가압장 유출부, 광역 및 외부수수계통의 수수지점, 정수계통이 다른 계통과 합쳐지는 지점, 급수구역 관말 수도꼭지)의 수질검사 : 매분기 1회 이상

④ 마을상수도·전용상수도 및 소규모 급수시설
- 일반세균, 총대장균군, 대장균 또는 분원성대장균군, 불소, 암모니아성질소, 질산성질소, 냄새, 맛, 색도, 망간, 탁도, 알루미늄, 잔류염소, 보론 및 염소이온에 관한 검사 : 매분기 1회 이상. 다만, 보론 및 염소이온에 관한 검사는 원수가 해수인 경우에 한하며, 지난 3년간 수질검사를 실시한 결과 수질기준의 10%(정량한계치가 수질기준의 10%를 넘는 항목의 경우에는 그 항목의 정량한계치)를 초과한 적이 없는 항목에 대하여는 매반기 1회 이상

⑤ 미생물·심미적 영향물질 검사 : 매년 1회 이상. 다만, 지난 3년간 수질검사를 실시한 결과 수질기준의 10%(정량한계치가 수질기준의 10%를 넘는 항목의 경우에는 그 항목의 정량한계치)를 초과한 적이 없는 항목에 대하여는 3년 1회 이상

- 먹는물공동시설을 관리하는 지방자치단체의 장은 수질검사를 실시하여야 한다.
- 표 5-1의 전항목 검사 : 매년 1회 이상
- 일반세균·총대장균군·대장균(또는 분원성대장균군)·암모니아성질소·질산성질소·과망간산칼륨 소비량 및 증발잔류물에 관한 검사 : 매분기 1회 이상

⑥ 일반수도사업자, 전용상수도설치자, 소규모급수시설을 관할하는 시장·군수·구청장 또는 먹는물공동시설을 관리하는 지방자치단체의 장은 위생상 위해가 우려되는 경우에는 그 물질에 대한 수질검사를 실시하고 필

요한 조치를 하여야 한다.

⑦ 일반수도사업자, 전용상수도설치자, 소규모급수시설을 관할하는 시장·군수·구청장 또는 먹는물공동시설을 관리하는 지방자치단체의 장은 수질검사를 실시한 결과 수질기준이 초과된 경우에는 수질이 수질기준에 적합할 때까지 수시로 검사를 실시하여 초과원인을 분석하고, 이에 따라 시설개선 등 필요한 조치를 하여야 한다.

⑧ 일반수도사업자는 수질검사를 실시한 결과 수질이 1년 동안 지속적으로 수질기준에 적합한 경우에는 수질검사지점을 변경할 수 있다.

(2) 시행일

이 규정은 2008년 1월 1일부터 시행한다.

표 5.1 먹는 물의 수질기준(1)(먹는물수질기준및 검사등에관한규칙 별표 1)

구분	항목	먹는 물 공동시설	샘물	먹는샘물
미생물	일반세균	100CFU/ml 이하	–	–
	저온일반세균	–	20CFU/ml 이하	100CFU/ml 이하*
	중온일반세균	–	5CFU/ml 이하	20CFU/ml 이하*
	총대장균**	100ml 불검출	250ml 불검출	250ml 불검출
	대장균·분원성대장균군	100ml 불검출	–	–
	분원성연쇄상구균·녹농균·살모넬라·쉬겔	–	250ml 불검출	250ml 불검출
	아황산환원혐기성포자형성균	–	50ml 불검출	50ml 불검출
	여시니아균	1l 불검출	–	–
건강상 유해영향을 주는 무기물질	납	0.05mg/l 이하		
	불소	1.5mg/l (샘물 및 먹는샘물의 경우 2.0mg/l) 이하		
	비소	0.05mg/l 이하		
	세레늄	0.01mg/l 이하		
	수은	0.001mg/l 이하		
	시안	0.01mg/l 이하		
	6가크롬	0.05mg/l 이하		
	암모니아성질소	0.5mg/l 이하		
	질산성질소	10mg/l 이하		
	카드뮴	0.005mg/l 이하		
	보론(붕소)	0.3mg/l 이하		
	페놀	0.005mg/l 이하		
	다이아지논	0.02mg/l 이하		
	파라티온	0.06mg/l 이하		

표 5.1 먹는 물의 수질기준(2)

구분	항목	먹는 물 공동시설	샘물	먹는샘물
건강상 유해영향을 주는 유기물질	페니트로티온	0.04 mg/l 이하		
	카바릴	0.07 mg/l 이하		
	1,1,1-트리클로로에탄	0.1 mg/l 이하		
	테트라클로로에틸렌	0.01 mg/l 이하		
	트리클로로에틸렌	0.03 mg/l 이하		
	디클로로메탄	0.02 mg/l 이하		
	벤젠	0.01 mg/l 이하		
	톨루엔	0.7 mg/l 이하		
	에틸벤젠	0.3 mg/l 이하		
	크실렌	0.5 mg/l 이하		
	1,1-디클로로에틸렌	0.03 mg/l 이하		
	사염화탄소	0.002 mg/l 이하		
	1,2-디브로모-3-클로로프로판	0.003 mg/l 이하		
소독제 및 소독부산물질	잔류염소(유리잔류염소)	4.0 mg/l 이하	×(적용 안됨)	×
	총트리할로메탄	0.1 mg/l 이하	×	×
	클로로포름	0.08 mg/l 이하	×	×
	클로랄하이드레이트	0.03 mg/l 이하	×	×
	디브로모아세토니트릴	0.1 mg/l 이하	×	×
	디클로로아세토니트릴	0.09 mg/l 이하	×	×
	트리클로로아세토니트릴	0.004 mg/l 이하	×	×
	할로아세틱에시드***	0.1 mg/l 이하	×	×
심미적 영향물질	경도	300 mg/l 이하	×	500 mg/l 이하
	과망간산칼륨소비량	10 mg/l 이하		
	냄새와 맛	소독으로 인한 냄새와 맛 이외의 냄새와 맛이 있어서는 아니될 것		
	동	1 mg/l 이하		
	색도	5도를 넘지 아니할 것		
	세제(음이온계면활성제)	0.5 mg/l 이하	검출되지 아니할 것	
	수소이온농도	pH 5.8~8.5		
	아연	1 mg/l 이하		
	염소이온	250 mg/l 이하		
	증발잔류물	500 mg/l 이하	×	500 mg/l**** 이하
	철·망간	0.3 mg/l 이하	×	0.3 mg/l 이하
	탁도	1NTU***** 이하		
	황산이온	200 mg/l 이하		

표 5.1 먹는 물의 수질기준(3)

구분	항목	먹는 물 공동시설	샘물	먹는샘물
심미적 영향물질	알루미늄	0.2 mg/l 이하		

*병에 넣은 후 4°C를 유지한 상태에서 12시간 이내에 검사
**총대장균군의 수질검사시료 수가 20개 이상인 정수시설의 경우에는 검출된 시료수가 5%를 초과하지 아니할 것
***디클로로아세틱에시드와 트리클로로아세틱에시드의 합으로 한다.
****먹는 샘물의 경우에는 미네랄 등 무해성분을 제외한 증발잔류물만 해당
*****수돗물의 경우에는 0.5NTU 이하

3. 대장균 (escherichia coli)

(1) 분변오염의 지표
① 포유류의 장에서 포도당을 분해하여 산과 가스를 만드는 그람음성 무아포성 간균(유당부이온배지 이용).
② 통상 혐기성균을 말하며, 병원성이 없으나 방광염의 원인이 되기도 한다.
③ 저항성이 병원균과 비슷하거나 강해서 미생물 오염을 의심할 수 있다.
④ 그 분포장소가 언제나 오염원과 일치한다.
⑤ 검출방법이 간편하고 정확하다.
⑥ 대장균 자체가 유해하지는 않지만 분변오염의 지표로서 의의가 있다.

(2) 대장균지수 (Coli-index)
대장균을 검출할 수 있는 최소 검수량의 역수
예) 50cc에서 최초로 대장균을 검출했다면 대장균지수는 1/50

(3) 최확수 (most probable number; MPN)
① 검수 100cc 중에 이론상 존재할 수 있는 대장균 수
예) 대장균의 MPN 수치가 100이면 물 100ml 중에 대장균수가 100이라는 뜻이다.
② 대장균군의 정성 시험은 공정시험방법에 규정되어 있고 추정시험, 확정시험, 완전시험의 3단계로 나누어 실시한다.

4. 수중유기물

(1) 유기물오염
과망간산칼륨($KMnO_4$)를 황산과 함께 검수에 넣어 가열처리하면 수중의 유기물이 산화하면서 과망간산칼륨을 소비한다. 이때 소비된 과망간산칼륨의 양으로 유기물의 양을 추정할 수 있다.

(2) 분변오염

① 수중의 암모니아성 질소는 하수·공장폐수·분뇨 등의 혼입에 의해서 나타난다. 따라서 물의 오염을 추정하는 유력한 지표로 사용된다. 암모니아성 질소가 나타난 사실을 통해 유기물에 의한 오염이 최근에 일어났으며, 특히 분변오염을 의심할 수 있다.

② 질소화합물의 분해과정(5단계)

단백질 → 아미노산 → 암모니아성 질소 ↔ 아질산성 질소 ↔ 질산성 질소
　　　　　　　　　　　(NH_3-N)　　　　(HNO_2-N)　　(HNO_3-N)

제4절 상수도

1. 상수도의 조건

(1) 충분한 수량　　(2) 사용목적에 적합한 수질
(3) 적당한 경제성　(4) 사용상의 편리성
(5) 경제성

2. 급수시설

수원지의 물을 약품의 응집과 침전, 그리고 여과와 소독이라는 일정한 정화과정을 거쳐서 각 가정 또는 작업장에 배수하는 시설

(1) 취수
① 좋은 수질의 물을 필요한 양만큼 모으는 방법
② 수돗물의 수원은 천수, 지표수(호수, 하천수), 지하수, 복류수 등이다.

(2) 도수 : 멀리 떨어져 있는 수원에서 정수장까지 도수로를 통해 끌어오는 과정
(3) 정수 : 침전 → 여과 → 소독의 순서로 물을 깨끗하게 처리하는 과정
(4) 송수 : 정수장에서 배수로까지 물을 끌어가는 과정
(5) 배수 : 급수지에서 상수도까지 배수하는 과정

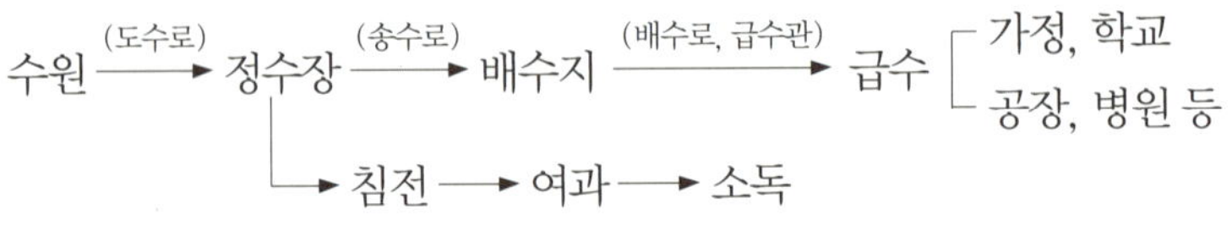

수원 —(도수로)→ 정수장 —(송수로)→ 배수지 —(배수로, 급수관)→ 급수 ┬ 가정, 학교
　　　　　　　　└→ 침전 → 여과 → 소독　　　　　　　　　　　　　　└ 공장, 병원 등

그림 5.1 ■■■ 물의 공급 과정

제5절 물의 정수

1. 목적

사용 목적에 따라 수질을 적합하게 개선하는 것. 즉 상수의 정수처리는 위생적이고 안전한 물을 공급하기 위한 과정

(1) 병원성 세균의 제거
(2) 유해하고 물맛을 나쁘게 하는 원인물질 제거(침전 → 여과 → 소독)

2. 침전

수중의 부유물질을 중력의 작용에 의해서 자연적으로 침강시키는 방법으로서 보통침전법과 약품침전법이 사용된다.

(1) 보통침전법
① 유속을 느리게 하거나 침전지에 정지상태로 물을 가둬 둔다.
② 이때 물보다 비중이 무거운 부유물은 모두 침전된다.
③ 침전으로 인해 세균, 탁도 등이 감소한다.
④ 침전시간이 많이 소요된다.

(2) 약품침전법
① 응집제를 주입해서 부유물이 floc(불용성 응집물)을 형성·침전시킴
② 응집제
  - 황산알루미늄(황산반토, $Al_2(SO_4)_3 \cdot 8H_2O$), 황산제1철($FeSO_4$), 황산제2철($Fe_2(SO_4)_3$), 염화제2철($FeCl_3$) 등이 사용된다.
  - 주 응집제로 황산알루미늄이 널리 사용된다.
③ 사용되는 약품의 양은 5~35ppm 정도이다.
④ 소요시간은 오니제거장치가 있을 경우 4~5시간, 오니제거장치가 없을 경우 6~9시간

3. 여과

(1) 침전으로 제거되지 않은 미세한 입자를 제거하기 위해 사용하는 방법
(2) 미세입자의 제거와 함께 세균도 거의 제거되므로 정수과정 중 가장 핵심적인 과정이다.
(3) 상수처리에서는 모래와 자갈을 여재로 사용하는 방법이 널리 사용되고 있다. 이런 여과법에는 완속사여과법과 급속사여과법이 있다.
(4) **완속사여과법** : 1829년 영국에서 최초로 실시
  - 여과지 제일 윗층에 모래(직경 0.25~0.3mm)를 60~90cm 두께로 깔고, 굵은 모래·작은 자갈·큰자갈을 각각 10~15cm 두께로 깐다.

- 최하층에는 둥근 돌을 20~30cm 두께로 빈틈없이 깐다.
- 여과속도는 3(또는 6~7)m/day이며, 1차 사용시간은 1~2개월이다.
- 세균제거율은 98~99%이다.
- 원수를 여과하면 부유물이 세사층 상부에 남게 되어 콜로이드막이 되는데, 이를 생물막이라고 한다. 세균, 조류, 부유물 등의 여과작용을 이용하므로 여과막이라고 한다.

(5) 급속사여과법 : 1872년 미국에서 최초로 실시
- 약품침전법을 응용하여 응집제로 황산반토를 사용한다.
- 여과속도가 120m/day이므로 같은 시간에 완속사여과법에 비해 40배나 되는 수량을 여과시킨다.
- 세균제거율은 95~98%
- 여과기능은 여과막에 의해 이루어지는데, 여과막이 급속히 두터워지므로 보통 1일 1회씩 밑에서 뿜어 올리는 압축공기에 의해 역류세척을 한다.

표 5.2 완속사여과법과 급속사여과법의 비교

구 분	완속사 여과법	급속사 여과법
침전법	보통침전법	약품침전법
생물막 제거법	사면대치	역류세척
여과 속도	3(6~7)m/day	120m/day
1회 사용일수	20~60일(1~2개월)	12시간~2(1)일
탁도, 색도가 높을 때	불리	유리
이끼류가 발생되기 쉬운 장소	불리	유리
수면이 동결되기 쉬운 장소	불리	유리
면적	광대한 면적	좁은 면적
비용	건설비가 많이 들고, 경상비가 적게 된다.	건설비가 적게 들고, 경상비가 많이 든다.
세균제거율	98~99%	95~98%

> **참고**
>
> **밀스레인케(Mills-Reincke) 현상**
>
> Mills는 1893년 미국 메사추세츠에서 물을 여과급수하여 수인성전염병과 기생충 질환 및 일반사망률을 감소시켰다. Reincke도 엘베(Elbe)강의 물을 여과급수하여 함부르크 시민에게 공급하여 동일한 결과를 얻었다. Sedwick와 Macnutt은 이를 밀스레인케현상이라고 불렀다.

3. 소독

(1) 원수가 깨끗하면 상수의 처리과정 중에서 침전이나 여과를 생략할 수 있으나 소독은 제외할 수 없다.

(2) 물을 소독하는 방법은 열처리법·자외선소독법·오존소독법 등 다양하지만, 상수소독에서는 염소소독이 주로 이용된다.

(3) 염소소독법

① 염소는 강한 산화력을 지니고 있으므로, 유기물과 환원성 물질에 접촉하면 살균력이 소모되므로 잔류염소가 필요하다.

② 잔류염소 : 물을 염소로 소독했을 때 특정한 형태로 존재하는 염소. 결합잔류염소를 포함하기도 하며, 수인성 전염병의 확산을 방지해 준다.(적리, 콜레라, 장티푸스, 파라티푸스 등은 잔류염소 0.02ppm에서 30분 후 완전히 소멸)

③ 물에 염소를 주입할 때 유리잔류염소가 생기는 반응은 다음과 같다.

$$Cl_2 + H_2O \rightleftharpoons HOCl + HCl$$
$$HOCl \rightleftharpoons H^+ + OCl^-$$

④ 유리잔류염소에는 $HOCl$(차아염소산)과 ClO^-(차아염소산이온)이 있으며, 이 중 차아염소산의 살균력이 강하다.

⑤ 결합잔류염소는 수중에 암모니아 화합물이 존재할 경우에 형성된다. chloramine 형태로 존재하는데, 살균력은 유리잔류염소에 비해 떨어진다.

$$HOCl + NH_3 \rightleftharpoons NH_2Cl + H_2O \text{(monochloramine)}$$
$$2HOCl + NH_3 \rightleftharpoons NHCl_2 + 2H_2O \text{(dichloramine)}$$
$$3HOCl + NH_3 \rightleftharpoons NCl_3 + 3H_2O \text{(trichloramine)}$$

⑥ 장점
- 소독력이 강하다.
- 잔류효과가 크다.
- 경제적이며 조작이 간편하다.

⑦ 단점
- 냄새가 심하며 독성이 있다.

⑧ 불연속점 염소처리 : 암모니아와 같은 물질을 함유하고 있는 물을 염소처리할 때 잔류염수가 일정한 시간까지는 염소 주입량에 비례하여 증가하지만 일정한 시간이 지나면 염소 주입량이 증가하여도 잔류염소는 오히려 감소하여 최저에 달하고 이후에 다시 투입량에 비례하며 늘어나게 된다. 이 최저에 달하는 시점을 불연속점이라고 하며, 이 점 이상까지 염소를 투입해야 하는 것을 말한다.

(2) 오존소독법

① 오존은 3개의 산소원자로 되어 있으며, 제3원자는 결합이 약해 쉽게 분리되어 발생기산소가 되는 성질이 있다.(소독작용 → 발생기산소)

② 장점
- 물에 화학물질을 남기지 않는다.
- 염소와 같이 물에 독특한 냄새와 맛을 남기지 않는다.
- 유기물에 의한 냄새와 맛이 제거된다.

③ 단점
- 가격이 고가이다.
- 잔류효과가 없다.
- 복잡한 오존발생장치가 필요하다.

④ 주입량은 2~3ppm 이하이며, 오존의 물에 대한 용해도는 14~15°C 증류수에서 약 0.29이다.

(3) 자외선소독법
① 자외선의 살균력을 이용한다.
② 수돗물에서는 별로 사용하지 않고, 호텔이나 수영장, 또는 청량음료를 제조하는 식품공장에서 사용한다.
③ 장점
- 독특한 맛이 발생하지 않는다.
- 다량을 사용해도 해가 없다.

④ 단점
- 가격이 고가이다.
- 물의 탁도와 색도가 높으면 광선의 투과가 나쁘므로 효과가 떨어진다.

4. 특수한 처리

(1) 침식성 유리탄산 제거
침식성 유리탄산을 다량 함유한 물은 금속류나 콘크리트 등의 수도시설을 부식·용해하는 작용을 한다. 이때는 폭기법(aeration)을 이용하거나 또는 알칼리처리를 해서 제거하거나 중화한다.

(2) 취기의 제거
① 완속여과   ② 폭기   ③ 활성탄
④ 염소   ⑤ 오존

(3) 색의 제거
① 응집·침전에 의한 제거
② 흡착제(활성탄)에 의한 제거

(4) 철의 제거
철은 폭기·전염소처리·pH 조정 등을 단독으로 실시하거나 적당히 병행해서 불용성의 제이철 형태로 만든 다음 여과하거나 철박테리아를 이용해 제거한다.

(5) 망간의 제거
① 산화 + 응집·침전 + 모래여과법
② 접촉여과법
③ 이온교환법
④ 철박테리아법

(6) ABS(alkylbenzene sulfonate) 제거
① 활성탄처리법
② 오존처리법

(7) 경수의 연화법
① 원인물질 : Ca, Mg, Fe, Mn 등
② 제거법
- 가열법 : $Ca(HCO_3)_2$, $Mg(HCO_3)_2$ 제거
- 석회소다법 : $Ca(OH)_2$와 Na_2CO_3을 사용하여 경도성분 제거
- 제올라이트(zeolite)법

(8) 생물(조류)의 제거
① 생물의 생리나 생태를 이용한 처리
② 약품에 의한 처리 : 황산동, 염소, 염화구리 등이 사용된다.

제6절 우물물

1. 우물의 종류

수돗물 이외의 우물물이나 기타 수원을 음료수로 사용하는 경우에는 전염병 감염이 쉽다. 우물물은 대부분 지하수를 수원으로 이용하므로, 그 관리가 보건상 매우 중요하다.

(1) **보통우물** : 얕은 것이 보통이며, 뚜껑이 있고 물을 푸는 데 끈과 두레박 사용(비위생적)
(2) **굴정**(掘井) : 보편적인 우물로서 흙을 굴착하여 만듦(지상의 오염물질 유입 용이)
(3) **타입정**(打込井) : 이은 곳이 없는 관을 땅 속에 박아 만듦
(4) **굴발정호**(掘拔井戸) : 직경이 작고, 보통 깊다(동력펌프 사용).

2. 우물물의 위생학적 조건

(1) 오염원에서 멀리 떨어져 있을 것 (15~30m)
(2) 오염원(화장실, 정화조, 축사)보다 높은 곳에 위치할 것
(3) 우물 주위는 콘크리트로 50cm 이상 높일 것
(4) 지표수가 적어도 지하 3m까지 스며들지 않도록 할 것
(5) 우물의 상부는 뚜껑을 덮고 지붕으로 가려줄 것
(6) 1개월에 1~2회 수질검사를 할 것

3. 정수법

우물물의 정수는 상수도와 거의 같으나, 일반 가정에서는 끓여 먹는 방법이 가장 간편하다.

(1) 여과
① 용기의 밑부분에 금속망 또는 유공(有孔) 철망을 놓고 그 위에 아래부터 숯(3~5cm), 자갈(소·중·대 10~15cm), 모래(10~15cm)의 순서로 채워 여과한다.
② 이온교환수지
③ 활성탄
④ 종이필터

(2) 연화 : 지하수는 경수가 많으므로 연화시킬 필요가 있다.

(3) 소독 : 염소소독을 주로 하여, 표백분이나 차아염소산나트륨 등을 주로 쓴다. 표백분의 유효염소는 약 25%, 차아염소산나트륨은 약 60~70%

5. 상수위생 ― 핵심문제 해설

1 성인이 1일 필요로 하는 물의 양은 얼마인가?
  (가) 1~1.5 *l* (나) 1.5~1.5 *l*
  (다) 2~2.5 *l* (라) 3~4 *l*

2 물은 인체 구성 중 체중의 몇 %를 차지하고 있는가?
  (가) 20~30% (나) 30~40%
  (다) 60~70% (라) 90~95%

3 물이 인체에 작용하는 기능이 <u>아닌</u> 것은?
  (가) 노폐물 제거 (나) 소화와 흡수 작용
  (다) 혈량조절 작용 (라) 열량생산 작용
  |해설| 물의 중요한 기능은 각종 내외 분비선의 분비작용, 소화 및 흡수, 배설작용, 노폐물 제거, 혈량조절, 호흡, 순환, 질병에 대한 면역활동 등이다.

4 인체를 구성하는 물의 몇 %를 상실하면 생명이 위험한가?
  (가) 5% (나) 13% (다) 15% (라) 20%

5 위생적 음료수란?
  (가) 깨끗하게 보이는 물
  (나) 부패되지 않은 물
  (다) 세균학적 오염이 되지 않는 물
  (라) 물리적·화학적·세균학적 오염이 없는 물

6 우리나라에서 흔히 일어나는 수인성 전염병이 아닌 것은?
  (가) 장티푸스 (나) 이질
  (다) 결핵 (라) 콜레라

7 다음 중 수인성 전염병의 발생 특징만으로 묶인 것은?

> ① 환자의 발생이 폭발적이다.
> ② 연령, 성별, 직업에 관계없다.
> ③ 2차 발병률은 비교적 높다.
> ④ 이환률이나 사망률은 일반적으로 낮다.
> ⑤ 잠복기는 대체적으로 짧다.

  (가) ①, ②, ④ (나) ①, ②, ⑤
  (다) ②, ③, ④ (라) ③, ④, ⑤

8 불소(F)가 너무 많은 물의 음용시에 발생하는 것은?
  (가) 반상치 (나) 우치
  (다) 견치 (라) 허친슨 치아
  |해설| F가 너무 많은 물의 장기 음용으로 반상치를 유발할 수 있고, 너무 적은 물의 음용으로 우치가 생길 수 있다.
  허친슨 치아(Hutchinson's teech)는 후기 선천성 매독으로 인해 6~9세에 나타나는데, 상절치가 반원성으로 파손되어 있는 상태를 말한다.

9 수원(水源)으로 가장 많이 이용되는 것은?
  (가) 지표수 (나) 지하수
  (다) 우수 (라) 복류수

10 다음 중 수원으로 적당하지 <u>않은</u> 것은?
  (가) 우수 (나) 지표수
  (다) 지하수 (라) 온천수
  |해설| 수원에는 빗물, 지표수, 지하수, 해수 등이 있다.

해답 1 (다) 2 (다) 3 (라) 4 (라) 5 (라) 6 (다) 7 (가) 8 (가) 9 (가) 10 (라)

11 지표수의 특징이 아닌 것은?
㉮ 수온, 탁도의 변화가 심하다.
㉯ 경도가 낮다.
㉰ 용존산소가 높다.
㉱ 유기물이 적다.

|해설| 지하수는 유기물이 적다.

12 일반적으로 지하수가 지표수보다 더 많거나 높은 것은?
㉮ 대장균수 ㉯ 일반세균수
㉰ 부유물질량 ㉱ 경도

13 다음 중 급수 보급률을 나타낸 것은?
㉮ 급수인구/총인구×100
㉯ 급수량/총인구×100
㉰ 급수인구×100
㉱ 급수량×100

14 다음 중 시간당 최대급수량은?
㉮ $\dfrac{1일\ 평균급수량}{24} \times 1.5$
㉯ $\dfrac{1일\ 최대급수량}{24} \times 1.5$
㉰ $\dfrac{월\ 평균급수량}{30 \times 24} \times 1.5$
㉱ $\dfrac{월\ 최대급수량}{31 \times 24} \times 1.5$

15 우리가 이용할 수 있는 지표수 및 지하수는 전 지구상의 몇 퍼센트인가?
㉮ 1% 미만 ㉯ 약 5%
㉰ 약 10% ㉱ 약 20%

|해설| 바닷물 : 97%, 빙산·빙하 : 2%, 담수 : 1% 미만

16 다음 중 지표수를 수원으로 하고 있는 것은?
㉮ 상수도 ㉯ 우물
㉰ 천수(샘물) ㉱ 굴정

17 다음 중 음료수 수질기준으로 틀린 것은?
㉮ 암모니아성 질소 – 0.5ppm 이하
㉯ 시안 – 0.01ppm 이하
㉰ 연 – 0.05ppm 이하
㉱ 카드뮴 – 0.05ppm 이하

18 충치 및 우치의 예방을 위한 수중의 최대 불소 투입량은?
㉮ 0.1mg/l ㉯ 0.1~0.2mg/l
㉰ 0.2~0.4mg/l ㉱ 1.5mg/l

19 다음 중 상수의 적부판정 시에 조사되지 않는 것은?
㉮ 대장균, 일반세균
㉯ CN, 수은
㉰ 불소
㉱ 칼슘

20 수질검사에서 병원생물의 오염 또는 그 존재 가능성 여부를 조사할 때 대상항목에 해당하지 않는 것은?
㉮ 암모니아성 질소(NH_3-N)
㉯ 질산성 질소(NO_3-N)
㉰ 과망간산칼륨($KMnO_4$) 소비량
㉱ 탁도

21 먹는 물의 수질기준으로 틀린 것은?
㉮ 일반세균수 : 1cc 중 100 이하
㉯ 대장균 : 50cc 중 검출되지 않을 것
㉰ 수소이온 농도(pH) : 5.8~8.5
㉱ 음료수에는 맛이 있어야 한다.

|해설| 먹는 물 수질기준
① 질산성 질소 10ppm 이하
② 염소이온 250ppm 이하
③ 과망간산칼륨 소비량 10ppm 이하
④ 색도 5도·탁도 1NTU 이하
⑤ 암모니아성 질소 0.5mg/l 이하
⑥ 소독으로 인한 취미 외의 취미는 없을 것

해답 11 ㉱ 12 ㉱ 13 ㉮ 14 ㉯ 15 ㉮ 16 ㉮ 17 ㉱ 18 ㉰ 19 ㉱ 20 ㉱ 21 ㉱

22 반상치를 야기하는 것은?
㉮ 불소　㉯ 수소　㉰ 탄소　㉱ 염소

23 수질검사에서 KMnO₄ 소모량이 많은 사실로 알 수 있는 것은?
㉮ 대장균이 많다.
㉯ 물이 깨끗하다.
㉰ 유기성 오염물이 많다.
㉱ 유기성 부패가 일어나고 있다.

24 우물검사에서 대장균의 MPN이 100이라면 무슨 뜻인가?
㉮ 물 1cc 중 대장균이 100이라는 뜻이다.
㉯ 물 10cc 중 대장균이 100이라는 뜻이다.
㉰ 물 100cc 중 대장균이 100이라는 뜻이다.
㉱ 물 1cc 중 총균수가 100이라는 뜻이다.

25 수질검사에서 최확수(MPN)란 무슨 검사인가?
㉮ 탁도검사　㉯ 불소검사
㉰ 경도검사　㉱ 세균검사

26 다음 중 대장균에 의해 gas가 발생하는 배양기는?
㉮ endo 배지
㉯ 보통한천 배지
㉰ 보통부이온 배지
㉱ 유당부이온 배지
|해설| 유당부이온 배지는 추정시험에 이용된다.

27 먹는 물을 판정할 때 일반세균수는 1ml 중 얼마 이하이어야 하는가?
㉮ 음성　　㉯ 10 이하
㉰ 50 이하　㉱ 100 이하

28 대장균은 물 몇 ml가 음성이어야 먹는 물로서 적합한가?
㉮ 10　㉯ 15　㉰ 60　㉱ 100

29 대장균 검사에 있어서 10cc 양성이었다면 대장균 지수는?
㉮ 0.1　㉯ 1.0　㉰ 10　㉱ 100
|해설| 10cc = 10ml

30 Coli index란?
㉮ 대장균을 검출한 검수량
㉯ 검수 1cc 중 대장균수
㉰ 검수 50cc 중 대장균수
㉱ 대장균을 검출한 최소 검수량의 역수

31 다음 중 MPN의 설명으로 맞는 것은?
㉮ 100ml 중의 대장균수
㉯ 검수 50ml 중의 일반세균수
㉰ 검수 1,000ml 중의 대장균수
㉱ most period number의 약자
|해설| most probable number의 약어이다.

32 수인성 전염병이 아닌 것은?
㉮ 비브리오 패혈증　㉯ 장티푸스
㉰ 세균성 이질　　　㉱ 수두

33 먹는 물 수질검사에서 대장균이 발견되면 음용불가로 판정되는 이유는?
㉮ 그 자체가 병원성을 갖기 때문
㉯ 부패의 원인이 되기 때문
㉰ 다른 병원성 세균의 존재지표가 되기 때문
㉱ Gas발생으로 물맛을 상하므로

34 다음 중 음료수의 구비조건이 아닌 것은?
㉮ 무색 · 투명할 것
㉯ 이취 · 이미가 없을 것
㉰ 오염되어 있지 않을 것
㉱ 염소 냄새가 날 것

해답　22 ㉮　23 ㉰　24 ㉰　25. ㉱　26 ㉱　27 ㉱　28 ㉱　29 ㉰　30 ㉱　31 ㉮　32 ㉱　33 ㉰　34 ㉱

35 어느 우물물을 조사한 결과 다음과 같은 결과를 얻었다. 조사결과 중 먹는 물의 수질기준을 초과하는 항목은?
 ㈎ 암모니아성 질소 음성
 ㈏ 과망간산칼륨 소비량 20 ppm
 ㈐ 염소이온 100 ppm
 ㈑ 질산성 질소 5 ppm

36 먹는 물의 적부 판정시의 검사항목이 아닌 것은?
 ㈎ 대장균, 일반세균
 ㈏ CN, 수은
 ㈐ NH_3-N, NO_3-N
 ㈑ BOD

37 음료수 검사와 관련이 없는 내용으로 짝지어진 것은?
 ㈎ 색도 : K_2PtCl_6
 ㈏ 탁도 : Kaolin
 ㈐ Hardness : EBT 시약
 ㈑ 일반세균 : 유당부이온 발효관

38 음료수에서 NH_3-N의 검출 의의는?
 ㈎ 최근의 분변오염을 의미한다.
 ㈏ 오염된 지 오래된 것을 의미한다.
 ㈐ 병원 미생물이 있음을 의미한다.
 ㈑ 대장균이 있음을 의미한다.

39 다음 중 음료수에서 대장균군의 검출 의의는?
 ㈎ 대장균 자체가 위험하다.
 ㈏ 음료수와는 무관하다.
 ㈐ 분뇨에 의한 오염지표이다.
 ㈑ 병원균의 존재를 의미한다.

40 대장균이 음료수 오염지표로서 중시되는 이유가 아닌 것은?
 ㈎ 저항성이 병원균과 동일하거나 또는 그 이상으로 강하다.
 ㈏ 분포가 항상 오염원과 공존한다.
 ㈐ 검출방법이 간편하고 정확하다.
 ㈑ 다른 미생물은 공존하지 않는다.

41 대장균 시험의 단계로 옳은 것은?
 ㈎ 추정시험-완전시험-확정시험
 ㈏ 확정시험-추정시험-완전시험
 ㈐ 추정시험-확정시험-완전시험
 ㈑ 완전시험-확정시험-추정시험

42 먹는 물 정화의 목적이 아닌 것은?
 ㈎ 병원균 제거
 ㈏ 유해물질의 제거
 ㈐ 맛의 첨가
 ㈑ 맛을 나쁘게 만드는 원인물질 제거

43 다음 중 음료수 정수과정의 순서로서 맞는 것은?
 ㈎ 침전 → 여과 → 소독 → 급배수
 ㈏ 여과 → 침전 → 소독 → 급배수
 ㈐ 급배수 → 침전 → 소독 → 여과
 ㈑ 여과 → 소독 → 침전 → 급배수

44 우리나라 수질기준에서 과망간산칼륨 소비량은?
 ㈎ 10 ppm 이하
 ㈏ 20 ppm 이하
 ㈐ 15 ppm 이하
 ㈑ 25 ppm 이하

45 1ppm이란?
 ㈎ 100분의 1
 ㈏ 1,000분의 1
 ㈐ 10,000분의 1
 ㈑ 1,000,000분의 1
 |해설| 1ppm = 10^{-6} = 1mg/l

해답 35 ㈏ 36 ㈑ 37 ㈑ 38 ㈎ 39 ㈑ 40 ㈑ 41 ㈐ 42 ㈐ 43 ㈎ 44 ㈎ 45 ㈑

46 수질검사에서 M.P.N이 100 이하라면, 검수 몇 ml 중 대장균 몇 이하인가?
- ㉮ 10ml 중 10 이하
- ㉯ 50ml 중 100 이하
- ㉰ 100ml 중 1 이하
- ㉱ 100ml 중 100 이하

47 음료수 소독의 일반적인 방법은?
- ㉮ Cl_2
- ㉯ 폭기
- ㉰ 자외선
- ㉱ 오존

48 음료수의 소독 목적은?
- ㉮ 세균발육 억제
- ㉯ 세균분비 독소 파괴
- ㉰ 모든 미생물 사멸
- ㉱ 병원균 사멸

49 NH_3-N 검출에 쓰이는 시약은 무엇인가?
- ㉮ G.R 시약
- ㉯ $AgNO_3$
- ㉰ Nessler 시약
- ㉱ EBT 시약

|해설| 암모니아성 질소는 네슬러시약에 직접 반응하여 착색한다.

50 음료수에 질산성 질소가 다량 존재하면 안 되는 이유는?
- ㉮ 분뇨 등에 오염되고 있으므로
- ㉯ 위장장애를 가져오기 때문에
- ㉰ 변성 헤모글로빈을 형성하여 blue baby(청색아)가 된다.
- ㉱ 맛을 나쁘게 한다.

51 음료수의 정화에 의하여 수계 전염병이 감소하고 일반사망률이 현저하게 저하되는 것은 무엇인가?
- ㉮ 수도열(water fever)
- ㉯ 수열병
- ㉰ 수계 전염병
- ㉱ Mills Reincke현상

52 완속여과법에서 부유물의 제거는 주로 어느 부분에서 일어나는가?
- ㉮ 모래층 표면에서 일어난다.
- ㉯ 모래층 전부분에서 일어난다.
- ㉰ 모래층 가운데 부분에서 일어난다.
- ㉱ 모래층 밑부분에서 일어난다.

53 상수여과를 제일 먼저 실시한 나라는?
- ㉮ 미국
- ㉯ 영국
- ㉰ 프랑스
- ㉱ 독일

54 완속여과법과 관계 없는 사항은?
- ㉮ 수면이 자주 동결되는 지역이 좋다.
- ㉯ 사면대치를 한다.
- ㉰ 여과속도는 3m/day이다.
- ㉱ 건설비가 많이 든다.

55 급속여과법의 설명 중 맞지 않는 것은?
- ㉮ 미국식 여과법이라고 한다.
- ㉯ 응집제로 황산반토 등을 사용한다.
- ㉰ 부유물과 미생물을 응집제로 침전시킨다.
- ㉱ 세균제거율이 완속여과법보다 아주 높다.

|해설| 세균제거율은 완속여과법이 98~99% 정도이고, 급속여과법은 95~98% 정도이다.

56 급속여과의 여과 속도는 완속여과의 몇 배인가?
- ㉮ 10~20배
- ㉯ 20~25배
- ㉰ 30~40배
- ㉱ 50~80배

해답 46 ㉱ 47 ㉮ 48 ㉱ 49 ㉰ 50 ㉰ 51 ㉱ 52 ㉮ 53 ㉯ 54 ㉮ 55 ㉱ 56 ㉰

57 완속여과법과 급속여과법의 비교 설명으로 틀린 것은?
  ㈎ 여과속도는 완속여과보다 급속여과가 빠르다.
  ㈏ 완속여과는 면적이 좁고 급속여과는 면적이 넓다.
  ㈐ 소제방법에서 완속여과법은 사면제거법을 사용하고 급속여과법은 역류세척법을 사용한다.
  ㈑ 세균제거율 완속여과법의 경우에 98~99%, 급속여과법의 경우는 95~98% 정도이다.
  |해설| 완속여과법과 급속여과법의 비교

구 분	완속여과	급속여과
침전법	보통침전법	약품침전법
소제 방법	상층사면제거	역류 세척
여과 속도	3m(6~7m)/day	120m/day
1차 사용일수	1~2개월	1일
면적	광대한 면적	좁은 면적
세균제거율	98~99%	95~98%

58 다음 중 연결이 맞게 짝지어진 것은?
  ㈎ 완속여과 - 보통침전
  ㈏ 완속여과 - 약품침전
  ㈐ 급속여과 - 사면대치
  ㈑ 완속여과 - 역류세척

59 상수도 일반구조의 설명 중 옳은 것은?
  ㈎ 취수 - 도수 - 저수 - 송수
  ㈏ 취수 - 도수 - 정수 - 배수
  ㈐ 취수 - 저수 - 배수 - 송수
  ㈑ 취수 - 정수 - 도수 - 배수

60 Mills-Reincke 현상과 관계 있는 것은?
  ㈎ 하수처리   ㈏ 상수처리
  ㈐ 폐수처리   ㈑ 예방접종

61 다음 중 상수의 여과효과는?
  ㈎ 취기 감소
  ㈏ 세균 감소
  ㈐ 색도 감소
  ㈑ 이상 전부이다.

62 상수의 인공정수법이 아닌 것은?
  ㈎ 침전법   ㈏ 여과법
  ㈐ 소독법   ㈑ 활성오니법
  |해설| 활성오니법은 하수처리법이다.

63 약품 침전법에 이용되지 않는 것은?
  ㈎ 황산알미늄
  ㈏ 황산동
  ㈐ 황산제2철
  ㈑ 황산제1철

64 물의 염소 요구량이란?
  ㈎ 물에 주입하는 염소량
  ㈏ 수중 유기물질의 산화에 필요한 염소량
  ㈐ 수중 유기물질의 환원에 필요한 염소량
  ㈑ 수중 유기물질을 산화시키고 남은 염소의 양
  |해설| ㈑는 잔류염소

65 불연속점 염소처리(break point chlorination)의 설명 중 옳은 것은?
  ㈎ 염소 주입시 잔류염소의 최상승점
  ㈏ 염소 주입시 직선과 같이 주입량에 비례하여 증가하는 잔류염소의 양이 증가하는 것
  ㈐ 유기물질 존재시에 잔류염소량 곡선이 증가하는 현상
  ㈑ 잔류염소의 최하강점 이상 염소처리
  |해설| 물에 염소를 주입하면 보통 직선과 같이 주입량에 비례하여 잔류염소의 양도 증가하는데, 암모니아와 같은 유기물질을 함유한 물은 유기물의 산화로 잔류염소가 어느 점에서 하강하여 0에 가까워졌다가 유기물의 산화가 끝나면 다시 증가하기 시작한다. 이 점을 불연속점(Break point)이라고 한다.

해답 57 ㈏ 58 ㈎ 59 ㈏ 60 ㈏ 61 ㈑ 62 ㈑ 63 ㈏ 64 ㈏ 65 ㈑

66 다음 중 수중의 유기물량을 추정하는 시험법은?
- ㈎ $KMnO_4$ 시험
- ㈏ $CuSO_4 \cdot 5H_2O$ 시험
- ㈐ $HOCl$ 시험
- ㈑ $MgCO_3$

|해설| 수중에 있는 유기물을 양적으로 추정하는 시험으로 $KMnO_4$를 황산과 함께 넣어 가열하면 유기물이 산화되는데, 산화의 정도에 따라 $KMnO_4$가 소비된다. 그 소비량에 따라 수중의 유기물의 양을 추정하는 시험법이다.

67 ortho-tolidine test란?
- ㈎ 잔류염소량 측정
- ㈏ $KMnO_4$ 소비량 측정
- ㈐ 대장균군 측정
- ㈑ 아질산성 질소 측정

|해설| pH 1.3 이하에서 염소가 OT를 산화시킬 때 생기는 담황색이나 황갈색을 표준비색액과 비교

68 정수과정에서 응집은 다음 중 어느 효과를 목적으로 하는가?
- ㈎ 세균수의 감소
- ㈏ 침전잔유물 제거
- ㈐ 색과 맛의 제거
- ㈑ 위의 전부

69 물의 폭기(aeration)의 효과는?
- ㈎ 수중에서 산소의 혼합
- ㈏ 휘발성 물질의 제거
- ㈐ 수중 부패물질의 안정화
- ㈑ 이상 모두

70 물속에 함유된 철분을 제거할 때 어느 방법이 가장 적합한가?
- ㈎ 염소소독
- ㈏ 폭기법
- ㈐ 여과법
- ㈑ 약품침전법

71 다음 중 부활현상이 생기는 이유가 아닌 것은?
- ㈎ 수중의 세균을 포식하는 식균 생물이 염소소독으로 사멸하면 남아 있는 미생물이 크게 증가한다.
- ㈏ 수중의 조류(藻類)가 사멸하면 역시 남아 있는 세균이 사멸된 조류를 영양원으로 하여 증가한다.
- ㈐ 포자(spore) 형성균이 염소가 소실되면 다시 발아 증식하기 때문이다.
- ㈑ 식균생물이 염소소독으로 사멸되지 않고 왕성하게 활동하기 때문에 일어난다.

72 음료수의 불쾌한 맛과 냄새를 제거하는 데 사용하는 것은?
- ㈎ 염소
- ㈏ 불소
- ㈐ 활성탄
- ㈑ 질산은

73 조류제거법으로 맞는 것은?
- ㈎ 황산동($CuSO_4 \cdot 5H_2O$)을 뿌린다.
- ㈏ pH 6.0 이상에서 응집시킨다.
- ㈐ 탄산칼슘($CaCO_3$)을 뿌린다.
- ㈑ 폭기장치를 한다.

|해설| 저류된 물 중의 조류나 다른 미생물을 죽이기 위해서 $CuSO_4 \cdot 5H_2O$가 널리 사용되는데, 황산동의 허용농도는 3.0mg/l이고, 0.6~1.2mg/l 정도가 적당하다.

74 먹는 물의 염소소독 시에 가장 소독력이 강한 상태는?
- ㈎ $HOCl$
- ㈏ OCl^-
- ㈐ $NHCl_2$
- ㈑ NH_2Cl

75 상수처리에서 $CuSO_4$를 사용하는 목적은?
- ㈎ 세균의 감소
- ㈏ 조류의 제거
- ㈐ 탁도 제거
- ㈑ 유기물의 감소

해답 66 ㈎ 67 ㈎ 68 ㈑ 69 ㈑ 70 ㈏ 71 ㈑ 72 ㈐ 73 ㈎ 74 ㈎ 75 ㈏

76 다음 특수 정수법 중 맞지 않는 것은?
   ㉮ 생물(조류) 제거법 : $CuSO_4$
   ㉯ 철제거 : 폭기법(aeration)
   ㉰ 경수의 연화법 : 끓인다.
   ㉱ 망간제거 : I_2법

77 상수처리 중 폭기작용(Aeration)과 관계 없는 것은?
   ㉮ 살균
   ㉯ 광물질 제거
   ㉰ 산화에 의한 냄새제거
   ㉱ 탄산가스 주입

78 경수는 무엇이 많이 함유되어 있는가?
   ㉮ 암모니아, 불소
   ㉯ 질소
   ㉰ 칼슘, 마그네슘
   ㉱ 요오드, 탄산가스

79 상수의 잔류염소량을 가장 잘 표현한 것은?
   ㉮ 수중에 주입한 염소의 총량
   ㉯ 수중의 염소요구량
   ㉰ 불연속점 이상의 염소량
   ㉱ 수중의 결합태 염소량

80 유리잔류염소 0.2 ppm으로 사멸되지 않는 것은?
   ㉮ 장티푸스균
   ㉯ 콜레라균
   ㉰ 세균성 이질균
   ㉱ virus 및 포낭형원충
   |해설| Virus는 대장균보다 저항력이 강해 생존 가능성이 있다.

81 다음 중 음료수 소독방법의 종류가 아닌 것은?
   ㉮ 자비법
   ㉯ 오존(O_3)법
   ㉰ 석탄법
   ㉱ 염소소독

82 물 100 l를 0.2 ppm 농도로 염소소독하고자 할 때, 필요한 유효성분 50%의 표백분의 양은 얼마인가?
   ㉮ 12 mg   ㉯ 24 mg
   ㉰ 36 mg   ㉱ 40 mg
   |해설| $(0.2 \times 100) \times 2 = 40$

83 시료채취 후에 즉시 측정해야 할 항목은?
   ㉮ Cu, Hg
   ㉯ 경도, 알칼리도
   ㉰ pH, DO
   ㉱ COD, 색도

84 다음 중 탁도와 관련이 없는 것은?
   ㉮ kaolin 1 mg을 증류수에 넣어 1 l로 만든 것을 1도라고 한다.
   ㉯ 음료수 기준은 2도 이상이다.
   ㉰ 탁도가 낮을수록 깨끗한 물이다.
   ㉱ 매일 1회 이상 검사해야 한다.

85 상수소독 시에 클로라민(chloramin)이 유리염소보다 좋은 점은?
   ㉮ 소독력이 강하다.
   ㉯ 냄새가 적다.
   ㉰ 잔류성이 좋다.
   ㉱ 맛이 적다.

86 상수의 Coagulant(응집제)로 가장 많이 사용하는 것은?
   ㉮ $Al_2(SO_4)_3$
   ㉯ $FeCl_2$
   ㉰ $Fe_2(SO_4)_3$
   ㉱ $Ca(OH)_2$

87 다음 중 염소소독의 장점이 아닌 것은?
   ㉮ 소독력이 강하다.
   ㉯ 잔류효과가 크다.
   ㉰ 가격이 저렴하다.
   ㉱ 조작이 복잡하다.

해답 76 ㉱ 77 ㉱ 78 ㉰ 79 ㉰ 80 ㉱ 81 ㉰ 82 ㉱ 83 ㉰ 84 ㉯ 85 ㉰ 86 ㉮ 87 ㉱

88 물을 염소소독할 때, 불연속점 이후에 나타나는 염소는?
㉮ 염소요구량
㉯ 잔류염소
㉰ 염소이온
㉱ 결합염소

89 다음 중 염소소독의 단점은?
㉮ 냄새가 있다.
㉯ 잔류효과가 있다.
㉰ 가격이 저렴하다.
㉱ 조작이 간단하다.

90 다음은 우물의 위생학적 구조 및 관리에 대한 설명들이다. 올바른 내용만으로 나열된 것은?

> ① 우물은 오염원보다 높은 곳에 위치하여야 한다.
> ② 우물은 오염원에서 최소한 5m 이상 떨어져야 한다.
> ③ 우물의 배수로는 경사를 지어 3m 이상 만들어야 한다.
> ④ 두레박보다 펌프를 이용하는 것이 좋다.
> ⑤ 전염병 유행 시 우물물의 잔류염소는 2 ppm 이상이어야 한다.

㉮ ①, ③, ④　　㉯ ①, ②, ④
㉰ ①, ③, ⑤　　㉱ ①, ④, ⑤

|해설| 잔류염소는 평상시에 0.2 ppm, 전염병이 유행할 때는 0.4 ppm으로 유지

91 우물벽은 지면으로부터 최소 몇 m까지 물이 스며들지 않아야 하는가?
㉮ 1m　　㉯ 3m
㉰ 5m　　㉱ 10m

|해설| 정호수의 위생적 조건
① 오염원에서 20m 이상 떨어질 것
② 오염원보다 지형적으로 높을 것
③ 지면에서 수직으로 3m까지 지하수가 스며들지 않아야 할 것
④ 우물 주위는 최소 50cm 이상 콘크리트로 높일 것

92 다음 중 농촌형 우물에 해당되지 않는 것은?
㉮ 우물　　㉯ 관정　　㉰ 심정　　㉱ 저수지

93 우물과 오염원의 적당한 거리는?
㉮ 15m 이상 격리
㉯ 3m 정도
㉰ 30cm 정도
㉱ 5~10cm 정도

94 농촌형 급수시설로 간이상수도를 설치할 경우에 적합한 것은?
㉮ 가까운 곳에 취수정이 있고 자연유하식이 좋다.
㉯ 가까운 곳에 취수정이 있고 가압식이 좋다.
㉰ 먼 곳에 취수정이 있고 자연유하식이 좋다.
㉱ 먼 곳에 취수정이 있고 가압식이 좋다.

95 농촌 간이급수시설에서 가장 중요하다고 보는 사항은?
㉮ 수원선정　　㉯ 송수시설
㉰ 배수시설　　㉱ 급수시설

96. 음료수 소독에 염소를 쓰는 이유와 관계없는 것은?
㉮ 소독력이 강하다.
㉯ 조작이 간편하다.
㉰ 잔류성이 좋다.
㉱ 독성이 적다.

97 염소의 살균력은?
㉮ 유리형 = 결합형
㉯ 유리형 > 결합형
㉰ 유리형 < 결합형
㉱ 액성에 따라 다르다.

해답　88 ㉯　89 ㉮　90 ㉮　91 ㉯　92 ㉱　93 ㉮　94 ㉮　95 ㉮　96 ㉱　97 ㉯

98 다음 중 수중의 잔류염소가 0.2mg/*l*일 때 orthotolidine 검사시 색은?
㉮ 녹색 ㉯ 청색
㉰ 황색 ㉱ 홍색

99 다음 중 일시경도와 관계 있는 것은?
㉮ 황산염 ㉯ 질산염
㉰ 중탄산염 ㉱ 염화물

100 수중에 어느 물질이 존재하면 영구경수가 되는가?
㉮ NaCl
㉯ $MgSO_4$
㉰ $Mg(HCO_3)_2$
㉱ $Ca(HCO_3)_2$

101 먹는 물 수질기준 중 틀린 것은?
㉮ 경도 : 300mg/*l* 이하
㉯ 황산이온 : 200mg/*l* 이하
㉰ 염소이온 : 150mg/*l* 이하
㉱ 증발잔류물 : 300mg/*l* 이하
|해설| 증발잔류물은 500mg/*l* 이하이다.

102 물속에 용존되어 있는 철분이 미치는 영향은?
㉮ 맛·경도·착색 ㉯ 탁도
㉰ 반상치 ㉱ 철 중독

103 탄산경도를 제거시키는 데 사용되는 약품은?
㉮ NaCl ㉯ $MgCl_2$
㉰ $CuSO_4$ ㉱ $Ca(OH)_2$

104 정수 고도처리시에 사용되는 생물 활성탄 (BAC; Biological Activated Carbon)의 단점이라고 볼 수 없는 것은?
㉮ 활성탄의 사용기간이 단축된다.
㉯ 활성탄이 서로 부착·응집돼 수두손실이 증가한다.
㉰ 정상 상태까지 소용되는 기간이 길다.
㉱ 활성탄에 병원균이 서식할 때 문제가 될 수 있다.
|해설| 생물학적 작용이 최적으로 이루어질 때, 입상 활성탄의 사용시간이 4~10배 정도로 대폭 단축된다.

105 고도 정수처리를 위한 BAC(Biological Activated Carbon)의 장점이라고 할 수 없는 것은?
㉮ 충격부하에 강하다.
㉯ 분해속도가 느린 물질이나 적응시간이 필요한 유기물 제거에 효과적이다.
㉰ 정상상태까지의 기간이 짧다.
㉱ 활성탄 사용기간을 연장시키는 효과가 있다.

106 정수처리에 이용되는 막여과 공법에 대한 설명 중 알맞지 않은 것은?
㉮ 나노여과(nano filtration) : 전형적인 체거름. 공극 $0.1 \sim 50 \mu m$
㉯ 정밀여과(micro filtration) : 부유물질 제거. 공극 $50 \sim 20 \mu m$. 체거름
㉰ 한외여과(ultra filtration) : 정상 운전시 15~100psi. 공극 $0.03 \sim 10 \mu m$
㉱ 역삼투(reverse osmosis) : 이온 성분까지 배제함. $0.00051 \mu m$ (공극)
|해설| 나노여과는 저압 역삼투압과 유사하며, 2가 이온의 배제율이 높기 때문에 정밀·한외여과에서 제거가 불가능한 유기물도 분리할 수 있다.

107 물 속의 염류를 제거하는 데 가장 적합한 처리방법은 어느 것인가?
㉮ 응집침전 처리
㉯ 생물학적 처리
㉰ 활성탄 처리
㉱ 이온교환 처리

해답 98 ㉰ 99 ㉰ 100 ㉯ 101 ㉱ 102 ㉮ 103 ㉱ 104 ㉮ 105 ㉰ 106 ㉮ 107 ㉱

108 근래에 많이 이용되는 막 이용공정에 대한 설명으로 부적당한 것은?
㉮ 역삼투법은 반투막과 정수압을 이용한 용매의 물질 이동현상을 응용한 공정이다.
㉯ 한외여과 및 비여과에서의 분리는 주로 여과작용에 의존한다.
㉰ 물의 전달의 추진력은 전기투석에서 비중차이이고, 역삼투에서는 농도차이이다.
㉱ 막공법은 해수와 염수의 탈염에 많이 이용된다.
|해설| 전기투석은 이온교환막과 전기투석조에서 공급되는 직류전원에 의해 형성되는 전기장을 추진력으로 이용한다.

109 다음은 계면활성제에 대한 설명이다. 잘못된 것은?
㉮ 가정오수나 세탁소 등에서 배출된다.
㉯ 지방과 유지류를 유액상으로 만들기 때문에 물과 분리가 잘 안 된다.
㉰ ABS가 LAS보다 미생물에 의한 분해가 잘 된다.
㉱ 처리로는 오존산화법이나 흡착법 등이 있다.
|해설| ABS는 생분해가 늦어서 LAS로 교체되었다.

110 상수의 고도처리를 위한 오존(O_3) 사용 시에 장점으로 볼 수 없는 것은?
㉮ 강력한 살균력을 가진 산화제이며 THM은 형성하지 않는다.
㉯ pH에 상관없이 강력한 살균력을 발휘할 수 있다.
㉰ 잔류성이 커 미생물 증식에 의한 2차오염 위험이 적다.
㉱ 수중의 DO를 증가시키는 효과가 있다.

111 다음 중 액체염소의 주입으로 생성된 유리염소, 결합잔류염소의 살균력이 바르게 나열된 것은?
㉮ HOCl > Chloramines > OCl⁻
㉯ HOCl > OCl⁻ > Chloramines
㉰ OCl⁻ > HOCl > Chloramines
㉱ OCl⁻ > Chloramines > HOCl

112 정수 공정에서 염소 대신 이산화염소를 사용할 때 장점이라고 볼 수 없는 것은?
㉮ THM이 형성되지 않는다.
㉯ 염소와는 달리, 암모니아성 질소와 반응하기 때문에 주입 농도에 해당되는 살균력을 발휘한다.
㉰ pH변화에 상관없이 강력한 살균력을 발휘한다.
㉱ 페놀 제거가 탁월하다.

113 정수처리시설 중 완속여과지에 관한 설명으로 틀린 것은?
㉮ 완속여과지의 여과속도는 4~5m/day를 표준으로 한다.
㉯ 여과면적은 계획정수량을 여과속도로 나누어 구한다.
㉰ 완속여과지의 모래층의 두께는 90~120cm를 표준으로 한다.
㉱ 여과모래의 품질은 균등계수는 2.0 이하, 최대 직경은 2mm 이하로 하여야 한다.

114 상수 및 공업용수 처리에 있어서 급속여과시설에 사용할 수 있는 여재가 아닌 것은?
㉮ 모래
㉯ 자갈
㉰ 안트라사이트(anthracite)
㉱ 스트레이너(strainer)
|해설| strainer는 부유물 제거

115 급속 모래여과조의 운영과정에서 직면하게 되는 주요 문제점이 아닌 것은?
㉮ 여과상의 수축
㉯ 여과상의 팽창
㉰ 공기결합(air binding)
㉱ 진흙매트(muddy mat) 형성

해답 108 ㉰ 109 ㉰ 110 ㉰ 111 ㉯ 112 ㉯ 113 ㉮ 114 ㉱ 115 ㉯

116 오존살균에 관한 설명으로 <u>틀린</u> 것은?
- ㈎ 오존은 상수의 최종살균을 위해 주로 사용된다.
- ㈏ 오존은 저장할 수 없으므로, 현장에서 생산해야 한다.
- ㈐ 오존은 산소의 동소체로 HOCl보다 더 강력한 산화제이다.
- ㈑ 수용액에서 오존은 매우 불안정하여 20°C의 증류수에서 반감기는 20~30분 정도이다.

117 염소 주입에 의한 폐수처리 내용으로 <u>틀린</u> 것은?
- ㈎ 살균, 유기물 산화, 악취 제거 등을 목적으로 한다.
- ㈏ 수중의 유기물질과 반응하여 인체에 해로운 유기염소 화합물을 형성한다.
- ㈐ 낮은 pH에서는 HOCl의 생성이 많고 높은 pH에서는 OCl^-가 더 많이 존재한다.
- ㈑ 염소 살균력은 온도가 낮고 pH가 높을수록 강하다.

|해설| 살균력은 접촉시간이 길수록, 살균제의 농도가 높을수록, 온도가 높을수록, pH가 낮을수록 증가한다.

118 염소 소독 시에 살균력의 증가 방법이 <u>아닌</u> 것은?
- ㈎ 온도의 증가
- ㈏ 반응시간의 증가
- ㈐ pH의 증가
- ㈑ 염소농도의 증가

119 상수처리 중 전염소처리에 관한 설명으로 <u>알맞지 않은</u> 것은?
- ㈎ 소독을 위한 경우에는 반응시간을 충분히 확보하기 위해 염소혼화지를 별도로 설치하여야 한다.
- ㈏ 염소제를 침전지 이전에서 주입한다.
- ㈐ 염소제 주입장소는 취수시설이나 도수관로 등에서 교반이 잘 일어나는 장소로 한다.
- ㈑ 통상 암모니아성 질소 제거를 목적으로 하는 경우가 많다.

|해설| 소독을 위한 경우에는 후염소처리를 행하여야 한다.

120 염소의 살균력에 관한 설명으로 <u>틀린</u> 것은?
- ㈎ 살균강도는 HOCl이 OCl^-보다 80배 이상 강하다.
- ㈏ Chloramines은 소독 후 물에 이취미를 발생시키지는 않으나 살균력이 약하여 살균작용이 오래 지속되지 않는다.
- ㈐ 염소의 살균력은 온도가 높고 pH가 낮을 때 강하다.
- ㈑ 염소는 대장균과 소화기 계통의 전염성 병원균에 특히 살균효과가 크나, 바이러스는 염소에 내성이 커서 일부 생존할 염려가 있다.

121 염소요구량이 6mg/l인 폐수에 잔류염소농도가 0.6mg/l가 되도록 염소를 주입하고자 한다. 투입률은 얼마가 되어야 하는가?
- ㈎ 10mg/l
- ㈏ 5.4mg/l
- ㈐ 6.6mg/l
- ㈑ 3.6mg/l

|해설| 주입염소(x) − 요구염소(6) = 잔류염소(0.6)

122 용수소독에 관한 설명으로 <u>알맞지 않은</u> 것은?
- ㈎ 오존은 염소처럼 저장할 수 없기 때문에 반드시 현장에서 생산하여야 한다.
- ㈏ 염소처리에서 같은 농도와 같은 시간이라면 결합잔류염소가 유리 잔류염소보다 소독능력이 크다.
- ㈐ 이산화염소는 염소보다 더 강력한 산화제이며 폭기시켜 주면 수중에서 제거된다.
- ㈑ 이산화염소의 사용목적은 수중 페놀 오염물질의 염소 살균으로부터 발생되는 맛과 냄새를 해결하기 위해 처음 사용되었다.

해답 116 ㈎ 117 ㈑ 118 ㈐ 119 ㈎ 120 ㈏ 121 ㈐ 122 ㈏

|해설| • 결합잔류염소 : 물을 염소에 의해서 소독할 때 잔류염소가 수중에 함유되어 있는 유기물질·암모니아·유화수소·철·망간 등의 다른 성분과 결합한 것을 말하며, 유리잔류염소에 비하여 소독속도는 1/20로 떨어진다.
• 유리잔류염소 : 물을 염소로 소독했을 때 잔류염소 중 차아염소산(HOCl)과 차아염소산 이온(ClO^-)의 형태로 존재하는 염소
• 이산화염소(ClO_2) : 산화염소라고도 하며 가스체의 강력한 산화제(염소의 약 2.5배)로 분해되기 쉬운 물질이다. 특히 페놀계의 냄새를 제거하는 데 더 유효하다.

123 하수처리장에서 많이 사용되는 염소는 물의 pH에 따라 그 존재양상이 달라진다. 물에 존재하는 염소 형태 중 살균력이 가장 강한 형태와 그때의 pH가 옳게 조합된 것은?
㈎ OCl^-, pH=8 이상
㈏ OCl^-, pH=7 이하
㈐ HOCl, pH=8 이상
㈑ HOCl, pH=7 이하
|해설| 살균력이 강한 순서는
O_3 > ClO_2 > HOCl > OCl^- > $NHCl_2$, NH_2Cl
이고 HOCl이 OCl^-보다 이 약 80배 정도 강하다.

124 다음 중 액체염소의 주입으로 생성된 유리염소, 결합잔류염소의 살균력이 바르게 나열된 것은?
㈎ HOCl > Chloramines > OCl^-
㈏ HOCl > OCl^- > Chloramines
㈐ OCl^- > HOCl > Chloramines
㈑ OCl^- > Chloramines > HOCl

125. 여과법으로 고액 분리를 할 때 입자의 제거 메커니즘(mechanism)으로 맞지 않은 것은?
㈎ 여재와의 충돌로 입자가 분해되어 미세입자가 포집된다.
㈏ 여재의 공극이 체(sieve)거름효과를 가져온다.
㈐ 입자 상호간 또는 여재와 흡착 및 부착해서 포집된다.
㈑ 입자가 여과매체 위에 침강하여 여재 사이의 공극 내에서 침전된다.

|해답| **123** ㈑ **124** ㈏ **125** ㈎

제6장 하수 위생

제1절 하수의 정의

(1) 하수란 인간의 생활과 산업의 발전으로 인하여 생긴 오수와 빗물 등 사용할 수 없는 물을 총칭한다.
(2) 하수에는 병원균과 기생충란 등이 존재할 위험이 크며, 유기물질과 무기물질이 다량 함유돼 있을 수 있다.
(3) **하수도법 제2조** : "하수도라 함은 오수 또는 우수를 처리하기 위하여 설치되는 도관, 기타의 공작물과 시설의 총체를 말한다."

제2절 하수와 위생

1. 하수의 의의

(1) 상수가 도시의 동맥이라면 하수는 도시의 정맥이라고 할 수 있다.
(2) 최근 인구의 증가, 경제의 고도성장, 사회생활의 복잡화 등과 같은 문명화·공업화의 영향에 따라 가정 및 산업계에서 배출되는 하수가 다종다양해졌으며, 그 양뿐만 아니라 질의 문제도 점차 심각해지고 있다. 하천이나 해변 등 이른바 공공용수역도 오염되고 있다.
(3) 하수도로 유입되는 것들은 다음과 같이 분류할 수 있다.
   ① 생활폐수, 가정하수 (예 취수·욕장·세탁·청소 등), 분뇨
   ② 공장폐수 등 산업폐수
   ③ 도로 세정(洗淨), 혹은 관개수
   ④ 비·눈 등 천수
   ⑤ 지하의 배수(排水)

2. 하수도의 종류

(1) **합류식**(combined system)
  ① 가정용수·자연수·천수 등 모든 하수를 함께 운반하는 방식
  ② 우리나라의 하수도는 대부분 합류식으로 설치돼 있다.
  ③ 장점
   • 시설비가 적게 들기 때문에 설치가 쉽다.
   • 하수도 청소비용 등 관리비의 부담이 적다.
   • 관(管)이 크기 때문에 수리, 검사, 청소가 용이하다.
   • 하수가 희석되므로 처리가 용이하다.
  ④ 단점
   • 맑은 날에는 하수량이 적고 침전이 생겨서 악취 발생
   • 우수가 혼입되면 처리용량이 크게 늘어난다(평상시의 10배).
   • 우기에는 외부로 범람하기 쉽다.
(2) **분류식**(separate system) : 천수를 별도로 운반하도록 되어 있는 구조
(3) **혼합식**(mixed system) : 천수와 사용수의 일부를 함께 운반하는 구조

제3절 하수처리의 방식

1. 하수의 처리과정

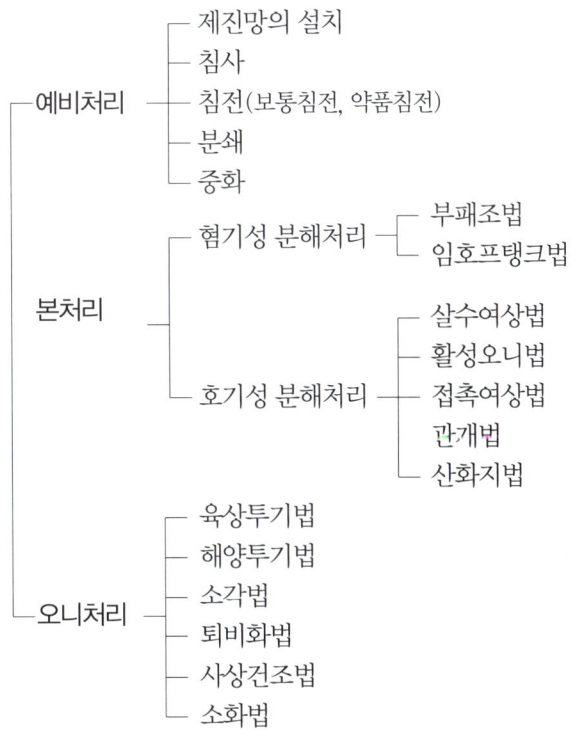

그림 6.1 ■■ 하수처리과정과 종류

(1) 하수처리는 하수의 질을 안정시켜서 안전성을 높이고, 처리할 양을 경감시켜서 하천이나 해변의 오염을 방지하기 위해 반드시 필요하다.
(2) 하수처리과정은 예비처리 → 본처리 → 오니처리의 순서로 이루어진다.

2. 예비처리

(1) **체거름**(screening) : 커다란 부유물질 제거
(2) **침사조** : 유속저하·조사 등 침전
(3) **침전** : 보통침전과 약품침전 등
(4) **분쇄**
(5) **중화**

3. 본처리

(1) 오염물질을 분해·제거하는 과정, 즉 생물화학적 산화처리공정을 말한다.
(2) 하수의 본처리는 혐기성처리와 호기성처리로 나눌 수 있다.

(3) 혐기성 분해처리

① 하수에 섞인 가벼운 물질이 떠올라 부사(浮渣, scum)를 형성했을 때 부패조(septic tank)라는 간단한 조(tank)를 써서 무산소상태로 만든 다음 혐기성 균의 분해작용으로 처리하는 방법
② 가스가 부사를 파괴해서 비산하므로 악취가 발생하며, 유출되는 하수도 흑색으로 변해 악취를 뿜는다.
③ **임호프조**(Imhoff tank)
　1907년 Karl Imhoff가 부패조의 결점을 보완하기 위해 고안한 것으로서, 침전실과 오니소화실로 나누어 하수를 처리한다. 그러나 이 탱크 역시 가스출구에서는 검은 거품이 생기고 악취를 내뿜는다.

(4) 호기성 분해처리

① 접촉여상법
　• 반응조 안에 있는 여재(예 모래, 자갈, 코크스, 벽돌조각)의 면에 교질피막을 형성하게 하여 여기에 번식하는 호기성균이 유기물질을 산화 또는 소화시키게 하는 방법
　• 최근에는 별로 이용하지 않는다.
② 살수여상법 : 접촉여상법을 개선시킨 방법
　• 비교적 큰 쇄석(碎石)이나 코크스를 쌓아 여상(濾床)을 만든다.
　• 여상에 예비처리된 하수를 살포하여 돌에 증식하는 미생물의 분해작용에 의해 저분자로 만든다.
　• 미생물의 증식과 함께 돌 위에는 생물막이 형성되는데, 표면의 미생물이 호기적 활동을 하여 막의 일부분에 산소공급이 중단되므로 혐기성 미생물이 증식하게 된다.

- 통성 혐기성 처리라고 할 수 있다.
- 살수여상법에 사용되는 여상은 직경 2.5~10cm 정도의 돌을 1.8~3m 두께로 쌓아서 만든다.
- 수량이 갑자기 변화해도 처리가 용이하지만, 파리와 악취가 발생하는 단점이 있으며, 활성오니법에 비해 더 높은 수압을 필요로 한다.
- 고속살수여상법 : 살수 부하가 크기 때문에 용지 면적은 절감되지만 BOD 제거율이 표준살수여상법에 비해 떨어진다

③ 활성오니법 : 가장 진보된 호기성 하수처리법
- 호기성균이 풍부한 활성오니를 하수량의 20~30% 가량 넣는다.
- 산소를 충분하게 공급하여 하수 중의 유기물질을 호기성균의 산화작용으로 산화시켜서 하수를 안전하게 처리하는 방법
- 도시의 하수처리법으로 보편적으로 이용되며, 특히 대도시에서 많이 사용한다.
- 경제적인 하수처리법이지만 살수여상법에 비해 고도의 숙련된 기술을 필요로 한다.

표 6.1 살수여상법과 활성오니법의 비교

구 분	살수여상법	고속살수여상법	활성오니법
장점	• BOD 부하를 낮게 설정해 운전하므로 정화효율이 우수하다. • 질산화가 진행된 처리수를 얻을 수 있다.	• 살수부하가 커서 용지면적을 절감할 수 있다. • 유입폐수의 유량·온도·유독물질의 영향을 적게 받는다. • 살수기의 자동운전이 가능하다. • 여상에서 파리 및 비산의 발생을 방지할 수 있다. • 악취가 적게 발생한다.	• 침전성이 좋은 활성슬러지를 얻을 수 있다. • BOD 제거율이 90% 이상으로 투시도가 높고, 건설비가 적게 든다.
단점	• 넓은 부지를 필요로 한다.	• 처리수질은 살수여상법보다 나쁘다.	• 흡착 및 산화작용 등 처리과정을 원활하고 합리적으로 하기 위해 고도의 운전기술이 필요하다. • 폭기용 동력이 비교적 많이 들고 잉여오니의 생성량이 많다.

④ 산화지·안정지법
- 물의 생물학적·화학적·물리적 자정작용을 이용한 처리방법

- 주로 소도시에서 사용하는 하수처리법이다.
- 호기성균에 의해 유기물을 분해한다. 여기서 영양을 취한 조류가 증식하며, 광합성작용을 하여 산소를 방출한다.

4. 오니처리

(1) 혐기성 폐수처리공법은 혐기성 소화, 혐기성 접촉공정, 혐기성 지, 상향류식 혐기성 블랭킷공정(UASB), Anaerobic filter, 혐기성 팽창성공법, 혐기성 유동상공법, 하이브리드(hybride) 공법 등 그 종류가 매우 다양하다.

(2) 위의 공법들은 주정공장이나 석유화학공장 등 고농도 폐수의 처리를 위한 공법들이다.
초기 투자비가 많이 들고, 유지관리가 어렵기 때문에 저농도 폐수의 처리에는 거의 사용하지 않는다.

(3) **혐기성 소화** : 폐수처리장에서 발생하는 슬러지(sludge)를 처리하는 기술

(4) 하수처리장 등에서는 슬러지의 발생량이 많기 때문에 이를 줄이기 위해서 혐기성 소화를 많이 사용한다.

(5) **혐기성 소화의 적용**
① 일반적인 혐기성 소화공법은 이단 소화조를 사용한다.
② 혐기성 소화조는 대형 하수종말처리장에서 발생하는 1차 침전슬러지나 잉여 슬러지를 줄이기 위해 사용된다.
③ 소화 후 슬러지의 재감량화를 위해서 탈수공정을 거친 다음 슬러지의 양을 최대한 줄여서 폐기처분한다.

(6) **생물학적 혐기성 폐수처리**
① 원리 : 세포합성에 필요한 탄소와 에너지를 유기물질에서 획득하고 발효에 의해 ATP를 생산하거나, 분자 속에 결합돼 있는 산소를 산화제로 이용하는 혐기성균의 물질대사를 이용하는 방법
② 특징 : 호기성균을 이용하는 방법과 유사하지만 산소공급을 받지 않으며, 반응 후에 메탄가스·이산화탄소·암모늄·황화수소 등이 방출되는 점이 다르다.

- 장점 : 혐기성 폐수처리는 고농도의 유기폐수의 처리에 적합하다.
- 영양염류의 사용이 적고, 처리 후 발생하는 슬러지의 양이 적을 뿐 아니라, 부산물로 얻는 바이오가스를 에너지원으로 사용할 수 있으므로 경제적 효과가 큰 것이 장점이다.

제4절 하수의 오염도 측정

하수의 오염도를 측정하는 데는 생물화학적 산소요구량(Biochemical Oxygen Demand; BOD) 측정이나 화학적 산소요구량(Chemical Oxygen Demand; COD) 시험법이 주로 사용되며, 하수 중의 용존산소량(Dissolved Oxygen; DO)을 이용하기도 한다.

1. BOD 시험법

(1) 물의 오염원이 될 수 있는 물질이 미생물에 의해 산화되어 주로 무기성의 산화물과 가스체가 될 때 소비되는 산소의 소비량을 ppm으로 표시한다.
(2) 보통 20°C에서 5일간 소모된 산소량을 측정해서 표시한다.
  ① 1단계 BOD : 탄소화합물의 산화가 완료될 때까지 소비된 산소량(7~10일)
  ② 2단계 BOD : 질소산화물의 산화가 완료될 때까지 소비된 산소량(100일)
(3) 100ppm 이상에서는 생물체가 생존할 수 없으므로 하수의 BOD는 최소한 5ppm 이하가 되어야 한다. 단, BOD가 5ppm일 때는 DO도 5ppm이다.

3. 방류하수 수질기준

표 6.2 폐수종말처리장의 방류수 수질기준(수질환경보전법 시행규칙 별표 6)

구분	2007. 12. 31까지	적용기간 2008. 1. 1~ 2012. 12. 31까지	2013. 1. 1 이후
생물화학적산소요구량(BOD)(mg/l)	30(30) 이하	20(30) 이하	10(10) 이하
화학적산소요구량(COD)(mg/l)	40(40) 이하	40(40) 이하	40(40) 이하
부유물질량(SS)(mg/l)	30(30) 이하	20(30) 이하	10(10) 이하
총 질 소(T-N)(mg/l)	60(60) 이하	40(60) 이하	20(20) 이하
총 인(T-P)(mg/l)	8(8) 이하	4(8) 이하	2(2) 이하
총대장균군(총대장균수/ml)	-	3,000 이하	3,000 (3,000) 이하

( )는 농공단지 폐수종말처리시설의 방류수 수질기준을 말한다.

> **참고**
>
> 1. COD
>   ① $KMnO_4 \cdot K_2Cr_2O_7$ 수용액을 투입하여 물속의 유기물질이 산화될 때 소비된 산화제의 양에 상당하는 산소의 양을 mg/l 또는 ppm으로 나타낸 것
>   ② 측정법 : $K_2Cr_2O_7$ 측정법은 조건에 따르는 결과의 변화가 적고, 유기물질이 모두 산화되므로 최근에는 이 방법이 널리 이용된다.
>
> 2. DO
>   ① 물 또는 용액 속에 녹아 있는 분자상태의 산소
>   ② 측정법 : 적정법(윙클러법·미러법), 특수한 전극을 이용한 전기적 측정법 등

표 6.3 오염물질의 배출허용기준*(수질환경보전법 시행규칙 별표 9)

항목 \ 지역구분	청정지역*	가 지역**	나 지역***	특례지역****
수소이온농도	5.8~8.6	5.8~8.6	5.8~8.6	5.8~8.6
노말헥산추출물질함유량	광유류(mg/l)	1 이하	5 이하	5 이하
동식물유지류(mg/l)	5 이하	30 이하	30 이하	30 이하
페놀류함유량(mg/l)	1 이하	3 이하	3 이하	5 이하
시안함유량(mg/l)	0.2 이하	1 이하	1 이하	1 이하
크롬함유량(mg/l)	0.5 이하	2 이하	2 이하	2 이하
용해성철함유량(mg/l)	2 이하	10 이하	10 이하	10 이하
아연함유량(mg/l)	1 이하	5 이하	5 이하	5 이하
구리함유량(mg/l)	1 이하	3 이하	3 이하	3 이하
카드뮴함유량(mg/l)	0.02 이하	0.1 이하	0.1 이하	0.1 이하
수은함유량(mg/l)	0.001 이하	0.005 이하	0.005 이하	0.005 이하
유기인함유량(mg/l)	0.2 이하	1 이하	1 이하	1 이하
비소함유량(mg/l)	0.05 이하	0.25 이하	0.25 이하	0.25 이하
납함유량(mg/l)	0.1 이하	0.5 이하	0.5 이하	0.5 이하
6가크롬함유량(mg/l)	0.1 이하	0.5 이하	0.5 이하	0.5 이하
용해성망간함유량(mg/l)	2 이하	10 이하	10 이하	10 이하
플로오르(불소)함유량(mg/l)	3 이하	15 이하	15 이하	15 이하
PCB함유량(mg/l)	불검출	0.003 이하	0.003 이하	0.003 이하
총대장균군(群)(총대장균군수)(ml)	100 이하	3,000 이하	3,000 이하	3,000 이하
색도(도)******	200 이하	300 이하	400 이하	400 이하
온도(°C)	40 이하	40 이하	40 이하	40 이하
총질소(mg/l)	30 이하	60 이하	60 이하	60 이하
총인(mg/l)	4 이하	8 이하	8 이하	8 이하
트리클로로에틸렌(mg/l)	0.06 이하	0.3 이하	0.3 이하	0.3 이하
테트라클로로에틸렌(mg/l)	0.02 이하	0.1 이하	0.1 이하	0.1 이하
음이온계면활성제(mg/l)	3 이하	5 이하	5 이하	5 이하
벤젠(mg/l)	0.01 이하	0.1 이하	0.1 이하	0.1 이하
디클로로메탄(mg/l)	0.02 이하	0.2 이하	0.2 이하	0.2 이하

* 2008. 1 1부터 시행

* **청정지역**: 환경기준(수질) I 등급 정도의 수질을 보전하여야 한다고 인정되는 수역의 수질에 영향을 미치는 지역으로서 환경부장관이 정하여 고시하는 지역 (자연공원의 공원구역 및 상수원보호구역 포함)

** **가 지역**: 환경기준(수질) II 등급 정도의 수질을 보전하여야 한다고 인정되는 수역의 수질에 영향을 미치는 지역으로서 환경부장관이 정하여 고시하는 지역

*** **나 지역**: 환경기준(수질) III, IV, V 등급 정도의 수질을 보전하여야 한다고 인정되는 수역의 수질에 영향을 미치는 지역으로서 환경부장관이 정하여 고시하는 지역(정상가동 중인 하수종말처리시설에 배수설비를 연결하여 처리하고 있는 배출시설 포함)

**** **다 지역**: 공단폐수종말처리구역으로 지정된 지역 및 농공단지로 지정된 지역

***** 색도항목의 배출허용기준은 섬유염색 및 가공시설, 기타섬유제품 제조시설 및 펄프, 종이 및 종이제품(색소첨가 제품에 한한다) 제조시설에 한하여 적용한다.

6. 하수위생 ■ 핵심문제 해설

1 물의 물리적인 자정작용에 해당되지 <u>않는</u> 것은?
- (가) 자외선에 의한 살균
- (나) 희석작용
- (다) 분쇄작용
- (라) 침전작용

|해설| 자외선에 의한 살균작용은 화학적인 자정작용에 해당된다.

2 우리나라에서 주로 사용하고 있는 하수도는?
- (가) 분류식
- (나) 합류식
- (다) 혼합식
- (라) 격리식

3 하수도 중 분류식에 비해 합류식의 단점은?
- (가) 시설비가 고가이다.
- (나) 수리, 검사, 청소 등 관리가 불편하다.
- (다) 악취가 발생하고 하수가 범람할 수 있다.
- (라) 하수의 희석 및 자연청소가 되지 않는다.

4 다음 중 합류식 하수도의 장점이 <u>아닌</u> 것은?
- (가) 시설비가 적게 든다.
- (나) 우수(雨水)에 의하여 하수관의 자연청소가 가능하다.
- (다) 하수관이 크기 때문에 수리, 검사, 청소 등이 쉽다.
- (라) 하수관이 크기 때문에 악취발생 가능성이 적다.

|해설| 합류식의 단점은 우기에는 처리용량이 너무 많아서 범람의 우려가 있으며, 우수를 별도로 이용할 수 없고 악취발생 가능성이 있다는 점이다.

5 하수처리 업무의 주무부서는?
- (가) 보사부
- (나) 행정자치부
- (다) 산자부
- (라) 환경부

6 일반적으로 하수오염의 지표로 사용되는 것은?
- (가) 암모니아
- (나) 대장균
- (다) 일반세균
- (라) BOD

7 도시 하수도에 대한 설명으로 맞는 것은?
- (가) 합류식과 분류식이 있다.
- (나) 도시 하수처리는 관개식을 주로 사용한다.
- (다) 합류식과 분류식·혼합식이 있다.
- (라) 도시하수는 낮은 쪽으로 그대로 내버린다.

8 하수처리의 순서는?
- (가) 예비처리 → 본처리 → 오니처리
- (나) 오니처리 → 예비처리 → 본처리
- (다) 예비처리 → 오니처리 → 본처리
- (라) 본처리 → 예비처리 → 본처리

9 다음 중 하수에 해당하지 <u>않는</u> 것은?
- (가) 해수
- (나) 가정 하수
- (다) 공장 용수
- (라) 우수

10 ABS(alkyl benzene sulfonate)의 특성이 <u>아닌</u> 것은?
- (가) 독특한 맛과 거품발생의 우려가 크다.
- (나) 음료수 수질기준은 0.5mg/l 이하이다.
- (다) 활성탄으로 처리하여 제거한다.
- (라) 생물학적 처리가 가능하다.

11 다음 중 하수처리에서 분해가 잘 안되어 물리적 및 생물학적 처리가 곤란한 용존 물질은?
- (가) 분뇨
- (나) 가정 하수
- (다) 유기 탄소화합물
- (라) ABS

해답 1 (가) 2 (나) 3 (다) 4 (라) 5 (라) 6 (라) 7 (다) 8 (가) 9 (가) 10 (라) 11 (라)

12 하수처리장에서 1차 침전지의 슬러지는 얼마나 자주 제거해야 하는가?
- (가) 최소한 매시간 제거하는 것이 좋다.
- (나) 최소한 하루 한 번은 제거한다.
- (다) 매주 한 번 이상은 제거해야 한다.
- (라) 슬러지가 수면으로 떠오르는 경우에만 한다.

|해설| 1차 침전지에서 침전된 슬러지(sludge)는 유기물의 성분이 높아서 부패하기 쉬우므로 가능한 한 자주 제거해 주는 것이 좋다.

13 산화지의 폐수처리 효율은 다음 중 주로 무엇에 의하여 좌우되는가?
- (가) pH
- (나) 탁도
- (다) 표면적
- (라) 체류시간

14 유기물 부패과정에서 질소순환의 최종 산물은?
- (가) 암모니아성 질소
- (나) 아질산성 질소
- (다) 알부미노이드성 질소
- (라) 질산성 질소

15 다음 약품 중 응집처리에 사용되지 않는 것은?
- (가) 황산알루미늄
- (나) 황산제1철
- (다) 염화제2철
- (라) 질산나트륨

16 황산반토를 사용하여 응집 침전할 때 어떤 침전물이 형성되는가?
- (가) 황산알루미늄
- (나) 염화알루미늄
- (다) 수산화알루미늄
- (라) 탄산소다

17 유입수의 BOD가 200mg/l이고 제거된 BOD가 70%라면 방류수의 BOD는?
- (가) 30mg/l
- (나) 50mg/l
- (다) 60mg/l
- (라) 100mg/l

|해설| 200mg/l × 30% = 60mg/l

18 30ppm은 몇 %인가?
- (가) 0.3%
- (나) 0.03%
- (다) 0.003%
- (라) 0.0003%

19 2007년 현재 하수처리장에서 나오는 effluent 중에서 상수원수의 total suspended solids의 기준은 얼마인가?
- (가) 10ppm 이하
- (나) 20ppm 이하
- (다) 25ppm 이하
- (라) 100ppm 이하

|해설| 현행 폐수종말처리장의 방류수 허용기준에서 SS는 30mg/l 이하로 규정돼 있으나 2008년부터는 20mg/l, 2013년부터는 10mg/l이하로 각각 강화된다.

20 유입수의 BOD가 200mg/l, 유수의 BOD가 90mg/l라면 BOD 제거율은?
- (가) 30%
- (나) 55%
- (다) 65%
- (라) 70%

21 고농도 유기물질의 1단계 폐수처리 방법은?
- (가) 혐기성 소화처리
- (나) 활성오니법
- (다) 호기성 처리
- (라) 부상처리

22 생물학적 처리법인 산화지법에 대한 설명이다. 틀린 것은?
- (가) 대지소요면적이 넓다.
- (나) 동력의 소모가 없다.
- (다) 악취가 발생한다.
- (라) 찌꺼기 발생량이 많다.

|해설| 산화지법은 미생물에 의해 자연분해되기 때문에 찌꺼기 생산량은 비교적 적은 편이다.

23 하수의 소독 시에 이상적인 염소의 주입량은?
- (가) 2ppm
- (나) 4ppm
- (다) 10ppm
- (라) 20ppm

24 물의 DO(용존산소)의 양은 온도가 하강함에 따라 어떻게 되는가?
- (가) 감소한다.
- (나) 변화가 없다.
- (다) 증가한다.
- (라) 온도와는 전혀 무관하다.

25 하수처리방법 중 생물학적 처리가 아닌 것은?
- (가) 활성오니법
- (나) 살수여상법
- (다) 산화지법
- (라) 환원처리법

해답 12 (가) 13 (다) 14 (라) 15 (라) 16 (다) 17 (다) 18 (다) 19 (가) 20 (다) 21 (가) 22 (다) 23 (다) 24 (다) 25 (라)

26 생물산화지법으로 오수를 처리할 때에 가장 중요한 사항은?
㈎ 물의 탁도 ㈏ 색도
㈐ 햇빛 ㈑ 연못의 저질

27 다음 중 하수의 수질기준으로 맞지 <u>않은</u> 것은?
㈎ BOD 20 ppm 이하
㈏ 부유물질 70 ppm 이하
㈐ 대장균 5,000/ml 이하
㈑ pH 5.8~8.6
|해설| 대장균 3,000/ml 이하

28 하수처리과정에서 <u>잘못</u> 짝지어 진 것은?
㈎ 1차 처리 – 부유물질 제거
㈏ 1차 처리 – 생물학적 처리
㈐ 2차 처리 – 여상법
㈑ 3차 처리 – 활성오니법

29 다음 중 하수처리에 사용되는 filter는?
㈎ Rapid sand filter
㈏ Slow sand filter
㈐ Bological Aerated filter
㈑ Tricking filter

30 다음은 탈수오니의 소각에 대한 설명 중 <u>틀린</u> 것은?
㈎ 탈수 Cake를 소각하면 대폭 감량되어 위생적으로 취급이 용이하게 된다.
㈏ 소각에 의해 유기분이 연소되고 무기분은 회분으로 남는다.
㈐ 소각은 오니의 고유 발열량을 이용하기 때문에 보조연료가 전혀 필요없다.
㈑ 배기가스 처리장치가 필요하다.

31 유기물의 호기성 분해 후의 최종 생성물은?
㈎ 물과 이산화탄소
㈏ 물과 일산화탄소
㈐ 물과 메탄가스
㈑ 메탄가스와 이산화탄소

32 하루 중에 배출된 병원성 세균은 시간의 경과에 따라 어떻게 되는가?
㈎ 서서히 증가한다.
㈏ 서서히 증가하다 감소한다.
㈐ 급격히 사멸한다.
㈑ 서서히 사멸한다.

33 하수처리장에서 하수의 유량을 측정하는 이유는?
㈎ 하수 처리율을 결정하기 위해
㈏ 고형물의 침전성을 결정하기 위해
㈐ DO 농도를 측정하기 위해
㈑ 처리시설에 가해지는 부하를 결정하기 위해
|해설| 하수처리장에서는 하수의 유량과 오염물의 농도를 알 수 있어야만 각 처리시설에 가해지는 부하량을 알 수 있게 되고, 그 결과에 의해 처리장의 운영상태를 파악할 수 있게 된다.

34 방류하수의 BOD 기준치는 얼마 이하인가?
㈎ 3 ppm ㈏ 5 ppm
㈐ 10 ppm ㈑ 30 ppm
|해설| 2008년부터 20ppm으로 강화된다.

35 가정하수의 처리방법 중 가장 좋은 것은?
㈎ 호기성 생물학적 처리
㈏ Microstrainer
㈐ 혐기성 분해법
㈑ 화학 응집제 침전법

36 하수의 살수여상법에서 여상 표면에 생기는 생물막의 세균은?
㈎ 호기성 세균 ㈏ 혐기성 세균
㈐ 무균상태 ㈑ 호염 세균

37 Imhoff tank의 설명 중 관계가 <u>없는</u> 것은?
㈎ 소화온도는 30~35°C
㈏ 고체 및 액체의 분리
㈐ 부패에 의한 소화
㈑ 호기성 분해 및 혐기성 분해

해답 26 ㈐ 27 ㈐ 28 ㈑ 29 ㈑ 30 ㈐ 31 ㈎ 32 ㈑ 33 ㈑ 34 ㈑ 35 ㈎ 36 ㈎ 37 ㈑

38 호기성균에 의한 산화작용은?
　㈎ 침전작용
　㈏ 부패작용
　㈐ 산화작용
　㈑ 호기성 분해 및 혐기성 분해
　|해설| 호기성 생물학적 처리에서 유입 BOD의 부하가 문제된다.

39 살수여상을 설치할 때, 그 규모 결정에 가장 중요한 조건은 어느 것인가?
　㈎ 오수의 BOD 농도
　㈏ 부지의 넓이
　㈐ 여재의 무게
　㈑ 오수의 BOD 부하

40 다음 중 imhoff tank에서 일어나는 작용은?
　㈎ 고·액체분리 및 산화작용
　㈏ 고체산화, 액체의 부패
　㈐ 고·액체분리 및 부패작용
　㈑ 액체산화, 고체의 부패

41 하수의 본처리에 해당되는 것은?
　㈎ 침사조　　㈏ 오니 처리
　㈐ 매몰처리　㈑ 호기성 처리

42 하수처리법 중 활성오니법은 무엇에 의한 작용인가?
　㈎ 혐기성 세균에 의한 부패
　㈏ 호기성 세균에 의한 산화
　㈐ 침전작용
　㈑ 희석작용

43 호기성 처리법이 아닌 것은?
　㈎ 활성오니법　　㈏ 살수여과법
　㈐ Imhoff tank법　㈑ 산화지법

44 하수의 호기성 처리 시에 가장 많이 발생하는 것은?
　㈎ CO_2　　　㈏ CH_4
　㈐ NH_3　　　㈑ H_2S

45 살수여상법에서 여상 표면에 형성된 생물막에서 발견되는 세균은?
　㈎ 표면에는 호기성 세균, 저부에는 혐기성 세균
　㈏ 표면이나 저부 모두 호기성 세균
　㈐ 표면이나 저부 모두 혐기성 세균
　㈑ 표면에는 혐기성균, 저부에는 호기성균

46 호기성 분해처리법이 아닌 것은?
　㈎ 살수여상법　㈏ 활성오니법
　㈐ 산화지법　　㈑ 부패조
　|해설| 부패조는 혐기성 분해처리법이다.

47 살수여과법의 순서로 옳은 것은?
　㈎ 하수유입 → 스크린 → 살수여과조 → 방류수
　㈏ 하수유입 → 살수여과조 → 방류수 → 스크린
　㈐ 하수유입 → 방류수 → 스크린 → 방류수
　㈑ 하수유입 → 살수여과조 → 스크린 → 방류수

48 하수처리에서 살수여상법의 설명과 관계가 먼 것은?
　㈎ 호기성 생물의 정화작용
　㈏ 끊임없는 균일한 살수
　㈐ 쇄석이 불필요
　㈑ 다량의 살수량이 좋다.
　|해설| 살수여상법이란 여상의 표면에 발육하고 있는 호기성 미생물의 활성을 유지토록 살수를 균일하게 하고 공기의 접촉을 양호하게 하여 하수 내의 유기물질을 처리하는 것을 뜻한다.

49 호기성 하수처리의 2대 방법은?
　㈎ 활성오니법, Imhoff tank법
　㈏ 활성오니법, 살수여상법
　㈐ 활성오니법, Septic tank법
　㈑ Imhoff tank법, Septic tank법

50 활성오니법에서 가장 중요한 기능을 갖는 것은?
　㈎ 침사지　　㈏ 침전지
　㈐ 폭기조　　㈑ 소화조

해답 38 ㈑　39 ㈑　40 ㈐　41 ㈑　42 ㈏　43 ㈐　44 ㈎　45 ㈎　46 ㈑　47 ㈎　48 ㈑　49 ㈏　50 ㈐

51 활성오니법에서 팽화(bulking)현상을 일으키는 미생물은?
㉮ 세균 ㉯ 조류 ㉰ 진균 ㉱ 원충

52 활성오니법의 특징이 아닌 것은?
㉮ 살수여상에 비해 고도의 숙련이 필요하다.
㉯ 소요면적이 적다.
㉰ 처리효율이 좋고 경제적이다.
㉱ 높은 수압을 필요로 한다.

53 유기물의 호기성 분해 시에 생성되는 물질이 아닌 것은?
㉮ CO_2 ㉯ NO_3-N
㉰ SO_4 ㉱ CH_4

54 다음 중 활성오니법에서 MLSS(Mixed liquid suspended solid)란?
㉮ 폐수 중의 현탁물
㉯ 오니 중의 현탁물
㉰ 폭기 탱크 중의 현탁물
㉱ 순환오니 현탁물

55 살수여상에서 오니의 탈락에 가장 중요한 요인은?
㉮ BOD 부하 ㉯ pH
㉰ 온도 ㉱ 용존산소 감소

56 다음 중 활성슬러지법으로 처리가 곤란한 폐수는?
㉮ 분뇨 ㉯ 가정하수
㉰ 축산물하수 ㉱ 중금속폐수

57 다음 처리방법 중 BOD 부하가 적을수록 처리방법이 용이한 것은?
㉮ 고속살수여상 ㉯ 표준살수여상
㉰ 활성오니법 ㉱ 산화지법

58 활성오니법(activated sludge method) 폐수처리 시에 고려할 사항이 아닌 것은?
㉮ BOD 부하
㉯ 폭기시간
㉰ 활성오니혼합물
㉱ 여재의 중량

59 유기물질이 혐기성 상태에서 부패할 때 가장 많이 나오는 가스는?
㉮ 암모니아 ㉯ 이산화탄소
㉰ 수소 ㉱ 메탄가스

| 해설 | 혐기성 소화조에서 하수슬러지 중의 유기물이 미생물에 의해 분해되어 발생하는 가스의 조성은 메탄이 60~70%, 탄산가스 30~40%이고 그 밖에 질소, 수소, 황화수소를 포함한다.

60 다음 중 부유물질의 측정대상은?
㉮ 증발시 잔류하는 물질
㉯ 여과에 의해 분리되는 물질
㉰ 용해되어 있는 물질
㉱ 강열시에 잔류하는 물질

| 해설 | 부유물질 : 0.1u 이상의 입자로 유기물과 무기물이 있다.
증발잔유물 : 증발시 잔류하는 물질, 105°C, 2~3시간
강열잔유물 : 강열시 잔류하는 물질, 550°C, 30분

61 살수여상법에서 가장 문제가 되는 것은?
㉮ bulking(벌킹) ㉯ 위생해충
㉰ 악취 ㉱ 오니 탈락

| 해설 | 오니의 탈락은 과도한 BOD 부하나, 온도 하강에 의해 발생한다.

62 살수여상의 유지관리에서 주의사항과 관계가 없는 것은?
㉮ 하수를 여상 표면에 균등 살포
㉯ 생물막의 탈락방지
㉰ 호기성 상태의 유지
㉱ bulking현상 방지

해답 51 ㉰ 52 ㉱ 53 ㉱ 54 ㉰ 55 ㉮ 56 ㉱ 57 ㉮ 58. ㉱ 59 ㉱ 60 ㉯ 61 ㉱ 62 ㉱

63 활성오니법과 살수여상법을 비교 설명한 것 중 옳지 않은 것은?
- ㈎ 활성오니법은 좁은 면적에서도 가능하다.
- ㈏ 활성오니법은 고도의 숙련이 필요하다.
- ㈐ 활성오니법은 파리의 발생이 많다.
- ㈑ 살수여상법은 하수량의 변화에대한 조치가 쉽다.

64 하수 복개공사로 가장 큰 문제가 되는 것은?
- ㈎ BOD의 증가
- ㈏ 대장균군의 증가
- ㈐ 조류(algae) 증가
- ㈑ CH_4의 처리

65 혐기성 처리에서 중온소화법은?
- ㈎ 30~35°C에서 15일
- ㈏ 30~35°C에서 30일
- ㈐ 50~55°C에서 15일
- ㈑ 50~55°C에서 30일

|해설| 중온소화법은 1단계(15일)와 2단계(15일)로 나눠서 처리하며 고온소화법은 1단계(15일)만 거친다.

66 하수도에 맨홀(man hole)을 설치하는 이유가 아닌 것은?
- ㈎ 하수도의 보수, 청소 등의 편리
- ㈏ 메탄가스 발생 촉진
- ㈐ 예비여과 효과
- ㈑ 하수도 공사의 편리

67 생물산화지(oxidation pond) 처리에서 가장 중요한 사항은?
- ㈎ 물의 탁도
- ㈏ 물의 색도
- ㈐ 일광
- ㈑ 산화지 넓이

68 일반적으로 혐기성 분해에 의하여 발생하지 않는 물질은?
- ㈎ CH_4
- ㈏ H_2S
- ㈐ CO_2
- ㈑ SO_2

69 혐기성 분해처리법은?
- ㈎ imhoff tank
- ㈏ oxidation pond
- ㈐ tricking filter
- ㈑ irrigation field

|해설| 혐기성 처리법에는 부패조와 imgoff tank가 있다.

70 다음 중 부패조(septic tank)가 쓰이는 것은?
- ㈎ 상수도 처리
- ㈏ 멸균처리
- ㈐ 하수 및 분뇨처리
- ㈑ 구충, 구서

71 Imhoff tank에서 일어나는 것은?
- ㈎ 부패작용
- ㈏ 산화작용
- ㈐ 소독작용
- ㈑ 여과작용
- ㈒ 호기성작용

72 혐기성 소화처리에서 이용하는 미생물은 어느 것인가?
- ㈎ 박테리아, 조류
- ㈏ 메탄균, 원생동물
- ㈐ 곰팡이, 바이러스
- ㈑ 유기산균, 메탄균

73 다음 중 혐기성 처리법으로 맞는 것은?
- ㈎ 부패조, Imhoff Tank
- ㈏ Activated Sludge Process
- ㈐ Trickling filter, Septic Tank
- ㈑ Septic Tank, Oxydation pond

|해설| 혐기성 처리법에는 부패조(Septic Tank)와 Imhoff Tank법이 있다.

74 혐기성 처리에서 가장 적절한 pH는?
- ㈎ 1~3
- ㈏ 3~5
- ㈐ 5~7
- ㈑ 7~8

75 다음 중 산업폐수의 처리방법이 아닌 것은?
- ㈎ 희석법
- ㈏ 침전법
- ㈐ 생물학적 처리법
- ㈑ 매몰법

해답 63 ㈐ 64 ㈑ 65 ㈏ 66 ㈏ 67 ㈐ 68 ㈑ 68 ㈑ 69 ㈎ 70 ㈐ 71 ㈐ 72 ㈑ 73 ㈎ 74 ㈑
75 ㈑

76 고농도의 독성물질을 함유한 오니의 처리에 적합한 시설은?
㉮ 산화   ㉯ 소화
㉰ Zimpro 방식   ㉱ 응집
| 해설 | Zimpro 방식은 습식산화법으로 독일에서 개발됐다.

77 오니 소화물의 최종 처리방법으로 적당하지 않은 것은?
㉮ 사상건조법   ㉯ 화학적 처리법
㉰ 탈수비료법   ㉱ 매립법

78 유분이 함유된 폐수처리 방법은?
㉮ 부상처리   ㉯ 중화처리
㉰ 여과처리   ㉱ 매립법
| 해설 | 유류는 물 위에 뜨게 해서 고액 분리

79 하수 중 유기물 호기성 분해의 최종산물은?
㉮ 물과 메탄가스
㉯ 물과 이산화탄소
㉰ 물과 일산화탄소
㉱ 메탄가스와 이산화탄소

80 오니에 속하지 않는 것은?
㉮ 보통 침전지 오니
㉯ 급속여과 오니
㉰ 살수여상 오니
㉱ 화학침전 오니

81 오니 처리방법 중 옳은 것은?
㉮ 일반적으로 바다나 육지에 투기하거나 매몰한다.
㉯ 침사조로 처리한다.
㉰ Imhoff Tank로 처리한다.
㉱ 소화조로 처리한다.

82 폐수 중 phenol 류의 설명으로 틀린 것은?
㉮ 염소소독에 의해 Chlorophenol이 생성된다.
㉯ 심한 냄새를 발생시킨다.
㉰ 강한 살균력에 의한 소독의 효과가 있다.
㉱ 활성탄으로 흡착 제거한다.

83 원칙적으로 분류식 생활하수관거로 유입되지 않는 것은?
㉮ 가정하수   ㉯ 산업폐수
㉰ 우수   ㉱ 침투수

84 물리화학적 수처리방법 중 수중의 암모니아성 질소의 효과적 제거방법과 거리가 먼 것은?
㉮ Alum 주입
㉯ Break point 염소주입법
㉰ Zeolite 이용법
㉱ 탈기법

85 생물학적 인 제거공법에서 호기성 공정의 주된 역할에 대하여 옳게 설명한 것은?
㉮ 용해성 인의 과잉산화
㉯ 용해서 인의 과잉방출
㉰ 용해성 인의 과잉환원
㉱ 용해성 인의 과잉흡수
| 해설 | 호기성 미생물이 인을 과잉흡수하는 원리

86 다음의 생물학적 인 및 질소 제거 공정 중 인의 제거만을 주목적으로 개발한 공법은?
㉮ Bardenpho 공법   ㉯ A^2/O 공법
㉰ A/O 공법   ㉱ UCT 공법
| 해설 | A/O 공법 : 혐기성과 호기성 반응조로 조합된 단일 슬러지 부유성장 처리공법

87 생물학적 원리를 이용하여 하수 내의 질소를 제거하는 공법과 가장 거리가 먼 것은?
㉮ UCT   ㉯ SBR
㉰ Bardenpho   ㉱ A/O
| 해설 | A/O에서 발전한 A^2/O는 질소 제거 가능

88 정수공정에서 염소 대신 이산화염소를 사용할 때 장점이라고 볼 수 없는 것은?
㉮ THM이 형성되지 않는다.
㉯ 화학적으로 안정되어 저장 및 수송이 용이하다.
㉰ 소독을 위한 잔류효과가 양호하다.
㉱ 페놀화합물을 분해하며 정수의 이취미와 색도의 제거에도 효과적이다.

해답 76 ㉰ 77 ㉯ 78 ㉮ 79 ㉯ 80 ㉯ 81 ㉮ 82 ㉰ 83 ㉰ 84 ㉮ 85 ㉱ 86 ㉰ 87 ㉱ 88 ㉯

89 상수관 부식에 관한 내용으로 알맞지 않은 것은?
㉮ 기본적으로 전기 화학적인 과정에서 일어나는 현상이다.
㉯ 누수율 증가, 관 통수능의 감소 원인이 된다.
㉰ 마식 · 부식은 금속표면 위에 부식용매가 이동할 때 기계적 마모가 동반하여 발생된다.
㉱ 붉은 녹은 철의 부식에 의해 생성되며 용존산소가 충분한 경우에 녹의 발생을 방지할 수 있다.

90 상수관의 부식 제어방법이라 볼 수 없는 것은?
㉮ 상수관 내의 물을 부분 진공으로 탈기한다.
㉯ 전기 전도체를 관에 삽입하여 전기 화학적 반응을 일정하게 유지한다.
㉰ 인위적으로 전위를 하강 또는 상승시켜서 부동태화한다.
㉱ 부식 억제제 및 방청제를 주입한다.

91 폭기조에서 산소의 용해속도를 증가시키는 요인이 되지 못하는 것은?
㉮ 기포의 크기를 작게 한다.
㉯ 수온을 높게 한다.
㉰ 기포와 물의 접촉시간을 증가시킨다.
㉱ 공기주입량을 증가시킨다.
|해설| 수온이 높을수록 산소의 용해도는 저하한다.

92 활성슬러지법에서 처리상황이 약화되었을 경우에 검토해야 할 사항 중 반드시 필요하지 않은 것은?
㉮ 원폐수의 유입수량의 변동
㉯ 원폐수의 용존산소 농도
㉰ 폭기조의 슬러지 농도
㉱ 원폐수 중의 유해성분의 유무

93 폐수가 특이한 색깔을 내지 않는 상태에서 보이는 활성슬러지의 일반적인 색상과 가장 가까운 것은?
㉮ 흑색   ㉯ 적갈색
㉰ 흑회색 ㉱ 청회색

94 활성슬러지의 운영상 문제점과 그 대책에 관한 설명으로 틀린 것은?
㉮ 폭기조에 과도한 흰 거품이 발생하면 잉여슬러지 토출량을 매일 조금씩 감소시켜야 한다.
㉯ 폭기조에 두꺼운 갈색 거품이 발생하면 매일 조금씩 슬러지 체류시간을 감소시켜서 해소한다.
㉰ 핀 플록이 형성되면 슬러지 체류시간을 감소시킨다.
㉱ 폭기조 혼합액의 색상이 진한 흑색이면 폭기강도를 줄여 질산화를 억제하여야 한다.

95 납(Pb) 함유 폐수를 배출하는 배출원과 가장 거리가 먼 것은?
㉮ 광업   ㉯ 도로 염료
㉰ 요업   ㉱ 피혁

96 저수지의 물이나 지하수층에 용해되어 있는 철 및 망간의 제거방법과 가장 거리가 먼 것은?
㉮ 산화법
㉯ 석회 – 소다법
㉰ 접촉환원법
㉱ 화학침전법(수산화물 침전)

97 과산화수소는 ( )을 촉매로 pH 3.0~5.0에서 폐수 중 난분해성 유기물질을 산화시키는데, 이 반응을 펜톤산화반응이라고 한다. ( ) 안에 알맞은 내용은?
㉮ 2가 망간   ㉯ 2가 철
㉰ 중크롬산   ㉱ 과망간산칼륨

98 혐기성 소화탱크의 부피를 결정하는 인자가 아닌 것은?
㉮ 소화 슬러지 축적 속도
㉯ 소화 슬러지 저장 기간
㉰ 소화 기간
㉱ 소화 슬러지 부하 유량

해답 89 ㉱ 90 ㉮ 91 ㉯ 92 ㉯ 93 ㉯ 94 ㉱ 95 ㉱ 96 ㉰ 97 ㉯ 98 ㉮

99 혐기성 소화조의 부대장치 중 필요하지 않은 것은?
㉮ 교반장치 ㉯ 산기장치
㉰ 가온장치 ㉱ 가스 포집장치

100 생물학적 처리와 관련된 개념들의 설명 중 틀린 것은?
㉮ Anoxic Denitrification : 용존산소 농도 2mg/l 이하에서 생물학적으로 질산성 산소를 질소로 전환하는 프로세스
㉯ Facultative Process : 용존산소의 존재에 무관한 미생물에 의한 생물학적 처리 프로세스
㉰ Nitrification : 암모니아가 먼저 아질산염이 되고 이어서 질산염이 되는 2단계 생물학적 프로세스
㉱ Nitrification : 용존산소 존재하에서 질산화 박테리아에 의해 이루어진다.

101 탈질소를 위하여 폐수에 첨가하는 약품은?
㉮ 고분자 응집제 ㉯ 질산
㉰ 소석회 ㉱ 메탄올

102 악취 제거를 위한 토양 탈취 방법에 관한 내용 중 알맞지 않은 것은?
㉮ 악취 가스를 토양에 흡입시켜 토양 중 미생물에 의해 악취를 제거하는 방법이다.
㉯ 토양 중 세균에 의한 악취 가스 분해가 활발하다.
㉰ 좁은 면적으로도 악취를 효과적으로 제거할 수 있다.
㉱ 살수설비와 배수설비 및 상층 구조의 토양층이 필요하다.

103 응집(Flocculation)과 관계가 깊은 것은?
㉮ 완속혼합 ㉯ 급속혼합
㉰ 연수화 ㉱ 안정화
|해설| 완속혼합=완속교반

104 상수의 고도처리 기술을 선정하는 조건과 거리가 가장 먼 것은?
㉮ 오염물질 완전 제거
㉯ 기존처리 System 적용 가능성
㉰ 처리과정 중 오염 부산물이 생기지 않을 것
㉱ 원수 수질변동에서도 안정적 처리

105 표준 살수여상법의 특징으로서 고속 살수여상법에 비교한 것 중 틀린 것은?
㉮ 정화율이 높다.
㉯ 오탁 부하량이 높다.
㉰ 규모가 크게 된다.
㉱ 오탁 부하량은 0.1~0.2kgBOD/m³일이다.

106 지구상의 물은 물속에 염이 포함되어 있다. 다음 중 가장 많은 염을 포함하는 물은?
㉮ 브라인(brine) ㉯ 염수(saline water)
㉰ 반염수(brackish) ㉱ 해수(sea water)
|해설| 브라인 : 함수(鹹水, 간수 또는 고염)라고도 하며, 염분을 다량으로 포함하고 있는 염수나 해수의 농축액 등을 말한다.

107 살수여상을 저속여상, 중속여상, 고속여상, 초고속여상 등으로 분류하는 기준은 다음 중 어느 것인가?
㉮ 재순환 회수 ㉯ 살수 간격
㉰ 수리 부하 ㉱ 여재의 종류

108 살수여과의 구조물 중 중요도가 낮은 것은?
㉮ 분배기 ㉯ 메디아(여과기)
㉰ 하수 배수 시설 ㉱ 정류판

109 살수여상에 대한 설명 중 틀린 것은?
㉮ 살수여상에 의한 폐수처리의 원리는 여재 표면에 번식하는 미생물이 폐수와 접촉하여 유기분해하는 것이다.
㉯ 유기물 부하가 적은 경우에는 혐기성 상태가 발생한다.
㉰ 동작이 간단하고 유지관리가 용이하다.
㉱ 살수여상의 여재로는 화강암, 자갈, 플라스틱 등을 사용한다.

해답 99 ㉯ 100 ㉮ 101 ㉱ 102 ㉰ 103 ㉮ 104 ㉮ 105 ㉯ 106 ㉰ 107 ㉰ 108 ㉱ 109 ㉯

110 가정하수 등을 통하여 무제한적으로 배출되는 합성세제에 대한 설명 중 <u>틀린</u> 것은?
　㈎ 상수 처리비용을 증가시킨다.
　㈏ 주성분은 계면활성제(70~80%)와 첨가제(15~30%)로 구성되어 있다.
　㈐ 하천의 자정작용을 방해한다.
　㈑ 해수나 경수에서도 충분한 세정효과를 거둘 수 있다.

111 폐수 중에서 크롬을 제거하기 위해 유기 환원제를 사용하여 환원처리하는 방법이 있다. 일반적으로 사용하는 환원제와 거리가 <u>먼</u> 것은?
　㈎ 중크롬산칼륨
　㈏ 철분
　㈐ 티오황산나트륨
　㈑ 아황산가스

해답　**110** ㈑　**111** ㈎

제7장 식품 위생

제1절 식품위생의 정의

(1) 음식물에 의하여 직접적으로 발생하거나 또는 음식물과 관련된 식기·기구·용기·포장 등에 의하여 간접적으로 일어나는 여러 가지 건강에 대한 위해를 미연에 방지하여 실생활을 안전한 상태로 유지하는 것
(2) **식품위생법 제2조 제7항** : 식품, 첨가물, 기구, 용기와 포장을 대상으로 하는 음식에 관한 위생
(3) WHO **환경위생전문위원회** : 식품과 건강상태의 관계를 비롯하여 예방과 식품을 취급하는 장소의 위생 및 취급자의 위생문제와 그 대책은 위생교육을 포함해서 행정상의 문제에 포함된다.
(4) **식품위생의 분야** : 세균학, 기생충학, 의동물학, 방사선학, 임상의학, 약학, 농학, 화학, 건축학, 행정학 등의 학문과 식품의 상관관계를 다룬다.

제2절 식중독

(1) 식품과 함께 섭취된 유해물질이나 미생물로 인한 건강장해현상
(2) 영양섭취 불량에 의한 질병과 장티푸스·이질·콜레라와 같은 경구전염병과 기생충에 의한 질병은 포함되지 않는다.

1. 세균성 식중독

(1) **감염형 식중독** : 세균이 장관 내에서 감염·증식하여 발병
  예 살모넬라식중독, 장염비브리오식중독, 웰치균식중독, 병원성대장균(enteropathogenic E. Coli)식중독

(2) 독소형 식중독 : 식품에 오염된 세균이 증식하면서 생성한 독소를 식품과 함께 섭취하였을 때 발병

> 예 포도상구균식중독, 보툴리누스균식중독, 독소원성대장균식중독 등

(3) 종류

① 살모넬라식중독
- 원인균 : *Sal. typhimurium*, *Sal. cholerae suis*, *Sal. enteritidis* 등. 이 균들은 돼지·닭·쥐 등의 장내에서 서식하는 장내세균으로 60°C에서 20분 동안 가열하면 쉽게 사멸한다.
- 주요증상 : 메스꺼움, 구토, 설사, 복통, 발열
- 잠복기 : 12~24시간(평균 20시간)
- 원인식품 : 유가공품, 계란가공품, salad, 어패류 가공품

② 장염비브리오 식중독
- 원인균 : *Vibrio parahemolyticus*. 3%의 소금물에서 잘 생육하며, 생육 적온은 27~37°C이다. 민물에서는 사멸하며 장내세균은 아니지만 장내에서 잘 증식한다.
- 주요증상 : 복통, 구토, 혈액이 섞인 설사, 약간의 발열
- 잠복기간 : 8~20시간(12시간)
- 감염경로 : 해산어패류의 생식(여름)에 의한 직접감염과 어패류를 취급한 도마에 의한 간접감염

③ 병원성대장균 식중독
- 원인균 : *E.Coli* 중에서 유아의 설사를 유발하고, 성인에게는 급성 위장염을 일으키는 특수한 기질. 비병원성 대장균과 혈청학적으로 구분
- 주요증상 : 설사, 발열, 구토, 두통, 복통
- 잠복기간 : 10~30시간(13시간)

④ Welchii균 식중독
- 원인균 : 혐기성이며 아포를 생성하는 *Clostridium welchii*. 사람이나 동물의 장관에 상주하며 A형과 F형이 독성균이다. 이 균의 아포는 100°C에서 1시간 정도 견딘다.
- 주요증상 : 설사, 복통, 혈액이 섞인 설사
- 잠복기 : 6~22시간
- 원인식품 : 가열조리 후 실온에 방치된 단백질성 식품

⑤ 포도상구균 식중독
- 원인균 : *Staphylococcus aureus* (황색포도상구균). 콧구멍, 목구멍, 화농부위에 다량 서식한다.

- 주요증상 : 구역질, 구토, 복통, 설사
- 잠복기간 : 1~6시간(3시간). 세균성 식중독 중에서 잠복기간이 가장 짧다.
- 원인식품 : 유가공품(우유, 크림), 조리식품(김밥, 야외도시락)

⑥ Botulinus균 식중독
- 원인균 : 편성혐기성의 아포형성균인 *Clostridium botulinum*. 이 균의 아포는 내열성이 아주 높아서 120°C에서 20분 동안 가열해야 사멸한다. 그러나 이 균이 생성하는 신경독소(neurotoxin)는 80°C에서 15분 동안 가열하면 파괴된다.
- 주요증상 : 신경계 증상이며, 세균성 식중독 중 치명률이 가장 높다.
- 잠복기 : 12~36시간
- 원인식품 : 통조림, 병조림, 햄, 소시지 등 가열처리 후 밀봉 저장된 식품 등에서 발생한다.

(4) 세균성 식중독의 예방대책

① 세균의 오염 방지 : 조리환경과 조리자의 청결을 유지하고, 화농성 질환자의 조리업무를 금지시킨다.

② 세균의 증식 억제 : 식품을 냉장·냉동 보관하거나, 조리 후 빨리 먹을 것

③ 가열 살균 : 여름철에 해산 어패류의 생식을 피한다. 조리 후 시간이 경과한 식품이라도 재가열해서 먹으면 포도상구균 식중독 이외의 식중독은 모두 예방할 수 있다.

④ 보건 및 위생교육의 강화 : 조리사 및 식품취급자에 대한 교육을 정기적으로 실시한다.

2. 자연독에 의한 식중독

(1) 독성물질 중 내인성인 동물성 자연독과 식물성 자연독은 식품에 천연적으로 존재하는 독성물질이며 그 종류와 부위에 따라 독성의 세기가 각기 다르게 분포되어 있다.

(2) 동물성·식물성 자연독으로 인한 식중독은 유독한 동·식물을 잘못 섭취하거나 또는 유독한 부위를 제대로 제거하지 않은 채 조리하거나, 특이한 환경조건이나 특정한 시기에 유독화된 사실을 모르고 식용함으로써 발생한다.

(3) 동물성 자연독

① 복어독
- 독성분 : tetrodotoxin(물에 녹지 않고 열에 강함)
- 증상 : 신경계 마비증상이 나타나며, 진행속도가 빠르고 해독제가 없으므로 치사율이 매우 높다(치사율 60%)

② 조개류 독
- 독성분
  - 굴·모시조개·바지락·고동 : venerupin
  - 섭조개·대합 : mytilotoxin(saxitoxin)
- 증상 : 마비성 패독에 중독되면 지각 이상과 근육마비증상을 보이며, 처음에는 입술과 입, 그리고 얼굴과 목으로 전이된다. 심하면 호흡마비로 사망에 이르게 된다.
- 기타 : 독꼬치(시큐톡신), 동갈치, 곤들매기 등에도 유독성분이 함유돼 있다.

> **참고**
>
> **패류독소**
>
> ① 마비성 조개독소 등의 패류독소는 바닷물의 온도가 10~20℃일 때 이패류(껍질이 두 개인 조개류)에서 자연적으로 생성된다.
> ② 껍질이 한 개인 조개에서는 생성되지 않으며, 해수 온도 15℃ 부근에서 가장 많이 생성된다. 이 독소는 가열하여도 소실되지 않는다.
> ③ 패류독소는 마비성 패독(PSP), 설사성패독(DSP) 등 그 종류가 매우 다양하다.
> ④ 우리나라에서 주로 문제가 되는 것은 마비생패독으로서, 과량을 섭취하면 호흡마비로 사망하는 등 독력이 매우 강하다.
> ⑤ 패류독소에 의한 위해를 방지하기 위하여 해양수산부에서는 양식단계의 진주담치(홍합) 등에 대한 패류독소 잔류실태를 조사하고 식약청에서 정한 기준(80μg/100g)을 초과하여 검출될 경우 채취금지 등의 사전조치를 취하고 있다.

(4) 식물성 자연독

① 감자독
- 독성분 : solanine (감자 싹에 80~100mg/100g 정도 함유돼 있음)
- 증상 : 섭취 후 8시간 후에 증상이 시작되어 빈맥(頻脈), 동공확대, 심장 및 호흡저하 등이 일어난다.

② 면실유
- 독성분 : 정제를 하지 않은 면실유에 포함된 gossypol
- 증상 : 부종을 일으킨다.

③ 피마자기름
- 독성분 : ricin과 richnin
- 증상 : 위장의 상피세포와 간세포, 콩팥세포, 혈액세포 등의 원형질을 응고(열처리하면 독성이 대부분 소멸)

④ 청매
- 독성분 : 미숙한 매실에 함유된 amygdalin(청산배당체)
- 증상 : 호흡효소 억제작용

⑤ 독버섯
- 독성분 : muscarine, muscaridine, phalin, amanitatoxin, psilocybin 등
- 증상
  - muscarine : 2시간 후에 증상이 나타나며, 부교감신경의 말초를 자극하여 각종 분비액의 증가, 축농현상을 일으킨다. 그 밖에 설사, 복통, 의식불명, 근육의 강직화현상이 나타나기도 한다.
  - muscaridine : 뇌증상, 동공확대, 일과성 소광상태(騷狂狀態) 등을 유발
  - phalin : 흉통, 경직, 경련, 구토 및 설사 등 콜레라 감염과 같은 증상을 나타낸다.
  - amanitatoxin : 산동(散瞳), 소광상태, 근육경직 등을 일으킨다.
  - psilocybin : 환각, 정신착란 등을 일으킨다.

> **참고**
>
> **독버섯의 특징**
> ① 색이 아름답고 선명하다. ② 신맛이나 쓴맛이 있다.
> ③ 점성이 있는 유즙을 분비한다. ④ 세로로 잘 찢어진다.
> ⑤ 공기 중에서 변색하며 악취를 풍긴다.
> ⑥ 은수저로 문지르면 검게 변한다.

3. 곰팡이독(Mycotoxin)에 의한 식중독

(1) 곰팡이독은 곰팡이가 생산하는 2차대사산물로서, 인간과 동물에 급성 또는 만성적인 장해를 일으키는 물질을 말한다.

(2) 곰팡이독의 경구적인 침입으로 일어나는 건강장해를 진균중독증 또는 곰팡이중독증(mycotoxicosis)이라고 부른다.

(3) 원인 식품으로서는 곡류, 두류 및 가공식품 등 탄수화물이 풍부한 식품에 많다. 1960년에 영국에서 발견된 aflatoxin이 강력한 발암물질이라는 사실이 밝혀지면서, 곰팡이독의 유독성을 전 세계에 인식시켰다.

(4) 종류

① 아플라톡신(Aflatoxin)
- *Aspergillus flavis*, *Aspergillus parasiticus*에 의해 생성되는 형광성 물질
- 독성분 : 수분 16% 이상, 습도 80% 이상, 온도 25~30°C의 조건에서 전분질 곡류에 잘 생성된다.
- 증상 : 간암을 유발한다.

② 황변미
- *Penicillum* 속의 곰팡이가 저장 중인 쌀에서 번식할 때 생성되는 독소
- 독성분 : *Penicillum toxicarium*(*Pen. citrioviride*)에 의해 detreviridine (신경독소)과 *Penicillum citrimum*에 의해 citrinin(신장독)이 각각 생성되며, *Penicillum islandicum*에 의하여 islanditoxin(간장독)과 luteoskyrin(간장독)이 만들어진다.
- 증상 : 독성의 발현은 감염된 지 2~3일 후에 나타나며 간암으로 진행되어 사망한다.

③ 매각독
- *Claviceps purpurea*가 라이맥의 씨방에 기생하여 만드는 일종의 알칼로이드(맥각알칼로이드)이다.
- 독성분 : ergotoxine, ergometrine, ergotamine 등
- 증상 : 교감신경에 작용하여 위장계통과 신경계통의 중독을 일으킨다.

④ 기타

그 밖에 rubratoxin, ochratoxin, sterigmatocystin, patulin, maltoryzin, fusarium 등의 독소류가 있다.

4. 화학물질에 의한 식중독

(1) 유독한 화학물질에 오염된 식품을 섭취함으로써 발병한다. 오염원인은 다음과 같다.
  ① 식품의 제조·가공과정에서 혼입된 유해성 물질(유해첨가물)
  ② 식품원료를 오염시키는 유독성 물질
    예) 농약, 중금속, 방사성 물질
  ③ 식품의 용기·포장에서 유래한 유해성 물질
    예) 통조림의 땜납, 주석도금, 유약, 안료, 착색제, 가소제, 형광염료 등
  ④ 고의 또는 과실에 의한 유독성 물질의 혼입
    예) 메탄올, 유해성 금속화합물 등

(2) 종류
  ① 중금속
  - 비소 : 식품첨가물 중에 불순물로 혼입
  - 납 : 통조림의 땜납, 도기의 유약성분, 범랑제품의 유약성분에 의해 침입
  - 구리 : 녹색채소 가공품에 발색제를 남용하는 경우에 식중독 유발
  - 수은 : 콩나물을 배양할 때 소독제로 오용하거나 공장폐수에 오염된 어패류나 농작물에 의해 식중독이 발생한다. 수은은 식중독뿐만 아니라 미나마타병을 유발한다.
  - 카드뮴 : 범랑제품이나 도기의 유약 성분, 광산폐수에 오염된 어패류나

농작물에 의해 식중독 발생. 특히 카드뮴은 체내의 Ca유실을 초래하여 이타이이타이병을 유발한다.
- 6가크롬 : 도금공장 폐수나 광산의 폐수로 오염된 수돗물이 식중독 유발
- 주석 : 과일 통조림 용기의 도금에 의해 식품오염
- 안티몬 및 아연 : 에나멜을 코팅한 기구로 제조한 산성식품의 섭취로 식중독 발생

② 유기농약
- 유기인계 농약 : 맹독성이지만 분해가 잘 되므로, 현재 많이 사용하고 있다.
- 유기염소계 농약 : 독성은 낮지만 분해가 잘 안되고 체내에 축적되기도 하므로 사용이 금지되어 있다.
- 유기수은계 농약 : 체내에 축적이 되어 만성중독을 일으키기 때문에 법씨 소독용으로만 사용이 제한되어 있다.

③ 유해성 식품첨가제
- 유해 감미료 : Dulcin, Cyclamate, Nitrotoluidine
- 유해 착색료 : Auramine, Rhodamine B, Nitroanillin
- 유해 보존료 : 붕산, Formaldehyde
- 유해 표백제 : Rongalite, 삼염화질소

④ 기타 유독성 화학물질

과실주 중의 methanol, 요소수지의 Formalin수지, 페놀수지의 Phenol, 염화비닐 수지의 가소제 및 안정제, 포장용 종이의 형광염료, 방사성 물질 중 반감기가 긴 ^{60}Sr과 ^{137}Cs 등이 식중독을 일으킨다.

5. 기타 식중독

알레르기가 원인이 되거나, 기타 병인이 제대로 밝혀지지 않은 식중독이 생길 수 있다.

> **참고**
>
> **식중독의 역학조사**
>
> 식중독이 발생하였을 때 그 발생상황, 병인물질, 원인식품 등을 조사하고 실험적 수법을 통하여 병인론적 연구를 실시하여 식중독의 실태를 파악하는 일
>
> (1) **종류** : ① 기왕조사 (횡단조사, 응급조사) ② 장래조사
> (2) **단계** : ① 인지단계 ② 현상단계 ③ 해석단계 ④ 구성단계 ⑤ 방어단계
> (3) **실례**
>   ① 사람에 대한 조사
>   ② 지역(장소)에 대한 조사
>   ③ 시간적 조사(시간적 분포)
>   ④ 원인 조사 (예 식품조사, 시설조사, 오염경로조사, 원인물질조사)

제3절 식품과 전염병

1. 경구전염병

(1) 세균에 의한 전염

장티푸스(*Salmonella typhosa*), 파라티푸스(*Salmonella paratyphi*), 세균성 이질(*Shigella*), 콜레라(*Vibrio cholera*), 성홍열(*Streptococcus pyogenes*), 디프테리아(*Corynebacterium diphtheria*), 결핵(*Mycobacterium tuberculosis*)

표 7.1 경구전염병과 세균성 식중독(감염형)의 차이

경구전염병	세균성 식중독
• 병원체는 사람의 몸 안에서 잘 자란다. • 미량의 균에 감염되어도 발병한다. • 잠복기간이 길다 • 2차 감염이 잘 된다(감염력이 높음). • 예방접종의 효과가 크다. • 일단 발생하면 파상적으로 전파되어 막기 어렵다.	• 병원체나 사람의 몸 안에서 자랄 수 있으나, 사람이 유일한 숙주는 아니다. • 다량의 균이 침입하여야 발병한다. • 잠복기간이 비교적 짧다. • 2차 감염이 잘 안 된다. • 예방접종의 효과가 없다. • 균의 증식을 막으면 되므로 예방이 비교적 쉽다.

(2) 바이러스에 의한 전염

급성 회백수염(Polio, 소아마비), 유행성 간염, 전염성 설사

(3) 경구전염병의 예방법

① 병원체의 제거 : 소독 및 살균을 실시한다.
② 병원체 전파의 차단
  • 환자와 보균자 격리치료
  • 매개체(위생곤충)의 구제
  • 음료수 위생관리 철저 등

2. 인축공통전염병

(1) 사람과 동물을 공동숙주로 하여 전염하는 질병

(2) 종류

① 탄저 : 소, 양, 돼지
② 결핵 : 소
③ 야토병 : 산토끼
④ 파상열(부르셀라) : 소, 돼지, 양
⑤ 돈단독 : 돼지
⑥ Q열 : 소, 양

⑦ 렙토스피라증(와일씨병) : 쥐, 소, 돼지
⑧ 비저 : 말, 당나귀, 산양, 고양이
⑨ 리스테리아증 : 토끼, 닭 등

(3) 예방법
① 이환동물의 조기 발견 및 격리치료
② 이환동물의 사체 및 배설물 소독 철저(탄저병균은 고압살균 또는 소각처리)
③ 우유는 살균처리할 것(브루셀라, 결핵, Q열 예방)
④ 질병에 이환된 축육의 식용을 삼갈 것

제4절 식품과 기생충

1. 채소류 매개 기생충

(1) 회충
① 우리나라에서 감염률이 높은 편에 속하는 기생충
② 소장에 기생하면서 어린이에게 이미증을 일으킨다.
③ 회충의 충란은 저항성이 매우 강하다.

(2) 십이지장충(구충)
① 경구감염뿐만 아니라 경피감염도 가능하다.
② 십이지장·소장에 기생하며 심한 빈혈증을 일으킨다.

(3) 요충 : 가는 실 모양으로 생겼으며 맹장에 기생하면서 항문 근처에 산란한다.

(4) 편충
① 우리나라에서 감염률이 가장 높은 기생충
② 길이 : 수컷이 30~45mm, 암컷은 35~50mm
③ 맹장에서 기생한다.

(5) 동양모양선충 : 가는 털 모양의 기생충으로 소장 상부에 기생한다.

2. 육류 매개 기생충

(1) 무구조충(민촌충) : 소의 근육에서 낭충으로 기생하다 사람에게 감염된 후 소장의 점막에 흡착하여 기생한다.

(2) 유구조충(갈고리촌충)
① 돼지의 근육에서 낭충으로 기생하다 사람에게 감염된 후 소장의 점막에 흡착하여 기생

② 두부에 갈고리가 있다.

(3) **선모충** : 돼지·개·고양이·쥐에 공통으로 기생하다 돼지고기를 통해 사람에 감염된 후 작은창자에 기생한다.

3. 어패류 매개 기생충

(1) **간디스토마**(간흡충)
① 왜우렁이를 제1중간숙주로, 붕어나 잉어 등의 담수어를 제2중간숙주로 하여 자란다.
② 제2중간숙주와 함께 피낭유충(metacercaria)를 생식하였을 때 감염된다.
③ 간의 담관에서 수 년간 기생하며, 사람·개·고양이에 감염된다.

(2) **폐디스토마**(폐흡충)
① 다슬기를 제1중간숙주로, 게나 가재를 제2중간숙주로 하여 자란다.
② 제2중간숙주를 생식하였을 때 피낭유충이 인체에 감염된다.
③ 폐에서 기생한다.

(3) **횡천흡충**
① 다슬기를 제1중간숙주로, 담수어(잉어, 붕어, 은어)를 제2중간숙주로 하여 자란다.
② 제2중간숙주를 생식하였을 때 피낭유충이 인체에 감염된다.
③ 소장의 점막에 흡착하여 기생한다.

(4) **광절열두조충**(긴촌충)
① 물벼룩을 제1중간숙주로, 연어나 송어를 제2중간숙주로 하여 자란다.
② 제2중간숙주인 연어나 송어의 생식으로 인체에 감염된다.
③ 소장의 상부에서 기생한다.

(5) **아니사키스의 자충**
① 크릴새우를 제1중간숙주로, 고등어·청어·대구·갈치·오징어 등을 제2중간숙주로 하여 자란다.
② 고래의 창자에서 성충으로 성장한다.
③ 제2중간숙주인 해산어류를 생식함으로써 인체에 감염된다.
④ 인체에서는 성충으로 자라지 못하고 육아종을 형성한다.

(6) **유극악구충**
① 물벼룩을 제1중간숙주로, 미꾸라지나 가물치를 제2중간숙주로, 개·고양이·닭을 종말숙주로 하여 기생한다.
② 사람에게 감염되면 성충으로 자라지는 못하지만 피부종양을 일으킨다.

4. 기생충의 예방방법

(1) 채소류는 청정채소를 사용하고, 요리할 때는 중성세제액에 담근 후 세차게 흐르는 물에 씻거나 차아염소산나트륨 용액에 담가서 충란을 소독

(2) 소나 돼지는 기생충에 감염되지 않게 위생적으로 사육하고, 수육은 반드시 충분히 익혀서 먹는다.

(3) 어패류는 생식하지 않는다.

(4) 제2중간숙주가 있는 곳의 물은 생수로 먹지 않는다.

제5절 식품첨가물

1. 의의

(1) 미생물에 대하여 정균작용을 나타내어 식품의 보존성을 높이는 물질

(2) 대부분이 산형보존료이다.

(3) 산형보존료는 산성에서 비해리 분자가 증가하여 보조효과를 나타낸다.

2. 종류

(1) **디히드로초산·디히드로 초산나트륨**
 ① 허용된 보존료 중에서 독성이 가장 강하다.
 ② 해리가 어려워 중성 부근에서도 효력을 나타낸다.
 ③ 모든 미생물에 대해 유효하며, 주로 치즈·버터·마가린 등에 사용한다.

(2) **솔빈산·솔빈산칼륨**
 ① 체내에서 대사되므로 안정성이 아주 높다.
 ② 세균·효모·곰팡이에 모두 유효하지만 젖산균과 Clostridium 속의 균에는 효과가 없다.
 ③ 식육제품, 어육제품, 고추장, 된장, 잼, 케첩, 절임식품, 유산균음료 등에 사용한다.

(3) **안식향산·안식향산나트륨**
 ① 인체에 들어와도 체외로 배출되므로 안전성이 높다.
 ② pH 4에서 효과가 높다.
 ③ 탄산비함유 청량음료나 간장 등에 사용한다.

(4) 파라옥시 안식향산 에스테르류

① 체외로 배설이 잘 되므로 안전성이 높다.
② 에스테르의 탄소수가 많을수록 방부효과가 좋다.
③ 모든 미생물에 유효하게 작용한다.
④ 간장·식초·비탄산함유 청량음료·주류(부틸에스테르만 허용) 등에 사용한다.

(5) 프로피온산칼슘·프로피온산나트륨

① 체내에서 대사되므로 안전성이 매우 높다.
② 세균에는 유효하나 효모에는 효과가 거의 없다.
③ 빵과 생과자 등에 사용한다.

표 7.2 방부제의 종류

방부제	사용 식품	억제미생물
염화벤조에이트	식빵, 과일주스, 마가린, 절임식품, 탄산음료, 치즈, 샐러드	박테리아, 곰팡이
솔 빈 산	치즈, 절임식품, 샐러드	곰팡이
이산화유황	건조과일 및 야채	곰팡이
클로로테르라사이클린	닭고기, 통조림	박테리아
포름알데히드 (smoking 과정)	육류, 생선	박테리아, 곰팡이

제6절 식품의 보존

1. 물리적 보존법

(1) **건조법**(drying) : 수분 15% 이하에서 세균발육이 억제된다.

(2) **냉동냉장법**(cold refrigeration) : 10°C 이하에서 세균의 발육이 억제되고, −5°C 이하에서는 대부분의 미생물 발육이 억제된다.

(3) **가열법**(heating) : 보통 80°C에서 30분 이상 가열하면 아포균을 제외한 대부분의 세균이 사멸한다.

(4) **밀봉법**(sealing) : 공기를 제거하고 처리하면 장기간 보존이 가능하다.

(5) **자외선·방사선 이용법**(radiation) : 강한 살균력을 지닌 2,500~2,700Å의 자외선을 이용하거나 CO^{60}, CS^{137}을 식품에 쬐어서 미생물을 제거한다.

(6) **통조림법** : 공기를 제거하여 처리한 후에 장기간 보존

2. 화학적 보존법

(1) **지입법**(curing)
① 염장법(salting) : 소금에 절여 저장하는 방법
② 당장법(sugaring) : 설탕에 절여 저장하는 방법(50% 이상 설탕 농도 유지)
③ 산저장(pickling) : pH가 낮은 초산이나 낙산을 이용해 저장하는 방법

(2) **훈연법**(smoking) : 식품에 목재를 연소할 때 생기는 연기를 쐬어 저장성과 기호성을 향상시키는 방법(예 햄·베이컨·수산물)

(3) **가스저장법**(gas storage) : CO_2, N_2를 이용하는 저장하는 방법

(4) **훈증법**(fuminggation) : $CHCl_3$, NO_2 등 훈증가스제를 이용해 저장하는 방법

(5) **방부제**(antiseptics) : 식염, 초산, 알코올 등의 정균작용을 이용해 저장하는 방법

7. 식품위생 ■ 핵심문제 해설

1 식품위생의 대상은?
㈎ 식품, 첨가물
㈏ 식품, 첨가물, 기구
㈐ 식품, 첨가물, 기구, 용기
㈑ 식품, 첨가물, 기구, 용기, 포장

2 식품위생 행정의 목적이 아닌 것은?
㈎ 식품위생의 보급 및 향상
㈏ 공중위생의 증진
㈐ 국민 식생활의 청결 및 안전
㈑ 식품제조가공업의 육성

3 식중독의 분류에 해당되지 않는 것은?
㈎ 우연성 식중독   ㈏ 세균성 식중독
㈐ 화학성 식중독   ㈑ 자연독 식중독

4 우리나라에서 식중독의 발생이 가장 많은 계절은?
㈎ 봄   ㈏ 여름   ㈐ 가을   ㈑ 겨울

5 식중독 세균이 가장 잘 증식할 수 있는 온도는?
㈎ 0~10°C   ㈏ 10~20°C
㈐ 20~22°C   ㈑ 25~37°C

6 독소형 세균성 식중독에 관한 설명 중 틀린 것은?
㈎ 원인식품 중에 세균이 존재하지 않을 수 있다.
㈏ 음식물 섭취에 앞서 독소를 생성했을 때 일어난다.
㈐ 세균에 오염된 음식물을 섭취했을 경우나 세균이 체내에 발육 증식하여 독소를 생산했을 경우에만 일어난다.
㈑ 포도상구균은 대표적인 것 중의 하나이다.

7 우리나라 자연독 식중독의 발생은 어느 계절에 많은가?
㈎ 봄에 많고 여름에 적다.
㈏ 여름과 가을에 많다.
㈐ 겨울에 많다.
㈑ 연중 동일하다.

8 세균성 식중독과 소화기계 전염병을 구별할 수 있는 역학적인 소견은?

> ① 전염병은 균의 독성이 강해야 발생한다.
> ② 식중독은 많은 양의 균의 섭취에 의해 일어난다.
> ③ 식중독은 균의 증식으로 인해 일어난다.
> ④ 식중독은 연쇄전파가 일어난다.

㈎ ①, ③   ㈏ ②, ③
㈐ ①, ④   ㈑ ③, ④

|해설| 세균성 식중독은 독성이 강해야 발생한다.

9 다음 중 감염형 식중독(infectious food poisoning)에 속하지 않는 것은?
㈎ 살모넬라   ㈏ 보툴리누스균
㈐ 장염비브리오   ㈑ 병원성 대장균

|해설| ① 세균성 식중독
 • 감염형 : 살모넬라, 장염비브리오, 병원성 대장균 등
 • 독소형 : 보툴리누스균, 포도상구균.
② 화학적 식중독
   Methanol, Cu, Cd, Hg, As, 농약 등
③ 자연독 식중독
 • 식물독 : 독버섯, 독초, 감자 등
 • 동물독 : 복어, 독조개, 독어류 등

해답 1 ㈑ 2 ㈑ 3 ㈎ 4 ㈏ 5 ㈑ 6 ㈐ 7 ㈏ 8 ㈏ 9 ㈏

10 독소형 식중독이 아닌 것은?
- ㈎ Botulism
- ㈏ Staphylococcal food poisoning
- ㈐ Halophilism
- ㈑ Welchii균 식중독

|해설| Halophilism = 비브리오 식중독

11 다음 중 감염형 식중독에 속하는 것은?
- ㈎ Streptococcal food poisoning
- ㈏ Staphylococcal food poisoning
- ㈐ Halophilism
- ㈑ Botullism poisoning

12 식품을 통해서 전염이 될 수 있는 virus성 전염병은?
- ㈎ 유행성 간염
- ㈏ 장티푸스
- ㈐ 이질
- ㈑ 콜레라

13 전염병 발생 중 사람에서 사람으로 전염되는 것을 가리켜 무엇이라고 하는가?
- ㈎ Holomiantic outbreak
- ㈏ Prosodemic outbreak
- ㈐ Common vehicle epidemics
- ㈑ Socio-economic status

|해설| ① Holomiantic outbreak : 폭발적으로 여러 사람에게 발생
② Common vehicle epidemics : 공동 매개체 유행병
③ Socio economic stathus : 사회경제수준

14 식중독과 전염병의 비교로 맞지 않는 것은?
- ㈎ 식중독은 일반적으로 증상이 빨리 나타난다.
- ㈏ 전염병은 일정한 잠복기를 갖지는 않는다.
- ㈐ 식중독은 항생물질 치료가 모두 가능하다.
- ㈑ 바이러스에 의한 전염병은 항생제요법의 효과가 적다.

15 음식물에 의한 오염의 예방원칙은?
- ㈎ 사용한 후 도구를 청결하게 할 것
- ㈏ 음식물을 쥐나 곤충에 닿지 않게 할 것
- ㈐ 병원성 보균자에 대한 음식 취급자의 습관적인 관찰
- ㈑ 피부나 물의 자유로운 사용

16 음식물에 직접 관계되는 주된 인수공통전염병(zoonosis)이 아닌 것은?
- ㈎ 탄저(Anthrax)
- ㈏ 결핵(Tuberculosis)
- ㈐ 파상풍(Tetanus)
- ㈑ 브루셀라병(Brucellosis)

|해설| 음식물을 통한 zoonosis 중 중요한 것은 다음과 같다.
① 탄저 : 이환된 소나 양 등의 고기
② 결핵 : 주로 이환된 소의 젖
③ 야토병 : 이환된 산토끼의 고기
④ 브루셀라병 : 소, 돼지, 산양, 양의 고기나 젖
⑤ 구제역 : 주로 소의 고기

17 인수공통전염병의 예방대책으로 적합하지 않은 것은?
- ㈎ 가축의 정기적 검진
- ㈏ 수입가축의 철저한 검역
- ㈐ 도살 직후 생식
- ㈑ 식육위생 철저

|해설| 인수공통전염병(zoonosis)의 예방법
① 동물 간에 유행되고 있는 전염병의 조기 발견과 예방
  • 가축의 정기적 검진(TB. Brucellosis)
  • 수입 가축에 대한 검역
② 우육위생의 강화
  • 우육위생 철저(생산, 가공, 판매 등)
  • 식육위생 철저(도축검사의 철저, 밀도살 방지)
  • 냉동, 냉장의 유지
  • 제품의 살균 철저

해답 10 ㈐ 11 ㈎ 12 ㈎ 13 ㈏ 14 ㈐ 15 ㈐ 16 ㈐ 17 ㈐

18 다음 중 식중독 발생의 관리대책과 관계 없는 것은?
(개) 원인식품의 색출, 폐기처분
(내) 보건교육의 실시
(대) 식품의 냉장, 냉동처리
(래) 예방접종과 환자의 격리치료

19 음식물에 의한 전염병의 특징 중 옳지 않은 것은?
(개) 잠복기가 짧다.
(내) 발병률이 높다.
(대) 여름철에 자주 발생한다.
(래) 2차 감염환자가 많다.

20 식품의 위생적인 관리와 관계가 먼 것은?
(개) 식품 조리시설의 위생적 관리
(내) 식품취급자의 위생적 관리
(대) 계속적인 식품위생 검사
(래) 외상, 화농성 환자의 식품 취급

21 다음 중 식품에 대한 대장균검사의 보건학적 의의는?
(개) 대장균 자체가 식중독 원인이 되므로
(내) 병원성 균 오염의 지표가 되므로
(대) 신선도 측정
(래) 부패, 변질의 여부 확인

22 Salmonellosis와 관계 없는 설명은?
(개) 인축공통전염병
(내) 75°C 정도로 가열하면 사멸
(대) 원인균은 아포를 형성한다.
(래) 위장계 증상과 고열 발생

23 살모넬라증의 병원체는 무엇을 통해 옮겨지는가?
(개) 쥐벼룩   (내) 쥐의 분뇨
(대) 쥐의 혈액   (래) 쥐이

24 다음 food poisoning 중 fever가 가장 심한 것은?
(개) Staphylococcal food poisoning
(내) Salmonellosis
(대) Botulism
(래) Poisonous plant food poisoning

25 살모넬라 발생 방지의 최상책은?
(개) 가열 요리된 음식 섭취
(내) 정부의 육류검사 실시
(대) 음식 취급자의 정기적 건강진단
(래) 음식의 냉동

26 살모넬라에 오염된 식품을 먹고 발병하기까지는 대체로 몇 시간 정도 걸리는가?
(개) 30분~2시간   (내) 12~48시간
(대) 72시간 이상   (래) 2~4일

27 식품을 통한 salmonellosis 예방을 위하여 처리해야 할 최소온도는?
(개) 60°C   (내) 45°C   (대) 70°C   (래) 75°C

28 장염 비브리오균과 관계가 가장 깊은 것은?
(개) 장독소를 생성한다.
(내) 내열성이 강하다.
(대) 아포를 형성한다.
(래) 고농도의 식염에서 증식한다.
|해설| 고농도의 식염에서 증식하므로 호염균이라고 부른다.

29 다음은 호염균 식중독에 관한 설명이다. 틀린 것은?
(개) 중독증상은 복통, 설사, 구토, 발열 등이다.
(내) 담수 중에서는 조속히 사멸된다.
(대) Vibrio parahaemolyticus가 원인균
(래) 섭식 후 2~6시간 내에 발병한다.

30 어류의 부패와 가장 관계가 깊은 세균은?
(개) E.coli   (내) Pseudomonas
(대) Salmonella   (래) Micrococcus

해답 18 (래) 19 (래) 20 (래) 21 (내) 22 (대) 23 (내) 24 (내) 25 (개) 26 (내) 27 (개) 28 (래) 29 (래) 30 (내)

31 바다 어패류와 가장 관계가 깊은 식중독은?
㈎ 포도상구균 중독
㈏ 장염 비브리오 중독
㈐ 살모넬라 중독
㈑ 보툴리누스균 중독

32 소금에 절인 해산물을 생식한 후 일어난 식중독은 다음 중 어떤 것인가?
㈎ 살모넬라 식중독
㈏ 호염균 식중독
㈐ 장구균 식중독
㈑ 포도상구균 식중독

33 세균성 식중독 중 감염형이 아닌 것은?
㈎ 웰치균
㈏ 장염균
㈐ 포도상구균
㈑ 돈콜레라균

34 우리나라에서 가장 많이 볼 수 있는 식중독은?
㈎ Stapylococcus로 인한 식중독
㈏ Botulism 식중독
㈐ 버섯 식중독
㈑ 살모넬라 식중독

35 식품의 부패에 관여하는 혐기성 균속은?
㈎ *Bacillus* 속
㈏ *Proteus* 속
㈐ *Achromobacter* 속
㈑ *Clostridium* 속

36 다음 중 그 증상이 가장 빨리 나타나는 세균성 식중독은?
㈎ 살모넬라증
㈏ 보툴리누스에 의한 식중독
㈐ 포도상구균 식중독
㈑ vibrio 식중독

37 발열 증상이 없는 세균성 식중독은?
㈎ 포도상구균 식중독
㈏ 살모넬라 식중독
㈐ 보툴리누스 식중독
㈑ 병원성 대장균 중독

38 포도상구균에 의한 식중독에 대한 설명 중 틀린 것은?
㈎ 잠복기가 2~4시간이다.
㈏ 일반적으로 열이 없다.
㈐ 급성 위장관 증상이 보통 하루 이상 지속된다.
㈑ 원인균이 Staphylococcus aureus이다.

39 다음 중 포도상구균 식중독의 특징이 아닌 것은?
㈎ 열이 38°C 이상으로 상승한다.
㈏ 잠복기는 1~6시간(3시간)에 불과하여 급격히 발병한다.
㈐ 장독소에 의한 독소형이다.
㈑ 사망률이 1% 이하로 비교적 낮다.

40 포도상구균의 독소인 Entertoxin에 관한 설명이다. 틀린 것은?
㈎ lysin을 함유하는 분자량 24,000 전후의 단백질이다.
㈏ Trypsin에는 분해되지 않는다.
㈐ 120°C에서 몇 분에 파괴된다.
㈑ 25~30°C의 실온에서 5시간 미만에 식중독을 일으키는 데 충분한 독소가 생성된다.

41 잠복기가 가장 짧은 식중독균은?
㈎ *Salmonella enteritides*
㈏ *Vibrio parahaemoeyticus*
㈐ *Staphylococcus albus*
㈑ *Staphlococcus aureus*

해답 31 ㈏ 32 ㈏ 33 ㈐ 34 ㈎ 35 ㈑ 36 ㈐ 37 ㈎ 38 ㈐ 39 ㈎ 40 ㈐ 41 ㈑

42 포도상구균 중독과 관계 없는 것은?
  ㈎ 독소는 내열성이 강하다.
  ㈏ 치명률이 높고 발생률이 낮다.
  ㈐ 발열증상이 없다.
  ㈑ 화농성 질환이 있는 조리인이 감염원이 될 수 있다.

43 식중독 중 치명률이 가장 높은 것은?
  ㈎ Salmonellosis
  ㈏ Botulism
  ㈐ 포도상구균 식중독
  ㈑ 장염 Vibrio 중독

44 균의 열에 대한 저항력 한계를 표시하였다. 틀린 것은?
  ㈎ Salmonella (62°C에서 30분)
  ㈏ 포도상구균 (80°C에서 30분)
  ㈐ Botulism (80°C에서 30분)
  ㈑ 포도상구균 독소 (120°C 이상)

45 세균성 식중독 중 치명률이 가장 높은 것은?
  ㈎ Salmonellosis
  ㈏ Staphylococcal food poisoning
  ㈐ Proteus food poisoning
  ㈑ Botulism

46 통조림이나 병조림 등의 혐기성 식품의 섭식으로 발생하는 식중독은?
  ㈎ 보툴리즘
  ㈏ 살모넬라증
  ㈐ 포도상구균 중독
  ㈑ 장염 비브리오 중독

47 다음 중 가열에 의하여 분해되는 식중독 독소는?
  ㈎ Botulism균의 분비독소
  ㈏ Aflatoxin
  ㈐ 장독소 (enterotoxin)
  ㈑ Welchii toxin

48 Botulism에 관한 설명 중 옳은 것은?
  ㈎ 통성혐기성 균이다.
  ㈏ 유독한 독소는 37°C에서 자랄 때만 생긴다.
  ㈐ 37°C에서 독소 형성이 가장 왕성하다.
  ㈑ 균은 A · B · C · D · E형으로 구분하는데, C와 D형은 사람에게 온다.

|해설| Botulism
① 편성혐기성균 (obigate anaerobes)
② 20~30°C의 혐기상태에서 자랄 때 독소 형성
③ 37°C에서 독소 형성이 가장 왕성
④ A, B, E형이 사람에게 식중독 유발

49 Botulism의 주요 임상적 증후는?
  ㈎ 중추신경장애   ㈏ 위장장애
  ㈐ 발열   ㈑ 요독증

50 Botulism과 관계 없는 것은?
  ㈎ 신경계 증상
  ㈏ 혐기성 세균
  ㈐ 치명률이 높다.
  ㈑ 독소는 100°C에서 파괴된다.

51 패류에 의한 자연 식중독의 원인물질은?
  ㈎ Venerupin   ㈏ Tetrodotoxin
  ㈐ Ergotoxin   ㈑ Solanin

52 다음 중 굴이나 바지락이 함유하고 있는 독소는?
  ㈎ Andromedotoxin   ㈏ Venerupin
  ㈐ Tetrodotoxin   ㈑ Solanin

53 발암성 독소는?
  ㈎ aflatoxin   ㈏ ergotoxin
  ㈐ mycotoxin   ㈑ tetrodotoxin

54 열에 강한 독소가 아닌 것은?
  ㈎ Tetrodotoxin ㈏ Enterotoxin
  ㈐ Aflatoxin   ㈑ Exotoxin

해답 42 ㈏ 43 ㈏ 44 ㈐ 45 ㈑ 46 ㈎ 47 ㈎ 48 ㈐ 49 ㈎ 50 ㈑ 51 ㈎ 52 ㈏ 53 ㈎ 54 ㈑

55 마비성 조개의 독소는 다음 중 어느 것인가?
  ㈎ Venerupin   ㈏ Saxitoxin
  ㈐ Mytilotoxin ㈑ Tetrodotoxin

56 감자순에 함유되어 있는 독소는?
  ㈎ Mytilotoxin   ㈏ Imanitoxin
  ㈐ Andromedotoxin ㈑ Solanin

57 다음 중 청산중독의 원인이 될 수 없는 것은?
  ㈎ 푸른 매화(靑梅) ㈏ topioca (토란)
  ㈐ 열대산 두류   ㈑ 감자의 싹

58 맥각균에 의하여 생성되는 독소는?
  ㈎ Ergotoxin ㈏ Venerupin
  ㈐ Muscarim   ㈑ Vitrinin

59 맥각의 독성물질이 아닌 것은?
  ㈎ agaricic acid ㈏ ergometrine
  ㈐ ergotamine   ㈑ ergotoxine

60 청매 중에 함유되어 있는 독소는?
  ㈎ Muscarine   ㈏ Solanin
  ㈐ Amygdaline ㈑ Digitoxin

61 독미나리의 유독성분은 다음 중 어느 것인가?
  ㈎ amygdalin ㈏ cicutoxin
  ㈐ solanin   ㈑ gossypol

  |해설| amygdalin : 청매의 유독 성분
  cicutoxin : $C_{17}H_{22}O_2$
  gossypol : 목화 씨앗의 독성물질
  solanin : 감자의 독소

62 다음은 독버섯의 감별법이다. 무독한 것은?
  ㈎ 유즙이나 점액이 흐르지 않은 것
  ㈏ 쓴맛과 신맛을 가질 것
  ㈐ 색이 아름답고 선명할 것
  ㈑ 악취를 풍길 것

63 다음 중 독버섯의 독성물질이 아닌 것은?
  ㈎ muscarine   ㈏ muscaridine
  ㈐ amanitatoxine ㈑ mytilotoxin

  |해설| • 독버섯의 독성물질 : muscarine,
    • muscaridine, neurine, choline, phaline,
    • amanitatoxine, agaricic acid, pilztoxin
    • mytilotoxin : 섭조개 중독물질
    • tetrodotoxin : 복어 중독물질
    • venerupin : 모시조개, 바지락 중독물질
    • solanine : 감자 중독물질
    • ergotamine, ergotoxine, ergometrine : 맥각중독물질
    • *penicillium islandium*, *P. citrinum*, *P. toxicarium*
      : 황변미(yellow rice) 중독물질

64 Tetrodotoxin은 어느 것의 독소인가?
  ㈎ 감자   ㈏ 복어
  ㈐ 굴, 조개 ㈑ 버섯

65 다음의 화학적 중독증상 중 중추신경 증상에 속하지 않는 것은?
  ㈎ 권태감   ㈏ 흥분
  ㈐ 의식혼탁 ㈑ 혈압상승

  |해설| 혈압상승은 교감신경 증상

66 화학적 식중독의 가장 현저한 증상은?
  ㈎ 열   ㈏ 구토
  ㈐ 설사 ㈑ 경련

67 화학성 중독을 일으킬 수 있는 농약들이다. 유기인제에 속하지 않는 것은?
  ㈎ parathion ㈏ sumithion
  ㈐ diazinon ㈑ dieldrin

  |해설| dieldrin은 유기염소제

68 잔류성이 가장 강한 농약제제는?
  ㈎ 유기염소계 제제
  ㈏ 유기인 제제
  ㈐ 카바마이트 제제
  ㈑ 유기아질산 제제

해답 55. ㈏ 56. ㈑ 57. ㈑ 58. ㈎ 59. ㈎ 60. ㈐ 61. ㈏ 62. ㈎ 63. ㈑ 64. ㈏ 65. ㈑ 66. ㈏
67. ㈑ 68. ㈎

69 유기염소제에 의한 중독의 치료제로 적절한 것은?
㉮ Atropin과 PAM
㉯ Phenobarbital과 비타민 B₁
㉰ BAL
㉱ monoacetine
|해설| monoacetine : 유기불소계 중독의 치료제

70 다음 질문들에 해당하는 food poisoning으로 옳은 것은?

① Staphylococcal food poisoning
② Streptococcal food poisoning
③ Salmonellosis
④ Botulism
⑤ Hallophilism

㉮ 가장 짧은 잠복기를 가진다. (　　)
㉯ Cholera와 비슷한 증상을 보인다. (　　)
㉰ 신경증상이 주증상이다. (　　)
㉱ 우리나라에서 가장 많이 발생하는 식중독이다. (　　)
㉲ 치명률이 가장 높다. (　　)

71 다음 각 항들에 해당되는 독소명은?

① *Aspergillus flavus*의 간장 독소
② 복어 독소
③ 감자순 독소
④ *Staphylococcus* 독소
⑤ 홍합 독소
⑥ 바지락, 굴 독소
⑦ 맥각 독소
⑧ 버섯 독소

㉮ Aflatoxin　　(　　)
㉯ Tetrodotoxin　(　　)
㉰ Solanin　　　(　　)
㉱ Enterotoxin　(　　)
㉲ Saxitoxin　　(　　)
㉳ Venerupin　　(　　)
㉴ Ergotoxin　　(　　)
㉵ Muscarine　　(　　)

72 야채류에 부착되어 매개되는 기생충이 아닌 것은?
㉮ 회충　　㉯ 요충　　㉰ 구충　　㉱ 편충

73 구충에 관한 다음 설명 중 틀린 것은?
㉮ 십이지장충과 아메리카구충의 충란 구별은 어렵다.
㉯ 구충증은 빈혈증, 토식증, 다식증이 나타난다.
㉰ 십이지장충은 야채에 오염된 충란으로 감염된다.
㉱ 충란은 자연조건에서 2주일이면 부화되어 몇 개월까지도 생존한다.
|해설| 여름철 자연조건에서 2주일에 부화 → 간상유충 → 환경이 부적당하면 감염형 사상유충으로 경구를 거쳐 혈액에 침입

74 항문 주위에서 1cm 정도의 가는 흰 충을 발견했다면 어느 기생충이라고 할 수 있나?
㉮ 회충　　㉯ 촌충　　㉰ 요충　　㉱ 편충

75 회충이 충란을 사멸시키는 능력이 가장 강력한 것은?
㉮ 회충　　㉯ 편충　　㉰ 요충　　㉱ 촌충
|해설| 회충 충란의 생존이 강함

76 회충의 인체 감염형은?
㉮ 외부환경에서 충분히 발육하여 자충을 내포한 충란
㉯ 간상 유충
㉰ 사상 유충
㉱ 산란 등에 감염된다.

77 우리나라에서 감염률이 가장 높은 기생충은?
㉮ 요충　　　　㉯ 회충
㉰ 편충　　　　㉱ 십이지장충

해답 **69** ㉯　**70** ㉮ ①　㉯ ⑤　㉰ ④　㉱ ①　㉲ ④　**71** ㉮ ①　㉯ ②　㉰ ③　㉱ ④　㉲ ⑤　㉳ ⑥　㉴ ⑦　㉵ ⑧　**72** ㉯　**73** ㉱　**74** ㉰　**75** ㉮　**76** ㉮　**77** ㉰

78 다음 중 경구로 감염되는 기생충은 어느 것인가?
㉮ 편충   ㉯ 십이지장충
㉰ 분선충   ㉱ 아메리카구충

79 기생충란을 제거하기 위해 야채를 세척하는 가장 좋은 방법은?
㉮ 수돗물에 1회 씻는다.
㉯ 소금물에 1회 씻는다.
㉰ 흐르는 수돗물에 5회 이상 씻는다.
㉱ 흐르는 수돗물에 2회 씻는다.

80 회충, 구충 등의 생활환에서 거치지 않는 인체의 기관은?
㉮ 기관지   ㉯ 식도
㉰ 심장   ㉱ 신장

81 다음 중 야채에 의해 감염될 수 있는 기생충은?
㉮ 회충 및 편충
㉯ 유구조충 및 무구조충
㉰ 말라리아 및 사상충
㉱ 간흡충 및 폐흡충

82 간흡충에 관한 설명으로 틀린 것은?
㉮ 제1 중간숙주는 쇠우렁
㉯ 제2 중간숙주는 잉어, 붕어 등
㉰ 종말숙주는 사람, 고양이, 개 등
㉱ 제1 중간숙주로 인체에 감염

83 간디스토마의 제1중간숙주와 제2중간숙주를 올바르게 짝지은 것은?
㉮ 왜우렁 – 담수어류
㉯ 다슬기 – 왜우렁
㉰ 담수어류 – 쇠우렁
㉱ 담수어 – 없음

84 광절열두조충(긴촌충)의 감염원이 될 수 있는 식품은?
㉮ 민물고기   ㉯ 채소
㉰ 돼지고기   ㉱ 쇠고기

85 무구조충은 어느 식품을 통해 감염되는가?
㉮ 우육   ㉯ 어패류
㉰ 야채류   ㉱ 돈육

86 조충류(Cestoda)의 구성요소가 아닌 것은?
㉮ 두부(scolex)   ㉯ 경부(neck)
㉰ 체절(proglottid)   ㉱ 꼬리(tail)

87 돼지고기를 생식하여 감염될 수 있는 기생충 질환은?
㉮ 유구조충   ㉯ 무구조충
㉰ 십이지장충   ㉱ 회충

88 경구 감염을 하지 않는 기생충으로만 나열된 것은?
㉮ 회충, 편충
㉯ 사상충, 일본주혈흡충
㉰ 유구, 무구조충
㉱ 요충, 간흡충

89 충란이 채소나 음료수와 함께 우리 몸에 들어오는 기생충은?
㉮ 십이지장충   ㉯ 동양모양선충
㉰ 회충   ㉱ 디스토마

90 전염병 환자의 식기를 소독하는 방법은?
㉮ 자외선소독   ㉯ 자비소독
㉰ 가스소독   ㉱ 일광소독

91 냉동이 냉장에 비해 유리한 점을 기술한 내용 중 틀린 것은?
㉮ 장기간 보존할 수 있다.
㉯ 변질을 줄일 수 있다.
㉰ 신선도 유지가 가능하다.
㉱ 당장 사용하지 않을 식육보존에 유리하다.

92 다음 중 일반적으로 식중독 방지에 중요한 것은?
㉮ 마스트 사용   ㉯ 예방접종
㉰ 냉장과 냉동   ㉱ 손의 청결

해답 78 ㉰ 79 ㉰ 80 ㉱ 81 ㉮ 82 ㉱ 83 ㉮ 84 ㉮ 85 ㉮ 86 ㉱ 87 ㉮ 88 ㉯ 89 ㉯ 90 ㉯
91 ㉱ 92 ㉱

93 식품의 보존 목적과 관계 없는 것은?
  ㈎ 부패 방지
  ㈏ 변패 방지
  ㈐ 변질 방지
  ㈑ 장기간 저장

94 식품의 위생적인 관리를 위해서 선행되어야 할 조건은?
  ㈎ 보건상 위해한 식품에 대한 철저한 통제와 검색 및 폐기
  ㈏ 유통과정에 대한 지나친 검사의 대폭 완화
  ㈐ 모든 식품을 초저온에 무조건 저장
  ㈑ 식품업소의 위반사항 시정

95 여름철 소화기 전염병 예방법은?
  ㈎ 청결한 음식 섭취 및 관리
  ㈏ 파리 및 모기 구제
  ㈐ 부패된 음식을 먹지 않는다.
  ㈑ 항상 음식을 덥게 해서 먹는다.

96 음식물을 냉장고에 보존하는 목적과 관계가 적은 것은?
  ㈎ 세균발육억제
  ㈏ 멸균
  ㈐ 신선도 유지
  ㈑ 식품의 변질 억제

97 식품의 보존방법에 속하지 않는 것은?
  ㈎ 냉동, 냉장법   ㈏ 건조법
  ㈐ 가열법   ㈑ 적외선 이용법

98 소독방법을 선택할 때 유의하여야 할 점이 아닌 것은?
  ㈎ 전염방법의 파악
  ㈏ 외계에 대한 저항력
  ㈐ 대상 미생물의 성질
  ㈑ 대상 미생물의 형태

99 음식물에 의한 전염병의 예방법 중 옳지 않은 것은?
  ㈎ 보균자의 식품가공을 허락하고, 환자는 음식물의 취급에 종사하지 않도록 할 것
  ㈏ 식품의 재료는 신선하고 위생적인 것을 사용
  ㈐ 방충과 방서를 철저히 할 것
  ㈑ 식기와 기구류를 충분히 세척 및 소독

100 식품위생감시의 대상이 아닌 것은?
  ㈎ 조리방법
  ㈏ 식품의 포장
  ㈐ 첨가물
  ㈑ 조리장 시설

101 다음 중 한랭소독의 기전이 아닌 것은?
  ㈎ 화학변화 억제
  ㈏ 세균의 파괴
  ㈐ 세균내 효소의 소비
  ㈑ 세균의 대사 억제

102 식품의 냉장에 관한 다음 설명 중 옳은 것은?

> ① 저온은 일반적으로 살균력이 없으나, 선모충(T. Spiralis)만은 완전히 파괴된다.
> ② 냉동했던 식품을 실온에서 녹일 때 식중독 발생의 소지가 생기나, 미리 익혀서 냉동했던 식품은 그런 우려가 없다.
> ③ 일부 채소와 과일을 제외하면 대개의 식품은 4°C 이하에서 저장할 때 오랜 보존이 가능하다.

  ㈎ ①   ㈏ ②
  ㈐ ③   ㈑ ① 과 ③

해답 93 ㈑ 94 ㈎ 95 ㈎ 96 ㈏ 97 ㈑ 98 ㈑ 99 ㈎ 100 ㈎ 101 ㈏ 102 ㈑

103 우유병의 청결 유지에 관한 설명 중 **잘못된** 것은?
- ㈎ 청정제 농도의 매시간 검사
- ㈏ 청정제 용액, 더운 물 및 최종 수세수의 정확한 온도 유지
- ㈐ 수지수 탱크의 정기적인 소독처리
- ㈑ 우유병의 최종 수세에는 0.5~1.0 ppm의 염소를 함유한 물을 사용한다.

|해설| 5~10 ppm의 염소를 함유한 물을 사용한다.

104 다음 중 이상유(abnomal milk)에 속하지 **않는** 것은?
- ㈎ 초유(colostrum)
- ㈏ 염미우유(salty milk)
- ㈐ 점강유(ropy milk)
- ㈑ 탈지유(skin milk)

|해설| skin milk는 무정우유

105 우유소독에 적용되지 **않는** 것은?
- ㈎ 완전멸균
- ㈏ 저온처리
- ㈐ 영양과 맛의 보존
- ㈑ 소독 후 즉시 냉장을 요함

106 우유 매개성 전염병의 역학적 특성에 속하지 **않는** 것은?
- ㈎ 홀로마이안틱(Holomiantic) 발생
- ㈏ 환자발생 분모와 우유배달 분모의 일치
- ㈐ 사회경제 수준과 환자 발생과의 관계
- ㈑ 성인 및 유년 남성에서 주로 발생

|해설| 부녀자에게서 주로 발생 → 많은 소비에 기인

107 Breed's method란?
- ㈎ 음료수의 일반세균수 측정방법이다.
- ㈏ 하수의 세균수를 현미경으로 계산하는 방법이다.
- ㈐ 우유를 도말·염색하여 현미경으로 세균 수를 측정하는 방법이다.
- ㈑ 우유와 부패 여부를 시험하는 방법이다.

108 Milk의 pasteurization이 잘 되었는지의 여부를 조사하는 검사법은?
- ㈎ Lactase test
- ㈏ Phosphatase test
- ㈐ Galactose test
- ㈑ Peroxidase test

109 우유의 시험방법 중 관능시험에 속하지 **않는** 것은?
- ㈎ 향과 맛 검사
- ㈏ 색조와 조도 검사
- ㈐ 먼지 및 이상유 검사
- ㈑ 자비 시험

110 우유에서 오는 병원균들이다. 이 중 Bacteria에 속하지 **않는** 것은?
- ㈎ 결핵균
- ㈏ 브루셀라균
- ㈐ Q열
- ㈑ 탄저균

|해설| Q열 : rickettsia(coxiella burnetii)

111 우유의 건강 증진효과 및 그에 관한 설명이다. 적합하지 **않은** 것은?
- ㈎ 우유는 건강증진의 효과가 있는 영양소를 많이 함유하고 있다.
- ㈏ 우유는 영양소가 많은 대신에 소화·흡수가 잘 되지 않는다.
- ㈐ 우유는 위의 건강을 증진한다.
- ㈑ 우유는 유산균의 발육을 촉진한다.

112 저온살균한 우유에서 많은 세균이 검출되는 원인은?
- ㈎ 목축에 있어서 발과 입의 질병
- ㈏ 우유의 부주의한 취급
- ㈐ 우형 결핵
- ㈑ 젖소의 유방염

113 우유의 저온살균법은 몇 °C에서 실시되는가?
- ㈎ 50~55°C
- ㈏ 62~65°C
- ㈐ 80~85°C
- ㈑ 95~100°C

해답 103 ㈑ 104 ㈑ 105 ㈎ 106 ㈑ 107 ㈐ 108 ㈏ 109 ㈑ 110 ㈐ 111 ㈏ 112 ㈏ 113 ㈏

114 우유의 살균법 중 고온살균법에 해당하는 것은?
㈎ 62~65℃에서 30분 동안 살균
㈏ 62~65℃에서 60분 동안 살균
㈐ 71℃에서 15초 동안 살균
㈑ 71℃에서 30초 동안 살균
| 해설 | 고온살균법 : 71℃에서 15초 유지 후 급랭하는 방법이다.

115 우유의 초고온 살균법이란?
㈎ 50~55℃에서 30분 동안 살균
㈏ 63~65℃에서 30분 동안 살균
㈐ 71℃에서 15초 유지 후 급랭
㈑ 132℃에서 2~3초 동안 살균

116 우유의 살균법 중 HTST법이란?
㈎ 보온법
㈏ 저온 살균법
㈐ 고온 단시간법
㈑ 초고온 순간살균법

117 우연 또는 과실로 혼입된 유해물질에 의한 중독에 해당되지 않는 것은?
㈎ 농약   ㈏ 수은
㈐ 카드뮴   ㈑ gentian violet
| 해설 | gentian violet : 유해착색료

118 과실주에 함유될 수 있는 methanol의 허용량은 어느 정도인가?
㈎ 1.0mg/m*l*   ㈏ 5.0mg/m*l*
㈐ 1g/m*l*   ㈑ 10mg/m*l*
| 해설 | 과실주 1.0mg/m*l*, 일반주 0.5mg/m*l*까지 허용

119 어패류는 수육보다 빨리 부패하거나 변질이 된다. 그 이유로 적당치 않은 것은?
㈎ 어패류는 수분함량이 많은 반면에 지방함량이 적다.
㈏ 어패류의 내장은 자가 소화가 느리다.
㈐ 어패류는 장내 세균류가 부착할 기회가 많다.
㈑ 어패류는 자연 면역소가 적다.

120 합성수지로 제조한 식기에서 녹아 나오는 유해한 유기물질은 다음 중 어느 것인가?
㈎ Formaldehyde
㈏ Amygdalin
㈐ Terodotoxin
㈑ Solanin

121 일반적으로 식육을 가열처리하는 목적이 아닌 것은?
㈎ 효소작용을 활성화시킨다.
㈏ 부패 및 변패를 방지한다.
㈐ 식육 중에 부착된 미생물의 사멸
㈑ 가장 효과적인 살균법이다.

122 식육 운반용 식육적재고, 고무장화, 고무작업복 등의 염소 소독농도는?
㈎ 25ppm
㈏ 50ppm
㈐ 2,500ppm
㈑ 어느 것도 맞지 않다.

123 식육 가공에서 가공품에 첨가해도 무방한 방부제(또는 보존료)가 아닌 것은?
㈎ Dehydroacetic acid
㈏ Salicylic acid
㈐ Auramine
㈑ Sodium sorbate
| 해설 | Auramine은 황색 타르 색소

124 식육에서 휘발성 염기질소를 측정하는 것은 다음 중 무엇을 알기 위해서인가?
㈎ 부패도
㈏ 살균오염도
㈐ 방부제 유무
㈑ 부정도살 여부

해답 114 ㈐ 115 ㈑ 116 ㈐ 117 ㈑ 118 ㈎ 119 ㈏ 120 ㈎ 121 ㈎ 122 ㈏ 123 ㈐ 124 ㈎

125 식육을 보존하기 위한 염장(curing) 방법과 거리가 먼 것은?
㉮ 침적액(pickle)은 반드시 자비소독하여 사용한다.
㉯ 식염은 신선하고 질이 좋은 것을 사용해야 한다.
㉰ 식염의 방부작용은 살균작용이다.
㉱ Botulism균은 8%의 농도에서 발육이 저지된다.
|해설| 발육억제작용을 한다.

126 식육의 숙성을 완전하게 하기 위한 방법이다. 틀린 것은?
㉮ 미생물의 발육증진을 억제한다.
㉯ 80~90%의 습도를 유지시킨다.
㉰ 32~40°F(0~4.4°C)에서 보존한다.
㉱ 20~30일간 보존한다.
|해설| 10~14일간 보존한다.

127 다음 중 사용이 금지된 식품첨가물은 어느 것인가?
㉮ saccharine
㉯ sorbitol
㉰ glycyrrhizine
㉱ cyclamate
|해설| dulcin : 1967년 금지
 cyclamate : 1970년 금지

128 식품위생법에서 사용이 허용된 감미료는?
㉮ sodium glycyrrhizinate
㉯ dukin
㉰ cyclamate
㉱ peryllartine
|해설| saccharin sodium, disodium glycyrrhizinate, trisodium glycyrrhizinate, D-socrbitol이 있다.

129 방부보존제의 필수조건으로 부적합한 것은?
㉮ 무독   ㉯ 무미
㉰ 지용성 ㉱ 무취

|해설| 방부보존제의 필수조건
① 무독
② 식품의 보존이 확실하고 식품의 변화가 없을 것
③ 무미, 무취, 내열성·수용성일 것
④ 적은 용량으로 효과가 있을 것
⑤ 사용방법이 간편할 것
⑥ 세균, 효모류에도 유효할 것
⑦ 가격이 저렴할 것

130 식품의 이물 중 동물성 이물이 아닌 것은?
㉮ 절족 동물   ㉯ 유충
㉰ 진드기   ㉱ 곰팡이
|해설| 식품 이물의 종류
① 동물성 이물 : 절족동물(곤충, 진드기) 및 그 알, 유충 및 그 배설물, 설치류 및 곤충의 이식 흔적물, 동물의 털 및 그 배출물, 기생충 그 알
② 식물성 이물 : 종류가 다른 식물 및 그 종자, 곰팡이, 짚겨, 종이조각, 실밥 등
③ 광물성 이물 : 토사, 유리, 금속, 도자기 등의 파편 등

131 식품첨가물 감미료의 사용목적이 아닌 것은?
㉮ 관능을 약화시키기 위하여
㉯ 영양 강화를 위하여
㉰ 보존성을 높이기 위하여
㉱ 제품의 품위향상과 작업능률을 높이기 위하여
|해설| 식품첨가물의 사용목적
① 관능을 좋게 하기 위하여 : 착색료, 착향료, 감미료, 조미료 등
② 영양강화를 위하여 : 비타민제, 칼슘제, 아미노산류 등
③ 보존성을 높이기 위하여 : 보존료, 살균료, 방부제 등
④ 식품의 제조, 가공 과정에 있어서 제품의 품위향상과 작업능률을 높이기 위하여
 • 품위향상 : 소백분 개량제, 변색방지제 등
 • 작업능률향상 : 소포제, 용해제, 팽창제 등

132 Sodium cyclamate는 사용금지된 식품첨가물이다. 식품에 사용할 때 그 용도는?
㉮ 착색제   ㉯ 합성감미제
㉰ 합성조미료 ㉱ 산화방지제

133 식품 중의 이물의 종류에 해당되지 <u>않는</u> 것은?
  - ㈎ 짚겨
  - ㈏ 종이조각
  - ㈐ 착색료
  - ㈑ 기생충

134 식품첨가물로서 보존성을 높이기 위해 사용되는 것이 <u>아닌</u> 것은?
  - ㈎ 보존료
  - ㈏ 살균료
  - ㈐ 방부제
  - ㈑ 착향료

135 다음 식품첨가물 중 용해제의 사용목적은?
  - ㈎ 관능을 좋게 하기 위하여
  - ㈏ 영양강화를 위하여
  - ㈐ 보존성을 높이기 위하여
  - ㈑ 작업능률을 높이기 위하여

136 Dulcin에 의한 장애는 다음 중 어느 것인가?
  - ㈎ 소화장애
  - ㈏ 시각 및 청각장애
  - ㈐ 전정신경장애
  - ㈑ 편측 마비증

137 육류 발색제로 사용되는 것은?
  - ㈎ 황산알루미늄
  - ㈏ 질산칼륨
  - ㈐ 아황산나트륨
  - ㈑ 클로로필린나트륨

|해설| 육류 발색제로 질산칼륨·질산나트륨·아질산나트륨 등을 이용한다. 이를 과량섭취하면 혈관확장이나 혈압강하 증세를 나타낸다.

해답 133 ㈐ 134 ㈑ 135 ㈑ 136 ㈎ 137 ㈏

제8장 소독 위생

제1절 소독의 정의

(1) **멸균** : 모든 미생물의 생세포와 아포까지 사멸시키는 것
(2) **소독** : 물리·화학적인 방법으로 병원성 균을 사멸시키는 것
(3) **방부** : 미생물의 발육을 저지시켜 부패를 방지시키는 것

> **참고**
> 소독의 강도 : 멸균 > 소독 > 방부

제2절 소독의 방법

- 소독
  - 이학적 소독법
    - 열처리법
      - 건열멸균법
        - 화염멸균법
        - 건열멸균법
      - 습열멸균법
        - 자비소독법
        - 고압증기멸균법
    - 무가열멸균법
      - 유통증기멸균법
      - 저온소독법
      - 자외선멸균법
      - 초음파멸균법
      - 방사선멸균법
  - 화학적 소독법
    - 석탄산수
    - 승홍수
    - 크레졸
    - 생석회
    - 과산화수소수
    - 알코올
    - 요오드팅크
    - 머큐로크롬
    - 역성비누
    - 약용비누
    - 기타

1. 열처리법

(1) 건열멸균법

① 화염멸균법 : 금속류, 유리봉, 백금이, 도자기류 등의 소독을 위해 알코올램프·분젠버너(R.W. 분젠)·천연가스 등을 이용하여 20초 이상 불꽃에 접촉시키는 방법

② 건열멸균법
- 건열멸균기를 이용하여 수분이 없는 100°C 이상의 건열로 균을 사멸하는 방법
- 유리기구, 주사침, 유지, 글리세린, 분말금속류 등을 170°C에서 1~2시간 처리

(2) 습열멸균법

① 자비소독법
- 식기류, 도자기, 주사기, 의류 등을 100°C에서 30분간 끓여서 멸균하는 방법
- 크레졸(2~3%)이나 석탄산(5%)을 첨가하면 소독효과가 커진다.
- 소독물품은 모두 물속에 집어넣어야 하며, 다른 소독물품에 의해 변색될 우려가 있는 것을 따로 끓인다.

② 고압증기멸균법
- 10 lbs(115.5°C)에서 30분간, 15 lbs(121.5°C)에서 20분간, 20 lbs (126.5°C)에서 15분간 증기로 소독하는 방법
- 아포형성균 멸균에 가장 좋은 방법이다.
- 초자기구, 의류, 고무제품, 자기류, 거즈 및 약액 등의 멸균에 이용된다.

③ 유통증기(간헐)멸균법
- 고압증기멸균법이 부적당한 경우에 사용되는 방법
- 유통증기(100C)를 30~60분간 가하여 멸균시킨다.
- 멸균대상물은 자비소독법의 경우와 비슷하다.

> **참고**
>
> **우유의 살균법**
> ① 저온살균법(pasteurization) : 62~65°C에서 30분간 멸균(우유 중의 병원성 세균을 살균하는 것이 주목적)
> ② 고온단시간살균법(high temperature short time; HTST) : 71°C에서 15초간 살균한 후 4°C로 급랭시키는 방법(살균효과는 저온살균법과 유사)
> ③ 초고온순간살균법(ultra high temperature; UHT) : 132°C에서 2~3초간 살균한 후 4°C로 급랭시키는 방법(세균의 아포도 사멸)

④ 저온소독법
- 결핵균, 소의 유산균, 살모넬라균 등 아포를 형성하지 않는 세균을 멸균시키는 방법
- 우유는 63°C에서 30분, 아이스크림 원료는 80°C에서 30분, 건조과실은 72°C에서 30분, 포도주는 55°C에서 10분 동안 소독한다.

2. 무가열멸균법

열을 가하지 않고 자외선, 초음파, 동위원소, 일광 등을 이용하여 멸균하는 방법

(1) 자외선멸균법
① 살균력이 가장 강한 2,537Å의 자외선 살균등을 이용해 멸균하는 방법
② 수술실·제약실 등에서 공기·물·식품·기구·용기 등의 소독

(2) 초음파멸균법
강력한 교반작용을 일으키는 초당 8,800cycle의 음파를 이용해서 충제를 파괴하는 방법

(3) 방사선멸균법
① 방사선(^{60}CO, ^{137}CS)을 식품에 조사하여 장기 보존하는 방법
② 방사능의 인체 유해 여부에 대한 논쟁이 존재한다.

3. 석탄산수 (phenol)

(1) 방역용으로 석탄산(3% 수용액)을 쓰는 경우가 많다.

(2) 오염된 환자복이나 의류·용기·오물 등의 살균과 실험대, 배설물, 토사물, 전차, 기차, 선박 등의 소독에 사용한다.

(3) 장·단점
① 장점
- 안정된 살균력
- 유기물에도 소독력이 약해지지 않는다.

② 단점
- 취기와 독성이 약하다.
- 금속에 대해 부식성이 있다.
- 냄새와 독성이 강하다.

(4) 석탄산계수

성상이 안정하고 순수한 석탄산을 표준으로 하여, 어떤 균주를 10분 내에 살균할 수 있는 석탄산의 희석배수와 시험하려는 소독약의 희석배율을 비교하여 살균력을 표시하는방법

$$석탄산계수 = \frac{소독약의\ 희석배수}{석탄산의\ 희석배수}$$

4. 승홍수 (mercury chloride)
(1) 살균력이 강한 승홍수(0.1% 수용액)는 피부소독에 사용
(2) 승홍의 색은 무색이므로 푸크신액으로 염색하여 사용
(3) 금속부식성이 강하므로 금속류와 접촉을 피한다.
(4) 조제방법은 승홍 : 식염 : 물 = 1 : 1 : 1,000

5. 크레졸 (cresol)
(1) 물에 용해되기 어렵기 때문에 크레졸 비누액(3%)의 형태로 손, 오물, 객담 등의 소독에 사용
(2) **석탄산계수** : 2(석탄산보다 살균력 2배 강함)
(3) 바이러스에는 효과가 적으나, 세균소독에는 효과가 크다.

6. 생석회 (CaO)
(1) 습기가 있는 분변, 하수, 오수, 오물, 토사물 등의 소독에 사용
(2) 공기에 오래 노출되면 살균력이 저하됨

7. 과산화수소수 (H_2O_2)
(1) 2.5~3.5% 수용액은 무아포균을 신속하게 살균
(2) 자극성이 적어서 인두염이나 구내염 또는 입안 세척에 이용

8. 알코올 (alcohol)
(1) 70% 에탄올은 주로 피부 및 기구소독에 이용
(2) 포자형성 세균에는 효과가 없고 무포자균에만 유효

9. 요오드팅크
(1) 적갈색을 띠며 특유한 냄새 발생
(2) 수술할 부위와 찰과상의 소독에 이용
(3) 요오드팅크를 바른 후 알코올로 닦아내면 자극성이 줄어든다.

10. 머큐로크롬
(1) 점막 및 피부상처 소독에 이용
(2) 자극성은 없으나, 살균력은 약함

11. 역성비누 (invert soap)
(1) 0.01~0.1% 수용액은 무미·무해하여 식품소독에 주로 사용
(2) 자극성 및 독성이 없고, 침투력과 살균력은 강하다.
(3) 포도상구균, Shigella 균속, 결핵균 등에 유효

12. 약용비누 (germicidal soap)
(1) 손과 피부소독에 주로 사용
(2) 비누의 기제에 각종 살균제 첨가하여 제조하여 세척효과와 소득효과 얻음

13. 기타
염소와 그 유도체, 포르말린액(HCHO) 3%, 포르말린 가스 등

14. 소독약의 조건과 살균기전

(1) 이상적 조건
① 높은 살균력을 가질 것(석탄산계수가 높을 것)
② 인축에 대해 독성이 적을 것
③ 안정성이 있을 것
④ 용해성이 있을 것
⑤ 부식성과 표백성이 없을 것
⑥ 침투력이 강할 것
⑦ 저렴하고 구입이 용이할 것
⑧ 사용이 간편할 것
⑨ 식품을 상용한 후에 수세가 가능할 것
⑩ 방취력이 있을 것

(2) 살균기전
① 산화작용 : 염소와 그 유도체, H_2O_2, O_3, $KMnO_4$
② 가수분해작용 : 강산, 강알칼리, 열탕수
③ 균체 단백응고작용 : 석탄산, 알코올, 크레졸, 포르말린, 승홍
④ 균체 외 효소불활화작용 : 알코올, 석탄산, 중금속염, 역성비누
⑤ 탈수작용 : 식염, 설탕, 포르말린, 알코올
⑥ 중금속염의 형성작용 : 승홍, 머큐로크롬, 질산은
⑦ 균체막의 삼투성 변화작용 : 석탄산, 중금속염
⑧ 복합작용 : 석탄산(균체 단백응고 · 균체 외 효소불활화 · 균체막의 삼투성 변화작용), 알코올(균체 단백응고 · 균체 외 효소불활화작용)

제3절 법정전염병

1. 제1군전염병

전염속도가 빠르고 국민건강에 미치는 위해의 정도가 너무 커서 발생했거나 또는 유행하는 즉시 방역대책을 수립하여야 하는 전염병 → 환자 발생 즉시 격리

콜레라	물설사, 구토, 발열 등을 동반해 탈수를 초래함 (수인성 전염병)
페스트	감염된 쥐벼룩에 물려서 발생 (흑사병이라고도 함)
장티푸스	변비가 잦아지고 장에 구멍이 뚫릴 수도 있음 (수인성전염병)
파라티푸스	장티푸스와 증상이 비슷하다. 치사율이 낮고 경과가 가볍다.
세균성 이질	고열, 복통과 함께 설사를 일으키는 전염병
장출혈성 대장균감염증	주 원인균이 O-157. 혈성설사와 심한 복통 유발

2. 제2군전염병

예방접종을 통하여 예방 또는 관리가 가능하여 국가예방접종사업의 대상이 되는 전염병(예방접종 필수) → 환자 발생 즉시 신고

디프테리아	피부와 점막에 침투해 염증·종창을 일으킨다.
백일해	발작성 기침을 일으킴. 감기와 증상이 비슷하지만 훨씬 심함
파상풍	상처에 침투해 경련을 유발한다. 심하면 상처부위를 절단해야 한다.
홍역	마른기침을 하고 온몸에 붉은 반점이 나타남. 한번 앓고 나면 재발 안 함
유행성 이하선염	침샘이 부어오름
풍진	발진과 발열을 일으킴. 태아에게 심각한 영향을 주어 기형아 출산
폴리오	마비증세를 일으키는 병
B형간염	심하면 간경변이나 간암으로 악화(예방 필수). C형간염보다 증세가 약함
일본 뇌염	붉은 집모기에 물려서 발생. 치사율이 높음
수두	접촉감염·비말감염. 발열과 동시에 약간 더디게 발진이 나타남

3. 제3군전염병

간헐적으로 유행할 가능성이 있어 지속적으로 그 발생을 감시하고 방역대책의 수립이 필요한 전염병(지속적 감시 필요) → 환자 발생시 7일 이내 신고

말라리아	말라리아모기에 의해 전염. 적혈구를 감염시켜 간에 침투. 열대성(뇌성) 말라리아가 가장 위험
결핵	폐결핵의 비중이 가장 높음(투베르쿨린 검사로 진단 가능)
성병	살이 문드러지고 썩어감(나병·문둥병)
한센병	문란한 성생활로 발생(임질, 매독 등)
성홍열	갑작스런 고열과 발진이 생김
수막구균성 수막염	뇌수막염 유발. 염증과 출혈이 주증상
레지오넬라증	레지오넬라균에 의해 발생(에어컨 등에서 증식). 급성폐렴 유발
비브리오패혈증	비브리오균에 의해 발병. 오염된 해산물 섭취 때 감염. 치사율 50%
발진티푸스	이에 의해 전염. 발열과 발진이 주증상. 증세가 장티푸스와 유사
발진열	집쥐에 기생하는 벼룩에 의해 전염. 주증상은 발진티푸스와 유사
쯔쯔가무시증	진드기에 의해 전염. 수막염 증세와 유사. 렙토스피라증과 함께 가을에 주로 발생
렙토스피라증	감염된 쥐의 오줌으로 전염. 농촌에서 많이 발생
브루셀라증	오염된 유제품 섭취 때 감염. 증상은 발열과 전신통증
탄저	본래 초식동물의 병이지만 사람에게도 치명적. 탄저균이 호흡기로 침범하여 감염. 생화학무기로 이용됨
공수병	개에 물려 발생(광견병). 물을 무서워하며 치사율 100%에 달함

신증후군출혈열	유행성출혈열이라고도 함. 감염된 등줄쥐에 의해 전염. 독감 증세와 고열·염증 발생
인플루엔자	인플루엔자 바이러스에 의해 발생하는 독감. 몇 년 간격으로 전세계적으로 발생(홍콩독감 등)
후천성면역결핍증 (AIDS)	20세기의 흑사병으로 부르는 병. 면역력을 저하시켜 죽음에 이르게 함

4. 제4군전염병

국내에서 새로 발생한 신종전염병증후군, 재출현전염병 또는 국내 유입이 우려되는 해외유행전염병으로서 방역대책의 긴급한 수립이 필요하다고 인정되어 보건복지부장관이 정하는 전염병(신종전염병) → 환자 발생시 즉시 신고

황열	황달이 생기며 백혈구 감소와 출혈을 일으킴
뎅기열	열대지방에서 모기에 물려 발생. 급성발열과 출혈을 일으킴
마버그열	에볼라열과 유사. 치사율 25%
에볼라열	특별한 치료약이 없고, 발병 후 48시간 내에 사망(신종괴질)
라싸열	설치류의 배설물에 의해 감염. 발열이 지속되며 유산의 위험
리슈마니아증	서남아시아에서 주로 발생. 리슈만편모충이 피부·점막·내장 등에 침입하여 발생. 발열·궤양·종창을 일으키며 심하면 사망에 이름
바베시아증	진드기에 물려 발병. 근육통이나 빈혈 등이 생기며 말라리아와 혼동될 수 있음
아프리카수면병	체체파리에 물려 발병. 두통·빈혈·발진이 생기며 잠을 자다 혼수상태에 빠지며 수 주 내에 사망
크립토스포리디움증	인간 외에 여러 동물에서 발생. 식욕부진과 구토
주혈흡충증	주혈흡충이 기생해서 발병. 주혈흡충이 산란하면 증세가 심각해짐. 발열, 설사, 체중감소, 혈변. 방광벽을 파괴하기도 함
요우스	얼굴과 다리 등에 염증 유발. 치료 후 재발하여, 심하면 뼈 손상 야기
핀타	색소 과침착현상이 나타나다가 색소가 사라지면서 과각화증으로 진행
두창	천연두라고도 함. 현재는 지구상에서 완전히 사라진 것으로 보임
중증급성호흡기 증후군(SARS)	코로나 바이러스에 의해 발병하는 호흡기질환. 발열·기침·호흡곤란
조류인플루엔자 인체감염증	조류에 감염되는 급성바이러스전염병. 조류독감이 발생하면 전량 도살처분함
야토병	멧토끼의 고기를 다룰 때 전염. 발열과 함께 두통·요통·구토·설사
큐열	가축에 의해 전염. 발열·두통과 함께 X선 촬영 때 폐렴증상이 나타남

※ 마버그열, 에볼라열, 라싸열, 두창, 신종전염병증후군, 중증급성호흡기증후군은 '격리수용대상'임

5. 지정전염병

제2군 내지 제4군전염병 외에 유행 여부의 조사를 위하여 감시활동이 필요하여 보건복지부장관이 지정하는 전염병 → 환자 발생시 7일 이내 신고

(1) 환자감시대상 지정전염병

A형 간염	오염된 음식물과 주변 사람에 의해 전염. 증상은 간염과 비슷
C형 간염	간염 가운데 가장 위험. 현재까지 백신개발이 안 됨
반코마이신내성황색포도상구균(VRSA)	아직 원인이 정확히 밝혀지지 않음. 주로 염증 유발
샤가스병	흡혈 빈대에 물려서 감염. 주로 아프리카지역에서 발생
광동주혈선충증	수막염과 안구감염 유발
유극악구충증	생선을 생식할 때 발생. 통증과 결절 유발
사상충증	생식기, 사지, 눈 등에 염증 유발
포충증	간과 폐 등의 장기에 혹이나 고름이 생김
크로이츠펠트야콥병(CJD) 및 변종 크로이츠펠트야콥병(CJD)	양 등의 스크래피(뇌에 스펀지처럼 구멍이 뚫리는 병), 소에게 발생하는 광우병과 유사. 프리온단백질의 변형으로 생기며 뇌에 이상을 일으킴
웨스트나일열	모기에 의해 감염돼 어린이나 노약자 등 면역체계가 약한 사람들을 사망에 이르게 함

(2) 병원체감시대상 지정전염병

① 세균성 장관 감염증

살모넬라균 감염증, 장염비브리오균 감염증, 장독소성대장균 감염증(ETEC), 장침습성대장균 감염증(EIEC), 장병원성대장균 감염증(EPEC), 캄필로박터균 감염증, 클로스트리듐 퍼프린젠스 감염증, 황색포도상구균 감염증, 바실루스 세레우스 감염증, 예르시니아 엔테로콜리티카 감염증, 리스테리아 모노사이토제네스 감염증

② 바이러스성 장관감염증

그룹 A형 로타바이러스 감염증, 아스트로바이러스 감염증, 장내 아데노바이러스 감염증, 노로바이러스 감염증

③ 원충성 장관감염증

이질아메바 감염증, 람블편모충 감염증

6. 생물테러전염병

(1) 접촉격리대상 생물테러전염병

① 탄저 ② 보툴리눔독소증

(2) 호흡기격리대상 생물테러전염병

① 페스트 ② 마버그열 ③ 에볼라열
④ 라싸열 ⑤ 두창

8. 소독과 위생 ❚ 핵심문제 해설

1 멸균, 소독 및 방부의 설명 중 틀린 것은?
  ㈎ 멸균은 아포를 포함한 모든 미생물을 사멸시킨다.
  ㈏ 소독은 모든 미생물을 사멸시킨다.
  ㈐ 방부는 부패 미생물의 증식을 억제 또는 사멸시킨다.
  ㈑ 멸균은 소독이 될 수 있다.
  |해설| 소독은 병원미생물을 사멸시킨다.

2 소독에 대한 설명으로 맞는 것은?
  ㈎ 모든 병원 미생물을 파괴하여 감염력을 없애는 것
  ㈏ 아포를 포함한 모든 병원균을 파괴하는 것
  ㈐ 미생물이나 병균이 없는 무균상태
  ㈑ 미생물의 생장을 억제하는 것

3 소독에 관한 설명 중 틀린 것은?
  ㈎ 알코올 – 피부
  ㈏ 자외선멸균 – 수술시, 무균실
  ㈐ 생석회 – 식품소독
  ㈑ 과산화수소 – 상처, 구내염

4 일광 소독법을 필요로 하는 병은?
  ㈎ 뇌염, 콜레라
  ㈏ 당뇨병, 신장염
  ㈐ 인플루엔자, 결핵
  ㈑ 디프테리아, 결핵

5 다음 중 유리제품을 자비소독할 때의 주의점은?
  ㈎ 끓는 물에 넣고 10분 동안 끓인다.
  ㈏ 반드시 찬물에 먼저 넣고 20분 동안 끓인다.
  ㈐ 더운 물에 넣고 10분 동안 끓인다.
  ㈑ 차고 더운 것에 관계없다.
  |해설| 유리제품을 자비 소독할 때에는 깨지는 것을 방지하기 위하여 반드시 찬물에 먼저 넣고 물이 끓은 후 20분 동안 소독한다.

6 다음 중 자비소독은?
  ㈎ 61°C 30분   ㈏ 100°C 30분
  ㈐ 121°C 20분   ㈑ 160°C 90분
  |해설| 61°C 30분은 우유, 주류의 멸균에 쓰이는 저온소독법이다.

7 열에 대한 저항력이 커서 자비소독으로 사멸하지 않는 균은?
  ㈎ 급성회백수염   ㈏ 세균성 이질
  ㈐ 아메바성 이질   ㈑ 유행성 간염

8 자비소독할 때의 설명으로 적합지 않은 것은?
  ㈎ 금속 기구와 고무제품도 함께 소독할 수 있다.
  ㈏ 가위는 gauze에 싸서 끓인다.
  ㈐ 물이 끓기 시작한 후 30분 동안 소독한다.
  ㈑ 물을 적당히 부어 완전히 끓을 때까지는 물이 졸아서 주사기가 터지지 않도록 조심한다.

9 자비소독시간을 단축시켜 주는 것은?
  ㈎ 붕산   ㈏ 중조
  ㈐ 생석회   ㈑ 초산
  |해설| 중조 = 탄산수소나트륨

10 다음 중 무균수술법을 창시한 사람은?
  ㈎ R. Koch   ㈏ L. Pasteur
  ㈐ A. Fleming   ㈑ J. Lister
  |해설| ㈎ R. Koch는 가설을 세워서 미생물 병인설을 확립하였으며 결핵균, 콜레라균을 발견하였다.
  ㈏ L. Pasteur는 포도주 발효원리 및 광견병 vaccin을 발견하였다.
  ㈐ A. Fleming은 penicilin을 처음 발견하였다.

11 다음 중 파스퇴르(Pasteur)가 고안한 멸균법은?
  ㈎ 자비소독법   ㈏ 저온멸균법
  ㈐ 고압증기멸균법 ㈑ 유통증기멸균법

해답 1 ㈏ 2 ㈎ 3 ㈐ 4 ㈑ 5 ㈏ 6 ㈏ 7 ㈑ 8 ㈎ 9 ㈏ 10 ㈑ 11 ㈏

12 다음 중 우유의 일반적인 소독방법이 아닌 것은?
　㉮ 63℃, 30분　　㉯ 71℃, 15초
　㉰ 100℃, 10초　㉱ 132℃, 1~2초

13 주사기 멸균법으로 가장 적당한 것은?
　㉮ 화학약품에 담그는 것
　㉯ 고압증기 멸균소독
　㉰ 저온소독
　㉱ 자비소독

14 무균실, 수술실, 제약실 등에 공히 이용되는 소독법은?
　㉮ 일광소독　　　㉯ 유통증기 멸균
　㉰ 자비소독　　　㉱ 자외선등 살균법

15 결핵환자용 의류, 침구류 등의 가장 간편한 소독방법은?
　㉮ 소각법　　　　㉯ 자비소독
　㉰ 일광소독　　　㉱ 고압증기소독

16 건열멸균으로 적당한 온도와 시간은?
　㉮ 160~170℃에서 30분
　㉯ 160~170℃에서 90분
　㉰ 120~130℃에서 30분
　㉱ 120~130℃에서 90분

17 다음 소독법 중 음료수 소독방법이 아닌 것은?
　㉮ O_3　㉯ 자외선　㉰ Cl_2　㉱ 불소
　|해설| 불소는 충치예방을 목적으로 1.0ppm을 사용한다.

18 이화학적 소독법이 아닌 것은?
　㉮ 일광(자외선)소독　㉯ 건열소독
　㉰ 자비소독　　　　　㉱ 생석회 소독

19 다음 소독약과 사용농도의 연결이 맞지 않은 것은?
　㉮ 석탄산 – 3%
　㉯ 과산화수소 – 2.5~3.5%
　㉰ cresol 비누액 – 3%
　㉱ ethanol – 95%

20 혈청 또는 아미노산 함유 수액제제의 소독방법은?
　㉮ 건열멸균법
　㉯ 자비멸균법
　㉰ 고압증기멸균법
　㉱ 세균여과법
　|해설| 세균여과법은 seitz 여과기 혹은 cellulose acetate 등의 membrane filter를 이용, 액상의 열에 약한 제품의 멸균에 이용된다.

21 화학적 소독법이 아닌 것은?
　㉮ 생석회　　　　㉯ 자외선
　㉰ 크레졸　　　　㉱ 석탄산

22 다음 중 화학적 소독법에 대한 설명으로 맞는 것은?
　㉮ 대부분의 화학약품은 실온에서 효과적이다.
　㉯ 가열할 수 없는 기구에 주로 사용된다.
　㉰ 75%의 alcohol보다 95%가 더 효과적이다.
　㉱ 결핵균과 바이러스를 파괴하는 데 효과적이다.

23 효율적인 화학적 소독제의 설명 중 틀린 것은?
　㉮ 석탄산 계수가 낮을 것
　㉯ 안전성, 용해성이 높을 것
　㉰ 저렴할 것
　㉱ 사용이 간편할 것
　|해설| 석탄산 계수
　$= \dfrac{소독약의\ 희석배수}{석탄산\ 희석배수}$
　석탄산 계수가 높을수록 소독력이 강하다.

해답　12 ㉰　13 ㉯　14 ㉱　15 ㉰　16 ㉮　17 ㉱　18 ㉱　19 ㉱　20 ㉱　21 ㉯　22 ㉯　23 ㉮

24 다음 중 소독약의 구비조건에 해당하지 않는 것은?
㉮ 소독력이 강할 것
㉯ 인축에 해가 없을 것
㉰ 사용이 간편하고 값이 싸야 할 것
㉱ 기름, 알콜 등에 잘 용해될 것

|해설| 소독약의 구비조건은 높은 살균력, 인축에 피해가 없을 것, 안정성이 있고 물에 잘 용해될 것, 저렴하고 구입과 사용이 간편할 것, 침투력이 강할 것 등이다.

25 가스나 fume을 사용하여 선박에서 위생해충이나 쥐를 구제하는 방법은?
㉮ 훈증 소독법   ㉯ 자외선 소독법
㉰ 방사선 소독법   ㉱ 화염 소독법

|해설| HDN 등을 사용한다.

26 다음 중 gas상태로 소독에 사용되지 않는 것은?
㉮ ethylene oxide   ㉯ formaldehyde
㉰ β-propiolactone   ㉱ phenol

|해설| Phenol = 석탄수

27 고무제품, 피혁제품, 플라스틱제품의 소독에 사용할 수 없는 것은?
㉮ 석탄산수   ㉯ 크레졸수
㉰ 포르말린수   ㉱ 자비소독

28 가죽제품이나 플라스틱제품 소독에 적용되는 소독법은?
㉮ 자비소독   ㉯ 멸균소독
㉰ 승홍수소독   ㉱ 크레졸소독

29 고무제품을 멸균할 수 있는 온도와 시간은?
㉮ 120°C에서 10분   ㉯ 120°C에서 15분
㉰ 120°C에서 20분   ㉱ 120°C에서 30분

30 초자기구, 도자기류, 목죽제품 등의 소독방법으로 사용하지 않는 것은?
㉮ 석탄산수   ㉯ 크레졸수
㉰ 생석회   ㉱ 포르말린수

31 유리 주사기 멸균법으로 가장 적당한 것은?
㉮ alcohol소독   ㉯ 고압증기 멸균
㉰ 자비 멸균   ㉱ 건열 멸균

32 고압증기멸균법의 압력과 처리시간이 틀린 것은?
㉮ 10 lbs-30분 간   ㉯ 15 lbs-20분 간
㉰ 20 lbs-15분 간   ㉱ 30 lbs-30분 간

33 고압증기 멸균법을 사용할 수 없는 것은?
㉮ 유리기구   ㉯ 금속기구
㉰ 배지   ㉱ 피혁제품

34 채소류 및 과실류의 적당한 소독방법은?
㉮ 열탕소독   ㉯ 크레졸소독
㉰ 일광소독   ㉱ 클로로칼키소독

|해설| 차아염소산소다(NaOCl)나 역성비누 등을 사용할 수 있다.

35 아포를 형성하는 세균의 가장 좋은 소독 방법은?
㉮ 일광소독   ㉯ 건열멸균
㉰ 자비소독   ㉱ 고압증기 멸균

|해설| 간헐멸균법을 사용할 수 있다.

36 알콜이 피부에 좋은 방부제가 되는 이유는?
㉮ 살균성이 강함
㉯ 열린 상처에 사용할 수 있음
㉰ 피부를 적당히 자극하여 기분이 좋음
㉱ 지방을 용해하여 장기 세균의 멸균에 작용함

|해설| alcohol은 고도의 방무력을 가지고 있고 사용성이어서 피부 표면과 모낭 내에 있는 기름기를 모두 녹이는 장점이 있으므로 피부 깊숙이 자리잡고 있는 세균까지 멸균할 수 있다.

37 결핵환자의 객담소독에는 어떤 방법이 가장 좋은가?
㉮ 매몰법   ㉯ 알콜 소독
㉰ 크레졸 소독   ㉱ 소각법

해답 24 ㉱ 25 ㉮ 26 ㉱ 27 ㉱ 28 ㉱ 29 ㉯ 30 ㉰ 31 ㉯ 32 ㉱ 23 ㉱ 34 ㉱ 35 ㉱ 36 ㉱ 37 ㉱

38 전염병환자가 퇴원할 때 실시하는 소독은?
  (가) 종말 소독   (나) 자비 소독
  (다) 수시 소독   (라) 종합 소독
  |해설| 종말소독 : 전염병환자의 퇴원·격리·사망 후에 전염 가능한 모든 것을 완전히 소독하는 방법

39 다음 중 가장 살균력이 있는 alcohol의 농도는?
  (가) 50%   (나) 60%
  (다) 70%   (라) 99%

40 금속류의 소독에 적당치 않은 약물은?
  (가) formalin   (나) 승홍수
  (다) phenol   (라) cresol

41 병실 소독에 가장 적합한 방법은?
  (가) 크레졸, 생석회, 자비소독
  (나) 자비소독, 증기소독, 일광소독
  (다) 석탄산수, 포르말린수, 크레졸수
  (라) 크레졸, 일광소독, 자비소독

42 구내염에 가장 적합한 소독제는?
  (가) 석탄산   (나) 알콜
  (다) 과산화수소   (라) 크레졸

43 전염병 환자가 사용하던 물품 소독에 가장 적당한 소독법은?
  (가) 건열멸균법   (나) 화염소독법
  (다) 소각법   (라) 증기소독법

44 백금이(loop), 유리막대 등의 일반적인 소독방법은?
  (가) 화염 멸균법   (나) 건열 멸균법
  (다) 고압증기 멸균법   (라) 자외선 멸균법

45 손의 소독에 사용되는 승홍수의 농도는 어느 정도가 적당한가?
  (가) 0.1%   (나) 1%   (다) 1.5%   (라) 3%

46 변소, 하수구, 오물통의 소독방법으로 가장 적당한 것은?
  (가) 크레졸수, 석탄산수, 포르말린수
  (나) 자비소독, 크레졸, 증기소독
  (다) 증기소독, 자비소독, 승홍수
  (라) 크레졸수, 포르말린수, 증기소독

47 사체소독에 쓰이는 약품은?
  (가) 알콜   (나) 생석회
  (다) 포르말린   (라) 머큐로크롬

48 서적이나 의류및 침구의 소독에 사용되는 것은?
  (가) 2~3% cresol   (나) formaline gas
  (다) alcohol   (라) autoclave

49 역성비누의 특징이 아닌 것은?
  (가) 무독   (나) 무자극성
  (다) 무해   (라) 맛이 특이하다.
  |해설| 역성 비누의 특징은 무독·무자극성·무해·무미여서 식품소독에 사용되는데, 침투력과 살균력이 강하며 0.01~0.1%액을 주로 사용한다.

50 의복, 침구류 소독법으로 가장 좋은 소독법은?
  (가) 증기소독, 자비소독, 일광소독
  (나) 소각법, 석탄산, 생석회
  (다) 크레졸, 석탄산, 생석회
  (라) 석탄산, 자비소독, 저온살균법

51 점막세척이나 눈세척 시의 붕산수의 농도는?
  (가) 1~2%   (나) 2~3%
  (다) 3~4%   (라) 4~5%

52 인체 배설물 소독방법으로 가장 위생적인 방법은?
  (가) 소각법   (나) 자비법
  (다) Alcohol   (라) H_2O_2

해답 38 (가) 39 (다) 40 (나) 41 (다) 42 (다) 43 (다) 44 (가) 45 (나) 46 (가) 47 (다) 48 (나) 49 (라) 50 (가) 51 (나) 52 (가)

53 다음 내용 중 옳지 않은 것은?
- ㈎ 상처 소독에는 과산화수소(H_2O_2)가 좋다.
- ㈏ 분뇨와 토사물 소독에는 소각법이 제일 안전하다.
- ㈐ 분변소독에는 생석회를 사용하고 변소내는 크레졸수를 분무한다.
- ㈑ 디프테리아 환자는 분변소독이 중요하다.

54 각종 살균제의 살균기전을 연결한 내용이다. 틀린 항은?
- ㈎ H_2O_2 – 가수분해
- ㈏ CaO – 산화작용
- ㈐ alcohol – 단백응고작용
- ㈑ phenol – 균체 효소의 불활성화

|해설| H_2O_2는 산화작용에 의해 살균작용을 한다.

55 다음 중 화학소독제의 살균기전 작용이 아닌 것은?
- ㈎ 산화환원에 의한 사멸
- ㈏ 가수분해작용에 의한 사멸
- ㈐ 삼투압의 변화 작용
- ㈑ 산의 형성

56 균체 단백질을 응고시킴으로써 살균력을 발휘하는 것은?
- ㈎ Cl_2
- ㈏ $HgCl_2$
- ㈐ Boric acid
- ㈑ ethanol

|해설| 살균작용의 기전
① 산화작용 : $KMnO_4$, Cl_2, I_2, H_2O_2, O_3
② 가수분해작용 : 강산, 강알칼리
③ 단백질과 염을 형성 : 중금속, $HgCl_2$ mercurochrom
④ 균체 단백응고 작용 : alcohol, 석탄산, 크레졸, 포르말린, 승홍
⑤ 균체 효소작용 억제 : phenol, cresol, alcohol
⑥ 삼투압의 변화 : 역성비누

57 소독제의 효력검정에 사용되는 것은?
- ㈎ alcohol
- ㈏ cresol
- ㈐ phenol
- ㈑ $HgCl_2$

58 석탄산수 소독의 좋은 점은?
- ㈎ 단백질을 응고시키지 않는다.
- ㈏ 객담, 배설물 소독에 널리 쓰인다.
- ㈐ 손 소독에는 자극이 없는 3~5% 석탄수가 쓰인다.
- ㈑ 이상 모두 맞다.

59 석탄산수의 장점은?
- ㈎ 피부점막에 마비성이 있다.
- ㈏ 유기물에 약화되지 않는다.
- ㈐ 취기와 독성이 강하다.
- ㈑ 금속제품에 대하여 자극성이 있다.

60 석탄산 90배 희석액과 어느 소독약의 180배 희석액의 살균력이 같을 때 석탄산 계수는?
- ㈎ 0.5
- ㈏ 1.0
- ㈐ 1.5
- ㈑ 2.0

|해설| phenol coefficient = $\frac{180}{90}$ = 2

61 석탄산계수가 2이고 석탄산의 희석배수가 30인 경우, 실제소독약품의 희석배수는?
- ㈎ 15배
- ㈏ 28배
- ㈐ 32배
- ㈑ 60배

|해설| $\frac{x}{30}$ = 2

62 석탄산 계수의 설명 중 틀린 것은?
- ㈎ 석탄산의 희석배수에 대한 소독약의 희석배수의 비
- ㈏ 시험균으로 장티푸스균이나 포도상구균을 이용한다.
- ㈐ 5분 내에 죽이지 않고 10분 내에 죽이는 희석배수
- ㈑ 37℃에서 살균력을 실험한다.

|해설| 20℃에서 살균력을 실험한다.

제9장 위생곤충과 쥐

제1절 위생곤충학의 정의와 목적

(1) 위생곤충학은 직접 또는 간접적으로 인간의 건강을 해치는 곤충에 관한 지식을 추구하는 학문으로서, 의곤충학이라고도 한다.

(2) **Herms의 정의** : 위생곤충학은 곤충을 포함하는 절지동물과 인류의 질병의 관계를 취급하는 학문

(3) **목적** : 매개곤충과 질병 사이의 역학적 양상을 규명하고, 위생곤충에 대한 효과적인 구제방법을 연구하여 인류의 보건 향상에 이바지

(4) **범위** : 일반곤충학, 분류학, 생태학, 세포유전학, 생리학, 구제학 등을 포함하며, 동물병리학, 역학, 기상학, 위생공학 등 여러 학문과 밀접한 관계를 가진 복합적 응용학문

제2절 위생곤충의 병인작용

1. 구충·구서

(1) 일반적 원칙
① 구제 대상동물의 발생원 및 서식처를 제거하는 것이 가장 근본적인 대책이다.
② 구충·구서는 발생 초기에 실시하여야 한다.
③ 대상동물의 생태습성에 따라 실시하여야 한다.
④ 구충·구서는 동시에 광범위하게 실시하여야 한다.

(2) 위생곤충의 일반적 구제법

① 환경적 방법 : 발생원 및 서식처 제거
  예 퇴비장의 개조, 화장실 개량, 하수도 정비, 쓰레기 처리, 스크린 설치 등
② 물리적 방법 : 유문등·각종 트랩(쥐덫, 파리통, 바퀴트랩)·끈끈이테이프 사용
③ 화학적 방법 : 속효성 및 잔효성 살충제 분무, 발육억제제·불임제·기피제·유인제 사용
④ 생물학적 방법 : 불임웅충 방사, 천적 이용, 병원성 기생생물 이용 등

2. 위생곤충의 피해

위생곤충이 직접적으로 인류 보건에 피해를 주는 방법은 다음과 같다.

(1) 직접적인 피해

① 기계적 외상 : 곤충에 물렸을 때 구부(口部)에 의한 피부조직의 파괴
② 2차적 감염 : 자교에 의한 기계적 외상이나 감염에 의한 피부염
③ 체내기생 : 인체조직에 침입하여 피부에 기생한다(승저증).
④ 독성물질의 주입 : 지네·벌·전갈·독거미 등에 물리거나 쏘였을 때 인체에 독성물질 주입
⑤ 알레르기성 질환 : 주위 환경에 흩어져 있는 이물질에 의해 유발
  예 곤충·꽃가루·애완동물의 털 등에 의한 아토피성 피부염·비염·기관지천식 등
⑥ 흡혈 및 영양물질의 탈취
⑦ 수면방해

(2) 간접적인 피해

① 질병의 기계적 전파 : 곤충에 의해 기계적으로 운반되어 병원체가 인체 내에 주입되는 경우 예 장티푸스, 파라티푸스, 살모넬라증, 이질, 결핵, 나병, 회충, 편충 등
② 질병의 생물학적 전파
  • 증식형(propagative transmission) : 병인체가 곤충 체내에서 수적으로 증식하여 전파
    예 발진티푸스(이), 재귀열(이·벼룩), 뎅기열(모기), 페스트(벼룩)
  • 발육형(cyclo developmental transmission) : 병원체의 수적 변화는 없고 단지 발육만 하여 전파
    예 사상충증(모기), Loa Loa(흡혈성 등에)
  • 발육증식형(cyclo-propagative transmission) : 병원체가 곤충 체내에서 증식과 발육을 함께 한 후 전파 예 말라리아(모기), 수면병(체체파리)

- 경란형(trans-ovarial transmission) : 병원체가 곤충의 난소 내에서 증식, 생존하면서 그 알에서 부화된 다음 세대로 자동적으로 감염되어 첫 흡혈 시부터 전파
  예 록키산 홍반열 · 츠츠가무시병(진드기)
- 배설형 : 곤충 체내에서 증식한 후 장관을 거쳐 배설물로 배출되어 전파
  예 발진열 · 페스트(벼룩), 발진티푸스(이)

제3절 위생곤충의 종류

1. 파리

(1) 종류

큰집파리, 공주집파리, 금파리, 쉬파리, 쇠파리 등 파리의 종류는 무수히 많으나 위생상 유해한 파리는 10여 과 약 100종이 있다.

(2) 생태

① 발생
- 주택가의 쓰레기처리장(집파리), 산과 들의 쓰레기통(검정파리 · 금파리 · 쉬파리), 해변의 어물 건조장(금파리), 양돈과 양계장 및 퇴비장(애기집파리 · 큰집파리 · 붉은종아리큰집파리), 목장의 축사와 분(검정집파리 · 제주등줄집파리 · 침파리) 등
- 산과 들에서 죽은 동물시체와 동물분(動物糞), 야외 재래식 변소 등에서는 쉬파리 · 검정파리 · 금파리가 발생

② 번식
- 완전변태 : 알(0.5~1일) → 유충(7~10일) → 번데기(5~10일) → 성충(1~2개월)
- 번데기에서 우화한 성충은 24시간 만에 교미하고 3일째부터 산란을 시작

③ 주간활동성 : 오전 10시~오후 2시 사이에 가장 활발하게 활동

(3) 매개 질병

① 소화기계 전염병 : 장티푸스, 파라티푸스, 이질, 콜레라, 식중독균의 전파
② 호흡기계 전염병 : 결핵, 디프테리아 등
③ 기생충 질환 : 회충, 편충, 요충, 촌충, 십이지장충, 디스토마 등
④ 기타 : 소아마비, 화농균 등

(4) 구제방법

① 환경적 구제(발생원 및 서식처 제거)
- 부엌의 청결
- 화장실 · 쓰레기장 · 퇴비장 관리
- 하수구의 청결 유지등

② 성충구제법
- 화학적 방법 : 속효성살충제 분무법, 접촉제 · 독살제 · 훈향제 등 사용
- 기계적 방법(이학적 방법) : 파리통 · 파리채 · 끈끈이테이프 등 사용

③ 유충구제법(발생 초기 구제법) : 화학약품 · 생석회 등 사용

2. 모기

(1) 종류
① 우리나라에 서식하는 모기 종류는 약 49종
② 질병 매개 종 : 한국얼룩날개모기, 중국얼룩날개모기, 빨간집모기, 작은빨간집모기, 토고숲모기 등

(2) 생태

① 번식
- 자웅이 교미, 수정하여 흡혈 후 일정한 시간 후에 논이나 개울, 연못 등의 깨끗한 물에 산란 (예 중국얼룩날개모기)
- 알이 부화하여 유충이 되고, 유충은 4회 탈피하여 번데기가 된다.
- 완전변태 : 알(2~3일) → 유충(7일) → 번데기(3일) → 성충(1~2개월)

② 서식처
- 수채, 방화수 및 옹기 등 : 빨간집모기
- 해변의 바위나 옹기 등 : 토고숲모기

③ 계절
- 여름 : 대부분의 모기가 발생
- 겨울
  - 학질모기 · 집모기 : 성충으로 월동 (지붕 밑, 짚단 속, 긴 다리 밑, 외양간)
  - 숲모기속 : 알로 월동

④ 활동
- 중국얼룩날개모기는 야간에, 숲모기속은 주간에 흡혈
- 작은 빨간집모기는 일출 직전과 직후에 가장 왕성하게 활동

⑤ 수명 : 암컷은 1개월, 수컷은 10~20일 정도이다.

(3) 매개 질병
① 중국얼룩날개모기(Anopheles sinensis) : 말라리아
② 작은빨간집모기(Culex tritaeniorhynchus) : 일본뇌염

③ 토고숲모기(Aedes togoi) : 말레이사상충에 의한 상피병
④ 이집트숲모기(Aedes aegypti) : 뎅기열, 황열
⑤ Culex종 : 웨스트나일열

(4) 구제방법
① 환경적 구제 : 발생지 제거(방화수통, 하수구, 고인물)
② 유충구제
- 정체수의 수표면에 석유를 도포함으로써 유충의 호흡장애 유발
- 살충제 : permethrin, S-biollin, fenitrothion, dieldrin 등

③ 성충구제
- 속효성 살충제 살포 : pyrethrin, allethrin, DDVP, lindane 등
- 잔효성 살충제 살포 : DDT, dieldrin 등(잔류분무법)

④ 기타 : 기피제, 모기향 등을 사용

3. 바퀴 (Cockroach)

(1) 종류
① 곤충강 바퀴목에 속하며, 전 세계적으로 4,000여 종이 있다. 그중 1%에 해당하는 30여 종이 주가성이다.
② 우리나라에서는 5속 7종이 보고되고 있다. 일반 주택에 사는 바퀴·먹바퀴·집바퀴·이질바퀴 중에서 먹바퀴·이질바퀴 등은 상대적으로 큰 외래종이고 바퀴·집바퀴 등은 토종이다.
- 독일바퀴 : 가주성 바퀴 중 가장 소형(10~15mm)이며 황갈색을 띰(전국적으로 분포)
- 이질바퀴(미국바퀴) : 대형(35~25mm)이며 광택 있는 적갈색을 띰(제주도를 제외한 남부지방 분포)
- 먹바퀴 : 대형(30~38mm)이며 광택있는 암갈색을 띰(제주도를 포함한 남부지방에 분포)
- 집바퀴(일본바퀴) : 중형(20~25mm)이며 흑갈색을 띰(중부지방)

(2) 생태
① 야간활동성, 질주성, 잡식성, 군거생활
② 생식
- 산란 : 구석진 마룻바닥, 벽틈, 천장구석, 부엌 등
- 불완전변태 : 알(10~30일)→유충(2~4개월, 6회 탈피)→성충(약 100일)

(3) 매개 질병
① 소화기계 전염병 : 세균성 이질, 콜레라, 장티푸스, 살모넬라증, 유행성 간염, 소아마비 등

② 호흡기계 전염병 : 결핵, 디프테리아
③ 기생충 질병 : 회충, 구충, 아메바성 이질 등

(4) 구제방법
① 환경적 방법 : 발생원 및 서식처 제거
② 트랩 사용 : 유인제 + 접착제
③ 독이법
- 먹이(찐 감자 및 설탕 등) + 독제
  ※ 독제 : Kepone(0.1%), 2% propoxur(2%), 10~20% 붕산(10~20%), fenitrothion(1%), hydramethylene(2%), chlorpyrifos(0.5%), 아비산석회(5%) 등
- 연무법 : 0.3 Pyrethrin, 0.5 DDVP 등
- 훈증법 : 40% Pyrethrin, 40% DDVP, Phenothrin 등
- 잔류분무법 : 부엌, 창고, 거실 등의 천장, 벽 상부, 노출된 바닥 등
  ※ 약제 : Diazinon(1%), Propoxur(1%), Permethrin(0.3%), fenitrothion(21%), fenthion(1%)

4. 벼룩(fleas)

(1) 종류
① 벼룩목 벼룩과의 곤충으로 전 세계적으로 1300여 종이 알려져 있다.
② 인체에 기생하는 흡혈벼룩으로는 사람벼룩이 가장 많고, 그 밖에 개벼룩, 고양이벼룩, 인도쥐벼룩, 일본쥐벼룩 등이 있다.

(2) 생태
① 고온건조한 환경보다 저온고습한 환경을 좋아한다.
② 주로 인축 및 쥐 등에 기생하며 암·수 구별없이 흡혈한다.
③ 암놈은 수놈에 비해 더 크며, 복부 면이 수놈보다 볼록 튀어 나왔다.
④ 등은 거의 직선이며, 꼬리 끝은 등 쪽으로 기울어져 있다.
⑤ 생식
- 완전변태 : 알(1주일) → 유충(3회 탈피) → 번데기(고치를 만듦) → 성충
- 벼룩의 1세대는 일정하지 않으나 사람벼룩의 경우 알에서 성충까지 20일~1년 정도의 간격이 있을 수 있다.

(3) 매개 질병
① 페스트 : 열대쥐벼룩(Xenopsylla cheopis)
② 발진열 : 인도쥐벼룩이나 쥐 등

(4) 구제방법
① 환경개선 : 서식처 제거, 애완동물의 구충과 서족의 구제 실시
② 약제사용 : lindane(0.5%), diazinone(5~10%), malathion(1%), DDT(5~10%) 분말 분무

5. 이(Lice)

(1) 종류
전 세계적으로 500여 종이 있으나, 사람에 기생하는 종류는 옷엣니, 머릿니, 털니(사면발이) 등 3종

(2) 생태
① 환경조건에 따라 다르나 보통 성충이 교미 30여 시간 후 하루에 3~15개를 산란하고, 일생 동안 300여 개를 산란한다.
② 불완전변태 : 알(1주일) → 유충(3회 탈피) → 성충(16~18일)

(3) 매개 질병
① 발진티푸스 : 병원체는 Rickettsia, prowazekii
② 재귀열 : 병원체는 재귀열스피로헤타

(4) 구제방법
① 증기소독법 : 100°C에서 15분, 60°C에서 30분
② 유독가스법
③ 기타 : pyrethrin, 초산비누 및 유성 DDT로 씻는 방법 등

6. 빈대

(1) 종류
노린재목 빈대목에 속하며, 사람을 흡혈하는 2종과 동물에 기생하는 몇 종이 있다.

(2) 생태
① 분포 : 온대 및 열대지방
② 사람 및 가축에도 흡혈 기생
③ 군거성・야간활동성
④ 불완전변태 : 유충(1개월, 5회 탈피) → 성충

(3) 빈대에 의한 피해 : 자교, 흡혈 등에 의한 발적, 소양감, 2차적 염증, 수표, 수면방해, 불쾌감

(4) 빈대 구제방법
① 약제 사용 : DDT, lindane(0.1%), malathion(0.5%), DDVP, 유황
② 훈증법 : methyl bromide 등을 이용

제4절 쥐(Rodent)

1. 종류
(1) 우리나라에는 약 20여 종의 쥐가 알려져 있으며, 가주성 쥐(3종)와 야서성 쥐로 분류할 수 있다.
(2) **가주성 쥐** : 집쥐, 곰쥐, 생쥐
(3) **야서성 쥐** : 갈밭쥐, 쇠갈밭쥐, 대륙밭쥐, 등줄쥐(유행성출혈열 유발) 등

2. 가주성 쥐
(1) **집쥐**(시궁쥐)
① 반가주성 쥐로 야간활동성이며, 수영에 능하다.
② 몸집이 크고 몸통보다 꼬리가 짧다. 꼬리는 굵고 비늘이 거칠다.
③ 서식처 : 부엌, 목욕탕, 화장실, 축사, 경작지, 하수구, 쓰레기장 등
④ 먹이 : 곡물과 하수구의 음식찌꺼기, 곤충 등을 포식

(2) **곰쥐**(지붕쥐)
① 야간활동성이며 천정, 벽 틈 사이를 잘 다니고 수직등반을 잘한다.
② 집쥐보다 약간 작으며, 꼬리가 몸통보다 길고, 귀가 크다.
③ 먹이 : 곡물, 어수육, 기타 음식물

(3) **생쥐**
① 몸통과 꼬리의 길이가 비슷하며, 머리에 비해 귀가 크고 호기심이 강하다.
② 서식처 : 인가, 들, 농작물 창고, 농경지, 나무를 쌓아둔 곳에 서식

3. 생태
(1) 다람쥐아목·산미치광이아목에 비하여 임신기간이 짧고, 출산횟수나 한배에 낳는 새끼의 수가 많다.
① 비단털쥐 : 1회에 6~9마리를 연 2~3회 출산
② 밭쥐·집쥐 : 1회에 6~9마리를 연 6~7회 출산(출산 후 몇 시간만 지나면 발정하여 교미하고 임신)
③ 임신기간
- 사향쥐 : 22~30일
- 붉은쥐 : 23~26일
- 모래쥐·집쥐 : 21일
- 생쥐·대륙밭쥐 : 17~20일
- 골든햄스터 : 14일

(2) 이빨이 계속해서 자라기 때문에 단단한 것을 갉는 습성이 있다.
(3) 시각은 빈약하나 촉각, 청각, 후각, 미각이 발달되어 있다(야생성).
(4) 신선하고 깨끗한 음식을 좋아하며 주로 자주 본 음식을 섭취

4. 피해

(1) **질병의 전파**
① 세균성 질병 : 페스트, 와일씨병(렙토스피라증), 서교증, 이질, 살모넬라증
② 리케차 질병 : 발진열, 츠츠가무시병
③ 바이러스성 질병 : 유행성출혈열, 천열(泉熱)
④ 기생충 질병 : 아메바성 이질, 선모충증

(2) **기타 피해**
① 집쥐는 의류, 가구, 시설물 등에 피해를 주며, 화재의 원인이 되는 쥐구멍을 파기도 한다.
③ 하루에 체중의 10%에 달하는 곡식을 축낸다.

5. 쥐의 구제방법

(1) **환경적 방법** : 쥐의 서식처를 없애고, 곡물관리를 철저히 한다.
(2) **기계적 방법** : 압살법, 포서망 및 포서기 이용
(3) **천적 이용법** : 개, 고양이 사육
(4) **살서제 이용법**
① 급성살서제 : Antu, 알파 – 클로라로즈, Sodiumfluoracetate(1080), 인화아연, 고파사이드 등
② 만성살서제 : Warfarin, fumarin, difenacoum, talon
(5) **훈증 소독** : 아황산가스, 청산수소가스, 일산화탄소, 이유화탄소 등

> **참고**
>
> **깔따구 : 4급수 지표생물**
>   환경조건이나 오염 정도를 가늠할 수 있는 지표동물
> (1) **성충** : 몸길이는 약 11mm이며, 아주 작은 모기처럼 생겼다. 몸과 다리가 가늘고 길며, 머리는 작고 황갈색이다. 날개는 투명하고 황색을 띠며 다리는 암갈색에서 시작하여 황갈색으로 이어지고 끝으로 갈수록 짙어진다. 등면에는 검은색 겹눈과 촉각이 있다.
> (2) **유충** : 작은 구더기 모양으로 몸빛깔은 녹색 · 흰색 · 붉은색이며, 진흙이나 연못 등의 물속 또는 썩어가는 식물체에서 살고 곤충과 물고기의 중요한 먹이가 된다.
> (3) **서식장소** : BOD 6ppm 이상인 4급수에서 서식
> (4) **분포지역** : 한국, 일본, 유럽, 북아메리카 등
> (5) **활동 시기** : 이른 봄부터 나타나며 흔히 황혼녘에 무리를 지어 다닌다.

9. 위생곤충과 쥐 ▌핵심문제 해설

1 곤충의 분류학상 기본단위는?
  ㈎ 계(系) ㈏ 목(目)
  ㈐ 강(綱) ㈑ 종(種)

2 다음 위생해충에 관한 설명 중 옳지 않은 것은?
  ㈎ 위생해충이란 사람의 건강에 피해를 주는 곤충군을 말한다.
  ㈏ 해충은 매개충(Vector)과 혐오감(Nuisance) 해충으로 나뉜다.
  ㈐ 매개충은 실제로 전염병을 유발하는 해충이다.
  ㈑ 위생해충에는 일반적으로 혐오감 해충은 포함시키지 않는다.

3 다음은 vector와 nuisance 해충을 비교한 내용이다. 틀린 것은?
  ㈎ Vector는 전염병이나 기생충병의 매개충이라고 한다.
  ㈏ Nuisance는 사람에게 불쾌감과 혐오감을 준다.
  ㈐ Vector에 대한 역학적인 평가는 해충수로 행해진다.
  ㈑ Vector의 존재 조건은 병원균, 병원균 보유자, 해충, 건강한 사람의 순이다.

4 위생해충의 피해로 볼 수 없는 것은?
  ㈎ 질병 매개 ㈏ 식수의 오염
  ㈐ 곤충공포증 ㈑ 식품의 오염

5 곤충에 의한 생물학적 매개 중 증식형에 속하는 것은?
  ㈎ 재귀열 ㈏ 사상충증
  ㈐ 양충병 ㈑ 말라리아
  |해설| 재귀열 : 증식형(이)
  양충병(츠츠가무시병) : 경란형(진드기)

6 다음은 위생해충의 생물학적 전파와 관련있는 질병들을 연결한 것이다. 잘못 연결된 것은?
  ㈎ 증식형 – 뇌염
  ㈏ 발육증식형 – 말라리아
  ㈐ 배설형 – 발진열
  ㈑ 발육형 – 황열

7 곤충에 의한 생물학적 매개 중 발육증식형인 것은?
  ㈎ 사상충증 ㈏ 재귀열
  ㈐ 양충병 ㈑ 말라리아

8 질병의 매개 시 생물학적 전파방법에서 증식형을 올바르게 설명한 것은?
  ㈎ 곤충 체내에서 virus나 세균 등이 단순히 증식한 후 자교 시 피부의 상처를 통해 감염되는 형
  ㈏ 병원체를 충란을 통하여 다음 세대에 전파시키는 형
  ㈐ 곤충 체내에서 그의 생활환의 일부를 경과하고 동시에 증식하면서 전파되는 형
  ㈑ 병원체가 곤충 체내에서 증식은 하지 않고 다만 그의 생활환의 일부를 경과한 후 숙주에 의해 전파되는 형

9 구충구서의 가장 근본적인 방법은?
  ㈎ 환경적 방법 ㈏ 물리적 방법
  ㈐ 기계적 방법 ㈑ 생물학적 방법

10 위생해충 구제의 근본적인 대책은?
  ㈎ 포집법
  ㈏ 천적에 의한 구제법
  ㈐ 환경위생학적인 시설개선
  ㈑ 약품 살포

해답 1 ㈑ 2 ㈑ 3 ㈐ 4 ㈐ 5 ㈎ 6 ㈑ 7 ㈑ 8 ㈎ 9 ㈎ 10 ㈐

11 구충·구서의 일반적인 원칙이라고 할 수 없는 것은?
 (가) 발생원 및 서식처 제거
 (나) 성충을 주로 구제
 (다) 광범위하게 동시에 구제
 (라) 대상 동물의 생태 습성에 따라 구제

12 집파리의 1회 산란수는?
 (가) 60~80개 (나) 80~100개
 (다) 100~120개 (라) 120~140개

13 파리의 구제법이 아닌 것은?
 (가) 파리통 (나) 파리채
 (다) 방서장치 (라) 끈끈이 테이프

14 파리가 병원균을 소화기계에 전파시키는 것은?
 (가) 기계적 전파 (나) 생물학적 전파
 (다) 화학적 전파 (라) 증식형 전파

15 파리가 매개하는 소화기계 질병이 아닌 것은?
 (가) 장티푸스 (나) 파라티푸스
 (다) 콜레라 (라) 황열

16 파리가 매개하는 질병이 아닌 것은?
 (가) 기생충 (나) 일본뇌염
 (다) 이질 (라) 장티푸스

17 파리가 활발하게 활동하는 시간은?
 (가) 오전 10시~오후 2시 사이
 (나) 오전 2시~오후 10시 사이
 (다) 오후 4시~오후 12시 사이
 (라) 오전 6시~오후 1시 사이

18 파리 및 모기구제의 가장 이상적이고 근본적인 방법은?
 (가) 유충구제
 (나) 성충구제
 (다) 발생원(서식처) 제거
 (라) 방충망 설치

19 파리의 환경적 구제방법이 아닌 것은?
 (가) 쓰레기 처리
 (나) 화장실의 위생적 관리
 (다) 하수구의 청결
 (라) 파리통

20 다음 모기 중 비행거리가 가장 긴 것은?
 (가) *Culex tritaeniorhychus*
 (나) *Anopheles sinensis*
 (다) *Aedes togoi*
 (라) *Culex pipiens*

21 다음 중 모기가 매개하는 질병이 아닌 것은?
 (가) 말라리아 (나) 일본 뇌염
 (다) 서교열 (라) 황열
 |해설| 서교열(Rat-bite-fever) : 쥐에 물려 발열

22 다음 중 흡혈하지 않는 것은?
 (가) 모기 암컷 (나) 모기 수컷
 (다) 벼룩 암컷 (라) 벼룩 수컷

23 모기의 생활사는?
 (가) 알 → 유충 → 번데기 → 성충
 (나) 알 → 번데기 → 유충 → 성충
 (다) 성충 → 번데기 → 알 → 유충
 (라) 알 → 번데기 → 월동 → 성충

24 알이 방종형이며, 좌우에 부낭이 있는 모기는?
 (가) *Anopheles* 속 (나) *Culex* 속
 (다) *Filaria* 속 (라) *Aedes* 속

25 모기 암컷의 수명은?
 (가) 5개월 (나) 3개월
 (다) 1개월 (라) 10~20일
 |해설| 수컷의 수명은 1개월 정도이다.

26 위생해충의 생활환에서 알 → 유충 → 번데기 → 성충의 4기를 거치는 완전변태를 하는 것은?
 (가) 모기 (나) 빈대 (다) 이 (라) 바퀴

해답 11 (나) 12 (라) 13 (다) 14 (가) 15 (라) 16 (나) 17 (가) 18 (다) 19 (라) 20 (가) 21 (다) 22 (나) 23 (가) 24 (가) 25 (라) 26 (가)

27 학질을 옮기는 모기는?
  ㉮ 중국얼룩날개모기
  ㉯ 작은빨간집모기
  ㉰ 토고숲모기
  ㉱ 한국얼룩날개모기

28 모기에 관한 설명이 틀린 것은?
  ㉮ 모기 종류에 따라 활동시간이 다르다.
  ㉯ 암수 모두 흡혈한다.
  ㉰ 흐르는 물에는 산란하지 않는다.
  ㉱ 유충에서 성충까지 10일 정도 소요된다.

29 모기의 구제방법이 아닌 것은?
  ㉮ 환경적 방법
  ㉯ 유충 구제법
  ㉰ 천적 이용
  ㉱ 성충 구제법

30 작은빨간집모기의 흡혈시간은?
  ㉮ 초저녁
  ㉯ 주간
  ㉰ 오전 12시~2시 사이
  ㉱ 오전 9시~10시 사이

31 모기의 유충은 몇 번 탈피하나?
  ㉮ 2번 ㉯ 3번 ㉰ 4번 ㉱ 5번

32 우리나라에서 일본뇌염을 전파하는 대표적인 모기는?
  ㉮ *Anopheles sinensis*
  ㉯ *Culex pipiense*
  ㉰ *Culex tritaeniorhychus*
  ㉱ *Aedes albopictus*

33 다음 중 토고숲모기에 의해 매개 전파되는 질병은?
  ㉮ 말라리아   ㉯ 사상충증
  ㉰ 일본뇌염   ㉱ 황열

34 성충으로 월동하는 모기는?
  ㉮ 학질모기
  ㉯ 토고숲모기
  ㉰ 중국얼룩날개모기
  ㉱ 큰검정숲모기

35 우리나라에서 전국적으로 분포되어 개체수가 많은 바퀴는?
  ㉮ *Blattella germanica*
  ㉯ *Periplaneta americana*
  ㉰ *Periplaneta fuliginosa*
  ㉱ *Periplaneta japonica*

36 다음 중 바퀴의 생태가 아닌 것은?
  ㉮ 야간 활동성
  ㉯ 인축 흡혈
  ㉰ 불결한 장소에 군거
  ㉱ 잡식성
  |해설| 바퀴는 야간 활동성이고, 불결한 장소에 군거하는 습관이 있으며, 잡식성이다. 난방시설의 발전으로 번식조건이 더 좋아졌다.

37 바퀴가 매개하는 질병이 아닌 것은?
  ㉮ 살모넬라증   ㉯ 장티프스
  ㉰ 승저증   ㉱ 결핵
  |해설| 승저증은 파리가 매개하는 질병임

38 바퀴 구제법으로 옳지 않은 것은?
  ㉮ 붕산 독이법
  ㉯ 훈증법
  ㉰ 염소 주입법
  ㉱ 환경적 방법(서식처 제거)
  |해설| 염소소독은 세균소독에 수로 이용

39 바퀴의 가슴 부위에 두 줄의 검은 무늬가 세로로 나 있는 바퀴는?
  ㉮ 먹바퀴   ㉯ 미국바퀴
  ㉰ 이질바퀴   ㉱ 독일바퀴

40 우리나라에서 확인된 가주성 바퀴는 몇 종인가?
  ㉮ 2종 ㉯ 3종 ㉰ 4종 ㉱ 5종

41 아파트나 호텔 등에 바퀴가 많아서 Permethrin 으로 구제하려면 어느 방식이 효과적인가?
㈎ 수화제 유제
㈏ 용제 입제
㈐ 입제 분제
㈑ 수화제 입제

42 일반적으로 바퀴의 서식장소로서 가장 적당한 온도는?
㈎ 15~20°C ㈏ 20~25°C
㈐ 25~28°C ㈑ 28~33°C

43 구제 시에 독이법(Poison bait)을 사용할 수 없는 것은?
㈎ 파리 ㈏ 벼룩 ㈐ 바퀴 ㈑ 개미

44 빈대 구제에 가장 효과적인 살충제 사용법은?
㈎ 실내 에어졸 처리
㈏ 끈끈이테이프 처리
㈐ 실내 공간 분무
㈑ 모든 구석에 살충제 잔류살포처리

|해설| 빈대 구제는 훈증법과 잔류 분무법을 이용할 수 있는데, 대상 장소가 구석이나 침실 등이므로 잔류 분무법이 가장 효과적이라고 할 수 있다.

45 페스트를 옮기는 벼룩은?
㈎ 개벼룩
㈏ 인도쥐벼룩
㈐ 닭벼룩
㈑ 고양이벼룩

46 다음 중 빈대와 관계 없는 것은?
㈎ 불완전 변태
㈏ 질병 매개 곤충
㈐ 5회 탈피
㈑ 각령기마다 흡혈

|해설| 빈대는 인체에서 흡혈하기 때문에 여러 가지 질병을 전파시키는 것으로 생각되기 쉽지만, 실제로는 질병을 매개하지 않는다.

47 옷엣니의 구제법은?
㈎ 서식처를 없애기 위해서 살충제를 뿌리고 증기멸균소독을 할 때는 100°C에서 15분 정도 소독한다.
㈏ 환경개선을 위해서 근본적인 방법으로 붕산 40%를 사용한다.
㈐ 살충제의 공간 살포법을 사용한다.
㈑ warfarin을 장기간 투여한다.

48 이의 1회 흡혈량은 얼마나 되는가?
㈎ 1~2mg ㈏ 3~4mg
㈐ 0.5~0.9mg ㈑ 5~6mg

49 이의 구제법으로 맞는 것은?
㈎ 자비법, lindane 사용
㈏ DDT 살포, ANTU 살포
㈐ 비소화합물, ANTU 살포
㈑ 황린, warfarin

50 다음 중 부화된 이의 자충은 몇 회 탈피하는가?
㈎ 3회 ㈏ 4회 ㈐ 5회 ㈑ 6회

51 이에 의한 피해가 아닌 것은?
㈎ 소양감 ㈏ 호흡기 전염병 전파
㈐ 불쾌감 ㈑ 재귀열 전파

52 유행성 출혈열을 매개 전파하는 것은?
㈎ 털진드기 ㈏ 참진드기
㈐ 좀진드기 ㈑ 벼룩

53 양충병을 매개하는 것은?
㈎ 모기 ㈏ 파리
㈐ 참진드기 ㈑ 좀진드기

54 진드기 뇌염은 주로 어느 지역에서 유행되는가?
㈎ 열대지방
㈏ 온대지방
㈐ 한대지방
㈑ 지역에 관계없다.

해답 41 ㈎ 42 ㈑ 43 ㈏ 44 ㈑ 45 ㈏ 46 ㈏ 47 ㈎ 48 ㈐ 49 ㈎ 50 ㈎ 51 ㈏ 52 ㈎ 53 ㈑ 54 ㈐

제9장 | 위생곤충과 쥐

55 벼룩의 구제법이 아닌 것은?
  ㈎ 서식처 제거 ㈏ 애완동물 구충
  ㈐ 서족 구제 ㈑ 방충망 설치

56 다음 중 발진열을 매개하는 위생해충은?
  ㈎ 모기 ㈏ 파리 ㈐ 이 ㈑ 벼룩

57 독나방과 관계가 없는 것은?
  ㈎ 종령기에 가장 많은 독모가 있다.
  ㈏ 야간 활동성이다.
  ㈐ 강한 추광성이 있다.
  ㈑ 낮에는 들에서 휴식한다.
  |해설| 산 속이나 야산에서 휴식을 취한다.

58 다음은 위생해충을 전파하는 질병을 연결한 내용이다. 잘못 연결된 것은?
  ㈎ 모기 - 필라리아시스
  ㈏ 파리 - 콜레라
  ㈐ 바퀴 - 발진티푸스
  ㈑ 진드기 - 유행성 출혈열

59 다음 중 매개하는 해충과 질병으로 옳게 짝지어진 것은?
  ㈎ 이 - 발진열
  ㈏ 파리 - 일본뇌염
  ㈐ 벼룩 - 학질
  ㈑ 진드기 - 유행성 출혈열

60 가주성 쥐의 습성을 틀리게 설명한 것은?
  ㈎ 생쥐의 활동범위는 몇 m에 불과하다.
  ㈏ 땅속에 구멍을 뚫고 사는 것은 대체로 이집트쥐(시궁쥐)이나.
  ㈐ 야간활동성이지만 시력은 근시이고 색맹이다.
  ㈑ 잡식성이지만 섭취한 먹이가 이상하면 토해 버린다.

61 가주성 쥐가 아닌 것은?
  ㈎ 지붕쥐(곰쥐) ㈏ 시궁쥐(이집트쥐)
  ㈐ 생쥐 ㈑ 등줄쥐

62 쥐의 임신기간은?
  ㈎ 3주 ㈏ 4개월 ㈐ 5개월 ㈑ 6주
  |해설| 쥐의 임신기간은 3주이며 1년에 6~8회 분만하고, 어떤 종류는 1회에 6~9마리의 새끼를 낳기도 한다.

63 집쥐는 1회에 보통 몇 마리의 새끼를 낳는가?
  ㈎ 2~4마리 ㈏ 4~6마리
  ㈐ 6~9마리 ㈑ 8~12마리

64 새로운 물체에 대하여 호기심이 가장 많은 쥐의 종류는?
  ㈎ 곰쥐 ㈏ 시궁쥐
  ㈐ 생쥐 ㈑ 갈밭쥐

65 다음 중 곰쥐(지붕쥐)에 관한 설명이 틀린 것은?
  ㈎ 꼬리가 동체보다 짧다.
  ㈏ 귀를 반대방향으로 접어젖히면 눈이 가려진다.
  ㈐ 무게는 약 100~150g이다.
  ㈑ 수직등반을 잘 한다.

66 수영에 가장 능한 쥐는 다음 중 어느 종인가?
  ㈎ Rattus rattus (지붕쥐)
  ㈏ Rattus norvegicus (집쥐)
  ㈐ Apodemus agrarius (등줄쥐)
  ㈑ Mus. Musculus (생쥐)

67 쥐가 매개하는 세균성 질환이 아닌 것은?
  ㈎ 페스트 ㈏ 장티푸스
  ㈐ 서교열 ㈑ 살모넬라증

68 쥐와 관계 없는 전염병은?
  ㈎ 페스트 ㈏ 유행성 출혈열
  ㈐ 살모넬라증 ㈑ 디프테리아

69. 다음 중 쥐에 의한 피해가 아닌 것은?
  ㈎ 쥐에 의한 교상 ㈏ 질병의 전파
  ㈐ 식량의 손실 ㈑ 소양감

해답 55 ㈑ 56 ㈑ 57 ㈑ 58 ㈐ 59 ㈑ 60 ㈑ 61 ㈑ 62 ㈎ 63 ㈑ 64 ㈐ 65 ㈎ 66 ㈏ 67 ㈏
68 ㈑ 69 ㈑

70 와일씨병은 어떻게 옮겨지나?
  ㈎ 쥐오줌에 오염된 물 → 사람의 피부
  ㈏ 쥐벼룩 → 사람의 피부
  ㈐ 쥐이 → 사람의 피부
  ㈑ 쥐진드기 → 사람의 피부

71 구서의 이상적 방법은?
  ㈎ 천적 이용법
  ㈏ 발생원(서식처) 제거
  ㈐ 살서제(쥐약)
  ㈑ 쥐덫

72 살서제를 사용하여 쥐를 구제하는 데 가장 적당한 계절은 언제인가?
  ㈎ 봄   ㈏ 여름
  ㈐ 가을   ㈑ 겨울

73 훈증법에 의하여 구서를 하고자 한다. 다음 중 어느 것이 적당한가?
  ㈎ 아비산   ㈏ 아황산가스
  ㈐ 황린제제   ㈑ 드트오라이드가스

74 창고나 선박에 사용되는 살서법은?
  ㈎ 황린   ㈏ ANTU
  ㈐ Warfarin ㈑ 훈연제

75 쥐의 구제법이 아닌 것은?
  ㈎ 포서기 이용법   ㈏ 살서제 이용법
  ㈐ 천적 이용법   ㈑ 방충망 이용법

76 가장 근본적인 쥐 박멸법은?
  ㈎ 약품 사용   ㈏ 쥐덫 설치
  ㈐ 음식물 접근 금지 ㈑ 고양이 사육

77 다음 중 살서제의 구비조건에 속하지 않는 것은?
  ㈎ 인축에 해가 없고 독성이 강할 것
  ㈏ 가격이 경제적일 것
  ㈐ 주위환경을 오손시키지 말 것
  ㈑ 미끼는 쥐가 기피하는 것만 사용할 것

78 다음은 살서제를 설명한 것이다. 맞는 것끼리 짝지어진 것은?

> ① 황인에 한번 중독된 쥐는 다시는 잘 먹지 않는다.
> ② 무수아비산은 비교적 인축에 무해하다.
> ③ ANTU는 인축에 아주 유해하다.
> ④ 불화초산나트륨은 살서제 중 가장 독성이 높다.
> ⑤ Warfarin은 혈액응고 저지성에 의한 살서제이다.

  ㈎ ①, ③, ⑤   ㈏ ②, ③, ④
  ㈐ ①, ②, ③   ㈑ ①, ④, ⑤

79 다음 중 살서제가 아닌 것은?
  ㈎ 비소화합물
  ㈏ ANTU
  ㈐ 불화초산소다(나트륨)
  ㈑ 크레졸

80 다음 중 인축에 비교적 해가 적은 살서제는?
  ㈎ 황인
  ㈏ 무수아비산
  ㈐ ANTU
  ㈑ 불화산소나트륨

해답 70 ㈎ 71 ㈏ 72 ㈑ 73 ㈏ 74 ㈑ 75 ㈑ 76 ㈐ 77 ㈑ 78 ㈑ 79 ㈑ 80 ㈐

제10장 집합소 위생

제1절 개요

(1) **집합소**(공중집합 장소) : 많은 사람들이 출입하는 장소
   예 각종 유흥오락장, 경기장, 하계캠프장, 공원, 유원지, 해수욕장, 풀장, 여관, 다방, 이·미용업소, 대합실, 극장, 도서관 학교 등

(2) 공중집합장소의 시설과 위생관리가 불량하면 이용자에게 불쾌감을 주고 전염병의 매개 장소가 된다.

(3) 집합소 위생은 실내 환경과 관계가 깊다(제3장 주택위생 참조).

제2절 수영장 위생

1. 수영장의 기준

(1) **미국공중위생협회** : MPN 1,000을 넘어서는 안 됨
   ① A급 : 0~50   ② B급 : 51~500
   ③ C급 : 501~1,000   ④ D급 : 1,000 이상

(2) **수영장 설계기준**
   ① 적정 실내온도 : 24~29°C
   ② 적정수온
      • 적정 수온(일반풀) : 24~27°C
      • 적정 수온(경영풀) : 22~24°C
   ③ 적정 상대습도 : 50~60%
   ⑤ 실내 공기교환 : 4~6/hr
   ⑥ 실내소음 : NC 45~50

표 10.1 인공수영장 욕수의 시설기준(체육시설설치및이용에관한법률시행규칙 제5조)

항 목	내 용
유리잔류염소량	0.4~0.6mg/l(결합형 0.7mg/l). 다만, 오존소독 등으로 사전처리 시 0.2~0.4mg/l(결합형 0.5~0.7mg/l)
수소이온농도	5.8~8.5
탁도	5도 이하
과망간산칼륨 소비량	12mg/l 이하
일반세균수	동일 수영장의 욕수를 여러 장소에서 10병 이상 채취하여 200 mg/l 이상인 것이 모든 검사의 15% 이하이어야 한다.
대장균군	10mg/l의 시험대상 욕수 5개 중 확정시험 결과 양성이 3개 이하이어야 한다.

(3) 수영장의 위생시설

① 수영장에는 반드시 탈의실, 샤워실, 화장실, 음료수의 급수시설 등을 갖추어야 한다.
② 1일 2회 이상 청소하여 항상 청결을 유지해야 한다.
③ 결핵, 피부병, 안질환, 이비인후계 질환, 방광염, 심장병 등의 환자는 입욕을 금한다.
④ 입욕한계인원은 2.5m²/인이 좋으며, 수영복은 깨끗한 것으로 착용하도록 한다.
⑤ 수영장 주변의 환경관리를 철저히 해야 한다.
⑥ 계속적인 수질검사를 실시하여 잔류염소가 0.4ppm이 유지되도록 소독이 필요하다. 단, 냄새가 발생하는 조류의 번식지는 잔류염소 10ppm으로 12~20시간 처리한 후 환수한다(수온은 22°C 전후가 적당하다).

(4) 추천 턴오버 횟수 및 시간

① 영업용 풀 : 6회/day(4시간)
② 학교 및 회원제 풀 : 4회/day(6시간)
③ 가정용 풀 : 3회/day(8시간)

2. 자연수영장

(1) 종류 : 하천수, 호수, 강물, 바닷물 등을 이용한 천연수영장

(2) 오염

① 분뇨의 해양투기
② 도시하수와 공장폐수의 유입
③ 해수욕장 주변의 각종 영업소나 가축 사육장으로부터 오물 유입
④ 과밀 수영에 의한 오염도 증가

2. 인공수영장 (pool)

(1) 종류

① 환수식(還水式) : 수영장에 한 번 물을 채우고는 일정기간 그대로 사용하다가 수영장 사용인원과 오염도에 따라서 완전히 물을 교환하는 방식으로서 비위생적이다.

② 일수식(溢水式) : 수영장 내에 계속적으로 물을 유입하여 항상 충만일수(充滿溢水)하는 시설(물은 유입하기 전에 염소처리를 하므로 위생적이지만 다량의 물을 소비하므로 경제적이지 못함)

③ 순환식(循環式) : 수영장의 물을 펌프로 취수하여 이것을 여과, 소독한 다음 사용하는 방식(위생적·경제적)

(2) 오염

① 환경에 의한 오염
- 수영장 주변에서 바람에 의해 유입되는 먼지, 분진, 포자, 박테리아 등
- 원수(지하수 등)에 포함된 각종 유기물질 및 무기물질, 일반 세균, 대장균 등
- 타일, 타일접착제, 도료에서 물에 녹아 나오는 화학물질 등

② 인체에 의한 오염 : 수영 전에 반드시 샤워시설을 이용하도록 지도·관리
- 땀(때) : 성인이 25°C의 물에서 1시간 수영하면 땀의 주성분인 질소가 수중의 잔류염소와 반응하여 오염물질 형성
- 오줌 : 오줌의 조성분인 유기질소가 수영장의 잔류염소와 반응하여 오염물질 형성
  ※ 성인의 1일 배뇨량 : 1,200~1,500cc

③ 균체류
- 보균자에 의해 일반세균, 대장균, 바이러스 등 오염
- 슈도모나스균과 염소에 의해 살균되지 않는 바이러스의 처리가 문제

4. 수영장에서 발생하는 질병

수영 중에 물이 눈, 코, 귀, 입에 들어가기 쉬우므로 호흡기감염균인 감기바이러스나 포도상구균, 연쇄상구균 등에 의한 비염, 편도선염, 결막염, 감기 등이 자주 발생

(1) 눈병 : 살균 목적으로 포함돼 있는 염소가 눈을 자극하여 질병 유발

① **자극성 결막염** : 이물감과 함께 눈이 충혈되고 눈물이 나는 증상
② **급성 출혈성 결막염** : 결막의 심한 충혈과 출혈 또는 안통을 동반하고 증상이 급격하게 진행되는 눈병(일명 '아폴로 눈병')
③ **유행성 각결막염** : 아데노바이러스 8형으로 일어나는 전염성의 결막염

(2) 귀 질환
① **외이염** : 외이도의 피지선 · 이구선에 화농균(주로 포도상구균)이 침입하여 일으키는 염증
② **중이염** : 다이빙이나 잠수에 의한 수압으로 고막이 파열돼 발생할 수도 있으나 대부분 이관의 염증이 중이를 감염시켜서 발생

(3) 감염증
급성 부비감염, 만성부비감염 등의 감염증은 감염이나 그 상태의 악화가 수영장의 수질과 관련돼 있다.

(4) 피부병
무좀을 비롯한 피부성 전염병은 수영장에서 전염성이 매우 강하기 때문에 주의해야 한다.

제3절 공동욕 용수 위생

1. 공중목욕장의 위생관리

(1) 소화기계 질병, 안질, 이비인후과 질환, 피부병의 발생원인이 된다.
(2) 입욕 인원의 수가 증가함에 따라 탁도, 색도, 과망간산칼륨 소비량, 투시도, 증발잔유물 및 대장균, 일반세균 등이 증가
(3) 세균학적 오염은 욕수의 수온에 의해 완전 사멸시킬 수 없으므로 염소소독이 필수적이다.
(4) **욕수의 수질기준**(공중위생관리법 시행규칙 별표 2)
① 원수의 수질 기준
- 색도 : 5도 이하
- 탁도 : 1NTU 이하
- 수소이온농도 : pH 5.8~8.6
- 과망간산칼륨 소비량 : 10mg/l 이하
- 총대장균 : 100ml 중에서 검출되지 않을 것

② 욕조수의 수질 기준
- 탁도 : 1.6 NTU 이하(목욕장에서 사용할 수 있도록 허가받은 제품을 첨가한 때에는 당해 제품에서 발생한 탁도는 제외)
- 과망간산칼륨 소비량 : 25mg/l 이하
- 대장균군 : 1ml 중에서 1개 이하(평판마다 30개 이하의 균체 군락이 형성되었을 때는 원액을 접종한 평판의 균체 군락을 평균하며, 기재는 반드시 1ml 중 몇 개라고 표시)

③ 기타 : 해수를 욕수로 하는 경우에는 1등급(pH, COD, 대장균수에 한한다)의 기준에 의하되, COD 항목은 원수는 2등급, 욕조수는 3등급 기준에 준한다.

(5) 수질검사방법
① 원수의 수질검사방법은 먹는물수질공정시험방법에 의한다. 다만, 욕조수의 대장균군 검사는 환경부장관이 정하는 수질오염공정시험방법의 대장균군시험방법 중 평판집락시험방법에 의한다.
② 욕조수의 대장균군을 검사하는 경우의 채수 방법은 욕조의 대각선(욕조에 대각선이 없는 경우에는 욕조의 양끝 간의 거리가 가장 긴 지점을 연결한 선을 말한다)을 기준으로 욕수를 3등분하여 물의 표면에서 같은 양의 욕수를 채수하되, 균일하게 혼합하여 1개의 시료로 사용한다.
③ 욕수의 수질검사에 필요한 시료를 채취하는 경우 이 화학시험용은 1개의 용기에 2l 이상을 채취하여야 하고, 대장균군시험용은 멸균된 100ml 이상의 용기에 채취하되, 채취된 시료는 10°C 이하의 저온으로 유지하여야 하고, 6시간 이내에 검사기관의 검사실에 도착하여야 한다.

(6) 공중목욕장의 시설 기준
① 욕실 : 바닥 면적의 1/20의 창문 설치
② 화장실
- 오수의 배출구를 설치하여 수세식으로 설치
- 창문이나 환풍기 설치
③ 욕조 : 최하부에 욕수의 배출구 설치
④ 탈의실
- 바닥 면적의 1/20의 창문 설치
- 세면실 및 음용수 공급시설을 갖출 것
⑤ 기타
- 자동유입기에 의한 염소소독장치 설치
- 한증막 등은 20Lux 이상의 조명으로 할 것

2. 온천장의 위생관리

(1) 지하에서 나오는 25°C 이상의 온수나 광천수를 욕수로 쓰는 공동욕장
(2) **분류**
① 냉천 : 25°C 미만
② 미온천 : 25~34°C
③ 온천 : 34~42°C
④ 고온천 : 42°C 이상
(3) **수질기준**
① 원수 : 총대장균군이 100ml 중에서 검출되지 않을 것
② 욕조수 : 대장균군이 1ml 중에서 1개 이상 검출되지 않을 것

(4) 수질검사 방법

① 원수 또는 욕조수의 대장균군검사는 환경부장관이 정하는 수질오염 공정시험방법의 대장균군시험방법 중 평판집락시험방법에 의한다.

② 욕조수의 대장균군을 검사하는 경우에 채수방법은 욕조의 대각선(욕조에 대각선이 없는 경우에는 욕조의 양쪽 끝간의 거리가 가장 긴 지점을 연결한 선을 말한다)을 기준으로 욕수를 3등분하여 물의 표면에서 같은 양의 욕수를 채수하되, 균일하게 혼합하여 1개의 시료로 사용한다.

③ 욕수의 수질검사에 필요한 시료를 채취하는 경우 대장균군 시험용은 멸균된 100㎖ 이상의 용기에 채취하되, 채취된 시료는 10℃ 이하의 저온으로 유지하여야 하고, 6시간 이내에 검사기관의 검사실에 도착하여야 한다.

> **참고**
>
> **캠프(camp)장의 위생**
>
> (1) **종류** : 각종 단체의 여름철 훈련장, 야외학교, 임시 탁아소 등
>
> (2) **설치 시 유의사항**
>
> ① 하기 야영장에서는 간단한 의료 및 위생시설이 있어야 하고, 음식물과 생활필수품을 손쉽게 얻을 수 있는 곳이어야 한다.
>
> ② 야영장은 하수가 쉽게 지하로 스며들어서 악취 발생과 파리, 모기의 번식이 없는 다공성 지질을 가진 언덕에 설치하는 것이 좋다.
>
> ③ 사고나 부상의 위험성이 없고 안전급수의 공급과 오물처리가 가능한 곳이 적당하다.

제4절 체육시설의 안전 및 위생기준
(체육시설의설치및이용에관한법률 시행규칙 별표 3)

1. 공통기준

(1) 체육시설 내에서는 이용자가 항상 이용질서를 유지하게 하여야 한다.

(2) 이용자의 체육활동에 제공되거나 이용자의 안전을 위한 각종 시설·설비·장비·기구 등은 안전하게 정상적으로 이용될 수 있는 상태를 유지하도록 하여야 한다.

(3) 실외체육시설의 경우 폭우·폭설·강풍 또는 파도 등으로 인하여 이용자의 안전을 해할 우려가 있다고 판단될 때에는 그 이용을 제한하여야 한다.

(4) 체육시설업의 해당체육종목의 특성을 참작하여 음주 등으로 정상적인 이용이 곤란하다고 판단될 때에는 음주자 등의 이용을 제한하여야 한다.

(5) 체육시설의 정원을 초과하여 이용하게 하여서는 안 된다.

2. 체육시설업의 종류별 기준

(1) **골프장업** : 코스관리요원(골프장에서 잔디 및 수목의 식재·재배·병해충방제·체육활동에 적합하게 예초, 농약의 안전한 사용·보관 및 오염방지 등에 관한 업무에 종사하는 자)을 18홀 이하인 골프장에는 1인 이상, 18홀을 초과하는 골프장에서는 2인 이상을 배치하여야 한다.

(2) **스키장업**
① 스키지도요원(스키장에서 이용자에게 스키에 관한 지식, 스키를 타는 방법 및 기술 안전 등에 관하여 교습하는 업무를 종사하는 자) 및 스키구조요원(스키장에서 슬로프를 순찰하여 이용자의 안전사고예방과 사고발생시 인명구조 및 후송 등의 업무에 종사하는 자)을 배치하되, 스키지도요원은 스로프면적 5만 m² 당 1인 이상, 스키구조요원은 운영 중인 슬로프별로 2인 이상을 각각 배치하여야 한다.
② 각 리프트의 승·하차장에는 1명 이상의 승·하차 보조요원을 배치하여야 한다.
③ 간호사 또는 응급구조사를 1인 이상 배치하여야 한다.
④ 스키장 시설이용에 관한 안전수칙을 이용자가 쉽게 알아볼 수 있도록 3 이상의 장소에 게시하여야 한다.
⑤ 이용자가 안전모를 착용하도록 지도하여야 하며, 이용자가 안전모의 대여를 요청할 때 대여할 수 있는 충분한 수량을 구비하여야 한다.

(3) **요트장업 조정장업 및 카누장업**
① 이용자가 항상 구명대를 착용하고 이용하게 하여야 한다.
② 구조용 선박에는 수상안전요원을, 감시탑에는 안전요원을 각 1인 이상 배치하여야 한다.
③ 요트장업의 경우에는 시·도지사가 요트상의 시형어견 등을 침작히어 안전수칙을 정한 때에는 이를 지켜야 한다.

(4) **자동차경주장업**
① 경주참가차량 또는 일반주행차량 등 트랙을 이용하는 차량에 대하여는 사전에 점검을 실시한 후 경주 또는 일반 주행에 참가하도록 하여야 한다.
② 경주참가자 또는 일반주행자 등 트랙이용자에 대하여는 사전에 주행능력을 평가하여 부적격자는 트랙의 이용을 제한하여야 한다.

③ 경주진행 및 안전 등에 관한 규칙을 자체적으로 제정하여 경주참가자 또는 일반주행자 등 트랙이용자에게 사전에 교육을 실시하여야 한다.
④ 경주의 안전한 진행에 필요한 통제소요원, 감시탑요원 및 진행요원 등 각종 요원은 각각 해당분야의 지식과 기술을 보유한 자로 시설의 규모에 따라 적절하게 배치하여야 한다.
⑤ 관람자에게 사전에 안전에 관한 안내방송을 하여야 한다.
⑥ 경주기간 중에는 의료법에 의한 의사 및 간호사 또는 응급구조사 각 1인 이상을, 그 밖의 운영기간 중에는 간호사 또는 응급구조사 1인 이상을 배치하여야 한다.
⑦ 이용자가 안전모, 목보호대, 불연의복, 장갑 등 안전장구를 착용하도록 지도하여야 하며, 이용자가 이들의 대여를 요청할 때 대여할 수 있는 충분한 수량을 구비하여야 한다.

(5) 승마장업
① 이용자가 항상 승마용 신발을 착용하고 승마를 하도록 하여야 한다.
② 장애물 통과에 관한 승마를 하는 자는 헬멧을 착용하도록 하여야 한다.
③ 말이 놀라서 낙마사고가 발생하지 않도록 마장 주변에서 고성방가를 하거나 자동차 경적을 사용하는 것 등을 금지하게 하여야 한다.

(6) 종합체육시설업
종합체육시설업을 구성하고 있는 해당 체육시설업의 안전 위생기준에 의한다.

(7) 수영장업
① 수영조 주변 공간 및 부대시설 등의 규모를 고려하여 안전 및 위생에 지장이 없다고 인정하는 범위 내에서 시장·군수 또는 구청장이 정하는 입장자의 정원을 초과하여 입장시켜서는 안 된다.
② 수영조에서 동시에 수영할 수 있는 인원은 도약대의 높이, 수심, 수영조의 면적 및 수상안전시설의 구비 정도 등을 참작하여 시장·군수 또는 구청장이 정하는 인원을 초과하지 아니하도록 하고, 도약대의 전면 돌출부의 최단부분에서 반지름 3m 이내의 수면에 있어서는 5인 이상이 동시에 수영하도록 하여서는 아니된다.
③ 개장 중인 실외수영장에는 간호사 또는 간호조무사 1인 이상을 배치하여야 한다.
④ 수영조의 욕수는 1일 3회 이상 여과기를 통과하도록 하여야 한다.
⑤ 수영조의 욕수는 다음의 수질기준을 유지하여야 하며, 욕수의 수질검사 방법은 먹는물수질기준및검사등에관한규칙에 의한 수질검사방법에 의한다 (표 10-1 참조).

⑥ 수영조 주위의 적당한 곳에 수영장의 정원 욕수의 순환횟수 잔류염소량 수소이온농도 및 수영자의 준수사항을 게시하여야 한다.
⑦ 수영조로 처음 들어가는 자에 대하여는 탈의실 화장실 및 샤워실을 거쳐 들어가도록 하고, 샤워실에서는 전신샤워를 하도록 하여야 한다.
⑧ 수영조 안에 미끄럼틀을 설치하는 경우 관리요원을 배치하여 그 이용상태를 항상 점검하게 하여야 한다.
⑨ 감시탑에는 수상안전요원을 2인 이상 배치하여야 한다.

(8) 썰매장업
① 출발지점과 도착지점에 각 1인 이상의 안전요원을 배치하여야 한다.
② 슬로프 내의 장애물이 없도록 하여야 하며, 슬로프 내의 바닥면을 평탄하게 유지 관리하여야 한다.
③ 눈썰매장인 경우에는 슬로프의 가장자리(안전매트 안쪽)를 모두 폭 1m 이상, 높이 50cm 이상의 눈을 쌓아야 한다.
④ 슬로프의 바닥면이 잔디, 기타 인공재료인 경우에는 바닥면의 물리적 화학적 특성에 따라 이용자의 안전에 필요한 조치를 하여야 한다.

(9) 무도학원 및 무도장업
① 무도학원업은 $3.3m^2$당 동시에 1인, 무도장업은 $3.3m^2$당 동시에 2인을 초과하여 수용하여서는 아니된다.
② 냉·난방시설은 보건위생상 적정한 것이어야 한다.

(10) 빙상장업
이용자가 안전모, 보호장갑 등 안전장구를 착용하도록 지도하여야 하며, 이용자가 안전모 등의 대여를 요청할 때 대여할 수 있는 충분한 수량을 구비하여야 한다.

10. 집합소 위생 ▮ 핵심문제 해설

1 수영장의 적정 수온(일반풀)은?
 ㈎ 25°C ㈏ 18°C
 ㈐ 16°C ㈑ 10°C
 |해설| 24~27°C

2 수영장의 수질기준 중 일반세균 수의 허용한계는?
 ㈎ 10mg/l 이상인 것이 전 검사의 5% 이내
 ㈏ 100mg/l 이상인 것이 전 검사의 10% 이내
 ㈐ 200mg/l 이상인 것이 전 검사의 15% 이내
 ㈑ 300mg/l 이상인 것이 전 검사의 20% 이내

3 수영장의 일반세균 수의 허용기준은?
 ㈎ 1ml당 50mg 이하
 ㈏ 1ml당 200mg 이하
 ㈐ 1ml당 100mg 이하
 ㈑ 1ml당 500mg 이하

4 수영장 수질의 잔류염소량의 범위는?
 ㈎ 0.1~0.2ppm ㈏ 0.2~0.4ppm
 ㈐ 0.4~0.6ppm ㈑ 1.0~1.2ppm

5 수영장 수질기준이 틀린 것은?
 ㈎ pH : 5도 이하
 ㈏ pH : 5.8~8.5
 ㈐ 유리잔류염소량 : 0.4~0.6mg/l
 ㈑ 과망간산칼륨 : 100mg/l 이하
 |해설| T-P : 0.09mg/l

6 남해안의 A 해수욕장을 조사하였다. 부적합한 곳은?
 ㈎ SS : 30mg/l
 ㈏ COD : 2mg/l
 ㈐ NH_3-N : 0.3mg/l
 ㈑ T-P : 0.1mg/l

7 풀장(pool)의 수질기준 중 맞지 않는 것은?
 ㈎ pH(수소이온농도)는 5.8~8.6일 것
 ㈏ 탁도는 5도 이하일 것
 ㈐ 오존투입시 유리잔류염소량은 0.2~0.4ppm
 ㈑ 일반세균수는 1ml당 100 이하일 것

8 수영장의 정정한 pH는?
 ㈎ pH 1.5~2.0
 ㈏ pH 2.5~3.5
 ㈐ pH 4.0~5.0
 ㈑ pH 5.8~8.6

9 수영장 욕수의 수질기준이 아닌 것은?
 ㈎ 잔류염소 1mg/l 이상
 ㈏ 탁도 2.8NTU 이하
 ㈐ 과망간산칼륨 소비량 20mg/l 이하
 ㈑ 대장균은 10ml들이 시험 욕수 5개 중 양성이 2개 이하
 |해설| 0.4~0.6mg/l 이하

10 수영장과 관계 없는 질병은?
 ㈎ 사상충증, 말라리아
 ㈏ 장티푸스, 이질
 ㈐ 안질, 결막염
 ㈑ 중이염, 외이염

11 풀장 수질검사 시 대장균은 5개의 100ml 시험관에서 몇 개 이상이 양성이 되면 안 되는가?
 ㈎ 1개 ㈏ 2개 ㈐ 3개 ㈑ 4개
 |해설| 양성이 3개 이하

12 다음 중 목욕탕과 관계 없는 질병은?
 ㈎ 질트리코모나스 ㈏ 트라코마
 ㈐ 성병 ㈑ 당뇨병

해답 1 ㈎ 2 ㈐ 3 ㈏ 4 ㈐ 5 ㈑ 6 ㈑ 7 ㈐ 8 ㈑ 9 ㈎ 10 ㈎ 11 ㈐ 12 ㈑

13 해수욕장으로 부적절한 곳은?
㈎ A해수욕장의 COD는 3mg/*l*이다.
㈏ B해수욕장의 SS가 15mg/*l*이다.
㈐ C해수욕장은 MPN이 1100이다.
㈑ D해수욕장은 COD는 3mg/*l*이다.

|해설| 대장균수 평균이 1000MPN/100m*l* 이상이면 해수욕장 수질로서 부적합

① 조사기간
- 매년 해수욕장 개장 전 2개월 이내의 기간 및 개장기간에 10일 간격으로 2회 이상 실시
- 서해안에 위치한 해수욕장의 경우 조사일 내에서 간조가 시작될 때 시료 채취

② 조사항목 : 〈표〉와 대장균수

점수	SS (mg/*l*)	COD (mg/*l*)	암모니아 질소(mg/*l*)	총인 (mg/*l*)
1	10(20)*이하	1이하	0.15이하	0.03 이하
2	20(30) 이하	2 이하	0.3 이하	0.05 이하
3	30(40) 이하	4 이하	0.5 이하	0.09 이하
4	30(40) 이하	4 초과	0.5 초과	0.09 초과

*( ) 은 서해안지역 해수욕장에 적용

③ 수질기준 : 대장균수 평균이 1000MPN/100m*l* 이하

수질 기준	적합	관리요망	부적합
총 점	4~8	9~12	13~16

14 목욕탕의 원수 및 욕조수의 $KMnO_4$ 소비량은 얼마이어야 하는가?

	원수	욕조수
㈎	10ppm	10mg/*l*
㈏	10ppm	14mg/*l*
㈐	15ppm	20mg/*l*
㈑	10ppm	25mg/*l*

15 목욕탕 욕조수의 과망간산칼륨 소비량의 허용량은?
㈎ 10mg/*l*   ㈏ 20mg/*l*
㈐ 25mg/*l*   ㈑ 30mg/*l*

16 해수욕장의 대장균수 허용치는?
㈎ 10mg/*l*당 100마리 미만
㈏ 50mg/*l*당 500마리 미만
㈐ 100mg/*l*당 1,000마리 미만
㈑ 200mg/*l*당 2,00마리 미만

17 목욕탕 욕조수의 대장균은 얼마를 초과하면 안 되는가?
㈎ 50m*l* 중 음성
㈏ 10m*l* 중 음성
㈐ 1m*l* 중 1개
㈑ 10m*l* 중 1개

18 온천의 오염측정 시에 사용되지 않는 것은?
㈎ 암모니아성 질소
㈏ 알부미노이드성 질소
㈐ 대장균군
㈑ 질산성 질소

19 목욕탕 원수의 대장균수는?
㈎ 100m*l* 중 음성이어야 한다.
㈏ 10m*l* 중 음성이어야 한다.
㈐ 1m*l* 중 1개 이하이어야 한다.
㈑ 10m*l* 중 1개 이하이어야 한다.

해답 13 ㈐ 14 ㈑ 15 ㈐ 16 ㈐ 17 ㈐ 18 ㈑ 19 ㈎

제11장 수질오염

제1절 수질오염의 특징과 원인

1960년 이후 급속한 산업발전과 산업구조 복잡화 및 다양화, 산업폐수량의 양적 증가, 도시의 인구집중과 생활수준의 향상으로 용수의 사용량이 증가하면서 주요 하천이 크게 오염되고 있다.

최근 우리나라에서도 하천이나 공업단지 부근의 해수오염 등으로 인해 각지에서 농업·수산업 등과 관련된 분쟁이 자주 발생하고 있다.

1. 수질오염

(1) **정의** : 자연수에 이물질의 혼입되어 물리적·화학적·생물학적인 불안전 상태가 발생하여 본래의 자연수 목적으로 이용이 불가능하게 된 상태

(2) **특징**
① 인구및 생산시설의 과다한 집중으로 인하여 대도시, 공업도시의 하천오염이 심각해지고 있다.
② 광역화 : 수도권의 인구집중 억제정책으로 인하여 각종 산업체가 지방도시나 임해공업단지로 이전하고, 또 신설됨으로써 수질오염이 전국적으로 확산되는 경향이 있다.
③ 다양화·복잡화 : 수질오염물질의 종류가 다양하고 복잡화되고 있다
④ 해수오염 : 선박에서 흘러나온 기름 및 임해공업단지의 공장폐수가 해역을 오염시키면서 수산양식이나 생활환경에 현저한 피해를 주고 있다.

2. 수질오염의 원인

(1) **자연적 원인** : 화산 폭발·지진·홍수 등의 발생으로 오염물질(예 동물의 배설물, 사체, 낙엽, 고목의 썩은 가지 등)이 하천·바다 또는 지하수에 유입

(2) **인위적 원인**
① 농경하수 : 원인물질(예 화학비료, 살충제, 제초제 등)이 하천에 유입됨에 따라 수질이 오염되고 어패류를 사멸시키며, 인체에 영향을 줌
※ 살충제 : BHC·DDT·유기인제 등

② **광산폐수** : 원인물질(예 쇄석, 채석, 채탄 시의 미분탄, 탄광의 산성폐액)이 하천 및 해수를 오염시키고 어족과 농업에 피해를 주며, 철이나 콘크리트를 부식시킴

③ **도시하수** : 병원균, 부유물, 유기물질 등이 함유된 가정하수·산업하수에 의한 오염(가정하수 : 폐수발생량의 68.4%를 차지)

④ **공장폐수**
- 비교적 농도가 높은 유기성 폐수 : 식품제조업, 화학공업(동식물 유지 제조, 의약품 제조, 접착제 제조 등), 펄프·제지 제조업
- 비교적 농도가 유기성 낮은 폐수 : 식품제조업, 섬유공업, 펄프·제지 제조업, 석유화학공업, 세탁업
- 일반 무기성 폐수 : 화학공업(비료, 무기공업), 요업, 제철업, 금속표면처리업
- 유해물질을 포함한 무기성 폐수 : 비철금속 제조업, 금속제품 제조업, 요업제품 제조업

표 11.1 공장 및 광산폐수 중에 포함되어 있는 유해물질

유해물질	배출원
카드뮴 및 그 화합물	도금공장, 광산폐수, 아연광산
납 및 그 화합물	전지공장, 납광산, 도금공장, 페인트공장
크롬 및 그 화합물	도금공장, 제혁공장, 보일러배수
비소 및 그 화합물	무기약품공장, 유리공장, 염료공장, 페인트공장
수은 및 그 화합물	구리광산, 제혁공장, 농약
유기인 화합물	화학공장, 온도계제조, 농약
시안화합물	농약
산성 및 알칼리폐수	도금공장, 화학공장, 농약
BOD	금속공업, 광산
SS	종이펄프공장, 식품공장, 제혁공장
노르말헥산 추출물	종이펄프공장, 석탄광산, 식품공장
페놀	제유소, 섬유공장, 기계공장, 유지공장
동 및 그 화합물	도금공장, 비철광산, 비철금속제련소
아연 및 그 화합물	도금공장, 화학공장, 비철금속제련소
망간 및 그 화합물	도금공장, 건전지공장, 철강공장

3. 수질오염 물질

(1) **유기물질** : 물속의 호기성 세균에 의해 분해(이때 DO 이용)
예 도시하수 및 펄프공장, 식품가공공장의 폐수

(2) **화학적 유해물질** : 자연수 중에는 거의 없는 화학물질
예 수은, 납, 카드뮴, 불소, 시안, 크롬, 산, 알칼리, 농약 등

(3) **병원균**(전염성 병원체) : 상수도 보급으로 오늘날에는 크게 감소
  예) 살모넬라균, 이질, 콜레라, 장티푸스, 전염성 간염 등

(4) **부영양화 물질**
  ① 원인 : 도시하수나 농업배수에 의한 영양염류(질소와 인 등) 유입
  ② 조류 및 동·식물성 플랑크톤 등의 과도한 번식 → DO의 감소·COD의 증가·투명도 저하·색도의 발생·수중생물 및 어류 등의 사멸

(5) **현탁고형물**
  ① 비중이 큰 고형물 : 유속이 느린 곳에서 침강하여 물고기의 먹이를 감소시키면서 혐기성 부패가 진행
  ② 비중이 작은 고형물 : 수면에 부상하여 바닥에서 올라온 가스와 함께 거품을 형성하여 산소의 공급을 막 좋지 않은 외관 형성

(6) **비분해성 물질** : 경성세제(ABS), PCB, DDT 등

(7) **열**(heat) : 열수가 하천에 방류되면 하천수의 온도가 수중생물의 생존온도에 부적합한 온도로 올라가 생태계를 파괴

제2절 수질오염의 지표

1. 수소이온농도 (pH)

(1) **정의** : 수소이온농도(mol/l)의 역수에 상용대수(log)를 취하여 구한 값

$$pH = \log \frac{1}{H^+} + \log[H^+]$$

- 25°C에서 pH = 7.0 : 중성
- 25°C에서 pH > 7.0 : 염기성
- 25°C에서 pH < 7.0 : 산성

(2) pH가 급격하게 변하면 수중 생물의 대부분은 큰 영향을 받으며, 하·폐수 처리 시에는 침전·중화·환원 등의 작용에 pH가 지배인자가 된다.

(3) 자연수의 pH 변화는 도시하수·공장폐수의 유입이 주요 원인이다.

(4) pH는 상수관이나 구조물의 부식현상과 Cu, Fe, Zn 등의 산화·환원 현상에도 밀접한 관계가 있다.

(5) pH가 높거나 낮을 경우 물고기의 호흡과 삼투압 조절을 방해한다. 또한 pH 6이하일 때는 생물학적 여과기능이 억제되며 pH 값이 높아질수록 물속의 암모니아 독성이 증가한다.

2. 용존산소 (DO)

(1) **정의**: 물에 녹아 있는 유리산소량(O_2)

(2) DO는 대상 수체가 호기성 생물이 살 수 있는 환경인가를 판별하는 주요 항목이며, 해당 수질의 상태를 판단하는 가장 중요한 지표 중의 하나이다.

(3) **DO가 높은 물**: 천수, 지표수, 지하수

(4) 물속에서 생활하는 어패류와 호기성 미생물은 용존산소를 호흡하며, 물속에 있는 유기물은 이것에 의해서 산화분해되기 때문에 용존산소의 부족은 어패류의 사멸을 초래할 뿐만 아니라 유기물 등이 잔류하여 물의 오탁을 가져오게 된다.

① 물속에 DO 존재: 호기성 미생물에 의하여 소모돼 수중생물에게 무해한 최종산물을 형성

② 물속에 DO가 없을 때: 황산염(SO_4^{2-})이나 질산염(NO_3^-) 등과 같은 유기물의 환원을 통해 미생물이 산소를 취하여 생물에게 유해한 물질(예 H_2S, CH_4, NH_3 등) 생성 → 중요한 수질측정 항목이 됨

(5) **측정**

① 적정법: 윙클러법, 뮐러법 등
② 특수한 전극을 이용한 전기적 측정법 등이 있다.

3. 생물학적 산소요구량 (BOD)

(1) **정의**: 어떤 유기물을 호기성 상태에서 미생물로 분해·안정화하는 데 요구되는 산소량

(2) BOD 농도가 높다는 것은 수중에 유기물질이 다량 함유되어 미생물이 그것을 분해하여 안정화하는 데 많은 양의 산소를 소모했다는 의미이다.

(3) **측정**: 20°C에서 5일 동안 해당 시료를 배양했을 때 소모된 산소량을 측정 → BOD_5

① 제1단계: BOD − C − BOD

탄수화물 + O_2 ⟶ CO_2 + H_2O

단백질 + O_2 ⟶ CO_2 + H_2O + NH_3

② 제2단계: BOD − N − BOD

$2NH_3 + 3O_2 \xrightarrow{Nitrosormonas} 2NO_2^- + 2H_2 + H_2O$

$2NH_3 + O_2 \xrightarrow{Nitrosormonas} 2NO_3^-$

(4) **NH_3−N의 검출**

① 질산화과정에서는 NH_3−N에서 NO_2−N으로 되는 것보다 NH_3−N에서 NH_3−N으로 되기 쉽다.

② 처리된 폐수나 강 및 호수에서는 호기성상태에서 충분한 질산화가 이루어져 C-BOD보다 N-BOD가 높은 농도를 나타내는 경우가 있으므로 수중 산소 소모의 측면에서 N-BOD를 무시할 수 없다.
③ 폐수처리장의 처리수에서 NH_3-N이 검출되면, 그것은 탄소계 유기물의 산화가 이미 만족할 정도로 완료된 것을 나타낸다.

4. 화학적 산소요구량 (COD)

(1) 정의
① 유기물을 화학적으로 산화시킬 때 화학적으로 소모되는 산소의 양
② 산화되기 쉬운 유기물질을 함유한 도시폐수나 공장폐수는 하천·호소·해역 등의 자연수역에 흘러들어서 수질을 오염시킨다. 이를 방지하기 위해 유기물질을 함유한 물에 산화제(예 $KMnO_4 \cdot K_2Cr_2O_7$ 등)의 수용액을 투입하면 유기물질이 산화된다.
　이때 소비된 산화제의 양에 상당하는 산소의 양을 mg/l 또는 ppm으로 나타낸 것이 COD이다.

(2) 산화제
① 산화반응의 촉진을 위해 사용
② $KMnO_4$에 비해 $K_2Cr_2O_7$에 의거한 시험방법은 결과가 안정적이고, 유기물질의 전량이 산화되므로 국제적으로 사용이 늘고 있다.

(3) 폐수의 COD 값이 보통 BOD 값보다 높은 것은 미생물에 의해서 분해되지 않는 유기물까지 산화제에 의해서 산화되기 때문이다.

5. 부유물질(SS)

(1) 정의
① 무기와 유기물질을 함유한 $0.1\mu m \sim 2mm$의 고형물질로 물에 용해되지 않는 물질
② 탁도의 원인이 되며 하천 및 호수에서 빛이 수중에 전달되지 못하게 막아서 식물성 플랑크톤의 광합성작용을 방해한다.
③ 아가미에 붙어 어류를 폐사시키며 생물분해가 가능한 유기물질은 DO를 감소시킨다.

(2) 측정 : 시료를 여과시켜서 고형물을 포집하고 건조시킨 후 그 전후의 무게차에 의해서 고형물의 농도를 구하고 mg/l 또는 ppm으로 나타낸다.

6. 경도(hardness)

(1) 정의
① 물속에 용해되어 있는 Ca^{2+}, Mg^{2+} 등의 2가 양이온 금속이온에 의하여 발생하는 물의 세기에 대응하는 $CaCO_3$을 ppm으로 환산 표시한 값

② 물 1l 중에 용해되어 있는 $CaCO_3$의 양이 1mg이면 경도 1도가 된다.
- 0~75 mg/l : 연수(soft)
- 75~150 mg/l : 적당한 경수(moderatlely hard)
- 150~300 mg/l : 경수(hard)
- 300 mg/l 이상 : 고경수(very hard)

(2) 구분
① 일시경수 : 물을 끓였을 때 물에 불용성인 $CaCO_3$, $Mg(OH)_2$가 침전되어 물이 부드럽게 된 것
② 영구경수 : $CaSO_4$, $MgSO_3$ 등의 황산염이 남아 경도가 떨어지지 않는 것
※ $CaCO_3$과 $Mg(OH)_2$의 생성은 시간이 오래 걸리고 쉽게 제거되지 않으며, 침전을 제거하면 물은 비교적 센 염기성을 띤다.

(3) 경도의 측정
① Ca^{2+}와 Mg^{2+}를 함유한 물에 KCN(시안화칼륨)을 넣어 다른 이온들을 가린다.
② 완충용액으로 pH를 10으로 만든다.
③ 금속 지시약을 가하고 EDTA($C_{10}H_{16}N_2O_8$)로 적정하여 물의 전 경도를 측정한다.
④ 다시 시료를 취하여 pH를 12~13으로 만든 후 EDTA로 적정하여 Ca의 경도를 측정한다.

(4) 경도 계산

$$\frac{\frac{100.1}{1000} \times 0.01 \times a}{b} \times 106 = 1000 = (\quad) ppm$$

a : EDTA 소비량,   b : 취한 시료의 ml

- 연수 : 0 ~ 75
- 경수 : 150 ~ 300

7. 기타

(1) 색도
동물의 배설물·하수·산업폐수 등에 의해 색이 바뀌었을 경우에 위생문제를 일으킨다.

(2) 탁도
무기·유기의 부유물이나 점토가 주원인이며, Fe·Mn·Mg·Ca 등이 화학적 변화를 일으켜 발생할 수도 있다.

(3) 취기(odor)
자연수에서는 Humin·흙·오니 등에서 발생하며, 하수나 산업폐수의 혼입도 냄새를 유발한다.

(4) 증발잔류물 : 물을 증발·건조하였을 경우에 잔류하는 물질로서, 검수를 증발접시에 넣고 물중탕에서 증발·건조한 후 105~110°C에서 2시간 건조하여 데시게이트에서 식힌 후 무게를 측정한다.

제3절 수질오염물질

1. 수은(Hg)

(1) 발생원 : 공장폐수, 석유제품의 제조 및 운반과정, 살충제, 화장품, 염색약, 기압계, 온도계, 치과용 아말감, 형광등, 오염된 물, 오염된 물에서 자란 생선, 일부 의약품(백신의 방부제) 등

(2) 증상
① 급성중독 : 구역·설사(위장증상), 단백뇨, 구내염
② 만성중독 : 수족·입 주위 근육 마비, 청력장애, 시야협착, 언어장해, 경련, 정신장해 등

(3) 사례 : 미나마타병(일본)
① 증상 : 손발 마비, 시야협착, 지각·운동·언어·청력·보행의 장애, 심한 경우 중추신경마비로 사망
② 피해 : 발생자 111명 중 47명 사망

2. 카드뮴(Cd)

(1) 발생원 : 전기도금·합금제품, 안료(황화물), 염화비닐, 안정제, 원자로(중성자, 감속제) 등의 폐수, 전선, 베어링, 건전지, 아연·납광산

(2) 증상 : 골격의 현저한 변형 및 말초신경장애, 빈혈, 임파구 감소, 당뇨병 등의 증상

(3) 사례 : 이타이이타이병(일본)
① 증상 : 신장의 기능이 나빠지고, 칼슘과 인이 체외로 배출되어 전신에 통증과 골연화증, 병적인 골절 수반 및 심한 경우 사망에 이름
② 피해 : 발생자 258명 중 128명 사망

3. 납(Pb)

(1) 발생원 : 광산폐수, 축전지공장, 인쇄업(활자), 수도납관(水道鉛管), 납피복 전선, 도료, 폐선박, 도자기 유약, 비산연(농약), 땜납, 염화비닐 안정제, 유기납(4 methyl 납·4 ethyl 납 : 가솔린의 안티녹킹제) 등

(2) 증상
① 급성중독 : 구토 · 복통 · 설사 등 급성 위장 증상, 흥분 · 불면 · 망상 등 뇌 증상
② 만성중독 : 안색이 창백, 연선(鉛線 : 잇몸에 나타나는 청흑색 선), 빈혈, 염기성 과립적혈구 수 증가, 소변의 Corproporphyrin 양 증가, 격한 복통, 식욕부진, 전신권태 등

4. 구리(Cu)

(1) 발생원 : 광산, 제련소, 도금공장, 수도배관, 놋쇠식기, 농약

(2) 증상
① 급성중독 : 구토 유발(독물을 섭취했을 때 구조제로 $CuSO_4$를 씀)
② 만성중독 : 간 장해, 황달

5. 망간(Mn)

(1) 발생원 : 광산, 합금, 건전지, 화학공업, $KMnO_4$ 제조, 유리범랑(착색용)

(2) 증상
① 급성중독 : 장에서 흡수되지 않으므로 중독 증상은 일어나지 않는다.
② 만성중독 : 과량 섭취시 신경증상이 중심이 되어 Pakinson's 병과 같은 증상(예 강제실소, 언어장해, 보행 장해 등) 유발

6. 크롬(Cr)

(1) 발생원 : 광산, 합금, 도금공장, 피혁공장, 안료색소, 화학공업($K_2Cr_2C_7$)

(2) 증상
① 급성중독 : 피부궤양, 비중격천공, 폐암(분진의 자극작용) 등
② 만성중독 : 접촉성 피부염(알레르기성), 미각 · 취각장해, 위장염, 간장해 등

7. 불소(F) 화합물

(1) 발생원 : 화강암 등의 지층, 알루미늄 제련과정, 인산 · 과린산석회(비료) 제조과정, 불소화학(불소, 불소수지), 유리공업, 우라늄 정제과정

(2) 증상
① 골연화증 : 음료수 중 8ppm 전후의 불소가 함유된 물을 장기간 마실 경우 연골 힘줄에 석회화가 일어나 전굴운동 불가능
② 반상치 : 치아 형성기에 있는 소아가 1.5ppm 이상의 불화물 함유수를 장기간 음용하면 치아의 에나멜질(범랑질) 형성부전이 일어나고 앞니에 백색 반점이 생긴다.

7. 시안(CN) 화합물

(1) 발생원 : 전기도금공업, 제철소, 도시가스 공장, 코크스 공장의 코크스로, 화학공업(acrylnitril 제조 등)

(2) **증상**
　① 급성중독 : 두통, 현기증, 의식장해, 경련, 체온하강이 수 초 내지 수 분 만에 나타나 사망한다 (치사량 : KCN 150~300mg).
　② 만성중독 : 두통, 구토, 흉부 및 복부의 중압감 등

9. 비소(AS)

(1) **발생원** : 무기약품 · 촉매 · 농약 · 황산 · 비료(암모니아) 등의 제조공정

(2) **증상**
　① 급성중독 : 오심, 구토, 이질, 탈수증상, 복통, 위장염증혈변, 체온저하, 혈압저하, 경련, 혼수상태, 사망
　② 만성중독 : 지각장해, 부종, 손발피부의 각화현상, 오심, 구토, 복통, 간장비대, 간경변, 빈혈, 체중감소, 위염

10. PCB(poly chlorinated biphenyl)

(1) **발생원** : 도료, 변압기유, 인쇄잉크, 고지제조, 플라스틱 용매, NO-Carbon 복사지, 가열에 이용하는 열매체 시설

(2) **증상**(만성중독) : 안지(眼脂) 증가, 손톱과 구강점막의 색소침착(암갈색), 모공의 흑점화, 전신권태, 수족마비, 탈력감, 혈청의 중성지방 증가, 신생아 피부의 색소침착, 어린이의 발육저하, 만성기관지염, 치아 절손

(3) **사례** : 가네미사건(일본)
　① 1968~1970년 초에 기타큐슈를 등 서일본 일대에 가네미유증 유발
　② 가네미회사에서 쌀겨기름의 탈취공정에 가열용 열매체로 사용한 PCB가 가열 파이프에서 누출되어 쌀겨기름에 혼입된 것으로 추정됨

제4절 수질오염의 피해

1. 인체의 피해

(1) **직접적인 영향** : 오염된 물을 음용한 경우

(2) **간접적인 영향** : 오염물질을 흡수한 어패류나 농작물을 섭취했을 경우

(3) **종류**
　① 콜레라 · 장티푸스 · 이질 등 소화기계통 전염병
　② 간디스토마 · 회충 등 기생충
　③ 중금속에 의한 급성 · 만성중독증상

2. 공업의 피해

(1) 산업의 피해
① 식품공업 : 색, 냄새, 미생물의 영향
② 염색공업 : 탁도, 경도, 염소·철·망간·인산이온, 유기물, 부유물의 영향
③ 사진감광재료·제지펄프공업 : 철, 망간의 영향

(2) 공통 피해
① 경도 성분·철·망간·부유물·무생물·염소이온의 농도가 높을 경우에 slime scale의 발생 및 부착
② 기구나 배관의 부식
  • 열교환에 의한 수온상승으로 부식 촉진
  • NH_3-N은 구리합금에 대한 부식성이 강하다.

3. 수산업의 피해

(1) 유기오염이 농후할 경우 BOD가 높아 DO를 소비하게 되고 DO가 부족하면 수산물이 서식할 수 없다.

(2) 물고기가 서식하기 위해서는 BOD 5mg/l 이하, DO 5mg/l 이상이 필요하며, 연어나 송어와 같은 청수역의 어류는 산란기에는 BOD 2~3mg/l 이하, DO 6~7mg/l 이상이 필요한 것으로 알려져 있다.

(3) 종류
① 광유(鑛油) : 어패류에 이취미를 주어 식품으로의 가치·품질을 저하시키고, 선박의 금속 부식
② 적조현상 : 질소나 인산을 많이 함유한 생활 하수나 비료 성분이 유입되면 쌍편모류가 대량으로 번식하여 바다나 호수가 붉게 변하는 현상 → 물속의 산소가 부족하게 되거나, 플랑크톤 자체의 독성 또는 플랑크톤의 외부를 감싸고 있는 점액질이 물고기의 아가미를 덮어 호흡을 방해함으로써 어패류 폐사
③ 생물농축 : alkyl수은 등에 의한 질병(예 미나마타병, 이타이이타이병 등)

4. 농업에 미치는 영향

(1) 농업용수 오염
① 작물에 직접 피해 : 농작물의 급·만성 피해(고사·수확량저하)·농작물 오염
② 토양의 이화학적 성질 약화에 따른 토지 생산성 저하
③ 농촌의 노동환경 약화

(2) 도시오수, 펄프공장, 전분공장 등의 배수지에서 유기물과 질소성분의 과잉에 의한 피해 발생(예 도열병 급증으로 벼 수확량 감소 등)

(3) 화학공장, 광산에서 배출된 무기폐수에서는 산성 또는 알칼리성에 의한 고농도 염류나 중금속의 과잉축적에 의한 피해 발생

제5절 부영양화와 적조

1. 부영양화

(1) 정의
① 바다·호수 등의 수중생태계의 영양물질이 증가하여 조류가 급속히 증식하는 현상
② 강이나 바다 등 수중생태계에 생활하수나 산업폐수, 가축의 배설물 등의 유기물질이 유입되어 물속의 질소와 인과 같은 영양물질이 많아지면 영양소의 순환 속도가 빨라져 조류(algae)의 광합성 양이 급격히 증가하여 그 성장과 번식이 매우 빠르게 진행되고 최종적으로 대량 증식

> **참고**
>
> **남조류의 특징**
> ① 수직적인 이동과 표층에 스컴을 형성함으로써 바람에 의해 수평으로 이동 가능
> ② 독소를 생성하는 것으로 알려짐
> ③ 음료수의 맛이나 냄새를 나쁘게 한다.
> ④ 피부접촉에 의해 알레르기 반응을 일으킨다.
> ⑤ 상수원으로 사용하면 장염·간염과 유사한 중독증세가 나타난다.
> ⑥ 유독성 남조류 : Anabaena, Aphanizomenon, Microcystis, Ocillatoria 등

(2) 특징
① COD가 높다.　　　　　② 용존산소의 소모가 크다.
③ 여과 폐쇄가 일어난다.　　④ 색도와 탁도가 높아진다.
⑤ 부영양화된 호수는 쉽게 회복되지 않는다.

(3) 방지대책
① 질소 및 인의 농도를 감소시킨다.
② 합성세제의 인 함유량을 낮춘다.
③ 하수 내의 인, 질소를 제거하기 위해 폐수의 고도처리(3차 처리)
④ 조류가 번식할 경우 황산동($CiSO_4$)이나 활성탄을 뿌림.

표 11.2 호수 내 영양상태에 따른 특성

구 분	빈영양 상태	부영양 상태
색	• 무색, 청색	• 녹색, 황색
투명도	• 2m 이상	• 2m 이하
pH	• 중성 또는 약알칼리성 (산성에 가까울 수도 있음)	• 중성 또는 약알칼리성 (여름에는 표층이 강알칼리성을 띰)
영양염류	• TN : 0.1mg/l 이하	• TN : 0.15mg/l 이하 • TP : 0.35~0.1mg

2. 적조

(1) 정의 : 플랑크톤이 급격히 증식하여 물의 색을 변화시키는 현상으로 플랑크톤의 색깔에 따라 청색, 흑색을 띤다.

(2) 원인

① N·P·C 등의 영양염이 풍부한 부영양화(eutrophication) 상태

② 일사량, 수온, 염분, pH 등 플랑크톤의 생물성장 조건이 유리하고 물의 이동이 적은 정체수역에서 잘 일어난다.

③ Si, Ca, Mg 이외에도 미량금속, 비타민, 특수한 유기물 등도 원인이 됨

(3) 피해

① 수중 용존산소 소비

② 아가미 등에 부착하여 어패류를 질식시킴

③ 독성을 갖는 편모조류(Gymnodinium, peridinium, Eutrepteiella 등)가 어패류를 폐사시킴

④ 적조생물의 급격한 사후분해에 의해 용존산소가 결핍되어 황화수소(H_2S)나 부패독과 같은 유해물질이 발생 → 어패류 폐사

(4) 적조의 독성

① 마비성 패독(paralytic shellfish poison; PSP)
- Alexandrium속에 속하는 플랑크톤들에 의해 북위 30~60도 사이의 북반구 온대해역에서 발생
- 쌍편모조류에 속하는 플랑크톤이 발생시기는 saxitoxin 계열이 가장 널리 알려져 있음

② 하리성패독(diarrhetic shellfish poison; DSP)
- Dinophysis속에 속하는 플랑크톤들에 의해 북유럽에서 주로 발생
- polyether carboxylic acid와 그 유도체들이 대표적이다

③ brevetoxin 계열의 polyethres
- 쌍편모조류인 gymnodinium breve(ptychodis cusbrevis)에 의해 미국 플로리다와 멕시코만 연안에서 자주 발생

- 원인물질인 brevetoxins(BTX)가 1980년대 초에 P. brevis의 배양액으로부터 분리됨

제6절 수질오염 방지와 수질기준

1. 수질오염 방지대책

(1) 오염실태 파악

배출폐수의 오염실태를 정확히 파악하고 생산공정 및 관리방법 등을 개선하여 오염물질을 최대한으로 줄여야 함

(2) 수질오염 방지계획과 정비

① 국토계획·도시계획·공업입지계획 및 하수도 정비, 폐수처리장의 완비가 필요

② 산업폐수 처리시설은 개별적인 것보다 다수 공장의 폐수를 처리할 수 있는 공동처리시설을 갖추는 것이 유리하다.

(3) 관계 법률 강화

(4) 하수도 시설의 정비 및 하수처리장 확충

(5) 지속적인 감시·측정·관리 등이 중요하다.

(6) 폐수처리기술을 연구·개발한다.

2. 우리나라의 수질환경기준

(1) 수역별·항목별·등급별로 수질환경 기준이 설정되어 있다.

① 수역 : 하천과 호소로 구분

② 항목
- 생활환경기준(5개) : pH, BOD, SS, DO, 대장균군수(총대장균군, 분원성대장균군)
- 사람의 건강보호기준(17개) : Cd, As, CN, Hg, 유기인, Pb, 6가크롬, 음이온계면활성제(ABS), 사염화탄소, 1,2-디클로로에탄, PCE, 디클로로메탄, 벤젠, 클로로포름, 디에틸프탈헥실프레이트(DEHP)

③ 등급 : 하천·호소를 7등급(Ia~VI)으로 구분하여 각각 기준을 차등 설정하여 관리

(2) 환경기준 달성을 위해 하천 주변의 오염원 분포, 지형, 수리현황, 수역의 동

질성 등을 고려하여 전국 195개 하천구간을 대상으로 수질목표 등급과 목표 달성 기간을 설정하여 관리하고 있다.

표 11.3 하천의 환경기준 (환경정책기본법 시행령 별표 1)

등급[1]		pH[9]	BOD (mg/l)	SS (mg/l)	DO (mg/l)	대장균 군(군수/100ml)	
						총대장균군	분원성 대장균군
매우좋음[2]	Ia	6.5~8.5	1 이하	25 이하	7.5 이상	50 이하	10 이하
좋음[3]	Ib	6.5~8.5	2 이하	25 이하	5.0 이상	500 이하	100 이하
약간좋음[4]	II	6.5~8.5	3 이하	25 이하	5.0 이상	1,000 이하	200 이하
보통[5]	III	6.5~8.5	5 이하	25 이하	5.0 이상	5,000 이하	1,000 이하
약간나쁨[6]	IV	6.5~8.5	8 이하	100 이하	2.0 이상	–	–
나쁨[7]	V	6.5~8.5	10 이하	쓰레기 등이 떠있지 아니할 것	2.0 이상	–	–
매우나쁨[8]	VI	–	10 초과	–	2.0 미만	–	–

항목	기준값 (mg/l)
Cd	0.005 이하
As	0.05 이하
CN	검출되어서는 안 됨 (검출한계 0.01)
Hg	검출되어서는 안 됨 (검출한계 0.001)
유기인	검출되어서는 안 됨 (검출한계 0.0005)
PCB	검출되어서는 안 됨 (검출한계 0.0005)
Pb	0.05 이하
Cr^{6+}	0.05 이하
ABS	0.5 이하
사염화탄소	0.004 이하
1,2-디클로로에탄	0.03 이하
PCE	0.04 이하
디클로로메탄	0.02 이하
벤젠	0.01 이하
클로로포름	0.08 이하
디에틸헥실프탈레이트(DEHP)	0.008 이하
안티몬	0.02 이하

1. 용수는 당해 등급보다 낮은 등급의 용도로 사용할 수 있음
2. 매우 좋음 : 용존산소가 풍부하고 오염물질이 없는 청정상태의 생태계로서 여과·살균 등 간단한 정수처리 후 생활용수로 사용할 수 있음
3. 좋음 : 용존산소가 많은 편이고 오염물질이 거의 없는 청정상태에 근접한 생태계로 여과·침전·살균 등 일반적인 정수처리 후 생활용수로 사용할 수 있음
4. 약간 좋음 : 약간의 오염물질은 있으나 용존산소가 많은 생태계로서 여과·침전·살균 등 일반적인 정수처리 후 생활용수 또는 수영용수로 사용할 수 있음.
5. 보통 : 보통의 오염물질로 인하여 용존산소가 소모되는 일반 생태계로서 여과, 침전, 활성탄 투입, 살균 등 고도의 정수처리 후 생활용수로 이용하거나 일반적 정수처리 후 공업용수로 사용할 수 있음
6. 약간 나쁨 : 상당량의 오염물질로 인하여 용존산소가 소모되는 생태계로 농업용수로 사용하거나, 여과, 침전, 활성탄 투입, 살균 등 고도의 정수처리 후 공업용수로 사용할 수 있음
7. 나쁨 : 다량의 오염물질로 인하여 용존산소가 소모되는 생태계로 산책 등 국민의 일상생활에 불쾌감을 유발하지 아니하며, 활성탄 투입, 역삼투압 공법 등 특수한 정수처리 후 공업용수로 사용할 수 있음
8. 매우 나쁨 : 용존산소가 거의 없는 오염된 물로 물고기가 살기 어려움
9. pH 등 각 기준항목에 대한 오염도 현황, 용수처리방법 등을 종합적으로 검토하여 그에 맞는 처리방법에 따라 용수를 처리하는 경우에는 당해 등급보다 높은 등급의 용도로도 사용할 수 있음

표 11.4 호소의 수질환경기준[1] (환경정책기본법 시행령 별표 1)

등급[2]		pH (mg/l)	COD (mg/l)	SS (mg/l)	DO (mg/l)	T-P (mg/l)	T-N (mg/l)	Chl-a (mg/m³)	대장균군 (군수/100ml)	
									총대장균군	분원성 대장균
매우 좋음	Ia	6.5~8.5	2이하	2이하	7.5이상	0.01 이하	0.2이하	5이하	50 이하	10 이하
좋음	Ib	6.5~8.5	3이하	5이하	5.0이상	0.02 이하	0.3이하	9이하	500 이하	100 이하
약간 좋음	II	6.5~8.5	4이하	5이하	5.0이상	0.03 이하	0.4이하	14이하	1,000 이하	200 이하
보통	III	6.5~8.5	5이하	15이하	5.0이상	0.05 이하	0.6이하	20이하	5,000 이하	1,000 이하
약간 나쁨	IV	6.0~8.5	8이하	15이하	2.0이상	0.10 이하	1.0이하	35이하	–	–
나쁨	V	6.0~8.5	10이하	쓰레기 등이 떠 있지 아니할 것	2.0이상	0.15 이하	1.5이하	70초과	–	–
매우 나쁨	VI	–	10초과	–	2.0이만	0.15 초과	1.5초과	70초과		

1. 사람의 건강보호기준은 '하천의 수질환경기준' 과 동일
2. 총인(T-P), 총질소(T-N)의 경우 총인에 대한 총질소의 농도비율이 7 미만일 경우에는 총인의 기준을 적용하지 아니하며, 그 비율이 16 이상일 경우에는 총질소의 기준을 적용하지 아니한다.

> **참고**
>
> **수질오염물질**
>
> ① 병원체 : 병원폐수, 가정오수 및 도시하수, 동물 배설물 등
> ② 부영양화물질 : 가정하수, 분뇨처리장, 도축장, 양조장, 펄프공장의 하수 등
> ③ DO를 감소시키는 물질 : 가정하수, 동물 배설물, 공장폐수 등
> ④ 자정작용 저해물질 : 광산폐수, 각종 제조업·석유공업·농업 등에서 배출되는 광물질, 무기화합물, 금속물질, 농약 등
> ⑤ 인체, 수중생물, 어패류에 유해한 물질 : 산업폐수, 중성 및 합성세제, 농약 등
> ⑥ 부식력 증가 물질 : 산업장 폐수 및 광산물질 등

11. 수질오염 ■ 핵심문제 해설

1 호수나 저수지의 수질은 자연의 기전에 의하여 향상되기도 저하되기도 한다. 아래 현상 중 수질 저하에 관여하는 것은?

① 부영양화
② 생태계 속에서의 농축(biomagnification)
③ 수온의 차로 인한 물의 층화
　　(thermal statification)

(가) ①과 ②　　　　(나) ②와 ③
(다) ①과 ③　　　　(라) 모두 관여

2 생물농축에 관한 설명 중 틀린 것은?
(가) 식물 및 동물농축이 있다.
(나) 직접농축과 간접농축이 있다.
(다) Minamata disease는 어패류에 의한 농축이다.
(라) 생물농축이 되면 유독물질의 독성 저하
|해설| 간접농축은 먹이연쇄(food chain)에 의한 것이다.

3 다음 중 생물농축과 관계 없는 것은?
(가) ABS　　(나) PCB　　(다) F　　(라) Cd

4 일반적으로 수중에 오염된 병원체가 감소하는 이유가 아닌 것은?
(가) 영양원의 부족
(나) 부적당한 수온
(다) 잡균과의 생존경쟁
(라) 부활현상

5 수중 DO의 함량이 적은 것은?
(가) 오수임을 의미한다.
(나) 경수임을 의미한다.
(다) 연수임을 의미한다.
(라) 정수임을 의미한다.

6 다음 용어 중 SS(Suspendid Solid)란 무엇을 말하는가?
(가) 부유물
(나) 우유부패법
(다) 교질상태의 당의 농도
(라) 산포여상법

7 DO(Dissolved oxygen)에 관한 설명 중 틀린 것은?
(가) 수온이 낮을수록 증가한다.
(나) 기압이 높을수록 증가한다.
(다) 유기물의 농도가 높을수록 감소한다.
(라) 염분농도가 낮을수록 감소한다.

8 다음 중 DO 측정과 관계 없는 시약은?
(가) 황산망간
(나) 알칼리성 요오드화칼륨
(다) 네슬러시약
(라) 황산
|해설| 네슬러시약은 암모니아 이온 검출

9 DO의 설명 중 틀린 것은?
(가) Dessolved Oxygen의 약어이다.
(나) 용존 산소량을 나타낸다.
(다) 용존 산소가 부족하면 혐기성 부패에 의하여 메탄가스가 발생하고 악취가 난다.
(라) 용존 산소가 많으면 하수는 오염이 심한 것이다.
|해설| 수중의 용존산소량(DO)이 5ppm 이상이어야 수중생물의 생존이 가능하다.

10 자연수 중에서 혐기성 분해를 일으켜 악취를 발생하게 하는 BOD는 몇 ppm 이상인가?
(가) 1ppm　　　　(나) 3ppm
(다) 5ppm　　　　(라) 10ppm

해답 1 (라) 2 (라) 3 (가) 4 (라) 5 (가) 6 (가) 7 (라) 8 (다) 9 (라) 10 (라)

11 다음 중 WHO에서 권장하는 원수의 수질기준은?
㈎ BOD 6mg/l 이하
㈏ BOD 10mg/l 이하
㈐ BOD 20mg/l 이하
㈑ BOD 30mg/l 이하

12 Biochemical oxygen demand(BOD)와 관련되는 것은?
㈎ 상수 ㈏ 하수
㈐ 예방주사 ㈑ 살충제

13 BOD의 설명 중 맞지 않은 것은?
㈎ BOD는 ppm으로 표시한다.
㈏ 20°C에서 5일동안 측정한다.
㈐ 하수의 오염도를 아는 방법이다.
㈑ BOD수치가 높다는 것은 하수 중에 유기물이 적게 함유되어 있다는 것을 의미한다.
|해설| 생물 화학적 산소요구량(BOD ; Biochemical Oxygen Demand)이란 20°C에서 5일 동안 하수 중의 오염도를 측정하는 방법인데 BOD 수치가 높다는 것은 하수 중에 분해가능한 유기물이 많다는 것을 의미한다.

14 BOD량을 가장 크게 좌우하는 것은?
㈎ 유기물 ㈏ 경도
㈐ 대장균 ㈑ 용존산소량

15 제1단계 BOD의 주된 분해과정은?
㈎ 탄소화합물 산화
㈏ 질소화합물 산화
㈐ 탄소화합물 환원
㈑ 질소화합물 환원
|해설| 1단계 BOD는 20°C에서 약 7~10일이 소요되고 주로 탄소화합물의 분해에 소비되는 산소량이며, 2단계 BOD는 질소화합물의 분해에 소비되는 산소량이다.

16 하수 오염이 심할수록 BOD는 어떻게 되는가?
㈎ 적색화된다. ㈏ 청색화된다.
㈐ 낮아진다. ㈑ 높아진다.

17 화학적 산소요구량(COD)이란?
㈎ 유기물질의 분해에 소비되는 산소량
㈏ 피산화성 물질이 미생물에 의해 분해될 때 소비되는 산소량
㈐ 피산화성 물질이 산화제에 의해 산화될 때 소비되는 산소량
㈑ 유기물질의 분해에 소비되는 화학물질의 양
|해설| 산화제로는 $KMnO_4$나 $K_2Cr_2O_7$ 등을 사용

18 화학적 산소요구량에 관한 설명 중 틀린 것은?
㈎ 산화제로는 $KMnO_4$, $K_2Cr_2O_7$ 등을 사용한다.
㈏ BOD보다 단시간에 측정할 수 있다.
㈐ 유기물 외에 아질산염, 제1철염 등을 산화시킨다.
㈑ BOD가 적으면 COD도 적다.

19 수산용수로서 어족보호를 위하여 필요한 용존산소량은?
㈎ 2ppm ㈏ 3ppm
㈐ 5ppm 이상 ㈑ 9ppm 이상

20 수은중독의 증상과 관계 없는 것은?
㈎ 근육마비 ㈏ 시야협착
㈐ 골연화증 ㈑ 보행장해

21 인체에 해로운 중금속들로 이루어진 것은?

| ① Ag | ② Cr^{+6} | ③ Hg |
| ④ Cd | ⑤ As | ⑥ Fe |

㈎ ②, ③, ④ ㈏ ①, ③, ⑤
㈐ ①, ④, ⑥ ㈑ ②, ⑤, ⑥

해답 11 ㈎ 12 ㈏ 13 ㈑ 14 ㈎ 15 ㈎ 16 ㈑ 17 ㈐ 18 ㈑ 19 ㈐ 20 ㈐ 21 ㈎

22 납의 독성과 관련이 없는 것은?
   ㈎ 소변의 ALA 증가
   ㈏ 염기성 과립 적혈구에 의한 빈혈
   ㈐ 장선통
   ㈑ 피부궤양
   |해설| 피부궤양은 주로 크롬중독의 현상이다.

23 시안화합물의 오염원이 아닌 것은?
   ㈎ 전기도금공장   ㈏ 황산제조공업
   ㈐ 제철   ㈑ 도시가스제조
   |해설| 황산제조업에서는 비소가 주로 발생한다.

24 다음 중 오염물과 피해형태의 연결이 잘못된 것은?
   ㈎ phenol – 냄새
   ㈏ 인 – 부영양화
   ㈐ 부패성 유기물 – 용존산소 결핍
   ㈑ 시안 – 골연화증
   |해설| 골연화증 : 카드뮴중독

25 이타이이타이병을 발생시키는 오염물질은?
   ㈎ Cd   ㈏ Hg   ㈐ Cu   ㈑ Fe

26 Minamata 병의 원인물질은?
   ㈎ Cd   ㈏ Hg   ㈐ Pb   ㈑ As

27 부영양화(Eutrophication)란?
   ㈎ 정체성 수역에 비타민이 많음을 뜻한다.
   ㈏ 물속에 영양분이 많아 물고기의 서식에 적합하게 된다.
   ㈐ N. P 등의 영양염류의 과잉으로 수생생물이 과도하게 번식하는 현상이다.
   ㈑ 호수와 저수지가 좋아질 것을 의미한다.

28 부영양화현상을 유발하는 원인물질은?
   ㈎ 카드뮴
   ㈏ 농약 · 살충제
   ㈐ 인산염 · 질산염
   ㈑ 수중세균 · 아메바

29 Cd의 독성과 관계 없는 것은?
   ㈎ 이타이이타이병의 원인이 된다.
   ㈏ 아연제련 시 발생한다.
   ㈐ 골다공증, 골연화증을 일으킨다.
   ㈑ 빈혈을 일으킨다.

30 PCB와 관련이 없는 것은?
   ㈎ 불연성, 내열성이다.
   ㈏ 생체에 농축된다.
   ㈐ 화학적으로 활성이다.
   ㈑ 지용성이며 지방에 축적된다.

31 수인성 전염병이 아닌 것은?
   ㈎ 장티푸스   ㈏ 이질
   ㈐ 유행성 간염   ㈑ 디프테리아

32 수질오염과 관련해서 적절하지 않은 것은?
   ㈎ BOD – 용존산소 결핍 – 부패
   ㈏ SS – 정체수역에서 침강 – 저질의 악화
   ㈐ 영양염류 – 부영양화 – 적조현상
   ㈑ 질소, 인 다량 유입 – 미생물 증식 촉진 – 수질정화
   |해설| 질소, 인의 다량 유입은 부영양화를 일으켜 수질을 악화시킨다.

33 다음 중 유아의 피부창백증을 일으키는 물질은?
   ㈎ NH_3-N ㈏ NO_2-N
   ㈐ NO_3-N ㈑ Pb
   |해설| NO_3-N가 다량 존재하면 유아에게 methemoglobin(변성 헤모글로빈)을 일으켜서 blue baby(청색아)가 된다.

34 부영양화의 대책이 아닌 것은?
   ㈎ 화학비료의 사용을 제한한다.
   ㈏ 합성세제의 사용을 제한한다.
   ㈐ 유기성 폐수의 유입을 억제한다.
   ㈑ 일광을 충분히 받을 수 있도록 한다.
   |해설| 부영양화의 대책
   ① 일광을 차단하여 조류의 번식을 억제한다.
   ② 합성세제 중의 인산염을 다른 물질로 대체하여야 한다.

해답 22 ㈑ 23 ㈏ 24 ㈑ 25 ㈎ 26 ㈏ 27 ㈐ 28 ㈐ 29 ㈑ 30 ㈐ 31 ㈑ 32 ㈑ 33 ㈐ 34 ㈑

35 시안화합물이 인체에 미치는 영향은?
   ㈎ 신경마비   ㈏ 세포의 증식억제
   ㈐ 골다공증   ㈑ 세포내 호흡억제

36 호수나 저수지의 상수를 수원으로 사용할 경우, 전도현상(turn over)으로 수질이 악화될 우려가 있는 시기는?
   ㈎ 봄과 여름   ㈏ 봄과 가을
   ㈐ 여름과 가을   ㈑ 가을과 겨울
   ㈒ 봄과 겨울

37 호수나 저수지 등에 오염된 물이 유입될 경우, 수온에 따른 밀도차에 의하여 형성되는 성층현상에 대한 설명 중 옳지 않은 것은?
   ㈎ 표수층과 수온약층(thermocline)의 깊이는 일반적으로 7m 정도이며 그 이하는 저수층(hypolimnion)이다.
   ㈏ 이러한 물의 성층현상은 여름이나 겨울보다 봄이나 가을에 뚜렷하다.
   ㈐ 호수나 저수지 내에서의 세균 제거율은 유기물이 파괴되는 비율보다 느리다.
   ㈑ 성층현상과 반대개념으로 전도(over turn)는 수질에 나쁜 영향을 미친다.
   ㈒ 성층을 이룰 때 수심에 따른 물의 수온 구배와 DO 농도 구배는 같은 모양이다.

38 수중의 용존산소에 관한 설명 중 옳지 않은 것은?
   ㈎ 수온이 높을수록 용존산소량은 감소한다.
   ㈏ 용존염류가 많을수록 용존산소의 양은 감소한다.
   ㈐ 해수가 담수보다 용존산소량이 증가한다.
   ㈑ 수압이 높을수록 용존산소량이 증가한다.
   ㈒ 난류가 심할수록 용존산소량이 증가한다.

39 다음 적조에 관한 설명 중 옳지 않은 것은?
   ㈎ 원거리 바다에서 주로 발생한다.
   ㈏ 조류의 독소가 방출된다.
   ㈐ dinoflagellates의 과도성장
   ㈑ 탄소, 질소, 인 등의 영양소가 유입
   ㈒ 해류가 정체되어 있다.

40 다음 중 질산화 박테리아에 의해 생성되는 것은?
   ㈎ $H_2SO_4 + NO_3$
   ㈏ $H_2S + O_2$
   ㈐ $NO_2 + NO_3$
   ㈑ $NH_3 + O_2$
   ㈒ $NH_3 + H_2S$

41 혐기성 상태에서 탈질산화(denitrification) 반응의 과정은?
   ㈎ 암모니아성 질소 – 아질산정 질소 – 질산성 질소
   ㈏ 암모니아성 질소 – 질산성 질소 – 아질산성 질소
   ㈐ 질산성 질소 – 아질산성 질소 – 질소가스
   ㈑ 질산성 질소 – 암모니아성 질소 – 아질산성 질소
   ㈒ 암모니아성 질소 – 질산성 질소 – 질소가스

42 심하게 오염된 분해지대에서 생기는 질소화합물의 형태는?
   ㈎ NO_3 ㈏ NO_2
   ㈐ N_2 ㈑ NH_3
   ㈒ H_2S

해답 35 ㈑ 36 ㈏ 37 ㈏ 38 ㈐ 39 ㈎ 40 ㈐ 41 ㈐ 42 ㈑

제12장 대기오염

제1절 대기오염의 정의

1. 정의

(1) Engineer's Joint Council(미국) : 먼지·흄·가스·노을·냄새·연기 혹은 증기 등의 오염물 중 하나 혹은 그 이상이 인체·식물·동물 또는 재산에 피해를 주거나 또는 일상생활에 지나치게 방해가 될 정도의 농도와 특성을 지니며 일정기간 동안 외기 중에 존재하는 것

(2) 대기오염의 유형
① 매연 + 분진 : 석탄을 원료·연료·난방용으로 사용하는 공업도시나 소비도시에서 발생
② 황산화물 : 석탄을 주로 사용하는 도시에서 자주 발생
③ 매연 + 분진 + 황산화물 : 석탄, 석유를 사용하는 공업도시에서 발생
④ 매연 + 분진 + 황산화물 + 자동차배기가스 : 과밀공업도시에서 발생

2. 주요 대기오염 사건

(1) 뮤즈계곡(Meuse Valley) : 1930년 12월 1일
① 장소 : 벨기에 동쪽의 수도 리즈시
② 공장 : 코크스로, 용광로, 화력발전소, 유리공장, 석회로, 아연제련소, 황산공장, 비료공장
③ 경과 : 뮤즈강 유역의 공단 및 리즈시에 있는 가정의 굴뚝에서 배출된 석탄연기가 복사역전층이 형성되면서 정체·축적되자, 매연입자에 흡착된 황산미스트를 흡입하여 호흡기 질환을 일으킴
④ 증세 : 호흡기 질환자 63명 사망

(2) 도노라(Donora) : 1948년 10월
① 장소 : 미국 펜실베이나주 피츠버그시
② 공장 : 아연제련소, 제철소
③ 과정 : 공장에서 배출된 아황산가스가 먼지의 촉매작용으로 황산미스트를 형성 복사역전층 때문에 대기 중에 정체되어 피해를 줌
④ 증세 : 호흡기 질환자 17명 사망

(3) 런던(London) : 1952년 12월 5일
  ① 장소 : 영국 런던
  ② 공장 : 화력발전소
  ③ 과정 : 복사역전층이 형성되고 거의 무풍상태가 오래 계속되었다. 원인은 가정 난방용 석탄과 화력발전소 등의 굴뚝에서 배출된 매연으로 추정되며, 이 사건을 계기로 대기오염에 대처하기 위하여 1956년 청정공기법(Clean Air Act)을 제정하고 특정 지역에서 석탄사용을 금지하였다.
  ④ 증세 : 호흡기 질환 · 심장질환 환자수가 약 4000명

(4) 로스엔젤레스(Los Angeles) : 1954년 7월
  ① 장소 : 미국 로스엔젤레스
  ② 원인 : 광화학스모그, 광화학적 산화물
  ③ 과정 : 석유계 연료의 연소에 의하여 배출된 오염물이 특히 태양빛이 강한 여름철에 스모그를 일으켰다.
  ④ 증세 : 눈, 코 및 목의 점막을 자극, 눈물, 콧물 및 재채기 등

표 12.1 런던 smog와 로스엔젤레스 smog 비교

구 분	런던 smog	로스엔젤레스 smog
기온	0~5°C	24~32°C
습도	85% 이상	70% 이하
발생 시간	새벽	주간
계 절	겨울(12~1월)	여름(8~9월)
색 깔	짙은 회색	연한 갈색
풍 속	무풍	3m/sec 이하
역전종류	방사성역전(복사성)	침강성역전(하강형)
주 오염원	석탄과 석유계연료(난방)	석유계연료(자동차)
주오염성분	아황산가스(SO_2) 부유먼지	탄화수소(HC) NO_x, O_3, PAN
반응형	열적(먼지, SO_x, CO)	광화학적 · 열적 (O_3, CO, NO_x)
화학반응	환원	산화
시정거리	100m 이하	0.6~1.6km
피해	• 폐렴 • 호흡기자극 • 만성기관지염 • 심장질환 • 심각한 사망률	• 건축물손상 • 고무제품손상 • 시정악화 · 과일손상 눈 · 코 · 기도의 점막 자극

(5) 요꼬하마
① 장소 : 일본 요꼬하마(동경만을 따라 제철공업 등이 발달한 항구도시)
② 시기 : 1960년
③ 공장 : 산화티타늄 공장, 인산비료 공장
④ 경과 : 진한 황산미스트에 의하여 손상된 기관지 표면에 인광석 분말이 부착되어 이것이 알레루겐이 됨
⑤ 증상 : 알레르기성 기관지천식 발병

제2절 대기오염물질

(1) 발생원
① 인위적 발생원
- 고정 발생원
  - 점오염발생원 : 산업시설(예 발전소, 공장 등)
  - 지역오염발생원 : 가정난방, 공공건물 등
- 이동발생원 : 비행기, 선박, 자동차 등

② 자연적 발생원 : 광물, 동식물, 화산 등의 자연현상에 의해 발생

표 12.2 대기오염의 발생형태

발생형태	내용
연소	• 소각 · 탈취과정에서 열 · 빛에너지 발생
증발	• 치금에서 금속류 · 유류의 처리 • 수송, 용제 및 도장제의 사용
제조, 가공	• 금속정련, 배소, 소결, 노공, 반응, 선소 • 건재가공, 폐기물 처리
분체의 처리 및 운반	• 광물류의 파쇄 · 가공 · 체분리 · 계량 • 포장 · 수송, 건설공사
누출, 살포	• 가스공업 · 화학공업에서 유해가스 발생 • 농약 · 소독약의 살포
마모	• 타이어, 금속, 플라스틱류의 마모
천연	• 바람, 발효, 부패, 천연가스, 화분, 화산 등
사고	• 화재, 폭발, 가스방출, 소화제의 발포 등
기타	• 광화학반응

(2) 대기오염물질

① 자연오염물질 : 화산폭발로 발생하는 물질, 사막의 모래, 화분(pollen) 등
② 인공오염물질 : 인간의 생활로 인하여 발생하는 오염물질
  • 1차 오염물질 : 입자상 물질, 가스상 물질
  • 2차 오염물질

1. 입자상 물질

(1) 먼지(dust)

① 유기 또는 무기물질을 부수거나 갈 때 발생
② 공기 중에서는 확산하지 않고, 중력에 의해 가라앉으며, 정전기에 의해 응집된다.
③ 입자의 크기가 큰 고체입자로서 석탄, 재, 시멘트는 물질의 운송과정에서 방출된다.
④ 입자의 크기
  • 10μ 이상 : 강하분진
  • 10μ 이하 : 부유분진(5μ 이하가 문제됨)

(2) 매연(smoke)

① 불완전 연소로 생성되는 미세입자(가스 함유)
② 입자의 크기 : 보통 1μ 이하의 탄소성분과 연소물질로 구성
  • 기름 연기 : $0.03 \sim 0.3\mu$
  • 석탄 연기 : $0.01 \sim 0.2\mu$
  • 대부분의 연기 : 0.1μ 이하(가라앉지 않음)

(3) 흄(fume)

① 금속산화물과 같이 가스상 물질이 승화, 증류 및 화학반응을 하는 과정에서 응축될 때 주로 생성되는 고체 입자(예 아연과 납화합물의 훈연)
② 입자의 크기 : $0.03 \sim 0.3\mu$

(4) 미스트(mist)

① 증기의 응축 또는 화학반응에 의해 생성되는 액체입자
② 주성분이 물이라는 점에서 안개와 구별되며 안개보다 투명하다.
③ 입자의 크기 : $0.2 \sim 3\mu$(자연안개는 $1.0 \sim 40\mu$)
  예 이슬점의 온도가 22℃인 SO_3는 흡습성 가스로서 물과 반응하여 황산 미스트가 된다.

(5) 연무(haze)

① 시야를 방해하는 입자상 물질로서 수분과 오염물질 및 먼지 등으로 구성
② 입자의 크기 : 1μ 이하

(6) **스모그**(smog) : smoke와 fog의 합성어
  ① 대기의 광화학적 반응에 의해 생성된 가스의 응축과정에서 생성
  ② 바람이 약하거나 지면 부근에서 기온이 역전할 때 스모그가 일정한 지역에서 오래 머무는 현상

(7) **그을음**(soot) : 탄소 함유 물질의 불완전 연소로 형성된 입자상 오염물질로서 탄소입자의 응집체
  ① 대부분은 탄소로 이루어지지만, 이 밖에 약간의 산소 및 미소량의 질소·수소 등을 함유
  ② 연료가 연소할 때, 공기가 충분하고 잘 혼합되어 있거나 어느 정도 이상의 온도가 되면 그을음은 적게 발생한다.
  ③ 그을음이 잘 발생하는 연료 : 탄소의 수가 많은 분자로 이루어지는 물질, 특히 파라핀계(系) 탄화수소, 방향족 탄화수소 또는 그 유도체

2. 가스상 물질

(1) **일산화탄소**(CO) : 우리나라 전체 대기오염물질의 26%

  ① 생성과정
   • 탄소 또는 탄소화합물이 연소할 때 산소공급 부족
   $$C + \frac{1}{2}O_2 \longrightarrow CO$$
   • 고온에 의한 해리(2000℃ 이상)
   $$2CO_2 \longrightarrow 2CO + O_2$$
   • CO_2가 적열 탄소와 접촉
   $$CO_2 + C \longrightarrow 2CO$$

  ② 발생원
   • **자연적 발생원** : 화산폭발, 테르펜유의 산화, 클로로필의 분해, 산불, 해수 속의 미생물 작용
   ※ 북반구 : 0.1ppm, 남반구 : 0.04~0.06ppm
   • **인위적 발생원** : 자동차(휘발유차, 디젤차), 비행기, 선박, 철도, 건설기계, 석탄 연소, 고압 작업환경(석유정제, 제철소 등)

(2) **탄화수소**(HC) : 연료의 연소과정이나 제조 공정에서 발생하거나 자연상태에서 발생하기도 함
  ① **종류** : 산소, 질소, 염소 및 황과 반응하여 다양한 탄화수소유도체 생성
   • 지방족 탄화수소
    – paraffin계 탄화수소 : methane, ethane, propane, butane 등

- olefin계 탄화수소 : ethylene, propylene, butene 등
  (광화학산화물의 생성 – 스모그의 원인)
- acetylene계 탄화수소
• 방향족 탄화수소 : 석유나 석탄의 분해과정에서 발생하는 벤젠 및 tolune, xylen 등 유도체로 방향성이 있음
  ※ 벤조피렌(benzopyrene)은 폐암을 유발하는 물질로 중요함

② 자연상태에 존재하는 탄화수소
• 석유 : 파라핀류·시클로파라핀류 및 방향족 탄화수소가 함유되어 있으나 올레핀계 탄화수소는 함유되어 있지 않음
• 천연가스 : 주성분인 메탄 외에 에탄·프로판 등을 함유
• 논 : 미생물의 유기물 분해작용으로 발생한 메탄과 식물에 의한 테르펜 배출

③ 소멸과정 : 광화학 반응에 의해 수용성 및 응축성 물질로 전환하여 이산화탄소와 수분으로 바뀜
  ※ 대기중 탄화수소가 고농도로 존재하는 시간 : 오전 6~9시, 오후

(3) 질소산화물(NO_x) : 석유나 석탄 등의 연소과정에서 발생

① 종류 : $NO, NO_2, N_2O, NO_3, N_2O_3, N_2O_5$

② 생성반응

$$N_2 + O_2 \rightleftarrows 2NO$$

$$2NO + O_2 \rightleftarrows 2NO_2$$

$$N_2O + O_3 \rightleftarrows NO_2(성층권)$$

③ 발생원
• 인위적발생원 : 자동차, 화석연료를 사용하는 발전소, 보일러, 소각로 등
• 자연적발생원 : 토양과 수중 미생물의 작용(비료의 과잉 사용), 번개 등

④ 소멸
• HNO_3으로 전환

$$NO_2 + OH^- + M \longrightarrow HNO_3 + M(에너지\ 흡수체)$$

• 해안지역에서 해염 입자와 반응하여 질산염 생성

$$2NO_3 + NaC \longrightarrow NaNO_3 + NOC$$
$$3NO_3 + 2NaCl + H_2O \longrightarrow 2NaNO_3 + 2HCl + NO$$

• NO와 N_2O의 배출 : 미생물의 작용에 의하여 토양과 해양에서 배출

(4) 암모니아(NH_3)

① 발생
- 자연적 발생원 : 질소함유 유기화합물의 토양 유입 → 토양박테리아의 작용으로 NO, NO_2과 함께 대기에 배출
  ※ 배출량 : 토양 2.6억 톤/년, 해양 0.04억 톤/년
- 인위적 발생원 : 폐기물처리와 석탄의 연소(0.04억톤/년)

② 소멸
- 배출량의 20%는 물, 아황산가스, 이산화질소와 산화반응을 일으켜 NH_4^+로 전환
- 나머지 80%는 황산·질산 성분의 미스트와 반응한 후 산성비에 흡수돼 대기에서 제거

(5) 황산화물(SO_X)

① 종류 : SO_2, SO_3, H_2SO_4, H_2S, CS_2 등

② 발생
- 황 함유 광석이나 황 함유 화석연료의 연소에 의하여 배출
- 생성과정

  $S + O_2 \longrightarrow SO_2$

  $2SO_2 + O_2 \longrightarrow 2SO_3$

- 아황산가스 : 화석연료 중의 유기황화합물(메르캅탄, 설파이드)과 황산화물의 연소에서 발생

③ 분진·매연과 함께 대기오염 규정의 지표

④ 제거방법
- 대기 중의 SO_2는 광학적 반응에 의하여 SO_3로 산화되거나 건성 또는 습성 침착에 의하여 제거
- 식물 : 건성 침착에 의한 주요 제거원
- 물 : SO_2는 물에 대한 용해도가 높아 구름의 액적, 빗방울 지표수 등에 쉽게 녹아 H_2SO_4를 생성
- 레인아웃 : SO_2가 구름의 액적에 용해되어 제거되는 것
- 세정(Washout) : SO_4가 빗방울에 흡수되어 제거되는 것

⑤ 환경 기준 : 연간 평균 0.002ppm, 24시간 평균 0.05ppm 이하

⑥ NO_X와 함께 산성비의 원인물질

표 12.3 상태별 오염물질의 배출원

상태별	오염물질	배 출 원
가스상 오염물질	염화수소(HCl)	소다공업, 플라스틱공업, 의약, 인조비료, 고무공업, 철의 부식제
	염소(Cl_2)	소다공업, 농약, 의약, 종이, 금속공업
	페놀(C_6H_5OH)	도장(칠)공업, 타르, 화학, 염료공업
	벤젠(C_6H_6)	석유정제, 포르말린 제조, 도장(칠)공업, 석탄건류, 가스공업, 피혁
	포름알데히드(HCHO)	염료, 피혁, 합성수지, 섬유공업, 포르말린 제조
	클로로슬폰산(HSO_3Cl)	의약, 염료
	브롬(Br_2)	의약, 염료, 농약
	시안화수소(NCN)	청산 제조, 화학공업, 제철, 가스공업, 용광로, 코크스로
	멜캅탄(R-SH)	석유정제, 석유화학공업, 펄프공업
	아크로레인($CH_2=CHCHO$)	합성수지 제조, 아크릴 제조공업
	탄화수소(HC)	자동차, 가스공업, 석유정제, 각종 산업장의 연소시설
	일산화탄소(CO)	자동차, 각종 산업장의 연소시설
중금속류	카드뮴(Cd)	아연광의 배소, 구리, 납 등의 정련공업, 도장(칠), 공업, 도금공업
	크롬(Cr)	화학비료, 염색, 시멘트공업, 도금, 피혁, 석판인쇄 공업
	납(Pb)	휘발유 사용(자동차, 비행기), 인쇄, 건전지, 안료, 에나멜
	구리(Cu)	제련소, 도금, 농약 제조공업
	비소(As)	의약, 농약, 안료, 색소, 유리공업

3. 2차 오염물질

(1) 대기 중에 배출된 오염물질은 상호작용하거나, 대기의 정상 성분과 반응하거나 혹은 태양에너지와 함께 광화학반응을 일으켜 발생원에서 배출되었을 때와 상이한 물질을 형성하여 대기를 오염시킨다. 대기 중에서 본래의 상태와 달라져서 오염을 일으키는 물질을 2차 오염물질이라고 한다.

(2) **종류** : O_3 산화물, 알데히드, peroxyacetylnitrate(PAN), 아크로레인, SO_3 (H_2SO_4) 등

(3) 대부분 태양에너지의 영향을 받은 광화학적 오염(photochemical pollution) 과정에 의해 생성된다.

4. 광화학적 반응

(1) **정의** : 특정한 분자가 태양빛을 흡수하여 여기상태가 되거나 분해하는 반응

(2) **종류** : 대류권 광화학 대기오염에 영향을 미치는 물질은 280~700 nm의 범위 이외의 빛을 흡수하는 물질

① NO_2 : 파장 420nm 이상의 가시광선에 의하여 NO와 O로 광분해

② O_3 : 파장 200~320nm에서 흡수율 상승

③ SO_2 : 파장 220nm 이하와 280~290nm에서 흡수율 상승

④ 알데히드(RCHO) : 파장 313nm 이하에서 광분해

⑤ 케톤(ROOR) : 파장 300~700nm에서 약간 흡수

(3) 사례

① NO
- 광화학반응이 일어나면서 NO가 감소하고 여기에 대응하여 NO_2가 증가
- NO에서 NO_2로의 산화가 거의 완료되고 NO_2가 최고농도에 달하기 직전부터 O_3 생성
- 알데히드는 오존 생성에 앞서 반응 초기부터 생성되며, 그 양은 탄화수소의 감소에 대응
- 그 밖에 주요한 생성물질은 PAN, CO, CO_2, 질산에스테르, 케톤, 질산 등
- PAN의 생성반응

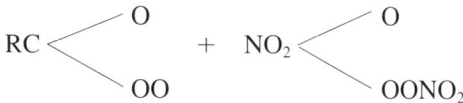

② SO_2
- SO_2가 태양빛을 흡수하면 여기 SO_2 분자를 생성 → 무수황산(SO_3)
- SO_3는 대기 중의 수분과 쉽게 반응하여 황산을 생성하고 수분을 더욱 흡수하여 황산입자 또는 황산미스트를 생성

(5) 오존(O_3)

① 대기오염에 영향을 주는 것은 태양빛의 강도, NO_2와 NO의 비, 반응성 탄화수소 농도, 기타 알데히드, CO_2 및 SO_2를 생성하는 오염물 등이다.

② 성층권에서 생성된 대기 중 오존은 지표면으로 침착하여서 광화학적 소멸반응에 의해 제거된다 (NO_3, O_3는 주로 야간에 소멸).

③ 대기 중 오존의 배경 농도 : 0.01~0.02ppm

※ 최고농도 시간 : 오후 2~4시, 최저농도 시간 : 오전 7~8시

4. 옥시던트

(1) 정의 : 질소산화물과 탄화수소가 빛에너지에 의해 반응하여 생기는 강산성 물질

(2) 인체에 미치는 영향

① 기침, 숨참, 기도 수축, 두통, 가슴이 졸아드는 통증, 폐기능장애, 적혈구 변화, 인두염, 후두염, 눈, 코 및 목의 자극

② 실험용 생쥐를 고농도의 오존에 노출시키면 염색체가 손상되는 현상 등으로 보아 이온화 방사선 효과를 가지는 것으로 추정된다.

(3) 식물에 미치는 영향
① O_3와 PAN : 기공을 통하여 식물의 잎으로 들어가 세포대사 방해
② O_3 : 잎 위에 점막 및 반점 발생
③ PAN : 식물의 잎 앞·뒷면의 청동색화, 광택화, 은백화 등

(4) 사물에 미치는 영향 : 페인트, 탄성체, 직물섬유, 염료 등을 산화시킴

제3절 대기오염도의 지배 요인

(1) 인구가 많을수록, 산업이 발전할수록, 민중의 관심이 낮을수록 오염도는 높아진다.

(2) 시간별 변화
① 연간
  • Ⅰ형(매연, SO_2, NO_2, CO, CH) : 추운 해와 겨울철에 많이 나타남
  • Ⅱ형(aldehyde, oxidant, O_3) : 더운 해와 여름철에 많이 나타남
② 주간 : 주간 단위로 보면 평일은 높고, 주말과 공휴일은 낮게 나타남
③ 일간 : Ⅰ형은 오전과 오후의 8시, Ⅱ형은 정오경에 각각 최대로 나타남

(3) 풍향 : 오염도가 높은 방향과 지역을 결정

(4) 풍력이 강할수록 대기오염이 빠르게 확산하며, 점차 오염도가 낮아진다.

(5) 기온이 낮을수록 연료소비가 많고, 또한 기온역전현상에 의하여 확산이 방해되므로 오염도가 상승한다.

1. 기온역전현상

(1) 정의 : 날씨가 맑은 날의 밤에 지면의 열이 식어서 지면 근처의 공기가 그 위의 공기보다 낮아지는 현상(복사에 의한 역전)
① 낮과 밤의 기온차가 큰 봄이나 가을의 새벽에 발생
② 지표 부근의 찬 공기 위에 더운 공기가 위치해 있으므로 공기의 순환이 이뤄지지 않음
③ 대기오염물질이 도시 주변에 오래 머물게 되므로 피해가 커짐

(2) 기온역전이 미치는 높이는 지상 500m 정도이며 낮에는 해소된다.
(3) **종류**
   ① **전선성 역전** : 전선에 의하여 난기류가 상승하여 역전하는 경우
   ② **침강성 역전** : 분지 등 지형의 침강에 의하여 상층에 형성되는 역전

> **참고**
>
> **대기의 온도**
>
> 지구의 대기는 기온변화에 따라서 대류권, 성층권, 중간권, 열권 등으로 구성되어 있다. 즉, 지표에서 위로 올라가는 동안 대류권에서는 기온이 내려가고 성층권에서는 올라가며, 중간권에서는 다시 내려가고 마지막으로 열권에서는 올라가게 된다. 즉 지표면에서 아주 멀리 떨어진 대기공간은 상대적으로 태양에너지를 많이 받기 때문에 온도가 높은 것이고, 또한 지표면과 가까운 지역은 지표에서 방출되는 지구의 복사에너지를 적게 받아서 온도가 내려가는 것이다. 대기권이 위로 올라갈수록 온도가 떨어지다가 다시 올라가는 단순한 구조가 되지 않은 것은 지표에서 20~30km 부근에 존재하는 오존층 때문이다.

2. 온실효과

(1) **정의** : 대기 중의 수증기와 이산화탄소 등이 온실의 유리처럼 작용하여 지구 표면의 온도를 높게 유지하는 효과
(2) 대기는 태양에서 복사되는 단파장을 거의 통과시켜 지표면에 도달시키지만, 지표면에서 방출되는 복사는 파장이 길기 때문에 대기 중의 수증기·이산화탄소·오존 등에 대부분 흡수되거나 다시 열로 지표면으로 방출된다. 그 결과로 지표면과 하층 대기의 온도는 상승하게 된다.
(3) 만약 온실효과가 없다면 지상의 온도는 현재보다 20°C 정도 떨어질 것이다.
(4) 인구의 증가와 산업화 진행에 따라 온실기체의 양이 과거에 비해 늘어나면서 지구의 온도가 점차 상승하고 그에 따라 극빙하와 산악빙하를 급속도로 용융시켜 과거와 다른 강수와 가뭄 등의 부작용이 우려되고 있다.

제4절 대기오염물질의 피해

대기오염물이 인체에 미치는 피해의 정도는 오염물의 종류, 오염물질의 농도, 지형조건, 기상조건, 개인차, 생활환경과 생활조건 등의 여러 가지 요인에 따라 다르게 나타난다.

1. 인체에 미치는 피해

(1) **생리적 피해** : 눈, 코의 자극 및 상기도의 점막 자극, 시정의 악화

(2) **급성피해** : 시야감축, 정신적 영향(생활의 불쾌감, 취기, 정신적 · 육체적 피로), 폐 · 심장 기능 저하

(3) **만성피해** : 기관지염 · 폐렴 등의 만성 호흡기 질환

표 12.4 대기오염물질의 인체에 대한 영향

구분	오염물질	영향
입자상물질	매진	각종 오염물질의 매개체로 작용. 기관지염, 기관지의 통기저항 증가
	황산 mist	기관지염, 기관지의 통기저항 증가(SO_2보다 강하다)
	연(납)	• 다량흡수 : 급성중독증상 • 소량흡수 : 만성중독증상, 빈혈
가스상물질	CO	현기증, 두중(頭重), 두통, 피로
	O_3	• 경증 : 폐활량 감소 • 중증 : 기관지염
	SO_2	기침, 호흡곤란, 심폐질환, 기관지의 통기저항 증가
	N_2O, NO, NO_2	기관지의 통기저항 증가, 기관지 폐렴(고농도)
	포름알데히드	눈 자극, 기침, 호흡곤란
	H_2S	악취, 취각피로(고농도 : 호흡기, 중추신경 장애로 사망)

(4) **오염물질에 따른 인체의 피해**

표 12.5 대기오염물질의 인체에 대한 영향

증상	오염 물질
폐 자극	SO_2, NO_2, C_3, HCl, CO_2, NH3, Br_2
눈 자극	PAN, O_3, HCHO, SO_2, HF, NH_3, NO_2
질식성	CO, H_2S, SO_2, Cl_2, CS_2
폐섬유종 유발	Ba, 석면, 코발트, 규산
발암물질	3-4 벤조필렌, 석면, 니켈, 크롬, 비소, 망간, 아연, 아연화합물
신경장애	CS_2, Pb, Hg, Ni, 페놀, 시안, Br_2, CO
신장장애	Cd, 페놀
육아종 유발	Be
전신성 독물	은, 수은, 불화물, 카드뮴, 이산화셀렌

2. 동 · 식물에 미치는 영향

(1) **동물에 미치는 영향**

① 일반적인 대기오염 : 병원균에 대한 저항력 감소

② 중금속에 의한 피해

  • 납 : 식욕감퇴, 모피의 건조, 근경련 및 마비증상

  • 삼산화비소 : 약 10mg/kg을 섭취하면 복통, 설사, 혈변이 발생하고 입에서 마늘냄새가 나는 증상 발생

- Mo : 빈혈증, 쇠약, 설사, 경련 등을 일으키며, 털 색깔을 바래게 함
③ 가스와 먼지에 의한 피해
- 불소 화합물 : 가축의 치아와 뼈에 장애를 주며(초식동물의 피해가 큼) 우유 분비량 감소
  ※ 불소화합물에 대한 내약력(가축의) : 젖소가 가장 민감하며 닭이 가장 강함
- 지구온난화 : 육상 생태계 혼란의 원인

(2) 식물에 미치는 영향

대기오염물질의 종류와 농도, 접촉시간, 식물의 종류나 품종, 온도·습도·광선 등의 기상조건, 생육시기 등에 따라서 식물이 입는 피해가 다르다. 대체로 발육기, 햇빛이 강할 때 습도가 높을 때 저항력이 약해지는 것으로 알려져 있다.

표 12.6 대기오염물질이 식물에 미치는 영향

오염 물질	증 상	민 감 도
SO_2	회백색 반점, 잎맥 사이의 표백 백화현상(엽육세포)	
O_3	반점, 점체, 얼룩 표백	늙은 잎에 민감 어린 잎이 가장 적음
PAN	유리화, 은백색 광택화	어린 잎에 민감
NO_2	불규칙 회색 또는 갈색으로 변화	어린 잎에 민감
HF	잎의 끝 또는 가장자리가 타거나 발육부진, 균에 의한 병이 발생	어린 잎에 민감
에틸렌	꽃받침의 마름, 잎의 기형 꽃이 떨어짐	어린 잎은 회복, 늙은 잎은 회복 불능
염 소	잎맥 사이의 표백현상, 잎의 끝 또는 가장자리가 타거나 기관탈리	성숙한 잎에 민감
암모니아	갈색, 초록색으로 삶아진 형태로 나타남(모든 흑색으로 변하기도 함)	
염화수소	회사성 손상, 전나무 잎 끝이 타거나 광엽의 잎의 가장 자리에 흑반증 발생	늙은 나무에 민감
수 은	백화현상과 기관날리, 살색반섬, 잎맥이 황색으로 변화	늙은 잎에 민감
H_2S	기부나 가장자리를 태움	어린 잎에 민감
2,4 Dichloro-phenoxy acetic acid	가장자리가 가리비 무늬 출현, 줄기의 팽윤, 황록색의 얼룩반점	늙은 잎에 민감
황 산	흑반점(회사성 반점)	모든 잎

3. 재료와 구조물에 미치는 영향

(1) 금속
① 금속표면을 부식시킴으로써 금속재료의 손실을 가져오고, 전기적 특성을 변화시킨다.
② 부식속도에 영향을 끼치는 요인 : 습기, 오염물의 종류, 온도 등
③ 부식은 교외지역보다 도심지에서 더 높게 나타남
④ 알루미늄합금은 금속의 표면에 보호막을 형성하여 SO_2의 노출에 의한 부식을 억제한다.

(2) 석재(석회석)에 미치는 영향
① 질 저하 및 손상
② 원인
- SO_2와 습기는 석회석($CaCO_3$)과 반응하여 황산칼슘($CaSO_4$)과 석고를 만듦 → 황산화물은 물에 잘 용해되므로 석재와 석재를 접착시키는 회반죽을 약화시킴
- CO_2 : 탄산을 형성하여 석회석을 중산탄염(H_2CO_3)으로 변화 → 물과 비에 용해

(3) 섬유와 염료에 미치는 영향
① 황산화물 : 섬유를 더럽히거나 인장강도를 떨어트린다.
② 이산화질소 : 각종 섬유를 탈색시킴(특히 청색, 녹색, 보라색의 피해가 크다)
③ 염색 시 연화제는 NO_2와 O_3를 잘 흡수하여 염료와 결합하여 변색

(4) 가죽·종이·페인트에 미치는 영향
① 아황산가스 : 가죽과 종이의 성분에 영향을 끼쳐 품질을 저하시킴
② SO_2 : 가죽에 흡수되어 황산으로 변하면서 가죽의 조직을 침식
③ SO_2·H_2S·tar·분진·금속염분 등 : 페인트의 보호막 파괴
④ 오존 : 고무제품 손상

표 12.7 대기오염물질과 물적 피해

오염 물질	SO_2, SO_3	H_2S	O_3	입상물질
금 속	• 철 : 부식 • 동 : 녹청 • 니켈, 알루미늄 : 표면이 흐려진다.	• 은과 동 손상	—	• 부식성 물질을 흡착하고 있어 금속을 부식시킴
피 혁	• 강도 약화 : 안전벨트는 2, 3년이면 위험 • 책표지 손상	—	—	—
종 이	• 손상, 약화	—	—	—

의 류	• 강도저하(면제품)	–	• 염료의 퇴색 • 섬유의 강도저하	• 오 손
도 료	–	• 염을 함유하는 안료의 변색	–	• 오 손
고 무	–	–	• 취화(臭化) • 탄성의 저하 • 금이 간다.	–
건축자재	• $CaCO_3$계의 건축자재 가 침범된다.	–	–	–

제5절 대기환경기준

1. 대기질 환경기준

대기는 ① SO_2 ② CO ③ NO_2 ④ TSP ⑤ Oxidant ⑥ 탄화수소 ⑦ 납 등을 측정하여 오염도를 나타내는데, 우리나라는 환경정책기본법에 환경기준이 규정돼 있다(표 12-8 참조).

표 12.8 대기질 환경기준(환경정책기본법 시행령 별표 1)

항 목	환 경 기 준	측 정 기 준
아황산가스(SO_2)	연간평균치 0.002ppm 이하 24시간 평균치 0.05ppm 이하 1시간 평균치 0.15ppm 이하	자외선형광법
일산화탄소(CO)	8시간 평균치 9ppm 이하 1시간 평균치 25ppm 이하	비분산적외선분석법
이산화질소(NO_2)	연간평균치 0.03ppm 이하 24시간 평균치 0.06ppm 이하 1시간 평균치 0.10ppm 이하	화학발광법
미세먼지[2] (PM-10)	연간평균치 50$\mu g/m^3$ 이하 24시간 평균치 100$\mu g/m^3$ 이하	베타선흡수법
오존(O_3)	8시간 평균치 0.06ppm 이하 1시간 평균치 0.1ppm 이하	자외선광도법
납(Pb)	연간평균치 0.5$\mu g/m^3$ 이하	원자흡광도법
벤젠	연간평균치 5$\mu g/m^3$ 이하	가스크로마토그래프법

1. 1시간 평균치는 999천분위수(千分位數)의 값이 그 기준을 초과하여서는 아니되고, 8시간 및 24시간 평균치는 99백분위수의 값이 그 기준을 초과하여서는 아니된다.
2. 미세먼지는 입자의 크기가 10μm 이하인 먼지를 말한다.

2. 매연의 배출기준

(1) 굴뚝의 연기 배출은 링겔만 스모크차트(Ringelmann Smoke Chart)에 의해 검사하되 2도 이상인 농도의 연기를 3min/hour 이상 배출하여서는 안 된다(대기환경보전법 시행규칙 별표 8).

(2) 링겔만 스모크차트
① 굴뚝에서 나오는 매연의 농도를 측정할 때 사용하는 농도 기준표
② 전백(순白)에서 전흑(순黑)까지 6단계로 나누고, 매연의 농도와 비교해서 농도의 도수를 정한다.
③ 측정
   • 굴뚝에서 약 40m 떨어져 연기의 흐름에 직각으로 선다.
   • 굴뚝의 출구에서 30~45m의 위치의 연기를 하늘을 배경으로 하되 태양을 향하지 않도록 하여 관찰(태양 광선이 매연에 흡수되는 상황을 비교)

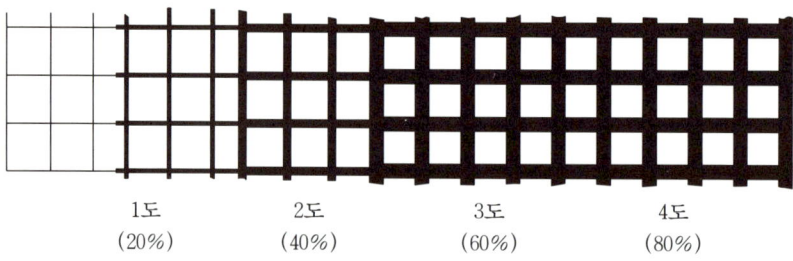

그림 12.1 ■■■ 링겔만 스모크차트

제6절 대기오염의 대책

대기오염은 지역에 따라 오염원과 오염물질의 종류가 다르므로 그 지역의 산업형태 · 기상 · 지형에 따라서 지역적인 특이성이 있다.

1. 공장의 오염방지 대책

(1) 입지 대책
① 지형 : 저지나 습지를 피한다.
② 풍향 : 각 풍향별 발생 횟수, 동일 풍향의 지속시간을 조사하여 주요 풍향이 나타나는 쪽으로 입지를 정한다.
③ 인구밀집지대와 거리 및 방향을 고려하여 중간에 녹지대를 둔다.
④ 토지의 대기확산에 의한 희석능력(역전층, 풍향 포함)을 파악해 둘 것

⑤ 안개의 발생 횟수와 지속시간(황산미스트 발생의 가능성)을 파악해 둘 것

⑥ 조사 : 계획하는 방출오염원수 × $\dfrac{양}{면적}$ 조사

⑦ 배출되는 오염물질의 종류를 알아 둘 것

⑧ 굴뚝의 위치와 높이를 정한다.

(2) 연료 대책

① **석탄계 고형연료** : 회분이 적고, 가연성 유황분이 적으며, 휘발분이 적은 것을 사용한다(무연탄, 코크스).

② **석유계 액체연료** : 유황분이 적은 연료 사용

(3) 연료 배출 대책

① **분진대책** : 전기집진장치, 원심분리법, 관성이용법, 여과법 등

② SO_2 제거

- 습식 : 수세법, 석회법, 암모니아법, 알칼리염법, 산화아연법, 염기성 황산알루미늄법
- 건식
  - 산화망간법 : 활성 망간(Mn_2), O_3에 의한 흡수법
  - reinruft법 : 활성탄 또는 반성 코크스에 의한 흡착법

2. 공공기관의 대책

① 도시계획의 합리적 실시

② 대기오염 실태 파악

③ 대기오염 측정기술 개발

④ 인체 및 기타에 미치는 영향에 대하여 조사연구 진행

⑤ 공해방지기술 연구·개발 및 공해방지시설 조성

⑥ 자동차 배기가스 대책 강구

12. 대기오염 ▮ 핵심문제 해설

1 우리나라의 현재 대기오염원 중 가장 큰 비중을 차지하는 것은?
㉮ 주택난방시설 ㉯ 자동차
㉰ 산업장 ㉱ 화력발전소

2 대기오염의 문제가 발생하는 곳은?
㉮ Troposphere(대류권)
㉯ Stratosphere(성층권)
㉰ Mesosphere(중간권)
㉱ Thermosphere(온도권)
|해설| 지표에서 12km까지의 상공을 대류권이라 하며 대기오염의 문제가 발생한다.

3 대기오염과 관계 <u>없는</u> 것은?
㉮ 호흡기계 질환 발생
㉯ 눈·피부질환 발생
㉰ 경제적 손실
㉱ 군집독의 발생

4 대기오염이 심한 지역에서 나타나는 현상 중 가장 타당한 것은?
㉮ 일반 사망률이 높다.
㉯ 순환기질환 사망률이 높다.
㉰ 호흡기질환 유병률이 높다.
㉱ 암에 의한 사망률을 높인다.

5 다음 중 오염물질이 인체에 미치는 영향을 잘못 설명한 것은?
㉮ 납중독은 복통이나 빈혈을 일으킨다.
㉯ CO는 혈액 중의 산소운반을 저해하고 신장장해를 일으킨다.
㉰ H_2S는 호흡중추를 마비시키는 작용이 있다.
㉱ NO_2는 호흡기에 대한 자극작용이 있다.
|해설| CO는 신경장해, 특히 중추신경장해가 있다.

6 대기오염 물질로 중요한 것은?
㉮ N_2O, NO ㉯ NO, NO_2
㉰ NO_2, NO_3 ㉱ NH_3, NO_2

7 대기오염 측정의 지표가 되는 인자는?
㉮ 분진, 매연, SO_2 ㉯ 분진, CO_2, 매연
㉰ 분진, CO_2, SO_2 ㉱ CO, SO_2, CO_2

8 대기오염물질의 환경기준 중 틀린 것은?
㉮ 이황산가스 0.002ppm 이하(연간 평균치)
㉯ 일산화탄소 8ppm 이하(8시간 평균치)
㉰ 이산화질소 0.03ppm 이하(연간 평균치)
㉱ 탄화수소 5ppm 이하(연간 평균치)
|해설| 습식 또는 건식 스크러버와 같은 배연가스의 탈황장치를 사용함으로써 이산화황 배출량을 감소시킨다.

9 다음 중 SO_x의 제거방법이 <u>아닌</u> 것은?
㉮ 건식 흡수법
㉯ 습식 흡수법
㉰ 저유황 사용법
㉱ 연소 첨가제 사용법

10 질소 산화물의 환경기준으로 옳은 것은?
㉮ 연간 평균치 0.05ppm 이하
㉯ 연간 평균치 0.02ppm 이하
㉰ 연간 평균치 1ppm 이하
㉱ 연간 평균치 0.01ppm 이하

11 유황산화물 중 대기오염 물질로서 중요한 것은?
㉮ SO_2와 SO_3 ㉯ SO와 SO_2
㉰ SO_3와 S_2O_3 ㉱ S_2O_3와 SO_4

해답 1 ㉮ 2 ㉮ 3 ㉱ 4 ㉰ 5 ㉯ 6 ㉯ 7 ㉮ 8 ㉱ 9 ㉱ 10 ㉮ 11 ㉮

12 각종 배출원에서 오탁물질이 발생할 때 이것을 중합오염(重合汚染)이라고 한다. 다음 중 중합오염과 무관한 것은?
㈎ 유황산화물 ㈏ 질소산화물
㈐ 불소산화물 ㈑ 자외선 작용

13 다음 중 2차성 오염물질로 짝지어진 것은?
㈎ 질소산화물 – 산소 ㈏ 유기물 – 탄화수소
㈐ 탄화수소 – 오존 ㈑ 알데히드 – 오존
|해설| 2차 오염물질 : 광화학산화물

14 대기오염의 측정지표가 되는 것은?
㈎ CO ㈏ CO_2 ㈐ O_2 ㈑ SO_2

15 대기의 광화학 오염물질인 것은?
㈎ 산소(O_2) ㈏ 오존(O_3)
㈐ 질소(N_2) ㈑ 탄산가스(CO_2)

16 대기오염 물질과 배출원의 연결이 틀린 것은?
㈎ 일산화탄소 – 내연기관
㈏ 염화수소 – 소다공업
㈐ 아황산가스 – 화력발전소
㈑ 질소산화물 – 인산비료 제조
|해설| 인산비료 제조 및 알루미늄 제련 시에는 불소가 배출된다.

17 SO_X에 의한 피해가 아닌 것은?
㈎ 습도가 높아지면 피해가 감소한다.
㈏ 피혁제품, 종이제품을 부식시킨다.
㈐ 식물의 세포가 파괴되어 황갈색 내지 황백색을 나타낸다.
㈑ 금속을 부식시킨다.
|해설| SO_X는 수분과 결합하여 황산이나 황산 미스트를 형성한다.

18 다음은 일산화탄소 중독의 제증상들이다. 틀린 내용으로 묶인 것은?

① 시야감축   ② 성장장애
③ 안구진탕증 ④ 심장이상비대
⑤ 결막염   ⑥ 정신장애

㈎ ①, ④ ㈏ ③, ⑤
㈐ ②, ⑥ ㈑ ③, ⑥

19 SO_2에 관한 설명 중 틀린 것은?
㈎ 무색의 기체로 물에 잘 녹는다.
㈏ 공기 중 농도가 0.3~1ppm이 되면 냄새가 난다.
㈐ 인위적인 것보다 자연적인 발생이 훨씬 많다.
㈑ 대기 중에서 SO_3는 SO_2로 된다.
|해설| 수증기에 용해되면 황산이 된다.

20 다음 설명 중 틀린 사항은?
㈎ 기온역전은 지면으로부터 시작된다.
㈏ 기온역전은 상공에서 일어날 수도 있다.
㈐ 복사성 역전은 계곡에서 일어나기 쉽다.
㈑ 침강성 역전은 저기압 상태에서 잘 일어난다.

21 식물성장에 장애를 주는 주된 대기성분은?
㈎ 산소 ㈏ 탄산가스
㈐ 질소 ㈑ 아황산가스

22 탄화수소의 광화학 반응에 의해서 생성되는 자극성 물질에 해당되지 <u>않는</u> 것은?
㈎ formaldehyde (HCHO)
㈏ Acrolein ($CH_2CH \cdot CHO$)
㈐ PAN (CH_3COONO_2)
㈑ Acetic acid (CH_3COOH)

23 물에 녹기 쉬워 상기도에 쉽게 흡수되는 대기오염물질은 (　)이고, (　)은 주로 폐에 장해를 일으킨다. 다음 중 (　)에 맞는 것은?
㈎ NH_3, SO_2 ㈏ SO_2, NO_2
㈐ SO_2, NH_3 ㈑ NH_3, NO_2

|해답| 12 ㈐ 13 ㈑ 14 ㈑ 15 ㈏ 16 ㈑ 17 ㈎ 18 ㈏ 19 ㈑ 20 ㈑ 21 ㈑ 22 ㈑ 23 ㈏

24 다음 대기오염 물질 중 낮은 농도에서 인간에게는 피해를 주나 식물에게는 피해가 적은 것은?
　㈎ NO_2　㈏ O_3　㈐ SO_2　㈑ HF

25 Ringelman Chart를 사용하여 어느 굴뚝의 매연농도를 측정한 결과 5도 8회, 4도 12회, 3도 35회, 2도 45회, 1도 60회, 0도 180회였다면 이 매연의 농도는 몇 도인가?
　㈎ 1도 (약 20%)　㈏ 2도 (약 40%)
　㈐ 3도 (약 60%)　㈑ 4도 (약 80%)
　|해설| $(8 \times 100)+(12 \times 80)+(35 \times 60)+(45 \times 40)+(60 \times 10)+(180 \times 0)/330$

26 다음 중 시신경염을 유발하는 것은?
　㈎ H_2S　㈏ SO_2　㈐ CS_2　㈑ $CaCl_2$

27 우리나라 대도시에서 대기오염 자동측정망으로 측정하고 있는 대표적인 물질은?
　㈎ CO_2, SO_2　㈏ SO_2, 분진
　㈐ SO_2, NO_2　㈑ NO_2, 탄화수소

28 기온역전이 잘 일어나는 조건은?
　㈎ 상·하부 기온이 같을 때
　㈏ 습도가 높을 때
　㈐ 온도가 높을 때
　㈑ 상층의 기온이 하층보다 높을 때

29 대기오염이 잘 발생하는 기후조건은?
　㈎ 저기압　㈏ 고기압
　㈐ 고온　㈑ 기온역전

30 Smog현상에 O_3이 관계된다는 사실이 증명된 역사적인 대기오염 사건이 일어난 곳은?
　㈎ 런던　㈏ 로스엔젤레스
　㈐ 도노라　㈑ 포자리카

31 Smog의 구성은 어떻게 되어 있는가?
　㈎ 먼지와 연기
　㈏ 먼지와 안개
　㈐ 매연, CO_2, SO_2
　㈑ 대기오염물질과 자외선과 산소의 작용

32 다음 중 멕시코의 포자리카사건과 관련된 물질은?
　㈎ CO　㈏ SO_X　㈐ NO_X　㈑ H_2S

33 다음 중 로스엔젤레스형의 대기오염에 해당되는 것은?

> ① 침강성 역전
> ② 습도 80% 이상
> ③ 발생계절 : 여름
> ④ 석유계 난로
> ⑤ 화학적 반응 : 환원

　㈎ ①, ②　㈏ ②, ③
　㈐ ①, ③　㈑ ②, ⑤

34 로스엔젤레스형 Smog의 역전은?
　㈎ 복사성 역전　㈏ 침강성 역전
　㈐ 방사성 역전　㈑ 접지형 역전
　|해설| London Smog는 복사성 역전이다.

35 런던형 Smog에 대해 잘못된 내용은?
　㈎ 연기와 안개가 특징으로 겨울에 많다.
　㈏ 오탁물은 주로 매연과 SO_2이다.
　㈐ 주요 발생원은 공장 및 가정 난방으로 겨울에 많다.
　㈑ 주요 연료는 gasoline 및 가스이다.

36 대기오염사건 중 주 원인물질이 황산화물이 아닌 것은?
　㈎ London Smog
　㈏ Los Angeles Smog
　㈐ Meuse Valley Smog
　㈑ Donora Smog
　|해설| LA Smog는 광화학 산화물이 주 원인이다.

해답 24 ㈎　25 ㈎　26 ㈐　27 ㈏　28 ㈑　29 ㈑　30 ㈏　31 ㈑　32 ㈑　33 ㈐　34 ㈏　35 ㈑　36 ㈏

37 대기오염 발생지역과 지형이 잘못 연결된 것은?
㉮ London – 강의 연안
㉯ Tokyo – 고층건물의 골짜기
㉰ Los Angeles – 해안의 평지
㉱ Donora – 강변 및 해안

38 로스엔젤레스형 Smog의 피해 중 틀린 것은?
㉮ 눈, 코의 자극이 있다.
㉯ 식물에 피해가 있다.
㉰ 고무를 노화시킨다.
㉱ 관절 및 운동신경에 장애를 준다.

39 미국 도노라에서 일어난 대기오염 사건에 관한 설명 중 틀린 것은?
㉮ 분지로서 무풍상태에서 기온역전으로 일어났다.
㉯ 인구의 11%가 중증, 17%가 중등증, 15%가 경증으로 호흡기 자극증상이 있었다.
㉰ 인명피해 중 사망자는 없었으나 가축이 많이 죽었다.
㉱ 병인은 아황산가스나 황산 미세입자 혼합 등이었다.

40 다음 대기오염물질 중 반감기가 1시간으로 짧은 것은?
㉮ 질소 ㉯ 오존
㉰ 탄화수소 ㉱ 일산화탄소

41 공기오염물질 중 농작물에 피해를 가장 많이 주는 물질은?
㉮ O_3 ㉯ CO_2 ㉰ SO_2 ㉱ NH_3

42 대기오염의 지표로 사용되지 않는 것은?
㉮ SO_X ㉯ NO_X
㉰ oxidant ㉱ CO_2

43 대기 중에 납이 배출되는 원인은?
㉮ 연료인 중유 중의 납
㉯ 휘발유에 첨가하는 첨가제
㉰ 공장 배기가스 중의 납
㉱ 토양에서 비산되는 납

44 건축물의 퇴색을 일으키는 주 원인물질은?
㉮ 매연 ㉯ CO_2 ㉰ SO_2 ㉱ HF

45 양철의 부식에 가장 많은 영향을 미치는 물질은?
㉮ CO ㉯ CO_2 ㉰ SO_2 ㉱ NO_2

46 다음 대기오염 물질 중 호흡기에 자극 증상이 가장 약한 것은?
㉮ CO ㉯ CO_2 ㉰ SO_2 ㉱ NO
|해설| CO는 중독증상을 일으킬 정도의 농도에서도 자극 증상은 없다.

47 대기 중에 존재하는 분진의 크기는 통상 얼마인가?
㉮ $0.001 \sim 0.01\mu$ ㉯ $0.01 \sim 0.1\mu$
㉰ $0.1 \sim 10\mu$ ㉱ $1 \sim 100\mu$
|해설| 대기 중의 분진의 직경은 대략 $0.001 \sim 500\mu$ 정도이나 대부분 $0.1 \sim 10\mu$ 정도의 크기를 갖는다.

48 다음 중 석조건물에 가장 큰 영향을 미치는 것은?
㉮ CO_2 ㉯ SO_2 ㉰ O_3 ㉱ CO

49 교통이 빈번한 도로변에서 가장 농도가 높은 대기오염 물질은?
㉮ CO ㉯ CO_2 ㉰ NO_2 ㉱ SO_2

50 다음 중 시야 협소증을 가져오는 직업성 질환은?
㉮ 크롬중독 ㉯ 진폐증
㉰ CO 중독 ㉱ 납중독

해답 37 ㉱ 38 ㉱ 39 ㉰ 40 ㉯ 41 ㉰ 42 ㉱ 43 ㉯ 44 ㉮ 45 ㉰ 46 ㉮ 47 ㉰ 48 ㉯ 49 ㉮
50 ㉰

51 대기의 흐름에 의하여 대기오염현상이 광범위하게 발생하는 것은?
㈎ 지역오염 ㈏ 국지오염
㈐ 광역오염 ㈑ 환경오염

52 대기오염 중 개인적 대기오염(personal air pollution)의 대표적 예가 될 수 있는 것은?
㈎ 흡연 ㈏ 자동차 배기가스
㈐ 공장매연 ㈑ 난방연소가스

53 질소산화물이 대기오염에서 중요한 이유는?
㈎ 색깔이 있다.
㈏ 냄새가 있다.
㈐ 시정을 감소시킨다.
㈑ 광화학산화물을 만든다.
|해설| NOx + HC + 자외선 → 광화학스모그

54 대기오염 물질 중 농작물에 가장 큰 피해를 주는 것은?
㈎ O_3 ㈏ CO_2 ㈐ CO ㈑ SO_2

55 다음 중 대기오염으로 인한 피해가 많은 연령층은?
㈎ 노년과 유년층
㈏ 중년층 남자에게 많다.
㈐ 유년층 여자에게 많다.
㈑ 노인층에서만 많다.

56 자동차 배기가스 중 광화학반응과 관계가 깊은 것으로 짝지어진 것은?
㈎ 탄화수소 – 일산화탄소
㈏ 질소산화물 – 아황산가스
㈐ 아황산가스 – 일산화탄소
㈑ 탄화수소 – 질소산화물

57 자동차의 어느 부분에서 탄화수소가 가장 많이 배출되는가?
㈎ 배기통 ㈏ 엔진
㈐ 연료통 ㈑ 클러치

58 자동차에 경유를 사용할 때 대기오염물로 가장 문제가 되는 것은?
㈎ SO_2 ㈏ CO ㈐ CS_2 ㈑ NO_2

59 자동차 배기가스 중 발암성 물질은?
㈎ Nitrogen dioxide ㈏ Carbone monoxide
㈐ 3, 4-benzopyrene ㈑ Hydrocarbone

60 다음 중 자동차의 가속시 많이 발생하는 gas는?
㈎ CO ㈏ HC ㈐ NO ㈑ SO_2
|해설| CO는 공회전, HC는 감속때 많이 발생한다.

61 자동차 휘발유(가솔린)에서 가장 많이 발생하는 대기오염물은?
㈎ CO ㈏ H_2 ㈐ SO_2 ㈑ CO_2

62 다음 중 자동차 배기가스로 별로 문제가 되지 않는 것은?
㈎ SO_X ㈏ NO_X
㈐ 탄화수소 ㈑ CO_2
|해설| CO_2는 대기 오염물질로는 큰 문제가 없다.

63 다음 중 광화학 산화물의 형성요인으로 짝지어진 것은?
㈎ SO_X, NO_X, 분진
㈏ CO, CO_2, 탄화수소
㈐ SO_X, NO_X, 탄화수소
㈑ NO_X, 탄화수소, 자외선

64 다음 중 Green-house effect와 관계가 있는 것은?
㈎ CO_2 ㈏ SO_2 ㈐ NO_2 ㈑ O_3
|해설| Green-house effect＝온실효과

65 광화학 Smog의 설명 중 틀린 것은?
㈎ Los Angeles smog이다.
㈏ 탄화수소나 NO_2 등이 주원인이다.
㈐ 석유계 연료사용이 주원인이다.
㈑ 주로 아침 및 저녁에 많이 발생한다.
|해설| 24°C이상이고, 습도가 낮은 정오경에 발생한다.

해답 51 ㈐ 52 ㈎ 53 ㈑ 54 ㈑ 55 ㈎ 56 ㈑ 57 ㈎ 58 ㈎ 59 ㈐ 60 ㈐ 61 ㈎ 62 ㈑ 63 ㈑
64 ㈎ 65 ㈑

66 다음 대기오염 물질 중 광화합물은?
  ㈎ PAN ㈏ CO_2 ㈐ NO_3 ㈑ SO_2

67 일산화탄소(CO) 중독의 후유증이 아닌 것은?
  ㈎ 중추신경 장애 ㈏ 정신기능 장애
  ㈐ 소화기능 장애 ㈑ 시야 협소

68 온실효과의 주원인이 되는 것은?
  ㈎ 기온 역전   ㈏ 탄산가스
  ㈐ 공업적 질소고정 ㈑ 수증기

69 온실효과에 관한 다음 설명 중 옳지 않은 것은?
  ㈎ 대기 중의 CO_2는 적외선을 흡수한다.
  ㈏ 대기 중의 수증기는 복사선을 흡수한다.
  ㈐ 온실효과에 의해 지구상의 기온이 올라간다.
  ㈑ 대기 중의 오존농도의 증가와 관계가 있다.
  |해설| O_3은 태양복사에서 자외선을 흡수한다.

70 사람이 호흡할 때 폐세포에 가장 침착하기 쉬운 입자는?
  ㈎ $0.1 \sim 0.5\mu$ ㈏ $0.5 \sim 5.0\mu$
  ㈐ $5 \sim 10\mu$ ㈑ $10 \sim 20\mu$

71 다음 중 Smog 현상과 관계 없는 것은?
  ㈎ 연기와 안개
  ㈏ 광화학적 반응현상 및 20°C 이상
  ㈐ 매연, SO_2, 질소산화물, CO, 탄화수소
  ㈑ 광선이 강할 때만 형성

72 광화학 Smog 발생 시 광화학 반응에 필요한 것은?
  ㈎ 수분 ㈏ 산소 ㈐ 질소 ㈑ 광선

73 PAN에 대한 설명 중 틀린 것은?
  ㈎ peroxyacetyl nitrate의 약자이다.
  ㈏ 1차 오염물질이다.
  ㈐ 광화학 산화물이다.
  ㈑ 고무를 노화시킨다.

74 Ringelmann Smog chart 2°란 매연농도 몇 %를 말하는가?
  ㈎ 20% ㈏ 40% ㈐ 60% ㈑ 80%
  |해설| 0도에서 5도까지 있으며, 1도는 20%이다.

75 Ringelmann chart는 어디에 사용되는 것인가?
  ㈎ SO_2 검출   ㈏ 먼지량 측정
  ㈐ 연기량 측정 ㈑ CO 검출

76 배출물의 down draught(역류)를 방지하기 위하여 굴뚝의 높이는 건물 높이보다 최소 얼마 정도 높아야 하는가?
  ㈎ 1배 ㈏ 2배 ㈐ 3배 ㈑ 4배

77 굴뚝이 높을수록 대기오염은?
  ㈎ 심하다.
  ㈏ 줄어든다.
  ㈐ 비가 올 때만 심하다.
  ㈑ 바람이 불 때만 심하다.
  |해설| 굴뚝이 높으면 매연이 멀리 확산된다.

78 유효굴뚝의 높이를 높이는 방법 중 틀린 것은?
  ㈎ 굴뚝의 높이를 높인다.
  ㈏ 배기가스 온도를 낮춘다.
  ㈐ 가스 배출 속도를 올린다.
  ㈑ 배기가스의 농도를 낮춘다.

79 먼지의 발생조건이 아닌 것은?
  ㈎ 건조 ㈏ 복사열 ㈐ 연소 ㈑ 강우

80 다음 중 분진의 제거방법으로 부적당한 것은?
  ㈎ 중력침전법 ㈏ 원심분리법
  ㈐ 전기집진법 ㈑ 촉매산화법

81 대기오염의 방지대책과 관계가 없는 것은?
  ㈎ 법적인 규제
  ㈏ 보건교육 실시
  ㈐ 오염물질 배출원의 철저한 규제
  ㈑ 배설물 처리

해답 66 ㈎ 67 ㈐ 68 ㈏ 69 ㈑ 70 ㈎ 71 ㈑ 72 ㈑ 73 ㈏ 74 ㈏ 75 ㈐ 76 ㈏ 77 ㈏ 78 ㈏
79 ㈑ 80 ㈑ 81 ㈑

제13장 폐기물처리 위생

제1절 폐기물의 정의

(1) 정의 : 쓰레기·연소재·폐유·폐산·폐알칼리·동물의 사체 등 사람의 생활이나 산업활동에 필요하지 않게 된 물질

(2) 분류 : 일반적으로 유해성이나 성상에 따라 나눈다. 우리나라는 발생원에 따라 일반폐기물과 산업폐기물로 나눠 왔으나, 최근에는 발생원을 기준으로 생활폐기물과 사업장폐기물로 나누고, 사업장 폐기물은 유해성 및 배출 특성을 고려하여 일반폐기물, 건설 폐기물, 지정 폐기물로 구분하고 있다.

(3) 폐기물관리법의 정의 : 쓰레기, 연소재, 오니, 폐유, 폐산, 폐알칼리 및 동물의 사체 등으로서 사람의 생활이나 사업활동에 필요하지 아니하게 된 물질
  ① **생활폐기물** : 사업장 폐기물 외의 폐기물(예 가정쓰레기, 시장쓰레기)
  ② **사업장폐기물** : 대기환경보전법·수질및수생태계보전에관한법률·소음진동규제법에 따라 배출시설을 설치·운영하는 사업장이나 그 밖에 대통령령으로 정하는 사업장에서 발생하는 폐기물
    • **지정폐기물** : 사업장폐기물 중 폐유·폐산 등 주변 환경을 오염시킬 수 있거나 의료폐기물 등 인체에 위해를 줄 수 있는 해로운 물질로서 대통령령으로 정하는 폐기물
    • **의료폐기물** : 보건·의료기관, 동물병원, 시험·검사기관 등에서 배출되는 폐기물 중 인체에 감염 등 위해를 줄 우려가 있는 폐기물과 인체의 조직 등 적출물, 실험동물의 사체 등 보건·환경보호상 특별한 관리가 필요하다고 인정되는 폐기물

(4) 배출상태에 의한 구분
  ① 고체(형)(solid waste) : 쓰레기, 재, 동물의 사체 등
  ② 액체(형)(liquid waste) : 도시하수, 분뇨, 공장폐액, 슬러지 등 수질오염물질
  ③ 기체(형)(gaseous waste) : 분진, CO, HC, NO_x, O_3 등 대기오염물질

제2절 폐기물처리

(1) 공업화 · 인구의 도시집중 · 경제의 고도성장에 따른 대량 소비 풍조와 1회용 상품의 증가 및 생활수준의 향상에 따라 그 발생량이 증가
(2) 쓰레기는 생활환경을 악화시키고 공중위생에 유해한 작용(예 악취유발, 쥐 · 파리 등의 번식 등)을 한다. 또한 생활공간을 차지하고 미관을 해쳐서 불쾌감을 준다.
(3) **쓰레기**(진개)**의 종류**
  ① 일반 쓰레기 : 가정쓰레기, 시장쓰레기, 가축쓰레기
  ② 잡개(rubbish)
  ③ 주개(garbage) : 부엌에서 나오는 동 · 식물성 유기물 쓰레기
  ④ 재(ashes)
(4) **1인당 1일 쓰레기배출량** : 1.8~2.0kg
(5) 쓰레기는 환경을 훼손하기 때문에 용기에 담아 수집 · 운반 · 중간처리 · 최종처리 등 일련의 과정을 거쳐서 폐기되어야 한다. 현재 일반적으로 이용되는 처리방식인 소각 · 매립 등의 처리에 의해서도 대기오염을 유발하거나 매립지에서 침출액에 의한 수질오염을 일으키는 등 많은 환경문제를 야기하고 있다.

1. 매립

(1) 매립장에서 발생하는 침출수를 차단하고 처리할 수 있는 시설을 갖춰야 한다.
  ① 침출수 : 각종 무기물질과 유기물질, 중금속을 함유한 고농도 폐수로서 지하수 오염을 일으킴
  ② 차수막 : 보통 불투수성 재료로 만든 차수막을 설치해서 오염을 막으며, 근래에는 고밀도 폴리에틸렌으로 만든 차수막 제품을 많이 사용

(2) **복토** : 쓰레기를 흙으로 덮는 것
  ① 쓰레기에서 발생하는 악취를 막고, 화재발생 및 쓰레기가 날리는 것을 막으려면 매일 흙을 덮어야 한다.
  ② 쓰레기의 두께는 1~2m로 하고 매립 후 20cm 높이로 복토
  ③ 흙을 덮고 나서는 다짐을 해야 하는데, 그렇지 않을 경우 빗물이 스며들어 침출수를 발생시킨다.
  ④ 매립 진개가 1/2로 줄어들었을때 진개 매립 복토
  ⑤ 매립 경사는 30도 정도가 좋고, 최종 복토는 60~100cm 두께로 함

(3) 종류

① **혐기성 위생 매립공법**: 혐기성 매립에 샌드위치식 복토를 한 구조로 폐기물의 상태는 혐기성 매립과 같은 구조

② **개량형 혐기성 위생매립 공법**: 혐기성 위생매립 바닥의 저부에 침출수를 유출시키기 위한 구조로, 혐기적이지만 하부의 수분함량이 낮은 매립구조

③ **준호기성 매립공법**
- 침출수의 집·배수관 출구가 대기에 접하고 있으며 매립층 내부의 유공관 둘레에 일정한 크기의 잡석 또는 지갑을 둘러싼 구조
- 산소를 공급받으므로 호기성 상태가 됨
- 호기성 미생물의 작용으로 쓰레기 분해가 촉진되고 침출수 배제 (평지매립에 적합)

④ **개량형 준호기성 매립공법**
- 준호기성 매립 구조의 사면부 소단에 침출수 배출·통기 기능 부여
- 침출수의 신속한 배제 및 호기성 영역이 확대
- 구멍 막힘의 우려가 적음
- 사면부가 발달한 산간이나 계곡의 매립에 적합한 구조

(4) 위생매립의 장점

① 시설투자비용 및 운영비용의 저렴
② 성상이 다른 폐기물의 혼합 매립 가능
③ 폐기물의 발생량 변화에 쉽게 대응
④ 매립된 땅은 일정한 기간 경과 후에 다른 용도로 사용 가능
⑤ 노천투기보다 적은 토지면적의 소요
⑥ 토지 및 장비의 가치에 별 손실 없이 언제라도 운영 중단 가능
⑦ 환경보전 측면에서 바람직하다.
⑧ 매립지에서 발생하는 메탄가스는 에너지로 활용 가능

(5) 위생매립의 단점

① 토지면적의 과다소요 ② 토지 확보 곤란
③ 주민의 님비현상 증가 ④ 자원의 재생효율 저하
⑤ 이용 가능한 매립지의 고갈로 운반거리가 증가
⑥ 혹한기 외 홍수기에 기상조건은 운영상의 문제 야기
⑦ 지하수의 확보가 곤란하거나, 보호시설이 설치시에 비용의 과다소요
⑧ 반입되는 폐기물의 종류에 제약이 있음

(6) 매립지 검토시 고려 사항

① 위치
② 기상상태: 예상평균 기온, 강수량, 평균풍속, 풍향, 풍배도, 조류, 반사파 등

2. 소각

(1) 폐기물 관리체계 중 중간처리 과정 중 하나이며 화학적 방법에 속한다.

(2) 장점
① 폐기물 부피의 95~99%, 무게는 80~85%를 줄여서 매립공간을 절약할 수 있으므로 효과적이고 지속적인 폐기물 처리방법
② 기후 및 기상의 영향을 받지 않는다.
③ 열에너지 회수 가능   ④ 단시간에 유기물을 완전 분해할 수 있음
⑤ 처리 방법이 불쾌하지 않다(위생적)   ⑥ 운송비 절감

(3) 단점
① 오염방지시설을 철저히 갖춰야 한다.
- 유기성 폐기물의 열적 불안정성 : 먼지·중금속·일산화탄소·질소산화물·황산화물·염화수소·다이옥신 등 오염물질 발생
- 폐기물의 복합성분과 처리 조건으로 인한 불완전 연소 → 일산화탄소·탄화수소·벤젠·클로로포름·클로로메탄·디크롤로에탄 등의 독성물질 다량 배출

② 건설비가 많이 든다.   ③ 숙련공이 필요하다.
④ 소각장소 선정에 어려움이 있다.
※ 강제 통풍식 고온로(800~980°C에서 소각)가 가장 위생적이나 대기오염이 문제되며 건설비가 많이 듦

> **참고**
>
> **다이옥신의 성질**
>
> **(1) 특징**
> ① 물에 거의 녹지 않는다.   ② 난분해성   ③ 지방에 잘 녹음
>
> **(2) 물리·화학적 성질**
> ① 증기압이 매우 낮다.   ② 열적 안정성 : 700°C 이상에서만 열분해
> ③ 자연상태에서 높은 안정성 : 미생물에 의한 분해도 거의 안 됨
> ④ 광화학적 분해
> - 310nm 근처의 자외선을 흡수하여 광화학적 분해 시작
> - 자외선이 미치는 곳에서는 2,3,7,8-사염하다이옥신(tetrachlorodibenzo-p-dioxin; TCDD)가 급속하게 분해됨
>
> **(3) 인체에 미치는 영향**
> ① 발암물질   ② 생식기장애·발달 장애 유발
> ③ 호르몬 조절기능 손상 : 당뇨·갑상선 질환이 올 수 있다.
>
> **(4) 환경 중의 분포**
> ① 흙 : 토양에 흡수되어 지하수에 흘러듦
> ② 물 : 가수분해 되지 않으므로 물속에 그대로 남아 있음
> ③ 공기 : 광화학반응에 의해 OH 라디칼(hydroxyl radical) 생성

4. 음식물쓰레기 재활용

(1) **정의** : 미생물이나 지렁이를 이용하여 음식물 쓰레기를 퇴비화하는 방법

(2) 음식물쓰레기는 건조 중량 기준으로 보면 발열량이 높고 수분이 충분하며, 유기성 물질로서 영양소가 충분 → 과다한 염분 농도 문제와 향신료 문제 등을 제거하면 퇴비나 사료로서 유용한 자원으로 재활용 가능

(3) 가정에서 음식물쓰레기와 미생물 발효제를 넣어 퇴비원료를 만들 수 있다.

(4) **장점**
  ① 자연자원 절약
  ② 쓰레기 수거·운반·매립에 소용되는 비용 및 매립지 절약
  ③ 2차 환경오염 감소 : 대기오염·지하수오염 등

(5) **응용** : 음식물 쓰레기와 하수처리 슬러지를 혼합하여 지렁이의 먹이로 주면 이를 먹고 성장한 지렁이는 약품 원료 등으로 이용하고, 지렁이가 배출한 분변토는 발아용·원예용의 고품질, 고가의 퇴비로 이용할 수 있다.

5. 지정폐기물처리

(1) **발생현황**
  ① 폐산 : 28.0%   ② 폐알카리 : 22.2%
  ③ 폐유기용제 : 17.3%   ④ 폐유 : 11.0%

(2) **일반적 처리방법**
  ① 중간처리 : 소각, 고온열분해, 파쇄, 탈수, 고형화, 사료화·퇴비화 등
  ② 최종처리 : 매립
   • 차단형매립시설 : 1일 복토 15cm 이상(매립이 종료된 때는 60cm 이상의 두께)
   • 관리형 매립시설 : 점토, 고밀도폴리에틸렌

제3절 분뇨처리

(1) 분뇨는 인간이 생활하는 한 필수적으로 발생되는 폐기물로서 글자 그대로 분과 요의 집합체이다.

(2) 농경사회가 주축이었던 과거에는 분뇨를 퇴비로 인식하여 농사의 귀중한 비료로 이용하여 왔다. 최근에는 공업의 발달로 인한 합성비료의 대중화와 함께 인구의 집중현상으로 분뇨의 처리가 사회적 문제로 대두되었다.

(3) 과거에는 수거식 변소가 과반수를 상회하며 분뇨의 수거에 의존할 수밖에 없었다. 따라서 분뇨의 성상은 저장되는 동안 종이는 물론 섬유, 고무, 플라스틱, 유리, 금속, 나뭇조각 및 토사, 협잡물이 다양하게 혼합되어 있을 뿐 아니라 저장기간, 구조, 계절적 변화 등 경우에 따라서 대단한 차이를 보이기도 한다.

(4) 분뇨의 이상적인 처리는 수세식 변소에 배설시켜 물의 희석과정을 거쳐 분류식 하수관을 통해 하수처리장에서 하수와 함께 처리하는 것이다.

(5) **분뇨의 배출량** : 연령, 성별, 음식물, 기호 등에 따라 약간의 차이는 있지만 1인 1일 평균 1l 정도이다.

(6) **분변 오염으로 전염되는 질병**
  ① 세균성 질병 : 장티푸스, 세균성 이질, 콜레라 등 세균성 질병
  ② 기생충 질병 : 회충, 구충, 요충, 촌충, 아메바성 이질, 흡충류 등
  ③ 바이러스성 질병 : 소아마비, 유행성 간염 등

(7) **분뇨처리**
  ① 목적 : 분뇨를 위생적으로 처리하여 소화기계 전염병과 기생충 질환을 예방
  ② 분뇨를 처리할 때 고려사항
    • 수원이 되는 지하수 및 지표수를 오염시키지 않아야 한다.
    • 방충·방서관리가 철저히 되어야 한다.
    • 토양에 병원체 오염이 없도록 해야 한다.
    • 불쾌한 냄새의 발생이 없도록 해야 한다.
    • 처리방법이 경제적이고 간편하며, 도시미관을 해치지 않도록 해야한다.
    • 변조는 수밀되어야 한다.
    • 분변의 비료화로 인한 토양오염을 줄이기 위해서 완전 부숙(겨울 3개월, 여름 1개월 이상)

1. 변소의 종류

(1) **분뇨분리식 변소** : 병원성 세균이나 기생충을 내포하고 있지 않은 소변을 분리하여 비료로 쓰는 방식
  ① 대소변을 각각의 탱크에 저장하였다가 대변은 충분히 부패시킨 후에 사용
  ② 소변의 비료화 효과가 크지만 실용성이 없음

(2) **흡취식 변소** : 땅속에 분뇨를 저장할 수 있는 시설을 만들고 뒷면에 흡취구를 만들어 냄새를 제거하는 방식(비위생적)
  ① 대소변을 일정 기간 동안 저장하는 부패시키는 방식 → 여름 100일, 겨울 250일 이상이면 기생충란 사멸

(3) 메탄가스 발생식 : 부패조에서 가스가 휘발하지 못하도록 밀폐시켜 플라스틱관을 통하여 가스를 뽑아내서 연료로 쓸 수 있게 만든 변소
   ① 부패가능한 물질이 많아야 하므로 가축의 분뇨도 함께 넣어줌
   ② 가스발생은 온도가 높아야 많으므로 기온이 낮은 겨울에는 별도의 보온장치가 필요

(4) 수조변소
   ① 분뇨정화조를 갖춘 수세식 변소
   ② 정화조의 구조 : 부패조 → 여과조 → 산화조 → 소독조
   - 부패조 : 부유물은 공기를 차단하는 부사(scum)가 되며, 고형물은 침전되어 오니가 됨
     - 부사 : 혐기성 세균의 작용을 촉진하여 유기물을 부패·발효
     - 액상물질 : 예비여과조로 흘러 들어감
   - 여과조 : 돌을 쌓아 올려 밑에서 흘러 들어온 오수가 돌 틈을 통과하는 동안 여과되어 산화조로 흘러 들어가게 함
   - 산화조 : 거칠게 돌을 쌓아 공기를 유통시킴으로써 호기성균의 증식으로 산화시켜 안정화시킴
   - 소독조 : 남아 있는 세균을 염소 또는 표백분 등으로 소독하여 방류

(5) 수세식 변소
   ① 하수처리장이 있는 도시에서 분뇨가 하수도를 거쳐 직접 하수처리장까지 운반되어 안전하게 처리하여 방류하는 방식
   ② 가장 보건적이며, 안전하고, 깨끗한 처리 방법

2. 분뇨의 처리
6장 '하수' 참조

3. 분뇨의 종말처리
종말처리법은 육상투기·수중투기·매몰·소화 하수처리 및 비료화하는 방법 등 여러 가지 방법이 있으나 도시의 상황에 따라서 각기 다르게 적용된다.

(1) 투기법 : 흡취분뇨를 육상, 해양, 하천 등에 투기하는 방법(금지하고 있음)

(2) 매립법 : 상수도 시설이 완비된 지역에서는 일반적으로 이용되고 있으나, 우리나라와 같이 음료수를 정화수에 의존하고 있는 협소한 지역에서는 불가능하다.

(3) 소각법 : 병원 등에서 실시하는 안전하고 위생적인 방법이지만 경제적인 부담이 커서 일반적으로 이용되기는 어렵다.

(4) 하수처리 : 수세식 화장실 설치 지역에 한정된다.

(5) 비료화법 : 쓰레기를 분뇨에 혼합하여 가열 또는 황산을 부어 암모니아를 고정시키는 방법

3. 비료화법

(1) 제한된 조건에서 미생물에 의한 유기물의 호기적 분해를 의미한다.

(2) 과정
① 미생물은 유기물을 먹이로 하며, 동시에 산소를 소비한다.
② 퇴비화가 진행되는 동안 열이 발생하고 다량의 CO_2 가스 및 수증기가 대기에 방출되며 무게는 감소한다.
③ 퇴비화는 토양을 유용하게 개량하며 쓰레기의 전체 부피와 질량을 감소시킨다.

(3) 조건
① 유기성 물질의 일반적 발효조건 : 적정함수율, 산소, C/N율, pH, 발효미생물
② 가축분뇨 : 최소한의 호기성 조건 제공만으로 퇴비화 가능

표 13.1 가축분뇨의 최적 퇴비화 조건

점검 항목	최적 조건	비고
입자의 적정 크기	0.35~2.54cm	
C/N율	20~30 : 1(C/P : 10~150 : 1)	미생물의 영양분 공급
공기중 산소의 비율	12~30%	5% 이하 : 혐기성 발효
수분함량	50~60%	40% 이하 : 미생물 영양 이용성 저하
pH	5.5~8.5	pH 8이상 : NH_3 생성
자연통기	공극 30% 정도	
퇴적 높이	60~200cm	200cm이상 : 통기성 불량
교반	1~2회/일	최소 1주에 1회 이상

13. 폐기물처리위생 ▮ 핵심문제 해설

1 1일 1인당 배출하는 분뇨량은 얼마인가?
㉮ 0.8l ㉯ 1l ㉰ 1.5l ㉱ 2l

2 다음 중 분뇨의 위생적 처리 목적이 아닌 것은?
㉮ 소화기계 전염병 관리
㉯ 기생충 질병 관리
㉰ 세균성 전염병 관리
㉱ 절족동물 관리

3 다음 중 분뇨의 비위생적 처리와 관계가 가장 깊은 것은?
㉮ 구충 ㉯ 폐흡충
㉰ 무구조충 ㉱ 사상충

4 다음 중 유기물 함유량이 높은 분뇨를 처리하는 데 적당한 좋은 방법은?
㉮ 폭기산화처리 ㉯ Imhoff 소화처리
㉰ 살수여상처리 ㉱ 약품응집처리
|해설| Imhoff : 습식산화법

5 다음 중 도시 폐기물 처리에 가장 적당한 방법은?
㉮ 해양투기 ㉯ 매립
㉰ 소각 ㉱ 퇴비화

6 분뇨에서 악취가 발생하는 원인은?
㉮ CO, CO_2 ㉯ CH_4, NH_3
㉰ CO_2, NH_3 ㉱ NH_3, H_2S

7 소화가 끝난 분뇨가 검은색을 띠는 이유는?
㉮ 유화수소와 철염이 결합하기 때문이다.
㉯ 소화균이 검은색이다.
㉰ 탄소와 결합하기 때문이다.
㉱ CH_4가 원인이다.
|해설| 유화수소 = H_2S

8 분뇨의 퇴비화의 대한 설명 중 틀린 것은?
㉮ 생분뇨는 C/N비가 적으므로 높은 물질과 혼합해 준다.
㉯ 함수율을 줄여 준다.
㉰ 혐기성 퇴비화가 호기성 방식보다 빠르다.
㉱ 통기성을 좋게 해주어야 한다.

9 분뇨를 도시쓰레기와 합성처리 시에 유의하지 않아도 되는 사항은?
㉮ C/N 비 ㉯ 함수비
㉰ 응집제 ㉱ 통기성 조성
|해설| C/N비 : 20~30 : 1
함수비 : 50~60%
온도 : 50~70°C

10 분뇨의 혐기성 소화처리 방식의 장점이 아닌 것은?
㉮ 열원으로 이용한다.
㉯ 병원균 사멸
㉰ 기생충란 사멸
㉱ 소화속도가 빠르다.

11 분뇨를 비료로 사용할 경우, 기생충 예방을 위하여 최소 얼마 동안 부숙시켜야 하는가?
㉮ 겨울 1개월, 여름 2주일
㉯ 겨울 3개월, 여름 1개월
㉰ 겨울 6개월, 여름 3개월
㉱ 겨울 12개월, 여름 6개월

12 우리나라의 겨울철에 분뇨처리장의 활성오니법 처리효율이 낮은 원인은 무엇인가?
㉮ 온도
㉯ 습도
㉰ 기압
㉱ 분뇨수거 방법

해답 1 ㉯ 2 ㉱ 3 ㉮ 4 ㉯ 5 ㉰ 6 ㉱ 7 ㉮ 8 ㉰ 9 ㉱ 10 ㉱ 11 ㉯ 12 ㉮

13 분뇨의 적절한 위생적 처리로 발생을 감소시킬 수 있는 질병은?
  (가) 발진열   (나) 발진티프스
  (다) 장티푸스   (라) 뇌염
  |해설| 분뇨의 위생적 처리 → 수인성전염병 감소

14 분뇨처리에서 CH_4가 발생하는 단계는?
  (가) 산성발효기   (나) 산성감퇴기
  (다) 알칼리발효기 (라) 알칼리감퇴기

15 분뇨의 혐기성 분해에서 중온 소화법은?
  (가) 30~35°C에서 30일
  (나) 30~35°C에서 60일
  (다) 50~55°C에서 15일
  (라) 50~55°C에서 30일
  |해설| 소화온도 40°C를 경계로 중온소화와 고온소화로 구분

16 다음 중 분뇨정화조의 구조에 해당되지 않는 것은?
  (가) 부패조   (나) 여과조
  (다) 활성오니조 (라) 산화조
  |해설| 활성오니조 : 폐수처리에 적용

17 분뇨정화조의 처리 순서는?
  (가) 부패조 → 산화조 → 소독조
  (나) 부패조 → 소독조 → 산화조
  (다) 산화조 → 소독조 → 부패조
  (라) 산화조 → 소독조 → 부패조

18 분뇨정화조에 대한 설명 중 틀린 것은?
  (가) 수세식 변소에 설치한다.
  (나) 산화조에서는 호기성 분해가 일어난다.
  (다) 부패조에서는 혐기성 분해가 일어난다.
  (라) 잔류염소는 0.6ppm이다.

19 우리나라의 농촌에서 분뇨의 위생처리 및 연료문제를 위해 권장되어야 할 변소형은?
  (가) 수세식 변소
  (나) 급취식 변소
  (다) 메탄가스 발효식 변소
  (라) 분뇨 분리식 변소

20 병균과 기생충 알이 완전히 사멸되지 않는 변소는?
  (가) 정화변소   (나) 수세식 변소
  (다) 화학변소   (라) 낙하식 변소

21 가장 위생적인 변소는?
  (가) 삼투 변소   (나) 흡취식 변식
  (다) 낙하 변소   (라) 수세식 변소

22 도시에 적당한 분뇨처리법이 아닌 것은?
  (가) 하수처리법   (나) 소화법
  (다) 비료법   (라) 온열처리법

23 개량 변소에 해당되지 않는 것은?
  (가) 수세식 변소 (나) 수조식 변소
  (다) 지표 변소   (라) 화학 변소

24 분뇨 중의 질소는 주로 어떤 형태로 존재하는가?
  (가) 단백질   (나) amino acid
  (다) NH_3-N (라) NH_2-N

25 변소 소독에 가장 값이 싸고 적당한 소독법은?
  (가) 생석회   (나) 승홍수
  (다) 소각법   (라) 비료화법

26 땅속에 웅덩이를 파고 목제통이나 콘크리트통 등을 묻으므로 내용물이 통의 틈으로 새어 땅속으로 스며들 수 있기 때문에 우물물을 오염시킬 위험성이 큰 변소는?
  (가) 지상변소   (나) 삼투변소
  (다) 급취변소   (라) 정화변소
  |해설| ① 지상변소 : 땅 위에 지은 변소, 가장 비위생적이다.
  ② 급취변소 : 내용물이 새지 않도록 땅속에 분뇨통을 파묻고 취수구를 만들어 수거한다.
  ③ 정화변소 : 혐기성 부패에 의하여 완전히 소화된다. 병균과 기생충 알은 완전 사멸된다.

해답 13 (다) 14 (다) 15 (가) 16 (다) 17 (가) 18 (라) 19 (다) 20 (라) 21 (라) 22 (라) 23 (다) 24 (다) 25 (가) 26 (나)

27 다음 쓰레기처리법 중 가장 위생적인 방법은?
   ㈎ 동물사료 이용법
   ㈏ 소각법
   ㈐ 퇴비, 비료화법
   ㈑ 육상 투기법

28 도시 쓰레기의 위생적 매립 시에 주의할 사항으로 거리가 먼 것은?
   ㈎ 폭발성 가스   ㈏ 지하수 오염
   ㈐ 해충 발생   ㈑ 재경작 이용

29 쓰레기가 국민보건에 미치는 영향이 아닌 것은?
   ㈎ 악취가 나서 미관상 좋지 않다.
   ㈏ 오물 속에서 미생물 번식 가능성이 높다.
   ㈐ 곤충이 서식하므로 각종 전염원이 되기 쉽다.
   ㈑ 쓰레기 회수로 인한 경제 효과가 있다.

30 매립지에 건물을 지으려면 약 몇 년 후가 안전한가?
   ㈎ 1년   ㈏ 5년   ㈐ 10년   ㈑ 15년

31 다음 중 쓰레기처리법이 아닌 것은?
   ㈎ 소각법   ㈏ 위생적 매립법
   ㈐ 퇴비화법   ㈑ 활성오니법

32 다음 중 쓰레기 처리법에 해당되지 않는 것은?
   ㈎ 매몰법   ㈏ 소각법
   ㈐ 여과법   ㈑ 퇴비법

33 식품제조공장 쓰레기의 이상적인 처리방법은?
   ㈎ 소각법   ㈏ 매립법
   ㈐ 위생적 매립법   ㈑ 퇴비화법

34 다음 중 가장 처리하기가 어려운 것은?
   ㈎ 부엌쓰레기
   ㈏ 가로쓰레기
   ㈐ 동물사체
   ㈑ 산업장쓰레기

35 다음 중 일반 쓰레기에 해당되지 않는 것은?
   ㈎ 가정 쓰레기   ㈏ 시장 쓰레기
   ㈐ 잡개   ㈑ 산업폐기물

36 다음 중 가연성 쓰레기에 해당하지 않는 것은?
   ㈎ 종이   ㈏ 섬유류   ㈐ 유리   ㈑ 목재
   | 해설 | 가연성 폐기물 : 종이, 플라스틱, 피혁, 섬유류, 고무, 목재 등

37 병원 쓰레기 처리법 중 가장 안전한 것은?
   ㈎ 매립처분   ㈏ 소각처분
   ㈐ 방기처분   ㈑ 가축사료이용
   | 해설 | 소각은 가장 위생적인 방법이다.

38 퇴비장의 세균이용법 중 가장 적당한 것은?
   ㈎ 대장균 이용
   ㈏ 혐기성 세균 이용
   ㈐ 호기성 세균 이용
   ㈑ 임의성 세균 이용

39 쓰레기를 소각처리 하고자 할 때 가장 먼저 고려해야 할 사항은?
   ㈎ 가연성분 함유율   ㈏ 처리비용
   ㈐ 소각로 설치   ㈑ 대기오염

40 위생적인 매립법의 복토와 쓰레기의 두께는?
   ㈎ 쓰레기 1m, 복토 4m
   ㈏ 쓰레기 2m, 복토 2m
   ㈐ 쓰레기 10m, 복토 1m
   ㈑ 쓰레기 2m, 복토 0.6m
   | 해설 | 최종복토는 60cm이상 → 악취·쥐 발생 방지

41 위생적 매립 시 쓰레기 위의 최종복토는 얼마 이상이어야 하는가?
   ㈎ 30cm   ㈏ 60cm   ㈐ 100cm   ㈑ 150cm

42 적당한 지면이나 바다에 쓰레기를 버리는 방법을 무엇이라고 하는가?
   ㈎ 방기법   ㈏ 매몰법
   ㈐ 소각법   ㈑ 퇴비화
   | 해설 | 방기=투기, 매몰법 ≒ 매립법

해답 27 ㈏ 28 ㈑ 29 ㈑ 30 ㈐ 31 ㈑ 32 ㈐ 33 ㈑ 34 ㈑ 35 ㈑ 36 ㈐ 37 ㈏ 38 ㈐
39 ㈎ 40 ㈑ 41 ㈏ 42 ㈎

43 우리나라 도시의 경우, 가장 많이 사용하는 쓰레기처리법은?
- ㈎ 매립법
- ㈏ 비료화법
- ㈐ 해양 투기법
- ㈑ 육상 투기법

44 쓰레기처리용 소각로에서 문제되는 점은?
- ㈎ 넓은 토지 필요
- ㈏ 도심지에 소각로 설치 불가능
- ㈐ 화재위험
- ㈑ 대기오염

45 도시 쓰레기 소각의 장점이라고 볼 수 없는 것은?
- ㈎ 매립 쓰레기 감소
- ㈏ 위생적 처리
- ㈐ 운전비·관리비 감소
- ㈑ 폐열의 이용

46 쓰레기처리법 소각로에서 문제되는 점은?
- ㈎ 대기오염
- ㈏ 지류(paper)
- ㈐ 연탄재
- ㈑ 빈 깡통

47 다음 중 산업폐기물의 문제점이 아닌 것은?
- ㈎ 음료수의 오탁
- ㈏ 수중의 용존 산소량의 감소로 인한 자정작용
- ㈐ 수산업에 대한 피해
- ㈑ 공장의 대기오염에 의한 피해

48 불연성 폐기물에 해당되지 않는 것은?
- ㈎ 플라스틱
- ㈏ 금속
- ㈐ 도자기
- ㈑ 연탄재

| 해설 | 불연성 폐기물 : 금속, 유리, 도자기, 연탄재, 토사 등

해답 43 ㈎ 44 ㈑ 45 ㈐ 46 ㈎ 47 ㈑ 48 ㈎

제14장 소음·진동 및 악취 위생

제1절 소음과 건강

1. 소음의 정의

(1) 인간의 생활 주변에서 발생하는 소리 중에서 불쾌감을 주고 작업의 능률을 저하시키는 소리

(2) 경쾌한 음악도 다른 사람에게는 소음이 될 수 있는데, 이는 듣는 사람의 주관에 따라 차이가 있기 때문이다.

(3) **종류** : 듣기 싫은 음, 불쾌한 음, 일상생활을 방해하는 음, 생리적 기능에 변화를 주는 음, 청력을 손상시키는 음 등

(4) **발생원**
① 공장소음
② 건설작업장
③ **교통소음** : 자동차, 기차, 전차, 항공기 등의 소음
④ **도시소음** : 상품선전, 악기, TV, 발전기, 냉·난방기, 시장 등에서 나오는 소음

(5) **소음의 영향**
① 교감신경에 작용
 • 심장과 간장의 흥분성을 높인다.
 • 두부혈관을 수축시켜 두통을 일으킨다.
 • 불면, 불쾌감, 기억력 감퇴
② 위장의 기능 감퇴 : 식욕부진
③ 맥박수, 호흡수, 대사도(代謝渡) 증가 : 혈압, 뇌내압을 높인다.
④ 체중증가, 발육저하
⑤ 불필요한 긴장감 증가
⑥ 주의력 손실 및 피로감
⑦ 대화 방해·작업능률 저하

(6) 소음으로 인한 청력장애 발생인자
① 소음의 강도　　② 소음폭로의 기간
③ 소음의 종류　　④ 소음의 시간적 현상
⑤ 소음의 주파수　⑦ 개인의 감수성

2. 소음의 단위

(1) 주파수 : 소리의 높낮이
① 소리의 3요소
- 세기 : 주파수의 파장(λ)이 결정
- 높낮이 : 주파수의 진동(Hz)이 결정
- 음색 : 주파수의 모양이 결정

② λ(m) : 음의 압력이 제일 높은 곳과 제일 낮은 곳의 거리
③ Hz(c/s) : 진동운동에서 물체가 일정한 왕복운동을 지속적으로 반복할 때 초당 반복 운동이 일어난 횟수
- 가청 주파 영역 : 16~20,000Hz
- 언어구성 주파수 : 250~3,000Hz

(2) 음압
① 매질 속을 지나는 음파에 의해 생기는 압력(실효값으로 표시)
② 단위 : N/m^2
③ 기준음압 : 1kHz의 평면파의 소리에 대한 최소가청값(인간이 소리로 감지할 수 있는 가장 작은 음압) → $2 \times 10^{-5} \, N/m^2$ 또는 $0.0002 \, dyne/cm^2$

(3) Decibel(db)
① 음파의 전파방향에 수직한 단위면적을 단위시간에 통과하는 음의 에너지량 또는 음의 압력
② 소리의 세기의 비를 상용로그 취해준 값에 10을 곱한 값

$$dB = 20 \log 10 \frac{P_1}{P_0}$$

　P_1 : 측정된 압력
　P_0 : 기준음압 (소음 측정의 기준압력= $0.0002 \, dyne/cm^2$)

(4) Phon
① 감각적인 음 크기의 수준
② 같은 dB의 소리도 주파수에 따라 다르게 들리므로 같은 크기의 소리로 들리는 주파수별 음압 수준을 실험적으로 조사하여 표시한 곡선을 등청감곡선(loudness level contours)이라고 한다. 이 곡선에 표시되는 음의 크기의 수준을 phon이라고 한다.

③ dB와 phon의 관계 : 주파수에 따라 음의 크기가 달라지지만, 1000Hz에서 측정한 dB, 즉 1000Hz을 기준으로 해서 나타난 dB을 phon이라고 한다.

(5) Sone
① 사람의 청각에 알맞은 소리의 크기 단위
② 40phon(1000Hz에서 순음이 40dB인 음)인 소리의 크기를 1손으로 정하고, 정상적인 청각을 가진 사람이 그 n배로 느끼는 소리를 n손으로 한다.

> **참고**
>
> **청감보정회로**
>
> 인간의 귀는 같은 소리라도 중음(1,000Hz 내외)이 가장 크게 들리고, 이어서 고음과 저음(100 Hz 내외)의 순서로 작게 들린다. 이러한 조건을 보완하는 것을 청감보정회로(聽感補正回路)라고 한다.
>
> - dB(A)(A가중치) : 사람의 귀가 민감하게 반응하는 4kHz 대역에 가중치를 많이 주고, 저음이나 고음 쪽에 가중치를 적게 주어 실제로 사람이 느끼는 소리의 크기와 비슷하게 음압의 수준을 표시하도록 만든 것(일반적인 소음 측정)
> - dB(C)(C가중치) : 등청감곡선을 고려하지 않고 곡선을 평평하게 만든 것 (주파수 분석)
> - dB(B)(B가중치) : dB(A)와 dB(C)의 중간

3. 소음의 측정

(1) 허용기준 : 1일 8시간 기준 90dB(A)을 넘어서는 안 되며 최대 115dB(A)를 넘지 말아야 함

(2) 소음의 측정
① 소음평가치(NRN) : 음의 종류, 시간별, 지역별로 보정하여 일반적으로 45 이하가 되도록 규제 → 우리나라는 50dB(A) 이하 허용
② 소음측정은 장애물이 없는 지점에서 지면 위 1.2~1.5m 높이에서 실시

(3) 소음측정기
① 주파수 범위 : 31.5~31.8kHz 이상
② 측정가능 소음도 범위 : 35~130dB 이상
③ 종류
- 지시소음계
- 주파수분석계
- 소음총량계
- 충격음 측정계
- 소음폭로량 측정계

제2절 소음의 허용기준

1. 종류

(1) ACGIH(American Conference of Govermental industrial Hygienist)
 : 모든 근로자가 반복하여 폭로되더라도 회화능력에 장해를 일으키지 않을 것

표 14.1 ACGIH의 소음 허용기준

1일 폭로시간	소음의 세기(dB)(A)
8	90
6	92
4	96
3	97
2	100
1 1/2	102
1	105
3/4	107
1/2	110
1/4	115

(2) British Occupational Hygiene Society(1971) : 총 작업시간 동안 받은 폭로량이 115dB(A)을 넘어서는 안 된다.

(3) 일본산업위생협회 소음허용기준

표 14.2 일본산업위생협회의 소음허용기준

중심주파수(Hz)	폭로기간에 대한 허용 (octave band level (dB))					
	480분	240분	120분	60분	40분	30분
250	98	102	108	118	120	120
500	92	95	99	105	112	117
1,000	86	88	91	95	99	103
2,000	83	84	85	88	90	92
3,000	84	83	84	86	88	90
4,000	82	83	85	87	89	91
8,000	87	89	89	97	101	105

※ 지시소음계로 측정시는 주파수에 관계없이 90dB(A)

(4) **소음평가수**(noise rating number; NRN) : 국제표준기구(International Organization for Standardization; ISO)가 채택한 소음평가방법을 사용해, NRN 85를 허용기준으로 삼고 있다.

표 14.3 공공집회소의 소음평가치의 허용기준

소음평가치(NRN)	장 소
70	중공업 작업장
55	타자실, 경공업 작업장
50	공용 사무실
45	식 당
40	개인 사무실
30	병 원
25	학교 교실
20	극 장

(5) 우리나라의 소음허용기준

① 공장소음 배출허용기준 : 아래 표에 따라 보정한 평가소음도가 50dB(A) 이하일 것

표 14.4 공장 소음배출허용기준(소음진동규제법시행규칙 별표 4)

항 목	내 용	보 정 치
충 격 음	충격음 성분이 있는 경우	+5
관련시간대[1]에 대한 측정소음발생시간의 백분율	50% 이상	0
	25~50%	−5
	12.5~25% 미만	−10
	12.5% 미만	−15
시간별	(낮) 06 : 00~18 : 00	0
	(저녁) 18 : 00~24 : 00	+5
	(밤) 24 : 00~익일 06 : 00	+10
지 역 별[2]	가. 도시지역	
	(1) 전용주거지역, 녹지지역	0
	(2) 일반주거지역, 준주거지역	−5
	(3) 상업지역, 준공업지역[3]	−15
	(4) 일반공업지역, 전용공업지역	−20
	나. 관리지역 중 취락지구, 주거개발진흥지구 및 관광·휴양개발진흥지구, 자연환경보전지역 중 수산자원보호구역 외의 지역	0
	다. 관리지역 중 산업개발진흥지구	−15
	라. 농림지역, 자연환경보전지역 중 수산자원보호구역, 관리지역 중 나목 및 다목을 제외한 그 밖의 지역	−10
	마. 산업단지	−20
	바. 종합병원, 학교 및 공공도서관의 부지경계선으로부터 50m 이내의 지역	0

1. 관련시간대는 낮은 8시간, 저녁은 4시간, 밤은 2시간으로 한다.
2. 지역별 구분은 '국토의 계획 및 이용에 관한 법률'에 따른다.
3. 위 표의 지역별 기준 중 마목 및 바목의 규정은 가목 내지 라목의 규정에 우선하여 적용한다.

② **생활소음의 규제기준** : 시·도지사는 주민의 정온한 생활을 유지하기 위하여 소음진동을 규제하여야 한다.

표 14.5 생활소음 규제기준(소음진동규제법 시행규칙 별표 7의 2)

(단위 : dB(A)[1])

대상지역[2]	시간별 소음원		아침, 저녁 (05:00~08:00, 18:00~22:00)	낮 (08:00~18:00)	밤 (22:00~05:00)
주거지역, 녹지지역, 관리지역 중 취락지구 및 관광·휴양개발진흥지구, 자연환경보전지역, 그 밖의 지역 안에 소재한 학교·병원·공공도서관	확성기[4]	옥외설치	70[3] 이하	80 이하	60 이하
		옥외로 소음이 나오는 경우	50 이하	55 이하	45 이하
	공장·사업장		50 이하	55 이하	45 이하
	공사장[5]		65 이하	70 이하	55 이하
그 밖의 지역	확성기	옥외설치	70 이하	80 이하	60 이하
		옥내에서 옥외로 소음이 나오는 경우	60 이하	65 이하	55 이하
	공장·사업장		60 이하	65 이하	55 이하
	공사장[6]		70 이하	75 이하	55 이하

1. 소음의 측정방법과 평가단위는 소음·진동공정시험방법에서 정하는 바에 따른다.
2. 대상지역의 구분은 '국토의 계획 및 이용에 관한 법률'에 의한다.
3. 규제기준치는 생활소음의 영향이 미치는 대상지역을 기준으로 하여 적용한다.
4. 실외에 설치한 확성기의 사용은 1회 3분 이내로 하여야 하고, 15분 이상의 간격을 두어야 한다.
5. ① 공사장의 소음규제기준은 주간의 경우 특정공사의 사전신고대상 기계·장비를 사용하는 작업시간이 1일 2시간 이하일 때는 +10dB을, 2시간 초과 4시간 이하일 때는 +5dB을 규제기준치에 보정한다.
   ② 발파소음의 경우 주간에 한하여 규제기준치(광산의 경우 사업장 규제기준)에 +10dB을 보정한다.
   ③ 공사장의 규제기준 중 다음 지역은 공휴일에 한하여 -5dB를 규제기준치에 보정한다.
   • 주거지역
   • 종합병원, 학교 및 공공도서관의 부지경계로부터 직선거리 50m 이내의 지역

2. 소음성 난청

(1) **정의** : 고막 파열로 초래되는 공기전도의 장애로 인한 전도성 난청 (air conduction deafness)

(2) **실태** : 소음성난청은 우리나라에서 가장 흔한 직업병이라고 말한다. 근로자 특수건강진단 결과에 의하면 소음성난청은 매년 1000~2000명이 유소견자로 판정받고 있다. 이는 전체 직업병 유소견자 2420명의 83%에 해당하는 수치이다.

(3) **산업장에서 문제되는 소음성 난청** : corti기관의 신경말단에 손상을 입어 생긴다.
① 소음성 난청의 원인이 되는 음역 : 3000~6000 Hz
② 소음성 난청의 초기증상을 나타내는 음역 : 4000 Hz (audiogram C5-dip 현상을 볼 수 있음)

(4) 일시적 난청
① 신경 전도성이 저하되는 가역적인 피로현상
② 회복시간은 그 정도에 따라 12~24시간에서, 때로는 여러 달을 요하기도 함

(5) 영구적 난청
① Corti 기관 내의 신경수용기의 불가역적인 파괴현상으로 생긴다.
② 영구적 난청의 청력손실은 소음에 폭로된 지 5~10년에 최고도에 이르며, 그 후의 청력손실 정도는 연령에 의한 생리적 손실에 달려 있다.

표 14.6 여러 가지 소음의 크기 정도

소음레벨 dB(A)	비 고
100	열차 통과음(방음벽 아래에서)
90	공장내 절삭 등의 음, 합창
80	지하철의 차내
70	차량통행이 많은 가두
60	통상의 회화(1m 이내)
50	약간 시끄러운 사무실
40	도서관내, 조용한 사무실
30	교외의 심야, 속삭이는 음
20	탁상시계의 초침(1m)

(6) 소음성 난청의 대책
① 공장소음, 건설소음, 자동차소음 및 항공기 소음의 방지책 강구
② 합리적인 도시계획 수립
③ 소음 확산대책 시행 : 방음벽 설치 등
④ 소음 피해자에 대한 대책 강구
⑤ 소음방지에 대한 지도와 교육
⑥ 강력한 법적 규제와 실천지도

> **참고**
>
> **인체에 영향을 미치는 소음 수준**
> ① 40~45phon : 정서적 장애 유발(불면, 불안정, 식욕감퇴, 쉽게 화를 냄)
> ② 45~50phon : 일상생활 장애(회화 방해, 공부·독서 등이 어려움)
> ③ 40~50phon : 수면 방해
> ④ 50~55phon : 신체적 장애(두통, 귀의 통증, 안색이 변하고 가슴이 울렁거림)
> ⑤ 60phon : 이상의 ①~④의 증상이 뚜렷이 나타난다.

제3절 진동

1. 진동의 성질

(1) 진동의 정의
① 물체의 전후운동
② 사람에 따라 다르게 불쾌감을 느끼게 하며, 작업의 능률을 저해하고 쾌적한 생활환경을 해침
③ 생체에 작용하는 방식에 따라 전신진동과 국소진동으로 구분

(2) 진동의 주파수
① 진동의 주기현상을 가리키는 것
② 단위 : hertz(Hz)
③ 문제가 되는 진동
  • 전신진동 : 2~100Hz
  • 국소진동 : 8~15Hz

(3) 진동의 크기
① 외부에서 발생한 진동에 맞추어 생체가 진동하는 성질

  ※ 신체부위별 공명 범위
  - 상체 : 5Hz
  - 두부·견부 : 20~30Hz
  - 안구 : 60~90Hz

② 진폭(m), 속도(cm/sec, m/sec), 가속도로 표시

2. 진동의 발생원 및 생체작용

(1) 전신진동 : 지지 구조물을 통해서 전신에 퍼지는 진동
① 발생원 : 차량·선박·항공기 등 교통기관을 타거나 기중기, 분쇄기 등을 운전할 때 발생
② 생체 작용
  • 말초혈관 수축, 혈압상승, 맥박 증가
  • 발한, 피부 전기저항의 저하
  • 여성 생리장애
  • 위장(분비 및 운동) 장애
  • 내장하수증
  • 척추 이상

(2) 국소진동 : 국소적으로 손과 발 등의 특정 부위에 전파되는 진동
① 발생원 : 병타기·착암기·연마기·전기톱 등의 진동공구

② 생체작용
- Raynard 현상 : 수지의 감각마비 및 창백
- 국소의 혈관·신경·골·관절·근육·지각 등에 이상이 오며, 점차로 파급되어 중추신경이나 내분비계까지 침범

표 14.7 진동 공구작업에 의해 나타나는 신체의 전신장애 및 국소장애

	전신진동	손·발에 전달되는 진동
생리학적 반응	• 폐포내 출혈, 장 출혈 • 흉복 내장의 변위와 이동 • 척추에 이상 • 내장하수 • 수면에 영향 • 열작용 • 동통	• Raynaud 현상 • 골, 관절에 이상 • 말초신경 장해 • 열작용 • 동통
작업능률	• 시력저하 • 피로 • 작업능률 저하	• 피로 • 작업능률 저하

표 14.8 진동의 물적인 피해

진도계	지진의 명칭	가속도 레벨 (dB)	비 고
0	무 감	55 이하	인체로 느끼지 못함
1	미 진	60±	약간 느낌
2	경 진	70±	크게 느낌
3	약 진	80±	창문, 미닫이가 흔들리고 진동음이 발생
4	중 진	90±	기물이 넘어지고 물이 넘침
5	강 진	100±	집의 벽이나 비석이 넘어짐
6	열 진	105~110	가옥파괴 30% 이하
7	격 진	110 이상	가옥파괴 30% 이상, 산사태 발생

3. 진동 방지대책

(1) 진동이 적은 기계를 선정한다.

(2) 방진장치를 설치
① 기계와 지면을 완전히 절연한다.
② 기계와 기계 사이에 스프링이나 방진고무를 사용한다.

(3) 기초를 튼튼하게 다진다.
① 하부에 자갈, 막돌을 두껍게 깔고, 그 위에 콘크리트 블록을 놓고, 그 위에 기계를 놓은 후 주위와 절연한다.
② 연약한 지반에는 긴 갱목을 많이 박는다.

(4) 충분한 거리 유지 : 진원(振源)에서 멀어지면 진동이 약해진다.

(5) 법적 규제 강화 : 진동업무에 대한 행정적 및 법적인 규제를 둔다.

(6) 도시계획을 수립할 때 진동공해에 대한 대책 마련

제4절 악취

1. 악취의 정의

(1) 하수, 공업폐기물, 동식물 등이 부패하면서 배출하는 냄새

(2) 가스, 증기, aerosol 형태로 존재하며 최근 공해의 분야에서 문제가 되고 있다.

(3) 악취 발생원
① 악취로 인한 진정이나 피해는 대부분 제한된 지역에서 문제가 되고 있다.
② 발생원 : 작은 규모의 공장부터 큰 화학공장에 이르기까지 매우 다양하다.
- 동·식물성 발생원 : 도살장, 양돈양계장, 피혁공장, 사료공장, 비료공장, 분뇨처리장, 수산물가공공장, 식품공장 등
- 화학적 발생원 : 펄프공장, 석유정제공장, 고무공장, 인쇄공장, 도장공장, 유기합성공장 등

③ 자연발생적 악취 : 미생물에 의한 단백질의 분해와 도시하수의 혐기성 분해 등에 의해 발생(자연발생적 악취의 양은 인위적인 발생량보다 훨씬 많은 것으로 알려져 있으나 자연 농도는 대단히 낮으므로 크게 문제되지 않음)

④ 대기환경보전법
- 사업장에서 발생하는 대기오염물질의 규제와 함께 주민의 주거생활을 보호하기 위해 생활악취의 규제 명시
- 예를 들면, 농수산물 도매시장 또는 공판장, 도축장, 축산업, 출판사 및 인쇄소, 고물상 등에 대한 규제기준과 내용이 따로 명시돼 있음

⑤ 공장에서 발생하는 악취 물질 : 공정에 따라 단일 성분 또는 여러 가지 성분이 혼합된 상태로 발생(업종뿐만 아니라 기업규모, 작업방법, 가공공정, 관리방법, 기후조건 및 입지장소에 따라 취기의 정도도 상당한 차이가 있음)

(4) 원인물질 : 황화수소, 메르캅탄류, 아민류, 알데히드류, 인돌류, 케톤류, 술피드류, 스카톨류, 알코올류, 페놀류, 염소화합물, 이황화탄소, 암모니아, 유기산 등

표 14.9 악취물질과 발생원

분 류	악취물질명	구 조 식	냄새의 성질
황화합물	메틸메르캅탄 에틸메르캅탄 디메틸 설파이드 디에틸 설파이드 황화수소	CH_3SH C_2H_5SH $(CH_3)_2S$ $(C_2H_5)_2S$ H_2S	썩은 양파 냄새 썩은 양배추 냄새 썩은 양배추 냄새 마늘 냄새 썩은 달걀 냄새
질소화합물	메틸아민 에틸아민 트리메틸아민 암모니아	CH_3NH_2 $C_2H_5NH_2$ $(CH_3)_3N$ NH_3	생선 냄새 암모니아 비슷한 냄새 썩은 물고기 냄새 자극취(臭)
탄화수소	부틸렌	$CH_2CH=CH_2$	올레핀 냄새
지방족화합물	낙산(駱酸) 아세톤 아크릴알데히드	$CH_3(CH_2)_2COOH$ $(CH_3)_2CO$ $CH_2CH=CHO$	땀냄새 땀냄새 자극취(臭)

(5) 인체에 대한 영향
① 눈, 인후부 통증
② 후각이상
③ 두통 등
④ 식욕부진, 구토
⑤ 독서 또는 작업 방해, 수면 방해

표 14.10 취기강도 표시법

냄새강도	자극 정도	(예) 메틸 메르캅탄(ppm)
0	무취	− ppm
1	겨우 감지할 수 있는 정도	0.041
2	무슨 냄새인지 판별할 수 있는 정도	0.57
3	불쾌감을 느낄 정도	7.9
4	강한 냄새	110
5	강렬한 냄새	1,500

(6) 악취 방지대책
① 탈취법
- 산·알칼리법 : 황산 샤워, 석회유(石灰乳) 샤워로 씻음
- 활성탄흡착법 : 사용한 활성탄의 재생이 번잡
- 이온교환수지법 : 효과가 높지만 운영비가 많이 듦
- 염소처리법 : 효과가 높지만 부상의 위험이 있음
- 과망간산칼륨법 : 효과가 높지만 잔사의 처리가 어려움

- 오존처리법 : 조건을 고려하여 처리하면 효과가 높음
- 수세법 : 경제적이지만 탈취능력에 한계가 있음
- 위의 방법을 결합해서 사용

(7) 공장에 대한 대책
① 도시계획을 수립할 때 방지대책 수립
② 별도의 단지를 조성해 악취를 발생시키는 공장을 모아서 일괄 처리
③ 원료 처리방법이나 가공공정 개선

2. 악취의 배출 허용기준

(1) 배출허용기준의 측정은 복합악취를 측정하는 것을 원칙으로 한다. 다만, 사업자의 악취물질 배출 여부를 확인할 필요가 있는 경우에는 지정악취물질을 측정할 수 있다.
　이 경우 어느 하나의 측정방법에 의하여 기준을 초과한 때에는 배출허용기준을 초과한 것으로 본다.

(2) 복합악취의 측정은 악취공정시험방법의 공기희석관능법(空氣稀釋官能法)을 적용하며, 지정악취물질의 측정은 기기분석법(機器分析法)을 적용한다.

(3) **복합악취** : 두 가지 이상의 악취물질이 복합적으로 존재하면서 사람의 후각을 자극하여 불쾌감과 혐오감을 주는 냄새
① **복합악취의 측정** : 악취공정시험방법의 공기희석관능법(空氣稀釋官能法)을 적용하며, 지정악취물질의 측정은 기기분석법(機器分析法)을 적용
② **복합악취의 시료채취**
- 사업장 안에 높이 5m 이상의 일정한 악취배출구와 다른 악취발생원이 혼재한 경우에는 부지경계선 및 배출구에서 각각 채취
- 사업장 안에 높이 5m 이상의 일정한 악취배출구 외에 다른 악취발생원이 없는 경우에는 일정한 배출구에서 채취
- 그 밖의 경우에는 부지경계선에서 채취

(4) **지정악취물질** : 시료는 부지경계선에서 채취

표 14.11 복합악취의 배출허용기준(악취방지법 시행규칙 별표 3)

구 분	배출허용기준(희석배수)		엄격한 배출허용기준의 범위(희석배수)	
	공업지역	기타 지역	공업지역	기타 지역
배출구	1,000 이하	500 이하	500~1000	300~500
부지경계선	20 이하	15 이하	15~20	10~15

표 14.12 지정악취물질(악취방지법시행규칙 별표 3)[1]

구 분	배출허용기준(ppm)		엄격한 배출허용기준의 범위(ppm)	적용시기
	공업지역	기타 지역	공업지역	
1 암모니아	2 이하	1 이하	1~2	2005년 2월 10일 부터
2 메틸머캅탄	0.004 이하	0.002 이하	0.002~0.004	
3 황화수소	0.06 이하	0.02 이하	002~0.06	
4 다이메틸설파이드	0.05 이하	0.01 이하	0.01~0.05	
5 다이메틸다이설파이드	0.03 이하	0.009 이하	0.009~0.03	
6 트라이메틸아민	002 이하	0.005 이하	0.005~0.02	
7 아세트알데하이드	0.1 이하	0.05 이하	0.4~0.8	
8 스타이렌	0.8 이하	0.4 이하	0.4~0.8	
9 프로피온알데하이드	0.1 이하	0.05 이하	0.05~0.1	
10 뷰티르알데하이드	0.1 이하	0.029 이하	0.029~0.1	
11 n-발레르알데하이드	0.02 이하	0.009 이하	0.009~0.02	
12 i-발레르알데하이드	0.006 이하	0.4 이하	0.4~0.8	
13[2] 톨루엔	30 이하	0.003 이하	0.003~0.006	2008년 1월 1일 부터
14 자일렌	2 이하	1 이하	1~2	
15 메틸에틸케톤	35 이하	13 이하	13~35	
16 메틸아이소뷰티르케톤	3 이하	1 이하	1~3	
17 뷰티르아세테이트	4 이하	1 이하	1~4	
18[3] 프로피온산	0.07 이하	0.03 이하	0.03~0.07	2010년 1월 1일 부터
19 n-뷰티르산	0.002 이하	0.4 이하	0.001~0.002	
20 n-발레르산	0.002 이하	0.001 이하	0.0009~0.004	
21 i-발레르산	0.004 이하	0.0009 이하	0.001~0.004	
22 i-뷰티르알콜올	4.0 이하	0.9 이하	0.9~4.0	

1. ① 국가산업단지·일반지방산업단지·도시첨단산업단지 및 농공단지
   ② 전용공업지역
   ③ 일반공업지역(자유무역지역)
2. 13~17은 2008년 1월 1일부터 적용
3. 18~22는 2010년 1월 1일부터 적용

3. 악취의 성질과 측정

(1) 악취의 성질

① 휘발성이 좋고 증기압력이 크며, 비교적 유기용제에 쉽게 녹는다.

② 일반적으로 비금속 화합물의 악취가 금속물질보다 심하다.

③ 질소 혹은 황화합물이 포함되어 있다.

④ 일반적으로 거대한 고리모양의 화합물이며, 분자량에 따라 그 냄새의 특징이 달라진다.

⑤ 화학구조가 비슷한 화합물도 그 냄새가 완전히 같지는 않으며, 결구가 돌

아가면서 다른 물질은 비슷한 냄새를 낮출 수 있다.
⑥ 동일계열의 화합물은 그 불포화결합이 많을수록 냄새가 강하게 나는 경향이 있으며, 결합 혹은 집합작용으로 냄새를 낮출 수 있다.
⑦ 동일계열의 물질은 분자량이 클수록 악취도 강한 경향이 있고, 휘발성이 높고 반응성이 강한 물질은 흔히 강한 맛을 나타내기도 한다.

(2) 악취의 측정

① 후각측정법
- 악취 강도 표시법
- 쾌적·불쾌적 표시법
- 공기희석법
- 분확법 : 악취주머니법, ASTM주사기법, 무악취실법
- 연속법 : Olfactor Meter Method, 성득미달법

② 화학측정법
- 흡강광도법
- 기상층 분석법
- GC/MS법
- GC-Olfactmeter(GC후각법)
- 검지관법

③ 냄새감응기
- 액정감응법
- 구 후각세포 감응법
- 호흡 동시식 자극법

표 14.13 후각측정과 화학측정의 비교

	후각 측정	화학 측정
측정기구	• 사람의 후각·악취 분석기구	• 악취 분석기구
표시법	• 쾌적·불쾌적에 따른 표시 • 악취농도에 의한 표시	• 각 성분의 화학식에 따라 표시하고 그 성분 농도를 표시
장점	• 사람의 감지에 따라 악취물질의 강도 및 쾌적감을 정할 수 있다. • 복합악취의 냄새별 차이를 표시 가능 • 농도 방식으로 악취 물질을 표시	• 농도 방식으로 악취 물질을 표시 • 사람, 환경에 의하지 않고 판별 가능 • 각 성분물질의 구성을 판별 가능 • 객관성과 신뢰도가 높다. • 대표적 악취성분을 분석 가능
단점	• 객관성과 신뢰도가 높다. • 복합악취의 구성성분을 판별 불가 • 환경과 심리요인의 영향 • 농도 표시 및 연속적 측정 불가	• 사람의 감각 차이를 알 수 없다. • 측정 결과와 각종 감각의 불일치 활용
활용	• 악취물질의 대해 해석 평가를 진행할 수 있다.	• 원인물질 탐색 • 탈취제 및 탈취장치의 효과 판정 • 악취공해의 현황조사 • 연속 측정을 통해 악취감시체제 수립 • 악취성분의 발생요인을 결정

14. 소음 · 진동 ▮ 핵심문제 해설

1 사람이 들을 수 있는 가청음역은?
  ㈎ 0~1,000Hz
  ㈏ 20~2,000Hz
  ㈐ 20~20,000Hz
  ㈑ 5,000~10,000Hz
  |해설| 20,000Hz 이상은 초음파

2 다음 중 옳은 것은?
  ㈎ dB이란 소리의 감각량의 단위이다.
  ㈏ dB이란 음압의 변화 횟수를 나타낸다.
  ㈐ dB이란 소리의 크기를 나타낸다.
  ㈑ dB이란 소리의 압력수준을 나타내는 단위이다.

3 소음측정 시 장애물로부터 얼마나 떨어져야 하는가?
  ㈎ 1.5m ㈏ 2.5m
  ㈐ 3.5m ㈑ 4.5m

4 보통 사람이 들을 수 있는 가장 작은 소리는 얼마 정도의 압력변화인가?
  ㈎ 0.02 N/m³ ㈏ 0.002 N/m³
  ㈐ 0.00002 N/m³ ㈑ 0.00002 N/m³
  |해설| 0.0002 dyne/cm²

5 환경보전법상 환경소음은 어떤 단위로 표시되어 있는가?
  ㈎ dB(A) ㈏ phon
  ㈐ 등가소음도 ㈑ Sone

6 우리나라의 주간 소음허용기준은?
  ㈎ 주거지역 : 55dB(A), 공장 : 50dB(A)
  ㈏ 주거지역 : 85dB(A), 공장 : 40dB(A)
  ㈐ 주거지역 : 85dB(A), 공장 : 85dB(A)
  ㈑ 주거지역 : 40dB(A), 공장 : 40dB(A)

7 dB(decibel)은 무슨 단위인가?
  ㈎ 음의 강도 ㈏ 음의 파장
  ㈐ 음의 질 ㈑ 음의 고저

8 환경보전법의 평가소음도는 어디에 적용되는가?
  ㈎ 소음배출 허용기준
  ㈏ 환경소음기준
  ㈐ 자동차 소음규제기준
  ㈑ 생활 소음규제기준

9 다음 단위 중 잘못 짝지어진 것은?
  ㈎ phon – 소리의 크기
  ㈏ dB – 소리의 강도
  ㈐ Sone – 소리의 주파수
  ㈑ lux – 조도

10 대화에 뚜렷한 장애를 줄 수 있는 평균 청력 감퇴(500, 1,000, 2,000 Hz)는?
  ㈎ 20dB ㈏ 25dB
  ㈐ 30dB ㈑ 40dB

11 NRN이란 어디에 적용되는 소음의 허용기준인가?
  ㈎ 소음성 난청의 정도
  ㈏ 청력장해의 정도
  ㈐ 공장소음의 정도
  ㈑ 소음배출 허용기준

12 소음의 단위 중 감각량을 표시하는 단위는?
  ㈎ dB ㈏ phon
  ㈐ Sone ㈑ NRN

13 ACGIH 기준에 의하면, 어느 작업장의 소음 수준이 95dB인 경우 허용되는 1일 노출시간은?
  ㈎ 8시간 ㈏ 4시간
  ㈐ 2시간 ㈑ 1시간

해답 1 ㈐ 2 ㈑ 3 ㈐ 4 ㈑ 5 ㈐ 6 ㈎ 7 ㈎ 8 ㈎ 9 ㈐ 10 ㈏ 11 ㈏ 12 ㈐ 13 ㈏

14 우리의 귀에 음압수준(sound pressure level)과 같은 크기로 들리는 소리의 주파수는 얼마인가?
- ㈎ 500 Hz
- ㈏ 1,000 Hz
- ㈐ 2,000 Hz
- ㈑ 4,000 Hz

15 소음성 난청을 일으키는 음은 몇 dB 이상인가?
- ㈎ 80 dB 이상
- ㈏ 90 dB 이상
- ㈐ 100 dB 이상
- ㈑ 120 dB 이상

16 소음 중 통각을 느끼게 하는 범위는?
- ㈎ 120 dB 이상
- ㈏ 110 dB 이상
- ㈐ 140 dB 이상
- ㈑ 150 dB 이상

17 보통 초음파라고 하면 최저 얼마 이상의 Hz 인가?
- ㈎ 500 Hz
- ㈏ 20,000 Hz
- ㈐ 3,500 Hz
- ㈑ 6,000 Hz

18 소음의 영향에 의한 피로가 나타나기 시작하는 수준은?
- ㈎ 80 dB이상
- ㈏ 100 dB이상
- ㈐ 120 dB이상
- ㈑ 140 dB이상

| 해설 | 100 dB이상에서는 소음성 난청을 일으키며, 120 dB이상에서는 통각을 느낀다.

19 산업장의 소음허용기준치는 근로자의 평균청력감퇴가 얼마 이하로 떨어지지 않도록 하기 위함인가?
- ㈎ 20 dB
- ㈏ 25 dB
- ㈐ 30 dB
- ㈑ 35 dB

20 소음측정은 지상 몇 m에서 실시하는가?
- ㈎ 0.8~1.0m
- ㈏ 0.1~1.5m
- ㈐ 1.2~1.5m
- ㈑ 1.5~1.8m

21 소음에 의한 인체장해가 아닌 것은?
- ㈎ 타액 및 위액 분비 증가
- ㈏ 위운동 억제
- ㈐ 빈맥
- ㈑ 혈압 및 뇌압상승

22 주거전용지역의 낮기간(06 : 00~22 : 00) 동안 소음의 환경기준은? (단위 : Log dB[A])
- ㈎ 50
- ㈏ 55
- ㈐ 65
- ㈑ 70

23 C_5-dip란?
- ㈎ 소음성 난청의 초기소견 3,000 Hz 음
- ㈏ 소음성 난청의 초기소견 4,000 Hz 음
- ㈐ 소음성 난청의 초기소견 5,000 Hz 음
- ㈑ 소음성 난청의 초기소견 20,000 Hz 음

24 강렬한 고주파 소음에 폭로되었을 때에 최초의 청력손실은 어느 주파수에 대해 가장 현저한가?
- ㈎ 폭로된 소음과 같은 주파수
- ㈏ 폭로된 소음보다 반음계 높은 주파수
- ㈐ 폭로된 소음보다 반음계 낮은 주파수
- ㈑ 폭로된 소음과 관계 없음

25 청력보호구를 사용하였을 때의 설명 중 틀린 것은?
- ㈎ 조용한 환경에서 착용하면 회화를 방해한다.
- ㈏ 90 dB 정도의 소음이 있을 때는 회화에 지장을 초래하지 않는다.
- ㈐ 100 dB 이상의 강렬한 소음환경에서는 오히려 대화하기가 쉽다.
- ㈑ 청력장해를 방지할 뿐, 회화하는 데는 아무런 영향이 없다.

해답 14 ㈏ 15 ㈐ 16 ㈎ 17 ㈏ 18 ㈎ 19 ㈏ 20 ㈐ 21 ㈎ 22 ㈎ 23 ㈏ 24 ㈏ 25 ㈑

26 다음 중 소음성 난청에 관한 설명으로 틀린 것은?
  ㈎ 주로 4,000Hz에서 시작하여 모든 음역에 파급된다.
  ㈏ 초기증상을 C_5- dip라고 한다.
  ㈐ 일시적 난청은 Corti관의 감각세포 피로현상이다.
  ㈑ 영구적 난청은 노인성 난청과 같은 현상이다.
  |해설| 노인성 난청은 기능적 장애이다.

27 귀마개의 차음 성능은?
  ㈎ 1,000 Hz 30 dB, 2,000 Hz 40 dB 이상
  ㈏ 2,000 Hz 20 dB, 4,000 Hz 25 dB 이상
  ㈐ 3,000 Hz 40 dB, 6,000 Hz 40 dB 이상
  ㈑ 2,000 Hz 30 dB, 4,000 Hz 20 dB 이상

28 다음 중 옳은 내용으로 나열된 것은?
  ① 사람의 피부는 열 흡수율이 비교적 낮다.
  ② 보통 초음파라고 하면 10,000 Hz 이상이다.
  ③ dB이란 소리의 크기의 수준이다.
  ④ 소음에 의해서 위운동이 억제된다.

  ㈎ ①, ②   ㈏ ②, ③
  ㈐ ③, ④   ㈑ ①, ④

29 직업성 난청을 많이 발생시키는 주파수는?
  ㈎ 500 Hz   ㈏ 1,000 Hz
  ㈐ 2,000 Hz   ㈑ 4,000 Hz

30 소음진동규제법상 대낮의 공장의 소음 배출 허용기준을 설명한 내용으로 옳은 것은? (단위 : dB(A))
  ㈎ 대상 소음의 소음평가치가 50 이하일 것
  ㈏ 실측치에서 5를 뺀 후 보정표에 보정한 소음평가치가 45 이하일 것
  ㈐ 대상 소음도에서 보정표에 의하여 보정한 평가소음도가 50 이하일 것
  ㈑ 대상 소음도에서 보정표에 의하여 보정한 평가소음도 45 이하일 것

31 계속적인 폭로 시에 난청을 일으키기 시작할 수 있는 음의 최저치는?
  ㈎ 65~75 dB   ㈏ 75~85 dB
  ㈐ 90~100 dB   ㈑ 100~110 dB

32 미국의 ACGIH의 소음허용기준에 의하면 계속음이든 간헐음이든 (   ) dB(A) 이상의 소음에 폭로되어서는 안 된다고 규정하고 있다. 다음 중 (   ) 안에 맞는 숫자는?
  ㈎ 90   ㈏ 105   ㈐ 115   ㈑ 130

33 세계적으로 공해 관련 민원의 수가 가장 많은 것은?
  ㈎ 소음   ㈏ 공장폐수
  ㈐ 매연   ㈑ 진동

34 Ear muff, Ear plug 등의 위생보호구는?
  ㈎ 차광 보호구
  ㈏ 유해가스용 보호구
  ㈐ 차음 보호구
  ㈑ 방진 보호구
  |해설| ear muff는 귀덮개이며, ear plug는 귀마개이다.

35 다음 중 진동에 의한 장애는?
  ㈎ 난청
  ㈏ Raynaud's phenomenon
  ㈐ 안구진탕증
  ㈑ 피부염

36 진동병에서 분명하게 나타나는 증상과 관계가 적은 것은?
  ㈎ 자율신경, 혈관 이상
  ㈏ 수지의 Raynaud 현상
  ㈐ 갑상선 기능 항진증
  ㈑ 손바닥의 발한 증가
  |해설| 갑상선 기능 항진증 : 호르몬이 원인

37 다음 중 진동병의 발병과 관계가 없는 것은?
  ㈎ 진동   ㈏ 기압
  ㈐ 소음   ㈑ 한랭

해답 26 ㈑ 27 ㈏ 28 ㈑ 29 ㈑ 30 ㈎ 31 ㈐ 32 ㈐ 33 ㈎ 34 ㈐ 35 ㈏ 36 ㈐ 37 ㈑

38 다음 중 진동에 의한 장애가 아닌 것은?
㈎ 말초혈관 수축 ㈏ 혈압하강
㈐ 맥박증가 ㈑ 관절의 변형

39 진동으로 인한 관절의 변화 중 가장 빈번한 것은?
㈎ 건조염(Tenosynovitis)
㈏ 이단성 골연골염(Osteochondritis dissecans)
㈐ 변혈성 관절염(Arthritis deformans)
㈑ 가관절염(Pseudoarthritis)

40 진동의 물리적 성질 중 진동증후군을 유발하는 주인자는?
㈎ 진동률
㈏ 진동폭
㈐ 진동속도
㈑ 진동의 가속

41 다음 중 진동에 의한 장애질병은?
㈎ Caison disease
㈏ Raynaud's disease
㈐ Crowd poison
㈑ Silicosis

42 소음성 난청에 대한 설명이 틀린 것은?
㈎ 소음성 난청의 대부분은 양측성이다.
㈏ 특히 'ㅅ'이나 'ㅌ' 같이 강한 마찰성 자음 발음을 잘 알아듣지 못한다.
㈐ 자각증상으로 이명이 있는 경우가 흔하다.
㈑ 소음성 난청이 있는 사람은 큰소리는 잘 듣지 못하나 작은 목소리를 잘 듣는다.
| 해설 | 작은 소리를 잘 듣지 못한다.

43 장기별 공명현상을 유발할 수 있는 고유진동수가 틀린 것은?
㈎ 두개골 : 25 Hz
㈏ 흉강 : 60 Hz
㈐ 골반 : 4~8 Hz
㈑ 전신은 수직진동시 1 Hz이고 수평진동시 5 Hz이다.
| 해설 | 수직 5 Hz, 수평 1~2 Hz

44 전신진동장애에 대한 설명이 틀린 것은?
㈎ 진동원은 교통기관이나 기계 등이다.
㈏ 진동의 강도가 증가함에 따라 작업수행능력이 떨어진다.
㈐ 전신진동은 30 Hz에서 시력장애가 온다.
㈑ 노출시 내분비계, 심장, 평형 감각에 영향을 미친다.
| 해설 | 60~90Hz

제15장 산업보건

제1절 산업보건의 개념

(1) 산업보건의 정의 : 근로자들이 건강한 심신으로 높은 작업능률을 유지하면서 지속적으로 근로에 임할 수 있도록 근로환경과 근로방법 및 근로조건을 어떻게 관리해 나갈 것인가를 연구하는 것

(2) 산업보건의 목표
① 작업 자체를 사람에게 적합하도록 배려
② 작업능률 상승
③ 노동의 재생산 확보
④ 근로자들의 건강은 생산성의 향상과 직결

> **참고**
>
> **국제노동기구(ILO)와 세계보건기구(WHO)의 산업보건**
> ① 모든 근로자들의 신체적·정신적·사회적 안녕상태를 최고도로 유지·증진
> ② 작업조건으로 인한 건강 위해요소 예방(환경관리)
> ③ 근로자를 유해인자 폭로에서 보호
> ④ 신체적·정신적으로 적성에 맞는 작업환경에서 일할 수 있도록 배치 (재생산성 확보)

(3) 산업보건사업의 중요성이 증가하는 이유
① 국가적으로 경제규모와 산업규모가 점차 증가
② 노동인력의 비중 증가
③ 노동자와 노동력에 대한 새로운 개념 확립
④ 작업과 건강장해에 대한 새로운 인식 증가

제2절 산업재해

(1) 정의 : 산업 분야에서 예상하거나 계획되지 않은 돌발적인 사건의 발생

(2) 원인

① 인적 요인 : 80% 이상
- 관리적 원인 : 작업의 미숙, 작업지식의 부족, 불량한 작업 방법, 복장불량, 정원 초과, 연락 불충분
- 생리적 원인 : 체력부족, 신체적 결함, 수면부족, 음주, 질병, 월경 등
- 심리적 원인 : 정신적 부적응, 정신상의 결함, 고민, 부주의 태만, 착오, 부적당한 행동과 동작

② 환경적 요인
- 기후 조건 : 온도의 영향이 크며 고온에서 심신기능의 저하(20°C에서 최저) 발생
- 조명의 불량과 조도의 불균형(색채 조절과 관련)
- 분진과 가스의 발생
- 분진, 가스발생 : 재해발생이 일어나기 쉽다.
- 소음 : 80dB 이상일 때 소음 증대만큼 작업착오도 늘어난다.

③ 산업장의 환경요인
- 시설물의 미비와 불량
- 환경의 불량
- 작업장의 정리정돈 태만
- 부적절한 공구 사용
- 노동시간의 연장
- 휴식시간의 부족 등

(3) 산업재해 발생의 역학적 특징

① 작업행동 재해가 대부분을 차지(약 46.7%)
② 신체부위별 발생률 : 손과 수지(34.3%) > 발·족지(16.5%) > 요부(8.8%) > 흉부(8.3%)
③ 유형 : 타박상·개방창(50% 이상) > 골절, 탈구 등
④ 계절 : 더운 여름(7~9월)과 추운 겨울(12~2월)에 주로 발생
⑤ 요일 : 목~금요일에 다발하고 토요일은 감소
⑥ 발생시간 : 오전 11시~12시, 오후 2~3시
⑦ 업종 : 제조업과 소규모 사업장에서 빈발

⑧ 기타
- 중졸 이하 : 82.8%
- 20~29세 : 53.6%
- 근속 1년 미만 : 31.5%

1. 재해의 분류

(1) 재해의 정도
① 사망 또는 영구폐질 : 0.7~0.9%
② 중상(휴업 14일 이상) 및 중등상(휴업 8~13일) : 23~27%
③ 경상(휴업 3~7일) : 72~76%
④ 미상(휴업 1~2일)
⑤ 불휴재해(휴업일 없음)

(2) 상해의 분류
절단상, 화상, 열상, 창상, 동상, 절상, 자상, 찰과상, 골절, 탈구, 염좌(회복 가능한 탈구), 좌상(피부·조직손상), 파쇄상, 흉부, 복부, 골반부의 내부손상, 척추의 손상, 중독 등

(3) Heinrich 법칙
현성(휴업)재해 : 불현성(불휴)재해 : 잠재성재해 = 1 : 29 : 300

2. 산업재해지수

(1) 건수율 : 산업재해 발생 상황을 총괄적으로 파악
$$\frac{재해건수}{평균실무노동자수} \times 1000$$

(2) 도수율 : 산업재해 발생 상황을 파악하기 위한 표준적 지표
$$\frac{재해건수}{연노동시간수} \times 1000 \text{ 또는 } \frac{손실노동일수}{연노동시간수} \times 1000$$

(3) 강도율 : 재해로 입은 상해의 정도 파악
$$\frac{손실노동일수}{연노동시간수} \times 1000$$

(4) 평균손실일수
$$\frac{손실노동일수}{재해건수}$$

(5) 재해지수 이용 시의 유의사항
① 도수율과 강도율 산출시 연간 근로시간은 실적에 의해 산출(추정은 금물)
② 집계된 재해의 범주를 명시할 것
③ 규모가 작은 사업장, 재해 발생수가 작을 때는 지수산출의 의의가 없다.
④ 개별 재해에 대한 원인분석이 중요하다. (재해지수는 발생양상에 대한 대체적 추세일 뿐임)

3. 산업재해 방지대책

(1) 감독기관의 안전관리
① 재해발생률이 높은 사업장에 대하여 적절하고 구체적인 재해방지계획 수립
② 재해방지 대상 산업장의 감독 및 지도계몽
③ 재해방지단체의 후원
④ 안전 및 보건교육의 실시

(2) 산업장의 안전관리
① 안전관리규칙 정비
② 작업환경의 정비 및 정기적 점검
③ 보호구의 정비와 착용지도
④ 근로자의 적정배치
⑤ 안전교육 및 훈련 실시
⑥ 안전표식, 게시물·포스터 부착
⑦ 재해방지 목표의 설정(예 무재해일, 무재해주간 등)

(3) 안전관리자의 직무
① 안전장치·보호구·소화설비, 기타 위해방지시설 등의 성능에 대한 정기적인 점검 및 정비
② 장비·설비와 작업환경 및 작업방법에서 위험성이 발견되면 응급조치 및 적당한 방지조치 실시
③ 안전작업에 관한 교육 및 훈련
④ 재해가 발생했을 때 원인조사 및 대책 수립
⑤ 소화·대피 훈련 및 대책 수립
⑥ 안전일지 작성 및 분석, 대책 수립

제3절 산업피로

1. 산업피로의 정의

(1) 정신과 육체적으로 '고단하다'는 생각이 들고, 이로 인하여 작업능률이 떨어지는 생체기능의 변화를 가져오는 현상

(2) 발생
① 산소, 영양소 등의 활동 에너지원의 소모
② 물질대사에 의한 노폐물(젖산, 초산, 포도당. 암모니아, 시스틴, 시스테인, 크레아틴, 크레아티닌, 잔여 질소)의 체내 축적

③ 활동 에너지의 소모, 체내에 물리·화학적인 변화
④ 여러 가지 신체조절기능이 저하되었을 때 발생한다.

(3) 산업피로의 요인

- 외부 저해요인 : 작업 강도와 양, 속도, 작업시간과 작업 자세, 작업환경 등
- 신체적 요인 : 체력 부족, 직업 적성의 결함, 작업의욕의 상실, 심신쇠약 등
- 환경적 요인 : 인간관계와 사회·경제적 양상

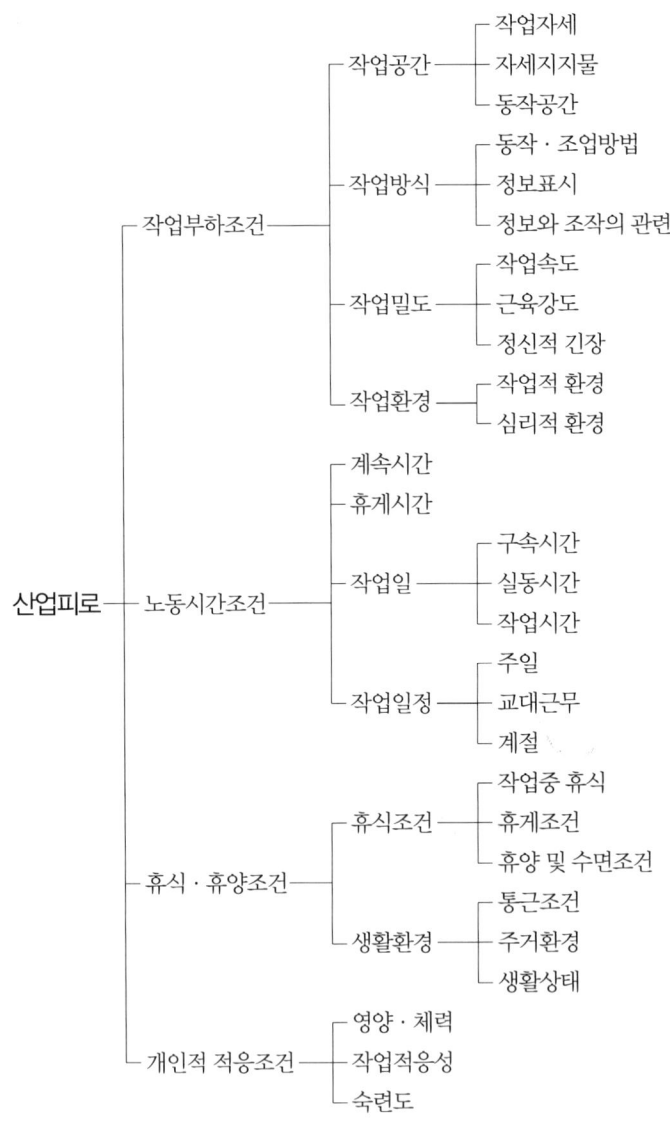

그림 15.1 ■■■ 산업피로의 요인

(4) 산업피로의 평가

① 결근통계와 노동수명(turn over ratio)
② 피로의 증상 : 자각적 피로감 → 기능적 피로감
- 초기증상 : 동작이 완만해짐, 협동능력 저하, 관절의 강직과 이완
- 경과 : 얼굴 부종, 근육통, 호흡곤란, 심계항진, 이상발한, 소화기장애, 두통, 협심증, 허탈감
- 만성적인 증상 : 수면장애, 식욕부진, 소화기장애, 빈혈, 체중감소, 신경증상

2. 산업피로의 종류

산업장에서 일어나는 산업피로는 작업부하, 노동시간, 휴식 및 개인적인 적응조건 등 여러 가지 요인들이 복합적으로 작용하여 일어나며, 직장과 가정, 그리고 사회의 인간관계와 사회경제적 양상에 의하여서도 영향을 받는다.

표 15.1 산업피로의 종류와 증상

대 분 류	소 분 류	주 요 증 상
노동방식에 의한 분류	• 근성피로 • 정신피로 • 불량자세에 의한 피로 • 성장운동에 의한 피로 • 중·과노동에 의한 피로	• 근육통, 관절통 • 허탈감, 두통, 주의력 저하, 발한 • 견통, 요통, 관절통 • 전신착잡, 무기력 • 전신착잡, 속이 아픔
생활조건에 의한 분류	• 불량주거에 의한 피로 • 불량영양에 의한 피로 • 사회적 생활에 의한 피로	• 휴양부족, 수면부족으로 체력과 기력 저하 • 체중감소, 탄력감 • Neurosis 증상
신체부적응에 의한 피로	• 호흡기성 피로 • 소화기성 피로 • 순환기성 피로 • 뇌신경성 피로	• 감기 빈발, 결핵감염 용이, 식욕부진 • 구토, 설사, 변비, 체중감소 • 심계항진, 저혈압 • 두통, 흥분, 불면, 발한
경과에 의한 분류	• 생리적 피로 • 급성 피로 • 축적성 피로 • 만성 피로	• 다음날 아침에 회복 • 4~5일 경과 후 회복 • 날이 갈수록 악화 • 고정 증상
작업환경에 의한 분류	• 온열성 피로 • 소음성 피로 • 불량조명에 의한 피로	• 전신착잡, 체중감소, 식욕부진, 무기력 • 두통, 이명, 불명, 난청 • 안통, 약시, 두통

3. 피로의 예방과 회복대책

(1) 피로의 예방

① 불필요한 동작을 피하고 에너지 소모를 적게 한다.
② 정적인 작업은 더 피로하므로 되도록 동적인 작업으로 바꾸어 정적인 작업량을 줄인다.
③ 작업속도를 적절하게 조절한다.

④ 각 개인마다 작업량을 조절한다.
⑤ 작업과정에 적절한 간격으로 휴식시간을 둔다.
⑥ 작업환경을 정비, 정돈한다.
⑦ 작업시간 중 적당한 때에 간단한 체조 또는 오락시간을 갖도록 한다.
⑧ 잠을 충분히 자는 것은 피로예방과 피로회복에 필요하다.

(2) 피로의 회복
① 작업장에 따라 필요한 열량을 고려한 충분한 영양섭취
② 작업 후 목욕 또는 마사지 : 혈액순환을 좋게 하여 근육에 축적되었던 노폐물의 배설을 촉진시켜 피로회복에 도움
③ 커피, 홍차 또는 엽차 : 카페인, 데오부로민 등의 물질이 심장작용을 자극하여 피로회복에 도움
④ 비타민 B_1 : 피로회복에 효과

제4절 노동조건과 환경

1. 작업환경의 개선

(1) 작업장의 입지조건
① 안전성과 보건성 : 폭발, 화재, 공해, 폐수처리, 폐기물처리, 소음방지책 등의 시설 정비 필요
② 근로능력과 생산성 : 주거, 교통수단, 오락 등과 함께 용수, 운반, 기후 등의 충족

(2) 작업장의 조건 개선
① 물리적 조건 : 기온·기습·기류·복사열·채광·조명·기압·소음 등
② 화학적 조건 : 유해가스·분진·매연의 배제설비

(3) 근로자 복지후생시설 설치 : 탈의실, 휴게실, 식당, 세면장, 화장실, 기숙사, 욕실, 진료실 등

(4) 폐기물 처리시설 설치 : 폐기물 적치장, 폐기물 정리장, 폐기물 소각장, 폐기물 처리장, 폐수처리시설, 폐기물 이용시설 등

2. 노동과 영양

(1) 육체노동과 영양
① 근육노동 : 당질을 위주로 하여 지방질로 일부 보충
② 육체노동 : 단백질과 비타민 B_1의 공급 필요

(2) 근로강도와 필요열량 및 각종 영양소

표 15.2 근로강도와 필요열량 및 각종 영양소

	열량 (Cal)	단백질 (g)	칼슘 (g)	철 (mg)	식염 (g)	V.A (I.U.)	V.B$_1$ (mg)	V.B$_2$ (mg)	Niacin (mg)	V.C (mg)	V.D (I.U.)
경노동	남 2,200	80	0.6	10	15	2,000	1.1	1.1	11	65	400
	여 1,700	65	0.6	10	15	2,000	0.9	0.9	9	60	400
중등노동	남 2,200	85	0.6	10	15	2,000	1.3	1.3	13	65	400
	여 1,700	70	0.6	10	15	2,000	1.1	1.1	11	60	400
강노동	남 2,200	90	0.6	10	20	2,000	1.5	1.5	15	65	400
	여 1,700	75	0.6	10	20	2,000	1.2	1.2	12	60	400
중노동	남 2,200	95	0.6	10	20	2,000	1.8	1.8	18	65	400
	여 1,700	80	0.6	10	20	2,000	1.4	1.4	14	60	400
격노동	남 2,200	100	0.6	10	20	2,000	2.0	2.0	20	65	400
	여 1,700	—	—	—	—	—	—	—	—	—	—

(3) 근로강도에 따른 작업 합리화

① 에너지대사율(Relative Metabolic Rate ; RMR) : 육체적 근로강도의 지표

$$RMR = \frac{\text{작업 시 소비 에너지} - \text{안정 시 소비 에너지}}{\text{기초 대사량}}$$

$$= \frac{\text{근로(작업)대사량}}{\text{기초대사량}}$$

② 평가
- 1 이하 : 경노동
- 1~2 : 중등노동
- 2~4 : 강노동
- 4~7 : 중노동
- 7 이상 : 격노동

③ RMR을 이용한 1일 에너지 대사량 산출공식

소비열량 = 기초대사량 × (RMR + 1.2)

※ RMR이 클수록 노동 강도가 커서 일을 오래 하기 힘듦

(4) 직업성 중독과 노동종류에 따른 영양

① 직업성 중독별 필요영양소
- 벤젠중독
  - 급성중독 : 비타민 B$_1$
  - 만성중독 : 비타민 B$_2$
- 암모니아 중독 : 비타민 B$_1$
- 일산화탄소(CO) 중독 : 비타민 B$_1$
- 염화탄소 중독 : 비타민 B$_2$ (4염화탄소는 비타민 E)
- 아연 중독 : 대두 단백질의 영양공급
- 기타 직업성 중독 : 알칼리성 식품(우유, 야채, 과일, 해초 등)을 섭취

② 노동종류에 따른 필요영양소
- 고온작업 : 식염, 비타민 A, 비타민 B_1, 비타민 C
- 저온작업 : 지방질, 비타민 A, 비타민 B_1, 비타민 C, 비타민 D
- 소음작업 : 비타민 B_1
- 중노동자 : 비타민류, Ca 강화식품(된장, 간장, 우유, 강화미)을 섭취한다.

3. 노동시간

(1) 작업 속도와 강도가 상승하고 단순반복적인 공정이 많아지고 있으므로 휴식시간의 간격과 양을 결정하는 것이 산업피로를 줄이는 요소가 됨

예 Flex-time(주 40시간 내에서 자유롭게 출퇴근하는 제도)의 실시 등

(2) 법정 노동시간

① 근로기준법 제50조
- 1주간의 근로시간은 휴게시간을 제외하고 40시간을 초과할 수 없다.
- 1일의 근로시간은 휴게시간을 제외하고 8시간을 초과할 수 없다.

② 산업안전보건법 제46조

사업주는 유해 또는 위험한 작업으로서 대통령령이 정하는 작업에 종사하는 근로자에 대하여는 1일 6시간, 1주 34시간을 초과하여 근로하게 하여서는 아니 된다.

제5절 여성·연소 근로자의 보호

1. 여성근로자

(1) 특징
① 가벼운 손기술을 요하는 작업에 주로 종사
② 젊고 미숙련 근로자가 많으며, 결혼과 동시에 퇴직자 대량 발생
③ 생리일 등이 작업에 어느 정도 영향을 미친다.
④ 기혼여성의 경우 어머니, 주부 및 근로자로서의 삼중부담을 지닌다.

(2) 보호대책
① 주당 근로강도 : RMR 2.0 이하로 제한
② 중량물 취급업무 : 중량 제한
③ 서서하는 작업(방직, 백화점 등) : 연속작업시간 제한, 휴식 횟수와 시간 고려

④ 생리휴가 및 산전·산후 각 6~8주간의 휴가 실시
⑤ 손을 과도한 사용(예 타이피스트, Key puncher)하는 작업에서는 작업조건 개선 및 적정배치
⑥ 고온 작업 : 작업조건, 냉·난방 고려
⑦ 기타 환경관리 실시

2. 연소 근로자

(1) 특징
① 연소자는 신체 및 정신이 발육 중이므로 중노동은 성장발육을 억제하고 추리력·통찰력·운동 조절기능을 감퇴시킴
② 신체의 일부가 기형적으로 성장하거나 기능 중지
③ 성인에 비해 근로에 의한 피로 빨리 오고, 결핵 등 질병에 잘 이환됨
④ 직업병에 잘 걸릴 수 있으며, 화학물질에 대한 감수성이 크다.
　(예 산업질환, 공업중독 등)

(2) 보호대책
① 과중한 노동과 야간작업 금지
② 위험한 작업 제한
③ 근로시간 제한 : 13~18세까지는 보호연령으로 작업시간 제한
④ 유해물과 취급물의 중량 등을 제한
⑤ 13세 미만인 자의 고용 제한
⑥ 보건상 유해하거나 위험한 사업에서 여자와 18세 미만인 자의 고용 제한

3. 근로기준법

(1) 여성과 연소근로자의 공통적 보호
① 유해·위험 사업에서의 사용금지(65조)
- 사용자는 임신 중이거나 산후 1년이 경과되지 아니한 여성(임산부)과 18세 미만인 자를 도덕상 또는 보건상 유해·위험한 사업에 사용하지 못한다.
- 사용자는 임산부가 아닌 18세 이상의 여성을 보건상 유해·위험한 사업 중 임신 또는 출산에 관한 기능에 유해·위험한 사업에 사용하지 못한다.

② 야간·휴일근로의 제한(70조)
- 사용자는 18세 이상의 여성을 오후 10시부터 오전 6시까지의 시간 및 휴일에 근로시키려면 그 근로자의 동의를 받아야 한다.
- 사용자는 임산부와 18세 미만자를 오후 10시부터 오전 6시까지의 시간 및 휴일에 근로시키지 못한다.
- 예외
  - 18세 미만자의 동의가 있는 경우

- 산후 1년이 지나지 아니한 여성의 동의가 있는 경우, 사용자는 노동부장관의 인가를 받기 전에 근로자의 건강 및 모성 보호를 위하여 그 시행 여부와 방법 등에 관하여 근로자대표와 협의하여야 한다.
  - 임신 중의 여성이 명시적으로 청구하는 경우
③ 갱내근로의 금지(72조) : 사용자는 여성과 18세 미만인 자를 갱내에서 근로시키지 못한다(보건·의료, 보도·취재 등 제외).
④ 임신 중의 여성근로자와 15세 이상 18세 미만의 연소자에 대한 탄력적 근로시간제도의 적용 배제(51조)

(2) 연소자의 특별보호
① 최저취업연령 제한(65·66조)
  - 15세 미만인 자(중학교에 재학 중인 18세 미만인 자 포함) : 근로자로 사용하지 못한다(노동부장관이 발급한 취직인허증을 지닌 자는 예외).
  - 18세 미만인 자 : 사업장에 그 연령을 증명하는 가족관계기록사항에 관한 증명서와 친권자 또는 후견인의 동의서를 비치
② 근로시간(72조) : 15세 이상 18세 미만인 자의 근로시간은 1일에 7시간, 1주일에 40시간을 초과하지 못한다. 다만, 당사자 사이의 합의에 따라 1일에 1시간, 1주일에 6시간을 한도로 연장 가능
③ 선택적 근로시간제의 적용 배제(52조) : 15세 이상 18세 미만인 자
④ 근로계약(67조)
  - 친권자나 후견인은 미성년자의 근로계약 대리 불가
  - 친권자, 후견인 또는 노동부장관은 근로계약이 미성년자에게 불리하다고 인정하는 경우에는 해지 가능
  - 사용자는 18세 미만인 자와 근로계약을 체결하는 경우에는 근로조건을 서면으로 명시하여 교부하여야 함
⑤ 임금청구(68조) : 미성년자가 독자적으로 임금청구 가능

(3) 여성에 대한 특별보호
① 생리휴가(73조) : 사용자는 여성 근로자가 청구하면 월 1일의 생리휴가를 주어야 한다.
② 시간외 근로의 제한(71조) : 사용자는 산후 1년이 지나지 아니한 여성에 대해 단체협약이 있는 경우라도 1일 2시간, 1주일 6시간, 1년 150시간을 초과하는 시간외근로를 시키지 못한다.
③ 임산부의 보호(74조)
  - 보호휴가
    - 사용자는 임신 중의 여성에게 산전과 산후를 통하여 90일의 보호휴가를 주어야 한다.

- 보호휴가기간의 배정은 산후에 45일 이상이 되어야 하며 최초 60일은 유급으로 해야 한다.
- 사용자는 임신 중인 여성이 임신 16주 이후 유산 또는 사산한 경우로서 그 근로자가 청구하면 보호휴가를 주어야 한다(인공 임신중절 수술에 따른 유산의 경우 제외).
• 시간외근로 : 사용자는 임신 중의 여성 근로자에게 시간외근로를 하게 하여서는 아니 되며, 그 근로자의 요구가 있는 경우에는 쉬운 종류의 근로로 전환하여야 한다.
④ 해고 등의 제한(23조) : 산전·산후의 여성이 휴업한 기간과 그 후 30일 동안은 해고하지 못한다.
⑤ 육아시간(25조) : 생후 1년 미만의 유아를 가진 여성 근로자가 청구하면 1일 2회 각각 30분 이상의 유급 수유 시간을 주어야 한다.

제6절 직업병의 종류와 대책

1. 직업병의 정의

(1) **정의** : 특정 직업에 종사함으로써 근로조건이 원인이 되어 일어나는 심신의 장해. 직업병은 직업에 종사하면서 장기간 폭로되는 유해물질의 작용으로 발생하여 만성적 경과를 밟으므로 작업과 인과관계를 규명하기 어려운 경우가 많다.

(2) **특징**
① 열악한 작업환경에 장기간 노출된 후에 발생
② 폭로시간과 첫 증상이 나타나기까지 긴 시간적인 차이가 있다.
③ 인체에 대한 영향이 확인되지 않은 새로운 물질이 많다.
④ 임상적 또는 병리적 소견이 일반 질병과 구분하기가 어렵다.
⑤ 많은 직업성 요인이 비직업성 요인에 상승작용을 일으킨다.
⑥ 임상의사가 관심이 적어 이를 간과하거나 직업력을 소홀히 한다.
⑦ 보상과 관련된다.

(3) **발생요인**
① **작업환경**
• 작업환경의 물리적 조건 불량 : 열중증, 소음성 난청, 잠함병, 산소결핍증, 불량조명·자외선·적외선에 의한 안장해 등

- 유해물질의 취급이나 작업환경 정비 불량 : 생산재료로 사용되거나, 생산 과정에서 부산물로 생성되는 유해물질이 근로자에게 폭로됨으로써 발생 **예** 각종 중금속, 유기용제, 기타 화학물질에 의한 중독이나 진폐증 등

② 작업조건 : 과격한 근육운동이나 정밀한 작업밀도, 장시간의 노동조건 등에 기인 **예** 요통증, 경견완증후군, 각종 관절장해, 국소진동장해(작업공구에 의한 장해) 등

③ 개체요인
- 생물학적 조건 : 성, 연령, 체질 등
- 사회·경제적 조건
- 개인적 조건 : 물질에 대한 감수성, 적성 등

(4) 직업병 발생인자와 대책

표 15.3 직업환경요인의 건강에 대한 영향

환경요인		장해의 종류	대상 작업
화학적 요인 (유해 물질)	• 광물성 분진 • 특정 화학물질 등 • 기타 중금속 • 기타 일반분진 • 유기용제 등 • 기타 유해가스 • 산소결핍 • 전리방사성 물질	• 진폐증(규폐, 면폐, 탄폐) • 산업중독, 직업성 암, 피부장해 • 산업중독, 직업성 암, 피부장해 • 진폐증, 산업중독, 피부장해 • 유기용제 중독, 피부장해 • 산업중독 • 산소결핍증 • 전리방사성 장해	• 광업, 요업, 주조, 건설 • 광업, 공업, 건설 • 축전지 제조, 요업 • 방적 제지, 화학공업 • 광업, 인쇄, 도장업 • 광공업 • 건설, 화학공업, 지하실 • 방사선물질 취급
물리적 요인 (유해 에너지)	• 온도·습도·기류이상 • 이상기압 • 부적조명 • 소음 • 초음파 • 마이크로파 • 국소진동 • 레이저 광선 • 적외선 • 자외선 • 전리방사선	• 열중증, 동상 • 잠수병, 고산병 • 안정피로, 근시 • 직업성 난청, 정신피로, 정서불안정 • 이명, 두통 • 백내장, 체온상승, 조직괴사 • 경견완증후군 • 망막손상, 실명 • 백내장 • 홍반, 전광성 각막염 • 전리방사선 장해	• 노(爐), 열처리, 냉동실 작업 • 잠수, 압기공사, 고소건설 • 정밀작업, 사무작업 • 프레스, 건설, 제재, 기타산업 • 초음파 세정 • 레이더, 통신, 비닐용착 • 진동공구 취급 • 통신, 측량, 금속가공 • 건조로, 소부도장 • 용접, 살균등, 복사기 • 의료, 비파괴검사
생물적 요인	• 세균, 기생충 • 알레루겐	• 감염증, 식중독 • 직업성 알레르기증	• 모든 작업 • 화학공업, 농림축산
사회적 요인	• 근로조건 • 인간관계	• 정신피로, 정서불안정, 심인성 질병	• 모든 작업

2. 이상고열

(1) 종류
① 건열환경 : 환경온도와 복사열은 높으나 공기 중의 수분량이 많지 않은 곳 (복사와 대류에 의하여 체내에 들어가는 열량이 땀으로 증발하는 열량보다 많은 환경)
② 고온다습한 환경 : 작업공정에서 다량의 습기가 발산, 환경온도와 복사열은 중간 정도인 환경

(2) 생리적 변화
① 체온·호흡 및 순환의 변화　② 수분, 염분 및 염기의 대사

(3) 질병 : 열중증
① 열중증의 종류 : 열경련, 열허탈, 열사병(울열증), 열쇠약
② 열중증의 예방대책
- 비만자와 순환기장애를 앓는 자 : 고온작업 금지
- 근로자의 적정 배치 및 작업·휴식시간 적정 배분
- 서열방지, 인공환기, 냉·송풍기 설치
- 충분한 휴식과 수면
- 발한방지 보호크림 사용
- 응급처치 : 식염, 소다, 인산소다, 비타민(B, C) 투여

3. 저온환경

(1) 한랭손상에 의한 질환
① 전신체온 강하
- 장시간의 한랭폭로와 체열상실로 인해 발생하는 급성중증장애
- 진정제 복용, 음주 : 체온하강의 위험을 증대시킨다.

② 동상
- 조직이 동결되어 세포구조에 기계적 파탄이 일어나기 때문에 발생
- 분류
  - 1도 : 발적
  - 2도 : 수포현상
  - 3도 : 조직괴사

③ 참호족 : 한랭에 계속해서 장기간 폭로되는 동시에 지속적으로 습기나 물에 잠기게 되는 경우 지속적인 국소의 산소결핍으로 발생

(2) 한랭폭로의 허용기준
① 앉아서 추위에 견딜 수 있는 한계
- $-12.2°C(10°F)$: 6시간
- $-23.2°C(-10°F)$: 4시간

- $-40°C(-40°F)$: 1.5시간
- $-56.7°C(-70°F)$: 25분

② 물에 빠졌을 때 수온에 견딜 수 있는 한계
- $-15.6°C(60°F)$: 2~5시간
- $-4.4°C(40°F)$: 1시간 이내
- $-16.7°C(62°F)$: 약 8시간 생존
- $-7.8°C(46°F)$: 나체로 8시간 생존 가능

표 15.4 온도와 작업시간과 작업정도

		고온 저온	25~30°C 7~0°C	30~35°C 0~-10°C	35~40°C -10~-20°C	40~45°C -20~-40°C
작업정도	고온		• 중등도 작업 가능	• 중등도 작업 요주의	• 경작업 가능 • 비타민 A, 비타민 C, 식염지급	• 경작업주의 • 비타민 A, 비타민 C, 식염지급
	저온		• 중등도 이상 작업 가능	• 중등도 이상 작업 가능	• 경작업주의 • 방한복착용	• 경작업주의 • 방한복착용
1일 활동시간			6시간	4시간	3시간	1/4시간

4. 광선

(1) 조명 불량 : 근시, 안정피로, 안구진탕증 유발

(2) 자외선
① 피부 : 홍반 형성, 멜라닌색소 침착, 피부의 비후, 피부암 유발
② 눈 : 설안염(설맹), 전광성 안염, 작열성 안염

(3) 적외선
① 인체에 미치는 피해 : 백내장, 중심성 망막염 유발
② 초자공장이나 유리공장, 제철소, 제련소에서 일하는 근로자들에게서 발병 위험이 높으며 일반인들도 적외선램프에 의해서 발병할 수 있다.

(4) 대책 : 보호스크린, 보호안경 착용

5. 방사선 장해

(1) 조혈기능 장해 : 적혈구, 백혈구, 혈소판 감소

(2) 피부점막의 궤양 : 피부건조, 지문소실, 손·발톱 궤양

(3) 조직에서 악성 신생물 발생 : 백혈병, 악성종양 유발

(4) 생식기능의 장해 : 난소, 고환의 장애로 인한 불임증

(5) X-선 : 백내장

(6) 대책
① 정기검진 실시 : 백혈구 · 적혈구수 검사, 혈청단백 검사
② 차폐물 이용

6. 이상기압

(1) 고압조건에서 작업(예 터널공사, 잠수, 수저작업, 교량가설)을 할 경우에 체액 및 지방조직 속의 질소가 기포를 형성하여 혈관색전증을 일으킬 수 있다. 이를 잠함병이라고 한다.

(2) **잠함병**(잠수병)**의 증상** : 심한 사지 관절통, 근육통, 흉통, 호흡곤란 등

(3) **잠함병 발병 가능성이 높은 층**
① 고령자(남자 40세 이상, 여자 50세 이상)
② 심 · 혈관계, 호흡기, 골관절, 이비인후과 질환자
③ 정서불안자, 약물중독자
④ 비만자, 출혈성 소인이 있는 자

(4) **대책**
① 적성검사 실시 : 20~50세(부적합자 제외)
② 고압환경에서의 작업시간 제한
③ 단계적 감압
④ 감압이 끝날 무렵 순수한 산소흡입
⑤ 질소를 헬륨으로 대체

(5) **이상 저압**
① 발생 가능성 : 고지대 농업이나 고산지대 작업
② 생리적 반응 : 수면장애, 흥분, 호흡촉진, 식욕감퇴, 이명, 현휘(눈부심), 두통, 난청

7. 소음

(1) **소음의 허용기준**
① 150Hz 이하 : 100~110dB
② 300Hz~1500Hz : 90~100dB
③ 2400Hz~4800Hz : 85~95dB

(2) **소음이 인체에 미치는 영향** : 소음의 크기, 주파수, 폭로시간, 소음원의 종류 및 지속시간에 따라 달라진다.

(3) **발생원** : 조선소, 중기계공업, 해머철공, 판금공장, 착암, 선광작업, 분쇄기, 병타기 등

(4) **소음성 난청** : 이명, 두통, 현기증, 출혈, 이압, 초조감, 불면증, 귀울음, 속삭임 등과 함께 청신경 말초세포에 변성이 나타남

(5) 대책
① 소음원 차단 및 제거 ② 소음기 장치
③ 흡음과 차음 ④ 청력보호구 착용
⑤ 적성배치 ⑥ 정기적 청력검사

8. 진동

(1) 전신진동에 의한 장애
① 고위험자 : 교통기관 승무원, 기중기 · 분쇄기 운전자, 발전기 조작원 등
② 증상 : 소화기 장애, 위하수, 내장하수, 생리 이상, 혈액순환의 촉진 또는 억제 등

(2) 국소진동에 의한 장애
① 고위험자 : 병타공, 연마기 연마공, 리베팅, 착암공, 진동공구 사용자
② 장애 : 레이노드병(Raynaud's disease), 골 · 관절 장애

> **참고**
>
> **레이노드병**(Raynaud's disease)
>
> 사지, 특히 손가락의 국소성 혈관장애에 의한 발작성 질환으로 동통 및 지각이상을 초래하는 질환이다. 프랑스 의사인 Maurice Raynard(1834~1881)에 의해 발견돼 그의 이름을 따서 명명됐다.
>
> 손가락이 간헐적으로 창백해지며, 심한 경우에는 괴사하기도 한다. 청색증을 주증상으로 하며 말초혈관의 폐색은 나타나지 않는다.

9. 먼지와 분진

(1) 진폐증
① 산업장에서 분진을 흡입함으로써 발생되는 폐포의 병적인 변화
② 증상 : 다량의 분진을 흡입했을 경우에는 분진이 폐조직 내에 머물러서 폐 및 림프관에 염증을 일으키고, 결절상 변화나 결합직형성을 일으킴(폐결핵과 유사)
③ 분진의 종류에 따라 탄폐, 석회진폐, 규폐, 석면폐 등으로 구분된다.

(2) 규폐증 : 대표적인 진폐증
① 유리규산(SiO_2) 분진 흡입으로 폐에 만성섬유증식(fibrosis) 유발
② 납중독, 벤젠중독과 함께 3대 직업병 중 하나
③ 고위험 작업장 : 금속광산, 금속제련소, 탄광, 토석 채취업, 주물업, 기계공업, 요업, 채석장, 광산, 금속이나 암석을 연마하는 작업장 등

④ 증상 : 호흡곤란 · 기침 · 흉통 등. 규폐가 진행되면 폐활량이나 흉위의 확축차(擴縮差)가 감소하며, 말기에는 결핵을 합병하는 규폐성 폐결핵으로 발전한다.

⑤ 대책
- 발진원인의 근본적인 제거 : 분진 시설장비의 개선, 분진 발생원인 제거
- 분진확산 방지 : 발진 직장의 격리, 발진 조작의 포위, 국소배기
- 근로자의 분진흡입량 감소 : 방진 마스크 착용
- 작업대책 : 작업시간의 조정, 작업강도의 경감, 작업자세 유지 관리
- 호흡기계 질환자의 채용 제외
- 정기 건강진단 실시

(3) 석면 관련 질환

① 석면 : 석면은 소화용제, 절연제, 내화직물 등에 쓰인다. 석면분진에 폭로되어 자각증상이 발현되는 데 보통 5년 이상이 걸리며, 석면폐증으로 진단되기까지 15년이 걸리는 것으로 알려졌다.

② 석면의 특징
- 내열성과 기계적 강도 우수
- 인장력이 금속보다 뛰어남
- 고온에서도 타지 않고 잘 견딘다.
- 썩지 않고 쉽게 변하지 않는다.
- 표면적이 커서 다른 물질과의 밀착성이 뛰어나다.
- 유연하고 마모에 잘 견딘다.

③ 가장 유해한 크기는 $2 \sim 5\mu$

④ 인체에 대한 영향
- 장기간 분진을 흡입하면 석면폐(폐선유증), 폐암 · 악성중피종 등 발생
- 위험도 : 크로시도라이트(청석면 : 폐암 · 악성중피종의 원인)>아모싸이트(황석면)>크로소타일(백석면)

⑤ 석면을 취급하는 노동자 중에 석면폐나 폐암, 악성

⑥ 악성중피종 : 크로시도라이트가 원인으로 발생하며, 흉막과 복막의 중피에 발생하는 악성종양

⑦ 석면폐증
- 규폐증과 유사
- 증상 : 호흡곤란 · 기침 · 객담 및 흉통 호소, 체중 감소, 흉부 왜소, 객담 속에 석면소체가 섞여서 배출

10. 금속열

(1) 정의 : 금속 증기를 들이마심으로써 발생하는 열

(2) 아연열 : 아연(Zn, ZnO)에 의해 발생하는 경우가 가장 많으므로, 금속열을 아연열이라고 부른다. 아연 외에도 Cu, Mg, Pb, Mn, Cd, Ni 등의 산화물에 의해서도 발생

(3) 놋쇠의 주조나 용접 작업에 종사하는 사람에게 많이 나타나며 경력이 짧은 사람이 발병하기 쉽다. 증기를 들이마신 후 열이 날 때까지는 시간적인 차이가 있으므로 작업이 끝나 귀가한 후에 고열과 두통·관절통·기침·가래 등이 생기는 경우가 많으며, 대부분이 3~4시간 만에 열이 내린다.

(4) 발열과 함께 백혈구의 과다증식이 시작돼 열이 내린 후에도 지속된다.

(5) 대책 : 금속열에 관해 교육을 실시하고 작업을 할 때는 반드시 보호마스크를 착용하며, 환기를 장려한다.

11. 납(鉛) 중독

(1) 고위험 작업(납 제련공정)
① 배소(焙燒), 소결 및 용광
② 용해 또는 주입   ③ 분쇄, 소성(燒成)
④ 축전지 제조   ⑤ 활자의 문선, 식자
⑥ 납 안료 사용   ⑦ 납 용접

(2) 증상
① 권태, 체중감소, 연연(鉛緣), 식욕감퇴, 변비, 안면창백, 적혈구 수 감소, Hb량 저하, 혈액비중 저하, 염기성 과립적혈구를 동반한 빈혈증상
② 조기진단이 필요한 4대 징후
 • 빈혈
 • 연연 : 잇몸이 암자색으로 착색
 • 염기성 과립적혈구 수의 증가
 • 요 중에서 copropophyrin 검출

(3) 예방 및 치료
① 작업방법 개선
② 후생시설 완비
③ 보호구 착용
④ 예방적 약제 또는 영양제 투여
⑤ 정기적 건강진단 실시
⑥ 채용 시 건강진단 실시

12. 수은 중독

(1) 고위험 직업
① 자연수은을 함유한 수은광산의 갱내 작업
② 계기, 수은등, 정류기 등에 수은을 봉입하는 작업
③ 수은의 정련·증류 작업 ④ 수은을 전극으로 전해하는 작업

(2) 증상
① 자각증상 : 피로감, 기억력 감퇴, 두통, 구내염, 설사
② 자각증상을 거쳐 중추신경계 장해가 나타나며, 소위 수은독성 흥분이나 수은 독성 진전(震顫)이 나타남

13. 카드뮴 중독

(1) 고위험 직업
① 카드뮴 합금제조 및 가공업
② 카드뮴 정련가공, 도금작업, 카드뮴 전지
③ 화합물 제조작업, 합서수지, 도료, 안료 등의 제조공정작업

(2) 증상 : 오심, 구토, 복통, 두통, 급성위장염, 호흡곤란, 급성폐렴, 흉부압박감, 폐기종, 신장애, 단백뇨 등

14. 크롬 중독

(1) 고위험 직업
① 크롬도금작업
② 크롬산염을 촉매로 취급하는 작업 등

(2) 증상 : 비염, 인두염, 기관지염, 비중격천공, 피부 궤양

15. 망간 중독

(1) 고위험 작업 : 망간광산의 채굴작업 및 분쇄작업

(2) 증상
① 장시간 섭취 시 특유한 신경증상이 나타남
② 사지의 진전, 보행 장애, 안면무표정, 약력·배근력 저하

16. 인 중독

(1) 고위험 직업
① 황인 또는 인산 제조작업
② 황인을 사용하는 작업 : 살서제를 만들 때 가온, 융해, 혼합하는 작업
③ 인산을 사용하는 세척작업

(2) 증상
① 전신증상 : 권태, 식욕부진, 소화기 장애, 빈혈, 황달
② 만성 악골괴저가 나타나기도 함

17. 유기인산 중독

(1) 고위험 작업
① 유기인산 제조작업
② 유기인산 제품의 혼합, 희석, 분무작업

(2) 증상
① 급성중독
- 오심, 구토를 유발하며, 유기인산 중독의 대부분이 급성중독에 속함
- 부교감신경 자극(刺激)으로 진행 : 다량의 발한, 수액 유출, 축동(縮瞳 : 동공괄약근수축), 호흡곤란

② 그 밖에 폐부종, 안검, 안면 근섬유의 격렬한 수축 등이 나타남

18. 아황산가스 중독

(1) 고위험 작업
① 유황을 함유한 암석 또는 유화물의 소결, 배소작업
② 천연유황의 채굴작업   ③ 황산제조작업
④ Celluloid 제조, 제지, 제빙 등의 공정에서 SO_2를 발생하는 작업

(2) 증상 : 인두통, 해소 등

19. 유기용제 중독

(1) 유기용제의 종류가 수백 종에 달하므로 중독의 종류도 매우 다양

(2) **산업안전보건법** : 클로로포름, 벤젠, 톨루엔, 가솔린 등 53종을 규제대상 유기용제로 지정

(3) 공통적 독성
① 고농도 : 마취성이 나타난다.
② 저농도 : 불면, 불안, 두통 등의 신경증세

(4) 유기용제의 특징
① 물질을 녹인다.
② 실온에서 액체이며 휘발성이 강하다.
③ 유지류를 녹이고 유지류에 스며들기 쉽다.
④ Non specific toxic effect : 특히 CNS(중추신경계)에 영향이 크다.

(5) 종류
① 탄화수소계 물질 : benzene, benzol 및 그 유도체
② 염화탄화수소계 물질 : methane·ethane·ethylene계 물질, benzol의 염화물, 나프탈렌 등
③ alchol, ester, aldehyde, keton, ether계의 물질
④ 기타 : glycol류, hydro 방향족화합물, 이황화탄소

(6) 벤졸 및 유도체 중독

① 고위험 작업
- 벤졸 및 그 유도체를 제조하는 작업
- 벤졸 및 그 유도체를 분류, 증류해서 용기에 주입하는 작업
- 벤졸 및 그 유도체를 이용하여 염료를 녹이는 작업
- 벤졸 및 그 유도체를 용제로 하여 도료를 사용하는 작업

② 증상
- 급성중독 : 두통, 이명, 현기, 오심, 구토, 근육의 위축, 마비, 의식상실 (중증일 경우에는 사망)
- 만성중독 : 피로감, 두통, 전신쇠약, 위장장해, 조혈기능 장해 등
- 중증 : 사망

(7) 이황화탄소 중독

① 고위험 작업
- 이황화탄소 제조작업
- 비스코스 인견을 제조하는 공정에서 실을 뽑는 작업(국내 최초 대기오염 사망자 나옴)
- cellophane지 제조공정의 제막작업
- 용제로 CS_2를 사용하는 장소에서 행해지는 작업

② 증상
- 정신장해 : 흥분, 광증, 기억력감퇴, 주의력 산만, 환청, 환시
- 전신장해 : 두통, 체력감소, 하지의 권태감, 불안, 성욕감퇴

(9) Trichloroethylene 중독

① 고위험 작업 : Trichloroethylene를 이용한 탈지, 세정작업
② 증상 : 복시, 피로감, 메스꺼움, 경련, 요소(尿素) 증가 등

20. 직업성 피부장해

(1) 원인

① 물리적 작용
- 원인 : 기계적 자극, 열·한랭의 자극, 전기·광선·방사선의 자극
- 증상 : 변형, 화상, 유기섬유에 의한 피부염

② 화학적 작용
- 원인 : 유기 및 무기산·알칼리·금속 및 화합물·비금속 및 그 화합물·유기화합물
- 증상 : 피부염

③ 생물학적 작용
- 원인 : 미생물·기생충
- 증상 : 방직공, 갱내 인부 등에게 무좀 발생

(2) 대책

① **작업 제한** : 만성피부질환자, 알레르기성 체질을 가진 자
② **피부 접촉 금지** : 공업공정 및 방식 개량, 보호구의 착용, 보호크림 도포 등
③ **위생 관리 철저** : 작업 후 반드시 입욕·세수 실시

표 15.5 직업병 발생 인자와 대책

	발생인자	대책
작업조건	• 물리적 조건 : 온·습도, 복사열, 기압, 소음, 진동, 조명 • 화학적 조건 : 각종 공업중독 등 • 작업강도, 속도, 양, 시간 • 휴게시간 • 작업방법 • 노동관리	• 해당 위생적 조건으로 처리 • 독물 농도를 한도 이하로 제한 • 적정화 • 적정화 • 공정의 합리화·안전화 • 건강관리, 적정배치, 위생시설 설비
안전조건	• 연령, 성별 • 직업병 이외의 질병 • 체질과 적성 • 근속연한 • 지식수준 • 예방법 • 일상생활 • 경제수준 • 보건관리자	• 연소자·부녀자 유해작업 금지 • 조기발견, 조기치료의 철저 • 적재적소의 배치 • 정기검진으로 환자발견 • 보건교육의 보급 • 보호구 완전착용, 예방법 철저 • 규칙적인 생활 • 국민의 경제수준 향상 • 집단 형성의 추세 파악

15. 산업보건 ▮ 핵심문제 해설

1 산업의학의 시조로 "직업인의 질병"이라는 책을 지은 사람은?
㈎ Galen
㈏ G. Agricola
㈐ B. Ramazzini
㈑ T. Percival
| 해설 | B. Ramazzini(1633~1714) : 노동의학, 산업의학의 시조

2 다음 중 "근로자의 질병"이란 저서를 쓴 사람은?
㈎ B. Ramazzini
㈏ S. Skockhausen
㈐ Ellenberg
㈑ P. Vitolvius
| 해설 | 노동자의 질병≒직업인의 질병≒근로자의 질병

3 세계보건기구에서 정의한 산업위생이란 무엇인가?
㈎ 모든 직업인의 신체발육이나 질병 예방을 증진시키는 데 있다.
㈏ 모든 직업인의 육체적 건강과 쾌적한 환경을 조성한다.
㈐ 모든 직업인의 육체적·정신적 건강을 증진시킨다.
㈑ 모든 직업인의 육체적·정신적 사회복지를 증진시킨다.

4 산업혁명이 일어난 후, 1833년에 공장법을 만들어 근로자 보호의 기틀을 마련한 나라는?
㈎ 미국   ㈏ 독일
㈐ 영국   ㈑ 이태리

5 산업위생의 목적과 관계가 없는 것은?
㈎ 직업병의 예방
㈏ 직업병의 치료
㈐ 직업환경의 관리
㈑ 생산능률 향상

6 산업보건사업에 있어서 가장 장해가 되는 요인은?
㈎ 근로기준법의 미비
㈏ 감독행정의 부족
㈐ 연구시설의 결여
㈑ 수많은 중소기업(5인 이하)

7 다음 중 산업보건과 관련이 없는 것은?
㈎ 생산성을 높이기 위한 것이다.
㈏ 근로자의 건강장애를 예방하는 것이다.
㈐ 근로자가 건강한 육체와 정신을 갖게 하는 것이다.
㈑ 보건에 관계되는 의약품산업을 개발하는 것이다.

8 산업보건의 목표는 근로자의 건강을 보전하고, 노동력을 증진시키고, 나아가서는 ( )을(를) 최대한도로 높이는 데 기본목표를 두어야 한다. 다음 중 ( ) 안에 알맞은 것은?
㈎ 생산능률
㈏ 직업병 예방
㈐ 작업환경 개선
㈑ 재해 방지

9 산업보건 관리기능과 관계가 적은 것은?
㈎ 근로자의 건강에 영향을 미칠 수 있는 모든 요인에 대해 조언한다.
㈏ 근로자의 적성에 맞는 배치와 배치전환에 대해 경영자와 근로자에게 조언한다.
㈐ 위생상태에 대해 감독하고 식당 근무자를 포함한 근로자들에게 건강진단을 실시한다.
㈑ 다른 기관과 함께 재해와 직업병에 대한 예방사업에 참가하여 이에 대한 조언을 한다.

해답 1 ㈐ 2 ㈎ 3 ㈑ 4 ㈐ 5 ㈏ 6 ㈑ 7 ㈑ 8 ㈎ 9 ㈐

10 산업안전보건법에 의한 작업환경의 분진 농도 측정 횟수는?
㈎ 3개월에 1회 이상
㈏ 6개월에 1회 이상
㈐ 1년에 1회
㈑ 2년마다 측정
|해설| 산업안전보건법시행규칙 제93조의4

11 우리나라에서 근로기준법이 제정된 해는?
㈎ 1953년 ㈏ 1964년
㈐ 1972년 ㈑ 1980년
|해설| 1953년 법률 제286호로 제정된 뒤 11차례 개정된 후 1997년 법률 제5305호로 이전의 법률은 폐지되고 법률 제5309호로 새롭게 제정

12 우리나라에서 산업위생관리를 관장하는 부처는?
㈎ 환경부 ㈏ 환경연구원
㈐ 보건복지 ㈑ 노동부

13 연소 근로자의 장애로 합당치 않은 것은?
㈎ 체격 및 신체발육 증진
㈏ 생리적 기능 지연
㈐ 산업질환에 대한 저항성 감소
㈑ 인격 발달의 왜곡

14 우리나라의 근로기준법상 1일 근로시간과 주당 근로시간은?
㈎ 1일 8시간 주당 42시간
㈏ 1일 8시간 주당 40시간
㈐ 1일 9시간 주당 54시간
㈑ 1일 9시간 주당 56시간

15 우리나라 근로기준법상, 도덕상 또는 보건상 유해한 업무에 고용하지 못하는 보호 연령은?
㈎ 13세 미만 ㈏ 15세 미만
㈐ 18세 미만 ㈑ 20세 미만

16 국제노동헌장은 주당 몇 시간을 근로시간으로 규정하고 있나?
㈎ 20시간 ㈏ 40시간
㈐ 48시간 ㈑ 60시간

17 근로기준법상에서 도덕상 또는 보건상 유해 및 위험업무에 고용할 수 없는 사람은?
㈎ 여자와 18세 미만자
㈏ 남자와 18세 미만자
㈐ 남·녀 공히 20세 미만자
㈑ 22세 미만자

18 고온노동을 하는 근로자가 많이 섭취해야 하는 영양소가 아닌 것은?
㈎ 식염 ㈏ 비타민 B
㈐ 비타민 C ㈑ 지방질

19 산업재해의 원인이 아닌 것은?
㈎ 근육발달
㈏ 산업피로
㈐ 정신상결함
㈑ 작업지식의 부족

20 우리나라 근로기준법상 근로자로 고용이 금지되어 있는 연령은 몇 세 미만인가?
㈎ 13세 ㈏ 15세 ㈐ 18세 ㈑ 20세

21 산업재해의 공식으로 Heinrich의 법칙을 바르게 나열한 것은?

> 현성재해 : 불현성재해 : 잠재성재해

㈎ 1 : 29 : 300
㈏ 1 : 300 : 29
㈐ 29 : 1 : 300
㈑ 300 : 29 : 1

22 다음 재해율 중에서 연작업시간당 작업손실일수로 나타내는 것은?
㈎ 도수율 ㈏ 강도율
㈐ 건수율 ㈑ 평균손실일수

해답 10 ㈏ 11 ㈎ 12 ㈑ 13 ㈎ 14 ㈏ 15 ㈐ 16 ㈐ 17 ㈎ 18 ㈑ 19 ㈎ 20 ㈏ 21 ㈎ 22 ㈏

23 다음 중 산업재해 방지책으로 합당하지 <u>않은</u> 것은?
  ㈎ 재해를 빈번히 일으키는 부적격자는 조기 발견하여 그 정도에 따라 적당한 직종으로 재배치한다.
  ㈏ 작업에 대한 기술, 지식을 습득시키고 표준작업방식에 따라서 작업하도록 습관화시킨다.
  ㈐ 재해의 원인은 전적으로 부주의 때문에 오는 것이므로 항상 주의하도록 강조하는 것이 중요하다.
  ㈑ 조명, 색채조절, 온도, 습도, 소음, 공기유통 등에 대한 환경조건을 알맞게 해주어야 한다.

24 다음 산업재해의 지표 중 설명이 <u>잘못된</u> 것은?
  ㈎ 건수율 - 산업재해 발생상황 파악
  ㈏ 도수율 - 연 작업시간당 재해발생건수
  ㈐ 강도율 - 재해의 상해 정도를 알 수 있다.
  ㈑ 발생률 - 노동시간의 변수가 포함되어 있다.

25 산업재해의 평가와 관계 <u>없는</u> 것은?
  ㈎ 도수율   ㈏ 강도율
  ㈐ 중독율   ㈑ 이환율

  |해설| 이환율 = 발병률

26 흔히 연 노동시간당 손실 노동일수로서 재해분석을 한다. 이것을 무슨 율이라 하는가?
  ㈎ 건수율   ㈏ 강도율
  ㈐ 도수율   ㈑ 중독률

27 산업재해의 평가와 관련이 <u>없는</u> 것은?
  ㈎ 특수사망률   ㈏ 도수율
  ㈐ 강도율   ㈑ 건수율

28 사고건수 당 손실노동시간수로 재해 분석을 하는 방법은?
  ㈎ 도수율   ㈏ 강도율
  ㈐ 평균손실일수 ㈑ 건수율

|해설|
① 건수율 = $\frac{재해건수}{평균실 근로일수} \times 1,000$
② 도수율 = $\frac{재해건수}{연근로일수(시간수)} \times 100,000(1,000,000)$
③ 강도율 = $\frac{근로손실일수}{연근로시간수} \times 1,000$
④ 평균손실일수 = $\frac{근로손실일수(시간수)}{재해건수}$

29 산업재해방지책으로 합당하지 <u>않은</u> 것은?
  ㈎ 재해빈발자의 색출
  ㈏ 작업의 표준화
  ㈐ 주의력 환기
  ㈑ 작업환경의 개선

30 산업재해 발생의 3대 요인이 <u>아닌</u> 것은?
  ㈎ 관리소실
  ㈏ 예산부족
  ㈐ 생리적 부적당
  ㈑ 작업방법의 부적당

31 작업대사율(RMR)에 관한 공식 중 틀린 것은?
  ㈎ (작업대사량 - 기초대사량)/기초대사량
  ㈏ 작업대사량/기초대사량
  ㈐ (작업시 소요열량 - 안정시 소요열량)/기초대사량
  ㈑ (작업시 산소소비량 - 안정시 산소소비량)/기초대사시 산소소비량

|해설|
• 0~2 : 경노동
• 2~4 : 중노동
• 4 이상 : 격노동
※ 여자는 2 이하이어야 한다.

32 산업재해를 가장 많이 당하는 부위는?
  ㈎ 손과 수지(手指)
  ㈏ 발과 발가락
  ㈐ 요부
  ㈑ 흉부

해답 23 ㈐ 24 ㈑ 25 ㈑ 26 ㈏ 27 ㈎ 28 ㈏ 29 ㈐ 30 ㈏ 31 ㈎ 32 ㈎

33 사무직에 종사하는 근로자는 몇 년마다 정기 건강검진을 받아야 하는가?
  ㉮ 1년 ㉯ 2년 ㉰ 3년 ㉱ 4년

34 사무직을 제외한 근로자는 몇 년마다 정기건강검진을 받아야 하는가?
  ㉮ 6개월 ㉯ 1년
  ㉰ 1년 6개월 ㉱ 2년

35 특수건강진단의 주기 중 <u>틀린</u> 것은?
  ㉮ 벤젠 : 6월 ㉯ 사염화탄소 : 1년
  ㉰ 석면 : 1년 ㉱ 광물성분진 : 2년

  |해설| 산업안전보건법시행규칙 별표 12의 3
  • N,N-디메틸아세트아미드 : 6월
  • N,N-디메틸포름아미드 : 6월
  • 1,1,2,2-테트라클로로에탄 : 6월
  • 사염화탄소 : 6월
  • 아크릴로니트릴 : 6월
  • 염화비닐 : 6월
  • 목분진 : 2년
  • 소음 및 충격소음 : 2년

36 다음 중 만성적인 열중증은?
  ㉮ 열사병 ㉯ 열쇠약
  ㉰ 열경련 ㉱ 열허탈증

37 이상고온 장애와 관계 없는 질환은?
  ㉮ 열중증 ㉯ 울열증
  ㉰ 열사병 ㉱ 안염

  |해설| ① 고열물체취급 : 화상, 백내장, 열중증
  ② 심한 서열의 장소 : 열중증, 열성피로
  ③ 저온 물체취급 : 피부손상, 동상
  ④ 한랭한 장소 : 동상
  ⑤ 심한 분진의 비산 : 규폐, 폐암, 천식
  ⑥ 고기압 : 잠함병
  ⑦ 저기압 : 고산병, 항공병
  ⑧ 심한 진동 : 혈관신경증
  ⑨ 중량물 취급 : 탈장, 발육저해
  ⑩ 유해분진 : 가스중독, 호흡기 질환

38 열허탈증의 주요 증상이 <u>아닌</u> 것은?
  ㉮ 전신권태
  ㉯ 두통
  ㉰ 맥박, 혈압강하
  ㉱ 급격한 체온 하강

39 열중증 중 사망률이 가장 높은 것은?
  ㉮ 열피비 ㉯ 열소모
  ㉰ 열사병 ㉱ 열경련

40 열사병의 주요 원인은?
  ㉮ 혈중의 염분농도 저하
  ㉯ 뇌온의 상승으로 온도조절중추 마비
  ㉰ 만성적 체열소모
  ㉱ 순환기 부조화

41 열사병의 설명 중 <u>틀린</u> 것은?
  ㉮ 체온 상승
  ㉯ 뇌온상승
  ㉰ 순환기 장애
  ㉱ 중추신경장애

42 열경련의 주요 원인은?
  ㉮ 체내 수분 및 염분의 결핍
  ㉯ 뇌온상승
  ㉰ 중추신경 이상
  ㉱ 순환기 부조화

43 다음 중 열피비(Heat exhaustion)의 주요 원인은?
  ㉮ 중추신경 이상
  ㉯ 수분 및 혈중의 염분손실
  ㉰ 순환기 부조화
  ㉱ 뇌온 상승

44 한랭환경의 인체장애현상이 <u>아닌</u> 것은?
  ㉮ 동상
  ㉯ 침수족
  ㉰ 열피비
  ㉱ 발적

  |해설| 열피비는 고온환경의 장애현상이다.

해답 33 ㉯ 34 ㉯ 35 ㉯ 36 ㉯ 37 ㉱ 38 ㉱ 39 ㉰ 40 ㉯ 41 ㉰ 42 ㉮ 43 ㉰ 44 ㉰

45 잠함병의 예방대책과 관계 없는 것은?
  ㉮ 고압으로부터 단계적 감압
  ㉯ 작업 후 운동으로 혈액순환을 촉진
  ㉰ 감압 말기에 질소의 공급
  ㉱ 호흡기계 장애자 고압환경 취업금지

46 고기압 상태에서 일어나는 신체장애가 아닌 것은?
  ㉮ 치통
  ㉯ 고막과 중이의 진행성 병변
  ㉰ 마취작용과 도취감
  ㉱ 고산병

47 감압병(decompression sickness)발생에 직접 관련되지 않는 요소는?
  ㉮ 수온   ㉯ 수심
  ㉰ 체류시간   ㉱ 잠수 횟수

48 고기압하에서 업무를 할 때의 직업병은?
  ㉮ 고산병
  ㉯ 열중증
  ㉰ 잠함병
  ㉱ 규폐증

49 다음 중 잠함병의 예방대책과 관계 없는 것은?
  ㉮ 서서히 감압
  ㉯ 감압 말기에 순수산소 공급
  ㉰ 호흡순환계 장애자 취업금지
  ㉱ 감압 말기에 순수질소 공급

  |해설| 이상고압 환경에서의 작업은 질소 성분의 폐 조직, 특히 지방질이 들어가 질소기포가 형성되어 체외로 배제되지 않음으로써 오는 현상으로 대책은 ① 서서히 감압하고 ② 감압 말기에 순수 산소를 공급하며 ③ 비만자나 고혈압자 등 호흡순환기계 이상자의 취업금지 등이 있다.

50 원칙적으로 산소호흡기를 사용해야 하는 최저 고도는?
  ㉮ 해발 1,000m   ㉯ 해발 2,000m
  ㉰ 해발 3,000m   ㉱ 해발 5,000m

51 수심 30m인 곳에는 몇 기압이 인체에 작용하는가?
  ㉮ 1기압   ㉯ 2기압
  ㉰ 3기압   ㉱ 4기압

  |해설| 수심 10m하강 시 1기압씩 상승

52 저기압 상태에서 올 수 있는 병은?
  ㉮ 잠함병   ㉯ 고산병
  ㉰ 신경통   ㉱ 고혈압

  |해설| 저산소 분압에 의한 두통, 불면, 혼수상태 및 기계적 장애에 의한 이명 등이 있다.

53 사람이 살 수 있는 최고고도는?
  ㉮ 해발 3,000~3,500m
  ㉯ 해발 4,000~4,500m
  ㉰ 해발 5,000~5,500m
  ㉱ 해발 6,000~6,500m

54 다음 중 잠함병과 관계 없는 것은?
  ㉮ 고기압과 질소   ㉯ 고혈압자, 비만자
  ㉰ 잠수부, 교량공   ㉱ 고산 등산

55 고온 작업장에서 가장 금기가 되는 신체 조건은?
  ㉮ 위장병환자
  ㉯ 지방과다증자
  ㉰ 빈혈환자
  ㉱ 근육빈약자

56 다음 중 감압병의 예방방법으로 맞지 않은 것은?
  ㉮ N_2를 Helium으로 치환한다.
  ㉯ 작업시간을 제한한다.
  ㉰ 가급적 빨리 감압한다.
  ㉱ 비만증인 사람의 작업을 금지시킨다.

  |해설| 가급적 천천히 감압하여야 한다.

57 잠함병의 증상과 관계가 적은 것은?
  ㉮ 반신불수   ㉯ 피부소양감
  ㉰ 폐출혈   ㉱ 관절통

해답 45 ㉰ 46 ㉱ 47 ㉮ 48 ㉰ 49 ㉱ 50 ㉰ 51 ㉱ 52 ㉯ 53 ㉰ 54 ㉱ 55 ㉯ 56 ㉰ 57 ㉰

58 급격 감압시 질소기포가 발생하기 쉬운 조직이 아닌 것은?
- ㈎ 뇌조직
- ㈏ 골수
- ㈐ 골격근
- ㈑ 피하조직

59 잠함병의 직접 원인은 무엇인가?
- ㈎ 혈중 CO_2 농도 증가
- ㈏ 혈중 CO 농도 증가
- ㈐ 체액 및 지방조직에서 질소기포 증가
- ㈑ 체액 및 지방조직에서 CO_2 증가

60 다음 중 관계가 먼 것은?
- ㈎ CO 중독 – 산소 운반 방해
- ㈏ 비소중독 – 인쇄공
- ㈐ 소리의 강도 – decibel(dB)
- ㈑ 소리의 크기 – phon

61 다음 중 연결이 잘못된 것은?
- ㈎ 연탄가스 중독 – 헤모글로빈
- ㈏ 직업성 난청 – 판금공장
- ㈐ 규폐증 – 페인트 작업
- ㈑ 백혈병 – 전리방사선

|해설| 규폐증은 광산에서 발생한다.

62 부적당한 조명에 의한 피해가 아닌 것은?
- ㈎ 근시
- ㈏ 안정피로
- ㈐ 안구진탕증
- ㈑ 백내장

|해설| 부적당한 조명으로 인한 피해
① 근시(myopic)
② 안정피로(asthenopia)
③ 안구진탕증
④ 방사선에 의한 눈의 장애
⑤ 작업능률 저하 및 재해발생 빈발

63 서로 관계 없는 내용으로 연결된 것은?
- ㈎ 소음성 난청 – audiogram C_5 dip
- ㈏ 진동 – Raynaud's disease
- ㈐ 규폐증 – 세포의 섬유증식
- ㈑ 카드뮴중독 – 금속열

64 다음 중 관계가 먼 것은?
- ㈎ 직업성 난청 – 판금공장 인부
- ㈏ 열중증 – 용광로 작업
- ㈐ 파라티온 중독 – 농부
- ㈑ 안염 – 탄광부

65 다음 중 서로 관련 있는 것끼리 연결된 것은?
- ㈎ 인중독 – 백혈구 파괴
- ㈏ 잠함병 – O_2 부족
- ㈐ 열중증 – 시력장애
- ㈑ 일산화탄소중독 – HbCO 증가

66 다음 연결에서 거리가 먼 것은?
- ㈎ 납 중독 – 축전지 제조, 인쇄공
- ㈏ 규폐증 – 도자기 제조, 채석공
- ㈐ 잠함병 – 잠수부, 교량공
- ㈑ 항공병 – 고기압

67 CS_2 중독의 위험이 많은 곳은?
- ㈎ 자동차 수리공장
- ㈏ 인견공장 방사과
- ㈐ 제철공장
- ㈑ 기차의 기관차

68 공업중독을 일으키기 쉬운 인체의 침입경로는?
- ㈎ 경구침입
- ㈏ 경피침입
- ㈐ 호흡기계 침입
- ㈑ 점막 침입

69 자극성 가스의 피해가 아닌 것은?
- ㈎ 신경통
- ㈏ 호흡기질환
- ㈐ 안질염
- ㈑ 위염

70 망간중독과 유사한 질병은?
- ㈎ 파킨슨증후군
- ㈏ 윌슨씨병
- ㈐ 카프란증후군
- ㈑ 강박신경증

해답 58 ㈐ 59 ㈐ 60 ㈏ 61 ㈐ 62 ㈑ 63 ㈑ 64 ㈑ 65 ㈑ 66 ㈏ 67 ㈏ 68 ㈐ 69 ㈎ 70 ㈎

71 공업중독의 발생에 영향을 주는 인자가 <u>아닌</u> 것은?
   ㉮ 폭로시간   ㉯ 유해물 농도
   ㉰ 조명의 강도   ㉱ 인체침입 경로

72 우리나라 남성에게 가장 많이 발생되는 악성 종양은?
   ㉮ 간암   ㉯ 폐암
   ㉰ 위암   ㉱ 성기암

73 공업중독과 원인이 <u>잘못</u> 연결된 것은?
   ㉮ 망간 중독 – 채굴작업 및 분쇄작업
   ㉯ 카드뮴 중독 – 합금제조 및 가공업
   ㉰ 비소 중독 – 농약 제조업, 염색공장
   ㉱ 크롬 중독 – 유리공장, 목재소

74 다음 중 이산화질소(NO_2)의 작용으로 옳지 <u>않은</u> 것은?
   ㉮ 점막의 분비물에 의해 강한 질산형성
   ㉯ 섬모운동(ciliary movement) 약화
   ㉰ 망상내피세포(reticuloendothelial cell)의 위축(atrophy)
   ㉱ 바이러스(virus)에 대한 저항력 약화

75 공업 중독의 유해성을 좌우하는 인자와 관계가 먼 것은?
   ㉮ 기후조건   ㉯ 작업강도
   ㉰ 개인의 감수성   ㉱ 농도, 폭로시간

76 유기인제 농약 중 최근 발암성이 있다고 보고된 것은?
   ㉮ Parathion   ㉯ Malathion
   ㉰ DDVP   ㉱ Diazion

77 화학적 질식성 가스로 짝지어진 것은?
   ㉮ 일산화탄소 – 아질산염
   ㉯ 이산화탄소 – 청산가스
   ㉰ 아황산가스 – 암모니아
   ㉱ 암모니아 – 황화수소

78 다음 중금속 중에서 비중격천공을 일으키는 중금속은?
   ㉮ 수은   ㉯ 크롬
   ㉰ 납   ㉱ 망간

79 Chromium중독 증상이 <u>아닌</u> 것은?
   ㉮ 비중격천공   ㉯ 피부 이상
   ㉰ 치아 이상   ㉱ 결막염

80 라듐 취급자에게 올 수 있는 질병은?
   ㉮ 잠함병   ㉯ 규폐증
   ㉰ 결핵   ㉱ 백혈병

81 진폐와 가장 관계 있는 먼지(dust)의 크기는?
   ㉮ 0.5μ 이상   ㉯ $5\sim10\mu$
   ㉰ $0.5\sim5\mu$ ㉱ $10\sim15\mu$

82 다음 중 규폐증과 관계가 <u>적은</u> 질환은?
   ㉮ 폐결핵
   ㉯ 폐암
   ㉰ 폐성심(pulmonar heart disease)
   ㉱ 기흉

83 규폐증의 주요 증세는?
   ㉮ 기침, 호흡장애
   ㉯ 구토
   ㉰ 신경통, 두통
   ㉱ 고혈압

84 진폐증 환자의 가장 중요한 소견은?
   ㉮ 심폐기능의 저하
   ㉯ 혈담
   ㉰ 흉통
   ㉱ 기침

85 진폐증 중 폐조직의 섬유화를 초래하지 <u>않는</u> 것은?
   ㉮ 규폐증   ㉯ 석면폐증
   ㉰ 활석폐증   ㉱ 면폐증

해답 71 ㉰ 72 ㉰ 73 ㉱ 74 ㉰ 75 ㉮ 76 ㉰ 77 ㉮ 78 ㉯ 79 ㉰ 80 ㉱ 81 ㉰ 82 ㉯ 83 ㉮ 84 ㉮ 85 ㉱

86 다음 중 규폐를 일으키는 데 관여하지 <u>않는</u> 인자는?
㉮ 먼지 중의 유리 규소
㉯ 먼지의 크기
㉰ 먼지의 무게
㉱ 공기 중 먼지의 농도

87 다음 중 치료가 가장 어려운 질병은?
㉮ 진폐증 ㉯ 규폐증
㉰ 폐결핵 ㉱ 잠함병

88 먼지에 의한 피해가 <u>아닌</u> 것은?
㉮ Allergy성 반응 ㉯ 납중독
㉰ 결핵 ㉱ 백내장

|해설| 먼지에 의한 피해
① 진폐증(탄분, 석면, 돌분진, 규조)
② Allergy성 반응(유기성 먼지, 화분)
③ 점막성 질환(결막염, 기관지염)
④ 금속열(산화아연증기)
⑤ 금속중독(납, 수은, 망간)
⑥ 전염성 교환(결핵, 인플루엔자)
⑦ 방사능 장애

89 다음 진폐증 중에서 폐결핵을 유발시키는 것은?
㉮ 규폐증 ㉯ 석면폐증
㉰ 면폐증 ㉱ 농부폐증

|해설| 유리규산(SiO_2)에 의한 것으로 폐결핵의 합병률이 높다.

90 진폐에 관한 기술 중 옳은 것은?

> ① 유리규산을 함유한 분진을 장기간 흡입하면 일어나기 쉽다.
> ② 흉부 X-선 검사에서 변화가 인정되기 전에 폐기능의 저하가 일어난다.
> ③ 상당히 진행되어도 직장을 떠나서 치료하면 다시 회복된다.
> ④ 병리학적으로 폐 속의 섬유증식이 특징이다.

㉮ ①, ③   ㉯ ①, ④   ㉰ ②, ④   ㉱ ④

91 진폐증 발생과 관계가 가장 <u>적은</u> 직업은?
㉮ 광부 ㉯ 페인트공
㉰ 채석공 ㉱ 돌연마공

92 규폐증의 주요한 증세는?
㉮ 토혈 ㉯ 신경통
㉰ 근육통 ㉱ 호흡곤란

93 규폐증의 원인으로 가장 중요한 것은?
㉮ 시멘트 분말 ㉯ 암석분말
㉰ 매연 ㉱ 철분

94 진폐증과 관계 <u>없는</u> 것은?
㉮ 분진 중 유리 규산농도의 흡입
㉯ 분진의 크기가 0.5μ인 것
㉰ 대개 분진작업에 3년 이상 폭로로 발병한다.
㉱ 작업장을 떠나면 치료된다.

95 직업병 발생의 대책으로 틀린 것은?
㉮ 부녀자가 저항력이 강하므로 유해작업을 시킨다.
㉯ 조기 발견 및 치료
㉰ 정기검진으로 환자발견
㉱ 근로자의 경제수준 향상

|해설| **직업별 발생의 대책**
(1) 작업조건에 대한 대책
① 해당 위생조건으로 처리
② 독물 농도를 서한도 이하로 한다.
③ 작업의 적정화
④ 작업공정의 합리화 및 안전화
⑤ 건강관리
⑥ 적정배치 및 위생설비
(2) 인적 조건에 대한 대책
① 연소자, 부녀자에게 유해작업 금지
② 조기발견 및 철저한 치료
③ 적재적소에 배치
④ 정기검진으로 환자발견
⑤ 보건교육
⑥ 보호구 착용 및 예방법 교육
⑦ 규칙적인 생활습관
⑧ 근로자의 경제수준 향상

해답 86 ㉰   87 ㉯   88 ㉱   89 ㉮   90 ㉯   91 ㉯   92 ㉱   93 ㉯   94 ㉱   95 ㉮

96 카드뮴(cadmium) 중독에 관한 설명이다. 옳은 것을 모두 고른 것은?

> ① 일반 인구집단에게는 주로 식품(위장관 흡수)이 문제가 되나, 과다한 흡연(smoking)은 Cd중독을 조장할 수 있다.
> ② 산업장에서는 오염된 공기의 장기간 흡입이 문제가 된다.
> ③ 아연광산과 밀접한 관계가 있다.

㈎ ①과 ②　　㈏ ②와 ③
㈐ ①과 ③　　㈑ 모두 옳다.

97 납중독의 초기 발견에 쓰이는 임상검사는?
㈎ 심전도
㈏ 간기능 검사
㈐ 요중 Corproporphyrin 검사
㈑ 신기능 검사

98 납중독의 증상 중 옳지 않은 것은?
㈎ 치은염에 암자색의 착색
㈏ 빈혈
㈐ 적혈구의 호염기성 반점
㈑ 백혈구의 증가

99 인쇄공에게 가장 많이 일어나는 직업병은?
㈎ 레이노씨병　　㈏ 진폐증
㈐ 납 중독　　㈑ 비소 중독

100 다음 중 시야협소증을 가져오는 직업성 질환은?
㈎ 크롬 중독　　㈏ 진폐증
㈐ 유기수은　　㈑ 납 중독

101 납중독의 증상과 관계 없는 것은?
㈎ 폐조직의 섬유화
㈏ 요중의 hematoporphyrin 증가
㈐ 적혈구의 호염기성 반점
㈑ 소아에서는 연뇌증(鉛腦症)이 나타난다.

|해설| 납 중독의 증상
① Anemia
② 염기성 과립을 갖는 적혈구 출현
③ 단발성 또는 다발성 신경염
④ 상지신근군의 마비
⑤ 소아에서의 연뇌증
⑥ 피로, 두통, 현기증, 불면, 위장 증상
⑦ 근통, 근력저하, 저체온, 혈압저하

102 다음 중 서로 관계 없는 것은?
㈎ 납 중독 : 축전지 제조 및 인쇄공
㈏ 규폐증 : 도자기 제조 및 채석공
㈐ 잠함병 : 고기압 환경의 작업 및 잠수부
㈑ 직업성 난청 : 탄광부

103 직업병의 연결이 잘못된 것은?
㈎ 용접공 – 백내장
㈏ 항공기정비사 – 난청
㈐ 인쇄공 – 진폐증
㈑ 도료공 – 빈혈

|해설| 용접공은 적외선에 의한 백내장을 일으키며, 인쇄공은 납중독에 의한 빈혈을 일으킨다.

104 납 중독과 관계있는 직업은?
㈎ 광부　　㈏ 인쇄공
㈐ X–선 촬영기사　　㈑ 도금공

105 다음 중 직업병이 아닌 것은?
㈎ 규폐증　　㈏ 납 중독
㈐ 나병　　㈑ 수은중독

106 다음 중 직업병과 그 원인이 잘못 연결된 것은?
㈎ 직업성 난청 – 발전소 근무자
㈏ 전기성 안염 – 전기용접공
㈐ 열중증 – 탄광부
㈑ 잠함병 – 고산작업

해답 96 ㈑　97 ㈐　98 ㈑　99 ㈐　100 ㈐　101 ㈎　102 ㈑　103 ㈐　104 ㈏　105 ㈐　106 ㈑

107 다음 중 납 중독과 관계가 없는 직업은 어느 것인가?
㈎ 활자의 문선, 식자공
㈏ 납의 소결, 용광작업공
㈐ X-선 기사 및 탄광부
㈑ 납 용접공

108 납 중독과 관계가 먼 현상은?
㈎ 호흡기계 침입이 경구 침입보다 심하다.
㈏ 복부에 돌발성 선통이 일어난다.
㈐ 진폐증
㈑ 페인트공

109 환경오염을 통한 납 중독에 관하여 옳은 설명은?

> ① 대기 중 납의 대부분이 자동차에 유래한다.
> ② 호흡기를 통한 흡수가 문제된다.
> ③ 산업장 납 취급자의 옷에 묻어오는 납이 유아의 납 폭로에 기여한다.

㈎ ①과 ②　　㈏ ②와 ③
㈐ ①과 ③　　㈑ ③

110 직업병 발생의 예방대책이라고 할 수 없는 것은?
㈎ 위생보호구 착용
㈏ 작업환경 개선
㈐ 작업방법 개선
㈑ 정기예방접종

111 직업병의 종류가 아닌 것은?
㈎ 열중증　　㈏ 식중독
㈐ 잠함병　　㈑ 규폐증

|해설| **직업병의 분류**
① 이상고온 장애 - 열중증, 열경련증, 열허탈증, 울열증, 열쇠약증
② 이상저온 장애 - 피부손상, 동상
③ 불량조명과 방사선 장애 - 근시, 안정피로, 방사선 장애
④ 이상기압 - 잠함병, 고산병, 항공병
⑤ 소음장애 - 난청
⑥ 진동장애 - 창백, 청색증(cyanosis)
⑦ 진애 발생에 의한 장애 - 규폐증, 석면폐증, 면폐증, 탄폐증
⑧ 금속중독 - Cd, Pb, Hg, Cr, Be
⑨ 유독가스중독 - HCl, COCl$_2$, Cl$_2$, SO$_2$ 등

112 다음 유황산화물(SOx)의 인체에 대한 생리적 영향 중 옳지 않은 것은?
㈎ 상기도에 자극감
㈏ 세균감염에 대한 저항력 증가
㈐ 기도의 섬모운동(ciliary movement) 저하
㈑ Aerosol과 공존시 그 피해가 크다.

113 불량조명에 의해 발생되는 직업병은?
㈎ 진폐증　　㈏ 규폐증
㈐ 잠함병　　㈑ 안정피로

114 benzene의 중독증상 중 대표적인 것은?
㈎ 간과 신장의 장애
㈏ 피부염
㈐ 피부암
㈑ 조혈기관 장애

|해설| 급성중독은 중추신경계 장애를 일으킨다.

115 전기 용접공에게 발생하는 전기성 안염의 주원인은?
㈎ 가시광선　　㈏ 자외선
㈐ 적외선　　㈑ 방사선

116 자외선에 의한 눈의 장애는?
㈎ 작열성 안염　　㈏ 안구진탕증
㈐ 근시　　㈑ 원시

|해설| **자외선에 의한 눈의 장애**
① 전광선 안염
② 설안성 안염(Snow blindness)
③ 작열성 안염(Eclipse blidness)
④ 백내장(Cataracts)

해답 **107** ㈐ **108** ㈐ **109** ㈏ **110** ㈑ **111** ㈏ **112** ㈏ **113** ㈑ **114** ㈑ **115** ㈏ **116** ㈎

117 자외선에 의한 직업병은?
㈎ 전기성 안염
㈏ 초자공의 백내장
㈐ 녹내장   ㈑ 설안염
|해설| 적외선은 열선이라 하며, 피부에 홍반이나 화상 등을 일으키고 안장해가 있다.

118 다음 중 구강내염을 일으키는 중독은 어느 것인가?
㈎ 납 중독   ㈏ 수은 중독
㈐ 비소 중독   ㈑ 이상 전부
|해설| ① 납 중독 : 빈혈, 소화기 장애, 신경근육 및 정신신경 장애
② 수은 중독 : 구강내염, 폐렴, 시청각 장애
③ 크롬 중독 : 피부염, 습진, 비중격천공, 폐암
④ 비소 중독 : 피부 장애, 색소 침착, 손바닥과 발바닥의 각화

119 만성카드뮴(Cd)중독의 3대 증상이 <u>아닌</u> 것은?
㈎ 폐기종   ㈏ 단백뇨
㈐ 빈혈   ㈑ 신장애

120 Cd중독 시의 표적장기(target organ) 2개는 무엇인가?
㈎ 폐, 간   ㈏ 신장, 폐
㈐ 뇌, 폐   ㈑ 심장, 간

121 이산화질소(NO_2)와 아황산가스(SO_2)의 인체에 대한 작용 중 그 차이점은?
㈎ 섬모운동   ㈏ 기관지염
㈐ 폐렴   ㈑ 폐암

122 다음 중 급성 수은중독의 주요한 증상은 무엇인가?
㈎ 구내염   ㈏ 청력장애
㈐ 보행장애   ㈑ 언어장애

123 여성이 중독됨으로써 불임증이나 무월경을 초래할 수 있는 물질은?
㈎ 수은   ㈏ 카드뮴
㈐ 크롬   ㈑ 납

124 다음 금속 중 호흡기로 가장 흡수되기 쉬운 것은?
㈎ 납   ㈏ 수은
㈐ 카드뮴   ㈑ 아연

125 백혈병 발생의 원인이 될 수 있는 직업은?
㈎ 라듐 취급
㈏ 판금공
㈐ 용광로공
㈑ 아연 취급작업

126 다음 중 가장 많이 발생하는 직업성 질환은?
㈎ 진폐증   ㈏ 납 중독
㈐ 피부염   ㈑ 금속중독

127 다음 중 Methanol중독의 증상이 <u>아닌</u> 것은?
㈎ 환상 ㈏ 두통 ㈐ 실명 ㈑ 구토

128 다음 중 직업병을 관리하는 행정부처는?
㈎ 보건사회부 ㈏ 국립보건원
㈐ 노동부   ㈑ 국립의료원

129 노출작업시 생식기능에 장애를 주는 물질은?
㈎ 크롬   ㈏ 납
㈐ 수은   ㈑ 아연(zinc)

130 뼈의 대사와 관계 깊은 것은?
㈎ Cu   ㈏ Pb
㈐ Zn   ㈑ Al

해답 117 ㈏ 118 ㈏ 119 ㈐ 120 ㈏ 121 ㈑ 122 ㈎ 123 ㈑ 124 ㈏ 125 ㈎ 126 ㈐ 127 ㈎
128 ㈐ 129 ㈏ 130 ㈏

131 일본 도야마현에서 발생한 이타이이타이병의 주된 원인물질은?
㉮ 유기수은　　㉯ D.D.T
㉰ 카드뮴　　㉱ 메틸수은

132 작업 환경에서 공기 중 Pb의 노출기준은?
㉮ $0.05mg/m^3$
㉯ $0.06mg/m^3$
㉰ $0.07mg/m^3$
㉱ $0.01mg/m^3$

133 노출작업 시 생리기능에 영향이 가장 큰 물질은?
㉮ 크롬　　㉯ 납
㉰ 비소　　㉱ 전리방사선
|해설| ㉱는 생리기능 및 염색체 이상을 가져와서 기형아를 출산할 염려가 있는 물질이다.

134 유기염소제 농약의 사용이 제한되는 이유 중 가장 관련이 적은 내용은?
㉮ 환경오염
㉯ 인체축적
㉰ 해충에 대한 저항성
㉱ 생산의 기술적 제한

135 유기용제의 특이적인 독작용의 연결이 맞지 않은 것은?
㉮ 이산화탄소 – 급성 정신증
㉯ n-hexane – 말초신경장애
㉰ 사염화탄소 – 방광염
㉱ 벤젠 – 조혈기능장해
|해설| CCl_4 : 암 유발, 현기증, 마취

136 소변에서 유기황화물(organic sulfate)이 검출되었을 때에는 어떤 유해 물질에 폭로되었음을 의미하는가?
㉮ 벤젠　　㉯ 페놀
㉰ 아닐린　　㉱ 이상 전부

137 다음 중 유기용제의 공통적인 독성작용은?
㉮ 중추신경계의 억제작용 (마취작용)
㉯ 말초신경장애
㉰ 신장기능장애
㉱ 조혈기능장애

138 다음 중 시야협착이 오는 경우는?
㉮ 크롬 중독　　㉯ CO 중독
㉰ SO_2 중독　　㉱ 인 중독
|해설| CO 중독 증상 : 두통, 권태, 현기증, 시력 저하, 혼수, 의식장애

139 설안염, 설맹, 전기성 안염 등을 일으키는 것은?
㉮ 조도불량
㉯ 가시광선 과다
㉰ 자외선
㉱ 적외선

140 자외선의 만성효과(chronic effect)는?

① 피부 비후　② 백내장
③ 피부암

㉮ ①, ②　　㉯ ②, ③
㉰ ①, ③　　㉱ 이상 모두

141 다음 전리방사 단위 중 인체의 피해를 고려한 단위는?
㉮ Rad　　㉯ Roentgen
㉰ Curie　　㉱ Rem
|해설| ① Rem : 1r의 X-선이나 γ-선과 같은 피해를 주는 방사선 조사량을 말함
② Curie : 방사능의 단위
③ Roentgen : X-선 및 γ-선의 단위
④ Rad : 물질 1g에 100erg의 에너지를 흡수시키는 방사선의 양을 1Rad라고 한다.

해답 131 ㉰　132 ㉮　133 ㉱　134 ㉱　135 ㉰　136 ㉱　137 ㉮　138 ㉯　139 ㉰　140 ㉱　141 ㉱

142 다음 중 자외선에 의한 눈의 장해가 아닌 것은?
- ㈎ 전광성 안염
- ㈏ 설안성 안염
- ㈐ 작열성 안염
- ㈑ 안구진탕증

143 다음 중 자외선의 광화학적 작용이 아닌 것은?
- ㈎ O_3형성
- ㈏ 뇌, 골격근
- ㈐ 피부암 발생
- ㈑ 소화기

144 방사선에 의한 장해 중 가장 피해가 심한 장기는?
- ㈎ 임파선, 골수
- ㈏ 뇌, 골격근
- ㈐ 기관지, 폐
- ㈑ 소화기

|해설| 골수 및 임파선에 작용하여 조혈장해 및 면역기능을 저하시킨다.

145 체외에서 인체에 해로운 방사선의 순서는?
- ㈎ $\alpha>\beta>\gamma$
- ㈏ $\beta>\gamma>\alpha$
- ㈐ $\alpha>\gamma>\beta$
- ㈑ $\gamma>\beta>\alpha$

146 방사선 장애와 관계가 적은 것은?
- ㈎ 호흡기능장애
- ㈏ 생식기능장애
- ㈐ 조혈기능장애
- ㈑ 피부암 유발

147 할로겐화 탄화수소의 독작용 중 관련이 적은 것은?
- ㈎ 다발성이다.
- ㈏ 중추신경계 억제작용이 있다.
- ㈐ 간에 암을 일으킨다.
- ㈑ 신장에 암을 일으킨다.

148 직업성 폐암의 원인이 아닌 것은?
- ㈎ 방향족 아민류
- ㈏ 크롬산염
- ㈐ 니켈
- ㈑ 석면

|해설| 방향족 아민류 : 간장질환 유발

149 유독물질의 침입경로 중 가장 심한 장애를 가져올 수 있는 것은?
- ㈎ 소화기계 침입
- ㈏ 호흡기계 침입
- ㈐ 피부로 침입
- ㈑ 눈으로 침입

150 작업환경의 관리 목적이 아닌 것은?
- ㈎ 직업병 치료
- ㈏ 산업재해 예방
- ㈐ 산업피로 억제
- ㈑ 직업병 예방

151 작업환경 조건에 있어서 틀린 것은?
- ㈎ 지적온도는 16~18°C 정도이다.
- ㈏ 보통작업은 150lux, 정밀작업은 300lux 이상의 조도가 필요하다.
- ㈐ 습도는 일반적으로 70~80%가 적당하다.
- ㈑ 조명은 휘도가 적어야 한다.

|해설| 습도는 일반적으로 40~70%가 적당하다.

152 작업 환경의 관리 방법으로 옳지 않은 것은?
- ㈎ 발생원에 대한 대책
- ㈏ 작업공정의 밀폐와 격리
- ㈐ 개인 보호구의 착용금지
- ㈑ 환경정리와 보건교육 실시

153 질소산화물에 대한 설명이 틀린 것은?
- ㈎ nitrites(-NO_2), Nitrates(-NO_3), nitrosamine, aniline 등이 원인물질이다.
- ㈏ 이는 헤모글로빈의 Fe^{2+}를 Fe^{+3}로 변화시켜서 methemoglobin을 형성한다.
- ㈐ 고산소증에 의한 두통무력감, 구역, 혈압강하, 혼수 등이 타나난다.
- ㈑ 치료는 길항제로 methylene blue를 투여한다.

154 혈액산소 운반능력 방해물질이 아닌 것은?
- ㈎ 일산화탄소
- ㈏ 삼수화비소
- ㈐ 니트로사민
- ㈑ 황화수소

|해설| H_2S, HCN : 산화효소작용저해물질

155 산화효소작용 저해물질인 질식제는 어느 것인가?
 ㈎ 청산   ㈏ 일산화탄소
 ㈐ 아닐린 ㈑ 삼수화비소
 |해설| 청산 = 시안화수소 = HCl

156 자극성피부염, 피부화상, 폐부종을 일으키는 무기산이 아닌 것은?
 ㈎ 인산   ㈏ 크롬산
 ㈐ 염산   ㈑ 수산화칼륨

157 전리방사선이 아닌 것은?
 ㈎ X선, γ선
 ㈏ α입자, β입자
 ㈐ 양자, 중성자
 ㈑ 극저주파, 마이크로파

158 저에너지 방사선에 속하며 생물학적 에너지가 증가함에 따라 비례하여 증가하는 것은?
 ㈎ X-선   ㈏ α입자
 ㈐ 중성자 ㈑ 하전핵

159 전리방사선의 영향이 아닌 것은?
 ㈎ 피부장해
 ㈏ 급성방사선증후군
 ㈐ 위궤양
 ㈑ 염색체이상
 |해설| 확률적 영향 – 염색체이상

160 전리방사선의 확률적 영향이 아닌 것은?
 ㈎ 유전자 돌연변이
 ㈏ 염색체이상
 ㈐ 발암성
 ㈑ 급성방사선증후군

161 자외선의 생물학적 영향이 아닌 것은?
 ㈎ 피부장해   ㈏ 눈장해
 ㈐ 혈소판증가 ㈑ 세포독성

162 마이크로파와 라디오파의 생물학적 영향이 아닌 것은?
 ㈎ 기형 발생   ㈏ 혈관·뇌장벽 파괴
 ㈐ 백내장 형성 ㈑ 수두 발생

해답 155 ㈎ 156 ㈑ 157 ㈑ 158 ㈎ 159 ㈑ 160 ㈑ 161 ㈐ 162 ㈑

제2부 FINAL TEST 및 기출문제

FINAL TEST
환경위생학 기술고시
총무처 7급 환경직
경기도 기출모음
서울시 6급 연구직
서울시 9급 보건직
경기도 9급 보건직
서울시 9급 보건직
인천시 9급 보건직
서울시 9급 보건직

FINAL TEST

001 위생(Hygiene)이라는 말을 처음 사용한 사람은?
㈎ Koch ㈏ Galene ㈐ Hippocrates
㈑ L. Pasteur ㈒ B. Ramazzini

002 위생학의 과학적 기초를 확립하여 실험적 위생학을 창시한 사람은?
㈎ E.Jenner ㈏ R.Koch
㈐ L.Pasteur ㈑ Max Von pettenkofer
㈒ Potty William

003 다음 정상공기의 체적 백분비 연결이 틀린 것은?
㈎ $O_2 - 21\%$ ㈏ $N_2 - 78\%$ ㈐ $Ar - 0.9\%$
㈑ $CO_2 - 0.3\%$ ㈒ $Ne - 0.0018\%$

004 다음 중 기후 요소에 해당하지 않는 항목은?
㈎ 기온 ㈏ 기습 ㈐ 기류 ㈑ 지진

005 기후순화 기전의 종류에 해당되지 않는 것은?
㈎ 대상적 순응 ㈏ 자극적 순응
㈐ 자동적 순응 ㈑ 수동적 순응

006 성인이 1일 호흡하는 공기량은?
㈎ 15kl ㈏ 13kl ㈐ 20kl ㈑ 9kl

007 감각온도의 3요소는?
㈎ 기온, 기류, 기체 ㈏ 기류, 기습, 기온
㈐ 기습, 기류, 복사열 ㈑ 기압, 기온, 기류
㈒ 복사열, 기습, 기압

ANSWER
001 ㈏ 002 ㈑ 003 ㈑
004 ㈑ 005 ㈑ 006 ㈏
007 ㈏

008 여름철의 가장 쾌적한 감각온도는?
　㈎ 50~60°F　　㈏ 60~74°F　　㈐ 65~75°F
　㈑ 69~78°F　　㈒ 66~71°F

009 여름철에 환기 없는 시설에서 발생 할 수 있는 것은?
　㈎ CO중독　　　　　㈏ 이산화탄소 중독
　㈐ 중금속 중독　　　㈑ 군집독
　㈒ 열중증

010 실내공기 CO_2(이산화탄소)의 8시간 기준 서한도는?
　㈎ 0.03%　　㈏ 0.3%　　㈐ 0.1%
　㈑ 0.01%　　㈒ 0.001%

▶ 미국 : 0.2% (2,000ppm)
　 일본 : 0.1% (1,000ppm)
　 한국 : 0.1% (1,000ppm)

011 CO(일산화탄소)가스는 몇 ppm 이상일 때에 생명이 위험한가?
　㈎ 100　　㈏ 250　　㈐ 500
　㈑ 700　　㈒ 1000

▶ 800ppm : 2시간 내 사망
　 1,600ppm : 1시간 내 사망
　 3,200ppm : 30분 내 사망
　 6,400ppm : 10~15분 내 사망
　 12,800ppm : 1~3분 내 사망

012 다음 중 공기의 자정작용이 <u>아닌</u> 것은?
　㈎ 희석작용(공기체)
　㈏ 세정작용(강우, 강설로 세정)
　㈐ 산화작용(O_2, O_3, H_2O_2에 의한 산화작용)
　㈑ 식균작용(미생물)
　㈒ 교환작용(탄소동화작용에 의한 CO_2와 O_2 교환)

013 온열요소(온열인자)가 <u>아닌</u> 것은?
　㈎ 기온　　㈏ 기습　　㈐ 기류
　㈑ 기압　　㈒ 복사열

ANSWER
008 ㈑　009 ㈑　010 ㈐
011 ㈒　012 ㈑　013 ㈑

014 대기 중의 함량이 높아질 경우, 온실효과를 일으키는 기체는?
(가) SO_2　　(나) O_3　　(다) CO
(라) CO_2　　(마) N_2

015 실내공기의 오염척도로 사용되는 것은?
(가) O_2　　(나) CO_2　　(다) CO
(라) N_2　　(마) SO_2

016 인체에 적합한 비교습도는 얼마인가?
(가) 40~70%　　(나) 80~100%　　(다) 70~80%
(라) 30~40%　　(마) 20~30%

017 일상생활의 지적온도는?
(가) $16 \pm 2°C$　　(나) $18 \pm 2°C$　　(다) $20 \pm 2°C$
(라) $22 \pm 2°C$　　(마) $24 \pm 2°C$

018 실내외의 적당한 온도차는?
(가) 1~3°C　　(나) 4~5°C　　(다) 5~7°C
(라) 7~9°C　　(마) 9~10°C

> 실내외 온도차는 5°C 정도가 적당하며, 5~8°C까지는 인체가 무리없이 극복할 수 있다.

019 인간의 피부로써 순응할 수 있는 온도의 범위는?
(가) 0~10°C　　(나) 10~18°C　　(다) 18~22°C
(라) 5~20°C　　(마) 10~40°C

> 10~40°C의 범위에서는 순응에 의해 본노감각 소실

020 흑구온도계로 측정하는 것은?
(가) 기온　　(나) 기습　　(다) 기류
(라) 복사열　　(마) 기압

ANSWER
014 (라)　015 (나)　016 (가)
017 (나)　018 (다)　019 (마)
020 (라)

021 저산소상태에서 발생되는 질병은?
　㉮ CO posion　　　　　㉯ Crowd posion
　㉰ Oxygen posion　　　㉱ Caison disease
　㉲ Hypoxia

▶ Hypoxia(저산소증) : 저산소혈증, 빈혈성 저산소증 등

022 일교차가 큰 지역의 순서는?
　㉮ 한대 > 온대 > 열대　　㉯ 열대 > 온대 > 한대
　㉰ 온대 > 열대 > 한대　　㉱ 한대 > 열대 > 온대
　㉲ 온대 > 한대 > 열대

023 주민의 50% 이상이 불쾌감을 느끼는 불쾌지수는?
　㉮ DI ≧ 60　　㉯ DI ≧ 70　　㉰ DI ≧ 75
　㉱ DI ≧ 80　　㉲ DI ≧ 86

024 기온·기습·기류에 복사열을 가해서 습도 100%, 무풍에서 주위 물체가 기온과 동일한 온도가 되었을 때를 무엇이라고 하는가?
　㉮ 지적온도　　　　　㉯ 불감온도
　㉰ 등온지수　　　　　㉱ 불쾌지수
　㉲ 생산적 지적온도

▶ 지적 등온지수 : 60.9

025 다음 CO에 관한 설명 중 틀린 것은?
　㉮ CO와 Hb의 결합력은 산소에 비해 210~300배 정도 강하다.
　㉯ 무색, 무미, 무취이다.
　㉰ 일산화탄소 중독은 후유증이 적다.
　㉱ CO가스는 1,000ppm 이상에서 생명이 위독하다.
　㉲ CO의 서한도는 0.01%이다.

ANSWER
021 ㉲　022 ㉮　023 ㉰
024 ㉮　025 ㉰

026 2도 동상의 증상은?
　㈎ 홍반서　　　　㈏ 수포성
　㈐ 괴저성　　　　㈑ 부패성

> 1도 동상 : 출혈, 부종
> 2도 동상 : 출혈, 수포형성
> 3도 동상 : 피부와 피하조직의 괴사
> 4도 동상 : 괴사 및 조직의 손실

027 전신냉각의 직접 사인이 아닌 것은?
　㈎ 급성 신부전　　　㈏ 심실제동
　㈐ 조직 지질의 응고　㈑ 혈액의 점도 증가

> 콩팥이상인 신부전증과는 무관

028 현대사회에서 환경오염이 가속화된 요인인 아닌 것은?
　㈎ 인구증가 및 인구의 도시집중화
　㈏ 경제성장으로 인한 폐기물 증가
　㈐ 새로운 공업도시 건설
　㈑ 기술개발로 인한 새로운 공해물질 발생
　㈒ 공해방지기술 및 연구체제 정비

029 환경오염의 대책이 아닌 것은?
　㈎ 도시계획
　㈏ 환경오염관련법 준수
　㈐ 환경오염에 대한 조사연구 추진
　㈑ 환경오염 방지기구 확립
　㈒ 인구의 증가 및 도시집중화

030 다음 중 공해요인이라고 할 수 없는 것은?
　㈎ 소음　　㈏ 대기오탁　　㈐ 산업폐수
　㈑ 부패식품　㈒ 진동

031 현대 공해의 특징은?
　㈎ 다양화　　㈏ 누적화　　㈐ 다발화
　㈑ 광역화　　㈒ 이상 모두이다

ANSWER
026 ㈏　027 ㈎　028 ㈒
029 ㈒　030 ㈑　031 ㈒

032 환경문제 해결을 위해 사용하는 PPP라는 약어의 의미는?
㈎ 오염물질 처리원칙
㈏ 오염물질 발생 금지원칙
㈐ 오염금지 원칙
㈑ 오염자 부담 원칙
㈒ 공해, 인구, 가난퇴치 원칙

▶ PPP : Poulluters Pay Principle

033 대기오염물질이 아닌 것은?
㈎ 매연(dust)
㈏ 훈연(fume)
㈐ 유황산화물(SO_x)
㈑ 탄화수소(HC)
㈒ 이산화탄소(CO_2)

034 폐포 내에 침착률이 가장 높은 먼지의 크기는?
㈎ 1μ 전후
㈏ 3μ 전후
㈐ 5μ 전후
㈑ 7μ 전후
㈒ 10μ 전후

035 벤젠을 취급하는 근로자를 대상으로 생물학적 모니터링을 하기 위해서 요에서 총 페놀을 측정하였다. 여기서 벤젠 노출로 인한 대사산물의 결정인자는 무엇인가?
㈎ 호기 중 벤젠
㈏ 요 중 총 벤젠
㈐ 혈액
㈑ 공기 중 벤젠

▶ 벤젠의 주 대사기관은 간이며, 주요 대사산물은 페놀이다. 혈액은 인체를 순환하면서 대사산물을 운반한다.

036 링겔만 농도표 2도는 매연농도가 몇 %인가?
㈎ 80%
㈏ 60%
㈐ 20%
㈑ 100%
㈒ 40%

ANSWER
032 ㈑ 033 ㈒ 034 ㈎
035 ㈑ 036 ㈒

037 London형 Smog의 설명으로 맞지 않는 것은?
  (가) 주요 연료는 석탄계
  (나) 습도가 높은 겨울철에 잘 발생
  (다) 광화학적 반응으로 형성
  (라) 주요 오탁물은 매연과 SO_X
  (마) 시계는 심한 경우 100m 이하

038 광화학적 반응으로 생기는 대표적인 대기오염 물질인 것은?
  (가) O_3, PAN   (나) CO, CO_3 (다) H_2S, SO_3
  (라) NO, NO_2 (마) CH_4, NH_3

039 일반적으로 대기오염물질 중 가장 피해를 많이 주는 물질은?
  (가) SO_X (나) CO   (다) NO_x
  (라) 먼지   (마) smog

▶ SO_X, NO_X, HC, CO는 가스상 오염물질

040 대기오염물질 중 연결이 잘못된 것은?
  (가) 자연적 – 먼지, 화산, 꽃가루
  (나) 인위적 – 자동차 가스
  (다) 1차 오염 – 발생원으로부터 직접 배출된 물질
  (라) 2차 오염 – 광화학적 작용(스모그현상)
  (마) 입자 – SO_X, NO_X, HC, CO

041 대기오염물질 중 SO_2가 발생하는 주원인은?
  (가) 언료의 연소 및 연탄   (나) 고체폐기물의 부패
  (다) 화산폭발   (라) 꽃가루
  (마) 휘발유 자동차 배기

042 우리나라 환경기준상 SO_2의 연간 평균치는 몇 ppm 이하여야 하나?
  (가) 0.02ppm   (나) 0.05ppm   (다) 0.1ppm
  (라) 0.5ppm   (마) 0.7ppm

ANSWER
037 (다)   038 (가)   039 (가)
040 (마)   041 (가)   042 (나)

043 기온역전이 발생할 수 있는 조건은?
㈎ 찬 공기 위에 따뜻한 공기 존재
㈏ 따뜻한 공기 위에 찬공기 존재
㈐ 찬공기 존재
㈑ 따뜻한 공기 존재
㈒ 찬 공기 위에 습한 공기 존재

044 눈의 보호를 위한 가장 좋은 조명방법은?
㈎ 직간접조명 ㈏ 직접조명 ㈐ 반간접조명
㈑ 반직접조명 ㈒ 간접조명

045 다음 중 중앙난방법이 아닌 것은?
㈎ 공기난방법 ㈏ 온수난방법 ㈐ 증기난방법
㈑ 온돌난방법 ㈒ 지역난방법

046 학교보건법상 책상면을 기준으로 한 교실의 조도는?
㈎ 100 lux ㈏ 100 lux ㈐ 300 lux
㈑ 400 lux ㈒ 500 lux

047 실내의 자연환기가 가장 잘 일어나려면 중성대가 어디에 위치해야 하는가?
㈎ 방바닥 가까이 ㈏ 천장 가까이
㈐ 창문 가까이 ㈑ 양벽면에
㈒ 방바닥과 천정 중간에

048 다음 중 병실 내의 적당한 온도는?
㈎ 15°C ㈏ 16°C ㈐ 18°C
㈑ 22°C ㈒ 28°C

▶ 21±2°C

ANSWER
043 ㈒ 044 ㈒ 045 ㈑
046 ㈐ 047 ㈏ 048 ㈑

049 다음 보통작업복의 CLO는?
   ㈎ 1 CLO   ㈏ 2 CLO   ㈐ 2.5 CLO
   ㈑ 3 CLO   ㈒ 5 CLO

050 자연채광이 적당할 때 활발하게 일어나는 현상은?
   ㈎ 소독작용   ㈏ 발육   ㈐ 골대사
   ㈑ 살균작용   ㈒ 이상 전부

051 자외선의 작용과 효과가 <u>아닌</u> 것은?
   ㈎ 광화학적 작용   ㈏ 비타민 D의 합성
   ㈐ 눈에 대한 영향   ㈑ 수질오염 작용
   ㈒ 피부에 대한 영향

052 일광 중 가장 살균력이 강한 파장은?
   ㈎ 1,500~2,000Å   ㈏ 2,500~2,700Å
   ㈐ 3,500~4,000Å   ㈑ 1,500~2,000Å

> 살균력이 가장 강한 파장 : 2530Å

053 채광과 조명에 대한 설명 중 <u>틀린</u> 것은?
   ㈎ 창문면적은 바닥면적의 1/3~1/2이 적당
   ㈏ 입사각 27° 이상, 개각 5° 이상이 적당
   ㈐ 거실의 안쪽 길이는 창틀 윗부분의 1.5배 이하
   ㈑ 일상작업에 적당한 조도는 100~200 Lux
   ㈒ 시야 중앙과 주위의 휘도 비율은 5 : 1~3 : 1

> 입사각 : 28° 이상
> 개각 : 4~5°

054 인공조명 시에 고려해야 할 사항 중 <u>잘못된</u> 것은?
   ㈎ 조명의 색은 주광색에 가까울수록 좋다.
   ㈏ 조명도를 균등히 유지하도록 해 줄 것
   ㈐ 가급적 간접조명이 되도록 설치할 것
   ㈑ 작업방법과 장소에 따른 기준조명도를 유지해 줄 것
   ㈒ 조명은 직접조명이 눈 보호에 이상적이다.

ANSWER
049 ㈎   050 ㈒   051 ㈑
052 ㈏   053 ㈏   054 ㈑

055 일광의 보건학적 작용이 아닌 것은?
　(가) 산소결합능력 증가 (Hb 증가)
　(나) 식욕감소 및 장기대사 증진
　(다) 비타민 D 형성
　(라) 피부 살균작용
　(마) 구루병 예방 및 치료

056 실내 자연환기의 원동력이 되는 것은?
　(가) 기압차　　(나) 포차　　(다) 기온차
　(라) 불감기류차　(마) 습도차

057 다음 중 열전도율이 가장 높은 것은?
　(가) 모직물류　　(나) 화학섬유 털옷　　(다) 동물 털옷
　(라) 마직류　　(마) 면직류

058 보온력을 높이기 위하여 의복이 갖추어야 할 물리적 성질은?
　(가) 함기성이 커야 한다.　(나) 열전도가 커야 한다.
　(다) 통기성이 커야 한다.　(라) 흡수성이 커야 한다.
　(마) 흡기력이 커야 한다.

059 물은 인체 중의 몇 %를 차지하고 있는가?
　(가) 20 ~ 30%　(나) 30 ~ 40%　(다) 60 ~ 70%　(라) 90 ~ 95

060 인체를 구성하는 물은 10 % 이상 상실하면 기능적 이상이 오고, (　　)% 이상 탈수하면 생명이 위험하다. (　　) 안에 적당한 것은?
　(가) 5%　　(나) 10%　　(다) 15%
　(라) 20%　　(마) 25%

ANSWER
055 (나)　056 (다)　057 (라)
058 (가)　059 (다)　060 (라)

061 성인이 하루에 필요한 물의 양은 대략 몇 l 정도인가?

(가) $2.0 \sim 2.5l$ (나) $4.0 \sim 4.5l$
(다) $3.0 \sim 4.9l$ (라) $4.5 \sim 5.5l$

▶ 1일 권장량 : $2 \sim 2.5l$

062 음료수 정화의 목적이 <u>아닌</u> 것은?

(가) 병원균 제거 (나) 유해물질의 제거
(다) 맛의 첨가 (라) 맛이 나쁜 원인 물질 제거

063 수인성 전염병의 특징이 <u>아닌</u> 것은?

(가) 환자발생이 일시에 폭발적이다.
(나) 2차 환자발생률이 낮다.
(다) 전염병 유행지역과 음료수 사용지역이 일치한다.
(라) 음료수에서 동일 병원체가 검출된다.
(마) 수인성 전염병에는 콜레라, 이질, 결핵 등이 있다.

064 우리나라에서 흔히 일어나는 수인성 전염병이 <u>아닌</u> 것은?

(가) 장티푸스 (나) 이질
(다) 결핵 (라) 콜레라

065 영아에 Methemoglobinemia를 초래할 물질은?

(가) 아질산성 질소 (나) 단백성 질소
(다) 암모니아성 질소 (라) 질산성 질소
(마) 탄산가스

▶ 질산은 유아청색증 초래

066 다음 중 염소 소독의 단점은?

(가) 살균력이 강하다. (나) 소독력이 강하다.
(다) 잔류효과가 크다. (라) 냄새가 있다.
(마) 가격이 저렴하다.

ANSWER
061 (가)　062 (다)　063 (라)
064 (다)　065 (다)　066 (라)

067 먹는 물 수질기준 중 잘못된 것은?
  ㈎ 경도 : 300mg/l 이하
  ㈏ 황산이온 : 200mg/l 이하
  ㈐ 염소이온 : 250mg/l 이하
  ㈑ 증발잔류물 : 300mg/l 이하
  ㈒ 계면활성제 : 0.5mg/l 이하

▶ 500mg/l 이하

068 서로 관계가 없는 내용으로 연결된 것은?
  ㈎ 잔류염소량 – 0.2ppm
  ㈏ 완속사여과법 – 역류세척
  ㈐ 약품침전법 – 황산알미늄
  ㈑ 불소 – 반상치, 우치, 충치
  ㈒ 생물막 – 여과지

▶ 완속여과는 물의 자연흐름을 이용해서 세척

069 완속여과법과 급속여과법의 비교 설명 중 틀린 것은?
  ㈎ 여과속도는 완속여과보다 급속여과가 빠르다.
  ㈏ 완속여과는 면적이 좁고 급속여과는 넓은 면적이 필요하다.
  ㈐ 소제방법에서 완속여과법은 사면대치법을 사용하고 급속여과법은 역류세척법을 사용한다.
  ㈑ 세균 제거율은 완속여과법 98~99%, 급속여과법은 95~98% 정도이다.

070 음료수에서 대장균군이 검출되었다는 의미는?
  ㈎ 대장균 자체가 위험하다.
  ㈏ 음료수와는 무관하다.
  ㈐ 대장균은 수질오염의 지표이다.
  ㈑ 전염병의 원인을 알 수 있다.
  ㈒ 수인성 병원균의 존재를 의미한다.

071 다음 중 대장균의 특징이 아닌 것은?
  ㈎ 그람양성균
  ㈏ 무포자균
  ㈐ 통성혐기성균
  ㈑ 막대균
  ㈒ 유당을 이용하여 산 및 가스를 생성

ANSWER
067 ㈑ 068 ㈏ 069 ㈏
070 ㈐ 071 ㈎

072 대장균 검사의 순서는?
㈎ 추정시험 → 완전시험 → 확정시험
㈏ 추정시험 → 확정시험 → 완전시험
㈐ 완전시험 → 추정시험 → 확정시험
㈑ 확정시험 → 추정시험 → 완전시험
㈒ 시료재취시험 → 추정시험 → 완전시험

073 수질검사에서 최확수(MPN)와 관계 있는 것은?
㈎ 대장균군   ㈏ 생물지수   ㈐ 일반세균
㈑ 염소요구량   ㈒ 생물학적 산소요구량

074 용존산소(DO)와 생물학적 산소요구량(BOD)의 관계는?
㈎ DO가 높으면 BOD는 낮다.
㈏ DO가 낮으면 BOD는 감소한다.
㈐ DO가 높으면 BOD는 높다.
㈑ DO가 낮으면 BOD는 낮다.
㈒ DO와 BOD는 일정하다.

075 수중의 유기물량을 추정하는 시험은?
㈎ 대장균 시험   ㈏ 일반세균 시험
㈐ 과망간산칼륨 소비량   ㈑ 중금속 시험
㈒ 산도시험

▶ 유기물=탄소화합물

076 급속여과법과 완속여과법의 비교가 잘못된 것은?
㈎ 급속여과법은 약품침전법을 사용한다.
㈏ 여과속도는 완속여과가 느리다.
㈐ 급속여과법의 소제방법은 사면대치이다.
㈑ 완속여과법의 세균제거율은 98~99%이다.
㈒ 완속여과법은 넓은 면적이 필요하다.

▶ 급속여과 : 역류세척

ANSWER
072 ㈏   073 ㈎   074 ㈎
075 ㈐   076 ㈐

077 상수의 급속여과 시에 침전제로 사용되는 약품은?
(가) 탄산마그네슘 (나) 질산나트륨 (다) 황산철
(라) 황산알루미늄 (마) 황산칼슘

▶ 황산알루미늄＝황산반토

078 다음 먹는 물 수질기준 중 틀린 것은?
(가) 납 : 0.5mg/l 이하
(나) 불소 : 1.5mg/l 이하
(다) 수은 : 0.001mg/l 이하
(라) 사염화탄소 : 0.002mg/l 이하
(마) 알루미늄 : 1mg/l 이하

079 상수에 필요한 정수방법의 순서 중 옳은 것은?
(가) 침전 – 여과 – 소독 (나) 여과 – 침전 – 소독
(다) 침전 – 소독 – 여과 (라) 여과 – 소독 – 침전
(마) 소독 – 침전 – 여과

080 상수처리 중 폭기(aeration)와 관계 없는 것은?
(가) 철 제거 (나) 망간 제거 (다) 냄새 제거
(라) CO_2 제거 (마) pH 저하

▶ 폭기 : 물속에 공기를 불어넣어 DO를 증가시키는 것

081 상수의 냄새 및 맛에 이상을 주는 조류(algae)의 성장을 억제하는 것은?
(가) $CuSO_4$(황산동) (나) CaO(생석회) (다) 명반
(라) 석탄산 (마) 오존

082 우물물의 위생학적 조건으로 옳지 않은 것은?
(가) 오염원으로부터 20m 이상 떨어져 있을 것
(나) 오염원보다 지형이 낮을 것
(다) 우물 주위는 최소 50m 이상 콘크리트로 할 것
(라) 배수로가 완전하여 우물에 유입이 없을 것

ANSWER
077 (라) 078 (마) 079 (가)
080 (마) 081 (가) 082 (나)

083 물의 냄새와 맛 제거법이 아닌 것은?
  (개) 폭기법　　　　　(내) 여과법
  (대) 활성탄법　　　　(라) 오르소톨리딘법

> 오소톨리딘 : 잔류염소 측정

084 상수 소독시 클로라민(chloramine)이 유리염소보다 좋은 점이 아닌 것은?
  (개) 냄새가 적다.　　　(내) 잔류성이 좋다.
  (대) 독성이 강하다.　　(라) 독특한 맛이 적다.

> 클로라민은 살균 후 냄새·맛이 없고 잔류성이 강하다.

085 평상시 수도(상수도)전의 유리 잔류염소량은?
  (개) 0.1ppm　(내) 0.2ppm　(대) 0.4ppm
  (라) 0.5ppm　(마) 1.0ppm

> 병원미생물 오염 우려 시 0.4ppm

086 잔류염소 0.2ppm으로 사멸되지 않은 세균은?
  (개) Virus　　　　　　(내) Cholera
  (대) Shigella bacillus　(라) Typhoid bacillus

087 불연속점 염소처리(break poink chlorination)의 설명 중 옳은 것은?
  (개) 염소 주입시에 잔류염소의 최상승점
  (내) 염소 주입시에 직선과 가티 주입량에 비례하여 증가하는 잔류 염소의 양이 증가하는 것
  (대) 유기물질 존재시에 잔류염소량 곡선이 증가하는 현상
  (라) 잔류염소의 최하강점 이상 처리하는 염소처리

> 염소소독은 세균제거가 주목적이고 바이러스처리는 곤란

088 ortho-tolidine test란?
  (개) 잔류염소량 측정　　(내) $KMnO_4$ 소비량 측정
  (대) 대장균군 측정　　　(라) 아질산성 질소 측정

ANSWER
083 (라)　084 (대)　085 (나)
086 (가)　087 (라)　088 (가)

089 다음 중에서 상수처리과정으로 옳은 것은?
- ㈎ 침전 – 침사 – 여과 – 염소 소독 – 급수
- ㈏ 염소소독 – 여과 – 침전 – 침사 – 급수
- ㈐ 침사 – 침전 – 여과 – 염소 소독 – 급수
- ㈑ 침사 – 여과 – 침전 – 염소 소독 – 급수
- ㈒ 여과 – 염소 소독 – 침전 – 침사 – 급수

090 상수도 정수 시에 가장 중요하게 생각해야 할 과정은?
- ㈎ 소독
- ㈏ 여과
- ㈐ 침전
- ㈑ 급수

091 지표수의 특징이 아닌 것은?
- ㈎ 수온과 탁도의 변화가 심하다.
- ㈏ 경도가 낮다.
- ㈐ 용존산소가 높다.
- ㈑ 세균이 많다.
- ㈒ 유기물이 적다.

092 경수의 설명 중 맞지 않는 것은?
- ㈎ 물에 Ca와 Mg 등이 들어 있는 것을 말한다.
- ㈏ 경수는 목욕이나 세탁 등에 적합하다.
- ㈐ 설사의 원인이 될 수 있다.
- ㈑ 식수로 부적합하고 거친 피부의 원인이 될 수 있다.

093 가정에서 경수를 연화하고자 할 때 흔히 쓰이는 방법은?
- ㈎ 황산반토
- ㈏ $CuSO_4$
- ㈐ Zeolite
- ㈑ 끓인다.

094 다음 중 서로 잘못 연결된 것은?
- ㈎ 일시 경수 – $CaCO_3$
- ㈏ 영구 경수 – $CaSO_4$
- ㈐ 불소과다 – 반상치
- ㈑ 조류 제거 – 활성알루미나법
- ㈒ 질산은 – 청색아(유아청색증)

▶ 조류제거는 황산동(구리)

ANSWER
089 ㈐ 090 ㈏ 091 ㈒
092 ㈏ 093 ㈑ 094 ㈑

095 Mills-Reincke현상과 관계 있는 것은 무엇인가?
  ㈎ 하구 처리   ㈏ 상수 처리   ㈐ 폐수 처리
  ㈑ 쓰레기 처리   ㈒ 폐기물 처리

096 상수처리 중 폭기작용(Aeration)과 관계 없는 것은?
  ㈎ 살균   ㈏ 광물질 제거
  ㈐ 산화에 의한 냄새 제거   ㈑ 탄산가스 주입

097 음료수의 정수법에 해당되지 않는 것은?
  ㈎ 침전법   ㈏ Cl_2 소독
  ㈐ 살수여상법   ㈑ 여과법

098 부영양화 현상을 유발하는 원인물질은?
  ㈎ 인산염, 질산염   ㈏ 농약, 살충제
  ㈐ 수중세균, 아메바   ㈑ 용존산소, 메탄가스
  ㈒ 카드뮴, 수은

099 어족보호를 위한 DO와 BOD의 권장량은?
  ㈎ DO 5ppm 이상, BOD 5ppm 이하
  ㈏ DO 10ppm 이상, BOD 10ppm 이하
  ㈐ DO 5ppm 이상, BOD 5ppm 이상
  ㈑ DO 10ppm 이상, BOD 10ppm 이상

100 다음 중 하수의 본처리 과정이 아닌 것은 무엇인가?
  ㈎ 활성오니법   ㈏ 침사조   ㈐ 부패조
  ㈑ Imhoff tank법   ㈒ 접촉여상법

▶ 침사조는 전처리 과정에서 이용

ANSWER
095 ㈏   096 ㈑   097 ㈐
098 ㈎   099 ㈎   100 ㈏

101 도시하수의 하천유입으로 발생하는 현상이 <u>아닌</u> 것은?

(가) BOD 증가 (나) DO 증가 (다) COD 증가
(라) 오염도의 증가 (마) 부유 고형물의 증가

▶ 오염물질 유입 → DO감소

102 살수여과법의 순서로 옳은 것은?

(가) 하수유입 → 스크린 → 살수여과조 → 방류수
(나) 하수유입 → 살수여과조 → 방류수 → 스크린
(다) 하수유입 → 방류수 → 스크린 → 방류수
(라) 하수유입 → 살수여과조 → 스크린 → 방류수
(마) 상수유입 → 살수여과조 → 스크린 → 방류수

103 활성오니법과 살수여상법의 비교 설명이 <u>잘못된</u> 것은?

(가) 활성오니법은 면적이 적어도 된다.
(나) 활성오니법은 고도의 숙련이 필요하다.
(다) 활성오니법은 해충의 발생이 많다.
(라) 살수여상법은 높은 수압이 필요하다.
(마) 살수여상법은 하수량의 변화에도 조치가 쉽다.

104 하수도 중 분류식에 비해 합류식의 단점은?

(가) 시설비가 고가이다.
(나) 수리, 검사, 청소 등 관리가 불편하다.
(다) 악취의 발생과 하수가 범람될 수 있다.
(라) 하수의 희석 및 자연청소가 되지 않는다.
(마) 비경제적이다.

105 하수처리의 순서가 옳은 것은?

(가) 예비처리 → 본처리 → 오니처리
(나) 본처리 → 예비처리 → 오니처리
(다) 오니처리 → 본처리 → 예비처리
(라) 예비처리 → 오니처리 → 본처리
(마) 오니처리 → 예비처리 → 본처리

ANSWER
101 (나)　102 (가)　103 (다)
104 (다)　105 (가)

106 하수처리장에서 하수의 유량을 측정하는 이유는?
  ㈎ 하수처리율을 결정하기 위해
  ㈏ 고형물의 침전성을 결정하기 위해
  ㈐ DO농도를 측정하기 위해
  ㈑ 처리시설에 가해지는 부하를 결정하기 위해

107 방류수의 수질기준으로 맞지 않는 것은?
  ㈎ BOD : 30ppm 이하   ㈏ COD : 40ppm 이하
  ㈐ T-N : 80ppm 이하   ㈑ SS : 30ppm 이하

108 가장 효과적인 호기성 하수처리법으로 짝지어진 것은?
  ㈎ 활성오니법, 임호프(Imhoff 법)
  ㈏ 활성오니법, 부패조법
  ㈐ 활성오니법, 살수여상법
  ㈑ 살수여상법, 부패조법
  ㈒ 임호프(Imhoff 법), 부패조법

109 하수의 혐기성 처리방법은?
  ㈎ 임호프탱크   ㈏ 산화지법   ㈐ 관개법
  ㈑ 살수여상법   ㈒ 활성오니법

110 수질오염과 관계가 없는 것은?
  ㈎ 인축의 배설물   ㈏ 수인성 전염병 발생
  ㈐ 수질악화   ㈑ 부패성 물질 혼입
  ㈒ 용존산소량 증가

111 다음 중 수인성 질환이라고 할 수 없는 것은?
  ㈎ 장티프스   ㈏ 유행성 간염   ㈐ 파상풍
  ㈑ 세균성 이질   ㈒ 콜레라

▶ 파상풍 : 상처에 의한 균 침입

ANSWER
106 ㈑   107 ㈐   108 ㈐
109 ㈎   110 ㈒   111 ㈐

112 다음 중 수질오염의 지표가 아닌 것은?
  ㉮ 수소 이온 농도(pH)
  ㉯ 용존산소(DO)
  ㉰ 생물화확적 산소요구량(BOD)
  ㉱ 부유물질(SS)
  ㉲ 질소화합물(NO_X)

113 수질오염의 방지대책이 아닌 것은?
  ㉮ 도시계획   ㉯ 폐수실태 파악
  ㉰ 폐수처리장 완비   ㉱ 폐수처리방법 연구
  ㉲ 가스 및 입자 배출 방지

114 수영장의 적당한 수온은?
  ㉮ 22℃   ㉯ 18℃   ㉰ 30℃   ㉱ 10℃

▶ 22~27℃

115 수영장의 일반세균수 허용기준치는?
  ㉮ 1ml 당 50 이하   ㉯ 1ml 당 100 이하
  ㉰ 1ml 당 200 이하   ㉱ 1ml 당 500 이하

116 수영장에서 표백분을 표면 살포할 때 적당한 실시간격은?
  ㉮ 30분   ㉯ 1시간   ㉰ 12시간
  ㉱ 24시간   ㉲ 72시간

▶ 잔류염소 0.4ppm 유지

117 기생충란을 죽이기 위한 농촌의 분뇨처리기간은?
  ㉮ 여름 10일, 겨울 30일   ㉯ 여름 20일, 겨울 50일
  ㉰ 여름 10일, 겨울 20일   ㉱ 여름 20일, 겨울 40일
  ㉲ 여름 2개월, 겨울 1개월

ANSWER
112 ㉲   113 ㉲   114 ㉮
115 ㉰   116 ㉯   117 ㉯

118 이학적 소독방법이 <u>아닌</u> 것은?
  (가) 일광   (나) 건열   (다) 습열
  (라) 석탄산   (마) 고압증기멸균

▶ 석탄산 : 화학적 소독

119 아포형성균 멸균에 가장 좋은 소독방법은?
  (가) 자비소독   (나) 고압증기 멸균   (다) 건열멸균
  (라) 일광소독   (마) 알콜소독

120 소독약제의 살균력 측정시험 시 사용되는 것은?
  (가) 크레졸   (나) 알콜   (다) 석탄산
  (라) 역성비누   (마) 승홍

121 분변소독에 가장 좋은 방법은?
  (가) 자비소독   (나) 생석회 소독   (다) 크레졸 비누
  (라) 승홍수 소독   (마) 포르말린수 소독

122 금속 부식성이 있고, 무색소독제로서 0.1% 식염을 첨가함으로써 소독력이 높아지는 것은?
  (가) 석탄산   (나) 승홍   (다) 크레졸
  (라) 알콜   (마) 과산화수소

123 전염병 환자의 배설물을 처리하는 방법으로 가장 적합한 것은?
  (가) 방기법   (나) 매몰법   (다) 퇴비법   (라) 소각법

124 인체 배설물의 소독방법이 <u>아닌</u> 것은?
  (가) 생석회   (나) 석탄산수   (다) 크레졸수
  (라) 소각법   (마) 과산화수소

ANSWER
118 (라) 119 (나) 120 (다)
121 (나) 122 (나) 123 (라)
124 (마)

125 소독시 화학약품의 구비조건이 아닌 것은?
  (개) 살균력이 강하다.   (내) 부식성이 강해야 한다.
  (대) 표백성이 약해야 한다.   (래) 안전성이 높아야 한다.
  (매) 사용방법이 간단해야 한다.

126 소독방법을 결정할 때 고려되어야 할 사항은?
  (개) 전염병의 전파양식   (내) 소독해야 할 대상물의 종류
  (대) 전염병의 병원체 종류   (래) 전염병의 전파체 종류
  (매) 이상 모두

127 다음 중 화학적 소독방법이 아닌 것은?
  (개) 생석회   (내) 자외선   (대) 크레졸
  (래) 석탄산   (매) 포르말린

128 다음 화학적 소독방법 중 옳은 것은?
  (개) 석탄 – 70% 수용액 – 실험대, 용기소독
  (내) 알코올 – 메틸 75% – 아포형성균에 효과
  (대) 크레졸 – 3% 수용액 – 실험대, 용기소독
  (래) 과산화수소 – 10% 수용액 – 상처, 구내염소독
  (매) 승홍 – 0.1% – 피부소독

석탄산 : 3% 수용액
메틸알콜 : 아포형성균에 효과 없음
크레졸 : 피부소독
과산화수소 : 2.5~3.5%수용액

129 무균실, 수술실, 제약실 등에서 이용하는 소독방법은?
  (개) 일광소독   (내) 자비소독   (대) 알코올 소독
  (래) 자외선 소독   (매) 방사선 소독

130 병원미생물의 활동을 파괴시켜서 감염력을 없애는 것은?
  (개) 소독   (내) 방부   (대) 멸균
  (래) 가수분해작용   (매) 방열

ANSWER
125 (내)　126 (매)　127 (내)
128 (개)　129 (래)　130 (개)

131 다음 중 습열멸균법이 아닌 것은?
(가) 저온멸균법　(나) 고압증기멸균법　(다) 자비소독법
(라) 화염멸균법　(마) 유통증기멸균법

132 다음 중 완전변태하는 곤충은?
(가) 모기　(나) 빈대　(다) 바퀴
(라) 이　(마) 귀뚜라미

133 모기의 암컷이 흡혈을 하는 목적은?
(가) 성충의 먹이　(나) 먹이를 얻으려고
(다) 산란을 위하여　(라) 질병전파를 위하여
(마) 습관성에 의하여

134 다음 중 관계가 없는 내용으로 연결된 것은?
(가) 이 – 발진티푸스　(나) 모기 – 뎅기열
(다) 파리 – 장티푸스　(라) 진드기 – 유행성출혈열
(마) 벼룩 – 콜레라

135 다음 중 생물학적 전파가 서로 연결이 잘못된 것은?
(가) 배설형 – 발진티푸스　(나) 경란형 – 츠츠가무시병
(다) 증식형 – 록키산홍반열　(라) 발육증식형 – 말라리아
(마) 증식형 – 황열

136 바퀴벌레의 특성이 아닌 것은?
(가) 군거성　(나) 질주성　(다) 군서성
(라) 직시목　(마) 주간활동성

ANSWER
131 (라)　132 (가)　133 (다)
134 (마)　135 (다)　136 (마)

137 다음 중 구서의 방법이 아닌 것은?
  ㉮ 서식처 제거   ㉯ 침입경로 차단   ㉰ 훈증처리
  ㉱ 기계적 방법   ㉲ 고인 물 처리

138 다음 중 흑사병을 매개하는 곤충은?
  ㉮ 이   ㉯ 벼룩   ㉰ 빈대
  ㉱ 모기   ㉲ 파리

139 구충구서의 원칙이라고 볼 수 없는 것은?
  ㉮ 발생 초기에 구제
  ㉯ 우선적으로 성충구제
  ㉰ 발생원(서식처) 제거
  ㉱ 광범위하게 동시에 실시
  ㉲ 대상동물의 생태 및 습성에 따라 구제

140 산업보건의 중요성을 설명한 내용 중 틀린 것은?
  ㉮ 노동인구의 증가
  ㉯ 노동인력관리 및 필요성 증대
  ㉰ 근로자의 권익보호
  ㉱ 산업재해 예방 및 치료
  ㉲ 작업환경 개선

141 근로기준법상 근로시간의 기준은?
  ㉮ 1일 6시간, 1주일 42시간   ㉯ 1일 7시간, 1주일 42시간
  ㉰ 1일 8시간, 1주일 48시간   ㉱ 1일 9시간, 1주일 54시간
  ㉲ 1일 8시간, 1주일 40시간

142 레이노즈현상(Raynaud's phenomenon)과 관련이 깊은 것은?
  ㉮ 소음   ㉯ 진동   ㉰ 압력
  ㉱ 조명   ㉲ 유해광선

ANSWER
137 ㉲   138 ㉯   139 ㉯
140 ㉱   141 ㉲   142 ㉯

143 이상기압하에서 작업함으로써 오는 질환이 아닌 것은?
   ㈎ 고산병   ㈏ 항공병   ㈐ 안구진탕증
   ㈑ 잠함병   ㈒ 저산소증

> 안구진탕증 : 안구의 불수의적 운동

144 다음 중 잠함병의 직접적인 원인은?
   ㈎ 혈중 CO 농도 증가
   ㈏ 혈중 CO_2 농도 증가
   ㈐ 백혈구 및 적혈구 증가
   ㈑ 체액 및 지방조직의 CO_2 증가
   ㈒ 체액 및 지방조직의 질소 기포(bubble) 증가

145 C_5-dip현상과 가장 관련이 깊은 주파수는 어느 것인가?
   ㈎ 6,000 Hz   ㈏ 4,000 Hz   ㈐ 10,000 Hz
   ㈑ 8,000 Hz   ㈒ 2,000 Hz

> C_5-dip현상 : 4000Hz에서 청력손실이 심해져서 소음난청의 초기 증상이 나타나는 현상

146 유리공, 용광로의 화부들에게 후극성 백내장을 일으키는 유해광선은?
   ㈎ 자외선   ㈏ 적외선   ㈐ 가시광선
   ㈑ 레이저광선   ㈒ 마이크로파

147 규폐증의 원인으로 가장 중요한 인자는?
   ㈎ 시멘트 분말   ㈏ 가스   ㈐ 암석 분밀
   ㈑ 일반 분진   ㈒ 매연

148 직업병 예방대책이라고 할 수 없는 것은?
   ㈎ 보호구 사용   ㈏ 정기적인 예방접종
   ㈐ 근로자의 권익보호   ㈑ 정기적인 신체검사
   ㈒ 작업환경 개선

ANSWER
143 ㈐   **144** ㈒   **145** ㈏
146 ㈏   **147** ㈐   **148** ㈏

149 금속중독을 가장 잘 일으키는 인체 침입경로는?
  ㉮ 소화기계   ㉯ 피부계   ㉰ 점막계
  ㉱ 호흡기계   ㉲ 골격계

150 열중증의 종류에 속하지 않는 것은?
  ㉮ 열경련   ㉯ 열허탈증   ㉰ 열쇠약
  ㉱ 열사병   ㉲ 열병(발열성 전염병 감염)

151 산업피로의 예방대책 중 옳지 않은 것은?
  ㉮ 적당한 휴식 활동   ㉯ 절반 이상의 작업시간 단축
  ㉰ 충분한 수면시간   ㉱ 적재적소의 배치
  ㉲ 음주, 약제의 남용 억제

152 다음 중 서로 관계 없는 것으로 연결된 것은?
  ㉮ 직업성 난청 – 판금공장   ㉯ 파라치온 중독 – 농부
  ㉰ 열중증 – 용광로작업   ㉱ 안염 – 탄광부
  ㉲ 레이노즈현상 – 진동작업

153 미나마타병의 원인 물질은?
  ㉮ 메틸수은   ㉯ 카드뮴   ㉰ 철
  ㉱ 납   ㉲ PCB

154 폐결핵을 수반하는 진폐증은?
  ㉮ 활석폐증   ㉯ 석면폐증   ㉰ 탄폐증
  ㉱ 규폐증   ㉲ 석회진폐증

155 산업재해 평가지표가 아닌 것은?
  ㉮ 건수율   ㉯ 중독률   ㉰ 강도율
  ㉱ 이환율   ㉲ 도수율

이환율=이병률, 발병률

ANSWER
149 ㉱   150 ㉲   151 ㉯
152 ㉱   153 ㉮   154 ㉱
155 ㉱

156 공업중독 발생에 영향을 주는 3대 인자가 <u>아닌</u> 것은?
㉮ 폭로시간 ㉯ 유해물질의 농도
㉰ 조명의 강도 ㉱ 인체침입경로

157 유독물질에 의한 오염이 <u>아닌</u> 것은?
㉮ 납(Pb) ㉯ 유기수은(Hg) ㉰ 비소(As)
㉱ 카드뮴(Cd) ㉲ 부유물질(SS)

▶ 부유물질은 오탁물의 일종

158 건강인이 들을 수 있는 영역은?
㉮ 5 ~ 2,000 Hz ㉯ 20 ~ 2,000 Hz ㉰ 20 ~ 200 Hz
㉱ 10 ~ 2,000 Hz ㉲ 16 ~ 20,000 Hz

▶ 일상회화음역 : 250~300Hz

159 고체폐기물의 처분 중 소각의 장점이 <u>아닌</u> 것은?
㉮ 부피가 줄어든다.
㉯ 도시 중앙지대에 설치 가능하다.
㉰ 토지가 적게 든다.
㉱ 기후의 영향을 받지 않는다.
㉲ 시설비가 적게 든다.

160 공장폐수처리 설명 중 <u>틀린</u> 것은?
㉮ 공장폐수는 벌금을 징수해야 한다.
㉯ 산업폐수는 개별처리를 해야 한다.
㉰ 부유입자는 침선되지 않기 때문에 세서가 어렵다.
㉱ 공장폐수는 CLO를 측정한다.
㉲ 처리법은 중화법이나 침전법 등이 있다.

▶ 공장폐수의 측정기준은 BOD

161 다음 중 산업폐수의 처리방법이 <u>아닌</u> 것은?
㉮ 희석법 ㉯ 침전법
㉰ 생물화학적 처리법 ㉱ 매몰법

ANSWER
156 ㉰ 157 ㉲ 158 ㉲
159 ㉲ 160 ㉱ 161 ㉱

162 고체폐기물의 처리과정은?
㈎ 폐기물 발생 → 쓰레기통 저장 → 수집 및 운반 → 처분
㈏ 처분 → 수집 및 운반 → 쓰레기통 저장 → 폐기물 발생
㈐ 수집 및 운반 → 쓰레기통 저장 → 처분 → 폐기물 발생
㈑ 폐기물 발생 → 처분 → 수집 및 운반 → 쓰레기통 저장
㈒ 쓰레기통 저장 → 수집 및 운반 → 처분 → 폐기물 발생

163 가장 위생적인 고체폐기물의 처분은?
㈎ 소각   ㈏ 위생적 매몰   ㈐ 가축사료
㈑ 퇴비화   ㈒ 바다에 버림

164 분뇨정화조의 구조로 바른 순서는?
㈎ 부패조 → 산화조 → 소독조
㈏ 산화조 → 부패조 → 소독조
㈐ 소독조 → 산화조 → 부패조
㈑ 부패조 → 소독조 → 산화조
㈒ 산화조 → 소독조 → 부패조

165 다음 중 분뇨와 같이 유기물이 많은 것을 처리하는 데 가장 적절한 방법은?
㈎ 활성오니법   ㈏ 산화지법   ㈐ 살수여상법
㈑ 임호프 탱크법 ㈒ 사상건조법

166 다음 중 일반 쓰레기에 해당되지 <u>않는</u> 것은?
㈎ 가정 쓰레기   ㈏ 시장 쓰레기
㈐ 잡쓰레기   ㈑ 산업폐기물

167 환경소음의 단위는?
㈎ dB(decibel)   ㈏ mg/sec   ㈐ ppm
㈑ l ㈒ kl

ANSWER
162 ㈎   163 ㈎   164 ㈎
165 ㈑   166 ㈑   167 ㈎

168 소음(noise)의 방지대책이 아닌 것은?
  ㈎ 방음벽 설치 ㈏ 방음시설기준 강화
  ㈐ 주거지역 내의 공장이전 ㈑ 건축시에 방음재료 설치
  ㈒ 중금속 및 농약사용 억제

169 환경소음이 인체에 미치는 영향이 아닌 것은?
  ㈎ 중이염 ㈏ 불안증 ㈐ 노이로제
  ㈑ 청력장해 ㈒ 작업능률 상승

170 소음의 방지대책이 아닌 것은?
  ㈎ 배출 허용기준 강화 ㈏ 합리적인 도시 계획
  ㈐ 방음벽 설치 ㈑ 강력한 법적 규제
  ㈒ 주택가의 공장부지 계획

▶ 새로운 소음원 발생

171 소음의 영향에 의한 피로감이 나타나는 수준은?
  ㈎ 80dB 이상 ㈏ 90dB 이상
  ㈐ 100dB 이상 ㈑ 110dB 이상
  ㈒ 120dB 이상

172 악취(odour, odor)와 관계가 없는 것은?
  ㈎ 촉각으로 느끼는 물질 ㈏ 취각기감각 세포 자극
  ㈐ 분뇨 냄새 ㈑ 부패취
  ㈒ 습한 곰팡이 냄새

▶ 악취방지법시행규칙 별표 3
• 황화수소 : 0.06ppm 이하
• 메틸머캅탄 : 0.004ppm 이하
• 다이메틸다이설파이드 : 0.03 이하
• 프로피온알데하이드 : 0.1ppm 이하

173 공업지역의 일반적인 악취 배출허용기준 중 틀린 것은?
  ㈎ 황화수소 : 0.1ppm이하
  ㈏ 다이메틸설파이드 : 0.05ppm이하
  ㈐ 아세트알데하이드 : 0.1ppm이하
  ㈑ 트라이메틸아민 : 0.02ppm이하

ANSWER
168 ㈒ 169 ㈒ 170 ㈑
171 ㈎ 172 ㈎ 173 ㈎

174 다음 중 지정악취의 측정방법은?
  ㈎ OT 검사법   ㈏ BOD 측정법   ㈐ 기기분석법
  ㈑ 링겔만 차트법   ㈒ dB 측정법

175 악취의 방지대책이 아닌 것은?
  ㈎ 통풍   ㈏ 희석   ㈐ 중화
  ㈑ 흡수   ㈒ 소독

176 식품위생법상 식품위생의 대상이라고 할 수 없는 것은?
  ㈎ 영양   ㈏ 기구   ㈐ 용구
  ㈑ 포장   ㈒ 첨가물

177 WHO의 식품위생의 목적에 해당되지 않는 것은?
  ㈎ 안전성   ㈏ 사회성   ㈐ 건전성
  ㈑ 완전무결성   ㈒ 영양성

178 감염형 식중독이 아닌 것은?
  ㈎ Salmonellosis   ㈏ Botulinus균 식중독
  ㈐ 장염 Vibrio 식중독   ㈑ 병원성 대장균 식중독

▶ Botulinus균 : 독소형

179 다음 중 치명률이 가장 높은 식중독은?
  ㈎ Salmonellosis   ㈏ 장염 Vibrio 식중독
  ㈐ Botulinus균 식중독   ㈑ 포도상구균 식중독
  ㈒ 병원성 대장균 식중독

▶ 치명률 : 30~40%

ANSWER
174 ㈐   175 ㈒   176 ㈎
177 ㈒   178 ㈏   179 ㈐

180 다음 중독과 원인 물질이 잘못 연결된 것은?
　㈎ 조개 – Venerupin　　㈏ 복어 – Enterotoxin
　㈐ 버섯 – Muscccarine　㈑ 감자 – Solanine
　㈒ 독미나리 – Cicutoxin

복어 : Tetrodotoxin

181 복어중독의 원인독은?
　㈎ Muscarine　㈏ Solanine　㈐ Tetrodotoxin
　㈑ Cicutoxin　㈒ Venerupin

182 식품을 냉장고에 보관하는 목적과 관련이 없는 것은?
　㈎ 식품의 신선도 유지　㈏ 식품의 자기소화 억제
　㈐ 미생물의 멸균　　　㈑ 식품의 생화학적 반응억제
　㈒ 식품의 영양가 유지

183 중추신경계 이상 증상을 나타내는 식중독은?
　㈎ 병원성 대장균 식중독　㈏ 보툴리누스 식중독
　㈐ 살모넬라증 식중독　　㈑ 장염 비브리오 식중독
　㈒ 포도상구균 식중독

184 잠복기가 가장 짧은 식중독은?
　㈎ 포도상구균 식중독　㈏ 살모넬라증 식중독
　㈐ 보툴리누스 식중독　㈑ 병원성 대장균 식중독
　㈒ 장염 비브리오 식중독

185 식중독이 발생하였을 때 관리대책이라고 할 수 없는 것은?
　㈎ 원인식품의 색출 및 폐기　㈏ 예방접종과 환자격리
　㈐ 검사실 소견 확인　　　　㈑ 환자의 위세척 및 치료
　㈒ 소독 및 환경위생 철저

ANSWER
180 ㈏　181 ㈐　182 ㈐
183 ㈏　184 ㈎　185 ㈏

186 일반세균이 억제되는 일반적인 최저 식염농도는?
(가) 10%   (나) 20%   (다) 30%
(라) 50%   (마) 60%

▶ 염장법 : 10% 식염농도

187 식중독의 공통적인 증상은?
(가) 두통   (나) 구토   (다) 발열
(라) 복통   (마) 호흡곤란

188 식품을 통해서 전염 될 수 있는 바이러스성 전염병은?
(가) 유행성 간염   (나) 장티푸스   (다) 이질
(라) 콜레라   (마) 파라티푸스

189 인축공통전염병이 아닌 것은?
(가) 결핵   (나) 소아마비   (다) 탄저병
(라) 야토병   (마) Brucellosis

190 바다어패류와 가장 관계 깊은 식중독은?
(가) 포도상구균 중독   (나) 장염비브리오 중독
(다) 살모넬라 중독   (라) 보툴리누스 중독
(마) 솔라닌 중독

191 다음 중 발암성 독소는?
(가) aflatoxin   (나) ergotoxin   (다) mycotoxin
(라) tetrodotoxin   (마) cicutoxin

▶ 곰팡이독

192 쇠고기를 생식함으로써 감염될 수 있는 기생충 질환은?
(가) 유구조충   (나) 무구조충   (다) 십이지장충
(라) 회충   (마) 간디스토마

ANSWER
186 (가)   187 (나)   188 (가)
189 (나)   190 (나)   191 (가)
192 (나)

193 폐수의 BOD는 다음 중 무엇을 말하는가?
  (가) 물에 함유된 유기물질이 혐기성 박테리아에 의하여 분해되는 동안에 소모되는 산소량
  (나) 물에 함유된 유기물질이 화학적으로 산화되는 데 필요한 산소량
  (다) 분해 가능한 유기물질이 호기성 박테리아에 의하여 분해되는 동안에 소모되는 산소량
  (라) 물에 함유된 유기물을 응집시키는 데 필요로 하는 산소량
  (마) 물에 용존되어 있는 산소량

194 오존층(Ozone layer)에서 오존의 최대 농도는?
  (가) 1ppm   (나) 4ppm   (다) 6ppm
  (라) 8ppm   (마) 10ppm

▶ 20~25km 고도에서 최대

195 다음 중 유기용제 중독의 공통적인 증상은?
  (가) 마취작용   (나) 조혈장애   (다) 간장애
  (라) 중추신경장애   (마) 말초신경장애

196 자외선의 가장 대표적인 광선인 도노선(Dorno-ray)의 파장은?
  (가) 290~315Å   (나) 2,900~3,150Å
  (다) 3,500~4,000Å   (라) 4,000~7,000Å
  (마) 400~700Å

197 오염물질에 대한 대책 중 공학적인 대책으로만 연결된 것은?
  (가) 격리, 대체, 환기, 제거   (나) 격리, 교육, 환기, 제거
  (다) 격리, 대체, 환기, 교육   (라) 격리, 환기, 보호구 착용

▶ 교육, 보호구 착용 등은 행정적인 대책

ANSWER
193 (다) 194 (마) 195 (라)
196 (나) 197 (가)

198 등줄쥐에 의해 감염되는 전염병 질환은?
  ㈎ 신증후군 출혈열
  ㈏ 장티프스
  ㈐ 중증호흡기성 증후군
  ㈑ 뎅기열

199 개·돼지·설치류에서 사람에게 전파되거나 늪·못 등의 오염된 물에 의해 감염되는 병은?
  ㈎ 렙토스피라병
  ㈏ 츠츠가무시병
  ㈐ 유행성출혈열
  ㈑ 뎅기열

200 매개충인 털진드기 유충이 들쥐나 사람을 감염시켜, 고온·두통·피부발진 림프절 비대 등의 증상이 나타나는 질환은?
  ㈎ 렙토스피라병
  ㈏ 츠츠가무시병
  ㈐ 뎅기열
  ㈑ 유행성출혈열

201 최근 진해지역 바다 인근의 매립지역에 출혈한 곤충은?
  ㈎ 깔다구
  ㈏ 파리
  ㈐ 모디
  ㈑ 하루살이

▶ 깔다구 : 4급수 지표종

202 고압환경 및 감압시에 공기 중의 질소가 인체에 미칠 수 있는 영향을 바르게 설명한 것은?
  ㈎ 감압에는 영향을 미치지 않는다.
  ㈏ 인체에 직접적인 피해가 없다.
  ㈐ 감압할 때는 체액 속에 기포를 형성한다.
  ㈑ 중추신경계에 마취작용을 한다.
  ㈒ 혈액의 산소 운반을 방해한다.

203 세균이나 미생물이 많이 관여하는 순환은?
  ㈎ 질소순환
  ㈏ 탄소순환
  ㈐ 인순환
  ㈑ 물순환

ANSWER
198 ㈎ 199 ㈎ 200 ㈏
201 ㈎ 202 ㈐ 203 ㈎

204 다음 중 소독액과 수용액 %가 맞는 것은?
㉮ 과산화수소 : 2.5%   ㉯ 머큐로크롬 : 7%
㉰ 역성비누액 : 5%   ㉱ 알코올 : 10%

머큐크롬 : 2%
역성비누 : 0.1~0.5%
알코올 : 메틸알콜 70~75%

205 자동차 배출가스 오염물질 중 발암성인 것은?
㉮ 질소산화물   ㉯ 황산화물   ㉰ 탄화수소
㉱ 일산화탄소   ㉲ 벤조피렌

206 화학소독법에서 소독액과 수용액 %가 잘못 연결된 것은?
㉮ 석탄산 : 3%   ㉯ 승홍수 : 0.1~0.5%
㉰ 역성비누액 : 0.1~0.5%   ㉱ 과산화수소 : 7~8%

207 조혈기능에 장애를 일으키는 물질은 어느 것인가?
㉮ 비소   ㉯ 납, 벤젠
㉰ 아연   ㉱ 황화수소

208 석면 중 인체에 가장 나쁜 것부터 나열한 것은?
㉮ 백석면 > 황석면 > 청석면   ㉯ 백석면 > 청석면 > 황석면
㉰ 황석면 > 청석면 > 백석면   ㉱ 청석면 > 백석면 > 황석면

209 다음 중 체온발산의 비율이 가장 큰 것은?
㉮ 피부에서의 증발   ㉯ 폐포 증발
㉰ 호기가온(呼氣加溫)   ㉱ 소변 및 대변
㉲ 골격근과 심장

ANSWER
204 ㉮   205 ㉲   206 ㉯
207 ㉯   208 ㉱   209 ㉮

210 용존산소가 풍부한 수중에서 미생물에 의해 단백질이 분해될 때 옳은 과정은?

(가) Amino acid → NH_4^+ → NO_2^- → NO_3^-
(나) Amino acid → NH_4^+ → NO_3^- → NO_2^-
(다) NH_4^+ → NO_2^- → NO_3^- → Amino acid
(라) NH_4^+ → NO_3^- → NO_2^- → Amino acid
(마) NH_4^+ → NO_2^- → Amino acid → NO_3^-

211 수원지에서 가정까지의 급수계통으로 옳은 것은?

(가) 취수 → 도수 → 정수 → 송수 → 배수 → 급수
(나) 취수 → 도수 → 송수 → 정수 → 배수 → 급수
(다) 취수 → 도수 → 소독 → 정수 → 배수 → 급수
(라) 취수 → 송수 → 정수 → 도수 → 배수 → 급수
(마) 취수 → 도수 → 정수 → 배수 → 송수 → 급수

212 화학적 소독에 필요한 인자가 아닌 것은?

(가) 열 (나) 물
(다) 온도 (라) 시간

213 다음 중 물리적 소독은?

(가) 쉼멜부시소독 (나) 역성비누액
(다) 생석회 (라) 약용비누

▶ 물리적소독 : 자비, 증기 건열 멸균, 소각화염, 일광자외선 여과, 쉼멜부시 소독

214 자외선의 설명이 틀린 것은?

(가) 범위 : 파장 200~2000Å
(나) 오존층에서 완전히 흡수되는 범위 : 100~280Å
(다) 자외선은 하루 중 정오에 가장 많고, 1년 중 9월 중순에 많다.
(라) 피해 : 피부 홍반, 색소침착, 부종, 수포, 피부박리, 결막염, 설염, 백내장

▶ 100~4000Å

ANSWER
210 (가) 211 (가) 212 (가)
213 (가) 214 (가)

215 열경련(heat cramps)의 주요 원인은?
  ㈎ 중추신경 마비
  ㈏ 탈수로 인한 수분부족과 염분의 과도한 배출
  ㈐ 순환기계 이상
  ㈑ 뇌온도 상승
  ㈒ 의식 상실

216 세균성 식중독의 설명으로 <u>틀린</u> 것은?
  ㈎ 2차 감염이 없다(종말감염).
  ㈏ 잠복기가 짧고, 경과가 대체로 짧다
  ㈐ 전염성이 거의 없다.
  ㈑ 면역이 성립되지 않는다.
  ㈒ 병원체가 사람에 대하여 강한 병원성을 갖고 있기 때문에 미량의 균으로도 발생한다.

217 호기성 분해처리 방법은?
  ㈎ 소화조, 산화지
  ㈏ 부패조, 활성오니법
  ㈐ 소화조, 부패조
  ㈑ 활성오니, 살수여과법, 산화지법

218 폐포에 섬유증식증을 유발하지 <u>않는</u> 것은?
  ㈎ 면폐증   ㈏ 석면폐증
  ㈐ 탄폐증   ㈑ 규폐증

219 자동차 엔진에서 나오며 적혈구 감소와 조혈기능장애를 일으키는 것은?
  ㈎ 비소   ㈏ 크롬
  ㈐ 아연   ㈑ 벤젠

ANSWER
215 ㈏ 216 ㈒ 217 ㈑
218 ㈎ 219 ㈑

220 소독작용에 영향을 주는 내용이 아닌 것은?
  ㈎ 수분　　㈏ 시간　　㈐ 온도
  ㈑ 농도　　㈒ 채광

221 담배연기나 가솔린이 연소할 때, 또는 매연에서 발생하는 발암성 물질은?
  ㈎ 아크롤레인　　㈏ 벤조피렌
  ㈐ 소르말헥산　　㈑ 황산

▶ 아크롤레인 : 지방이 탈 때 냄새의 원인

222 완속여과와 급속여과에 대한 내용이 틀린 것은?

	구 분	완속 여과	급속여과
㈎	여과 속도 1회 사용일수	3m(6~7)day 20~60일(1~2개월)	120m/day 12시간~2일(1일)
㈏	탁도와 색도가 높을 때 이끼류가 발생하기 쉬운 장소	불리하다. 불리하다.	좋다. 좋다.
㈐	수면이 동결되기 쉬운 장소 면적	불리하다. 광대한 면적 필요	좋다. 좁은 면적도 가능
㈑	비용 세균 제거율	건설비가 많이 듦 경상비는 적게 듦 95~98%	건설비가 적게 듦 경상비는 많이 듦 98~99%

223 다음 중 혐기성 처리인 중온소화법의 온도와 처리일이 맞게 된 것은?
  ㈎ 10~15°C에서 30일 정도 소화
  ㈏ 30~35°C에서 15일 정도 소화
  ㈐ 30~35°C에서 30일 정도 소화
  ㈑ 60~75°C에서 15일 정도 소화
  ㈒ 50~55°C에서 30일 정도 소화

▶ 고온소화 : 55±2°C

224 혐기성 소화처리에 적당한 폐수는?
  ㈎ 식품가공폐수　　㈏ 석유정제폐수
  ㈐ 도금공장폐수　　㈑ 청량음료 제조공장폐수
  ㈒ 탄광폐수

ANSWER
220 ㈒　221 ㈎　222 ㈑
223 ㈐　224 ㈎

225 메탄가스의 성질을 옳게 나타낸 것은?
　　(개) 무색, 악취, 폭발성　　(내) 무색, 무취, 폭발성
　　(대) 회색, 무취, 안정　　(래) 회색, 악취, 안정
　　(매) 무색, 무취, 안정

226 혐기성 처리의 장점이 아닌 것은?
　　(개) 기생충란을 사멸시킨다.
　　(내) 호기성 처리방법에 비하여 소화속도가 빠르다.
　　(대) 유지관리비가 적게 든다.
　　(래) 메탄가스를 열원으로 사용할 수 있다.
　　(매) 수인성 전염병의 전파를 막을 수 있다.

227 적조가 자주 발생하는 곳이 아닌 것은?
　　(개) 개방형 외역수역
　　(내) 각종 배수유입이 많은 곳
　　(대) 일사량이 풍부하고 안정된 수괴가 형성되는 곳
　　(래) 바닥에 유기물질이 많이 퇴적된 곳

228 전리방사선에 대해 감수성이 높은 장기는?
　　(개) 간　　(내) 골수　　(대) 뇌
　　(래) 신장　　(매) 근육

229 흡연으로 인해 발생 가능성이 높은 암은?
　　(개) 식도암　　(내) 폐암
　　(대) 췌장암　　(래) 방광암

ANSWER
225 (내)　226 (내)　227 (개)
228 (내)　229 (내)

230 코호트 연구의 장점이 아닌 것은?
  (가) 질병자연사 파악 가능
  (나) 수집된 정보의 편견이 적다.
  (다) 발병확률을 산출할 수 있다.
  (라) 발생률이 낮은 질병에 적합하다.
  (마) 원인적 연관성을 비교적 정확히 알 수 있다.

> 코호트연구(cohort studies) : 특정 코호트의 질병 발생에 관여하리라고 의심되는 어떤 특성이나 원인인자에 노출된 정보를 수집한 후, 이 코호트 집단에서 해당 질병이 발생될 때까지 추적-관찰함으로써 요인에 노출되지 않은 집단에 비해 노출된 집단에서의 질병 발생률을 비교하는 역학적 연구방법

231 자극성이 있고 무포자균에 대한 소독력이 강하여 구내염의 소독에 적합한 것은?
  (가) 승홍수 0.1%   (나) 과산화수소 2.3%
  (다) 석탄산 3%   (라) 크레졸 3%

232 수영장이나 목욕탕에서 전염되는 질병과 거리가 먼 것은?
  (가) 성병   (나) 피부병   (다) 트라코마
  (라) 질트리모나스   (마) 눈병

233 다음의 빈칸에 알맞은 것은?

  | 보기 |
  ( )가 오염된 식품을 섭취시에 신장장애·간장장애·피부장애·면역기능 저하 등의 중독증을 유발한다.

  (가) 곰팡이 독소   (나) AS 흡입
  (다) 진드기   (라) PCB

> 곡류의 아프라톡신은 발암성

234 연결이 잘못된 것은?
  (가) 도수율 = (재해건수/연근로시간수)×1,000,000
  (나) 강도율 = (손실작업 일수/연근로시간수)×1,000
  (다) 건수율 = (재해건수/평균 실근로자수)×1,000
  (라) 중독률 = (손실작업 일수/연근로시간수)×1,000

> 평균손실일수

ANSWER
230 (라) 231 (나) 232 (가)
233 (가) 234 (라)

235 신호대기 중인 자동차에서 가장 많이 발생하는 것은?
  (가) 이산화황   (나) 일산화질소   (다) 일산화탄소
  (라) 이산화탄소   (마) 오존

236 다음 중 대기오염물질의 발생원과 발생물질의 짝이 틀린 것은?
  (가) 연소 – 더스트, 흄 – NO_2, SO_2, CO, 유기물, 산류
  (나) 자동차 엔진 – 흄 – NO_2, CO, 산류, 유기물
  (다) 석유정제 – 더스트, 미스트 – NO_2, 탄화수소, 산류
  (라) 식품과 사료가공 – 더스트, 미스트 – 악취물질

237 자연환기가 잘 되는 실내는 일반적으로 중성대가 어느 곳에 위치하는가?
  (가) 방바닥 가까이   (나) 천장 가까이
  (다) 창을 가까이   (라) 중간 지점
  (마) 위치에 무관하다.

238 가스상 대기 오염물질 중 무색 내지는 엷은 노랑색이며, 불쾌한 냄새가 나고 주 배출원이 비스코스 섬유공업인 물질은?
  (가) 이황화메틸   (나) 이산화탄소   (다) 암모니아
  (라) 이황화탄소   (마) 벤젠

239 다음 중 실내의 자연환기에 영향을 미치는 요인이 아닌 것은?
  (가) 실내 기류의 속도   (나) 실내·외의 기습차
  (다) 기체 확산력   (라) 옥외의 풍속
  (마) 실내·외의 기온차

240 다음 중 하천수 Ia급의 BOD·DO 기준치는?
  (가) 1 이상, 5 이상   (나) 1 이하, 7.5 이상
  (다) 1.5 이상, 7.5 이상   (라) 2 이하, 5 이상

ANSWER
235 (다)   236 (나)   237 (나)
238 (라)   239 (나)   240 (나)

241 다음 중 회충에 대한 설명이 아닌 것은?
  (가) 병원체 : Ascaris lumbricoides
  (나) 병원소 : 소
  (다) 감염기 : 성숙한 장충이 장내에 살아 있는 동안이 감염기에 속한다.
  (라) 심한 증세 : 소화장애, 구토, 복통, 불안, 수면 불안 장애
  (마) 예방 : 배변 후에 손을 씻도록 한다.

242 다음 중 고엽제의 주성분으로 인체의 지방세포에 주로 축적되는 유독물질은?
  (가) 다이옥신   (나) PCB   (다) DDT
  (라) BHC   (마) THM

243 주로 대장에 기생하면서 간, 뇌, 폐 농양을 일으키는 기생충은?
  (가) 폐디스토마   (나) 간디스토마
  (다) 대장아메바   (라) 이질아메바
  (마) 톡소프랄즈마

244 이질아메바에 대한 설명이 틀린 것은?
  (가) 병원체 : Entamoeba histolytica
  (나) 호발 기생부위 : 맹장, 충수부, S자결장, 직장부위
  (다) 곤충 및 동물에 의한 전파감염 : 원숭이, 쥐, 파리, 바퀴 등
  (라) 집단생활에서 포낭형을 배출하는 보충자와 접촉하여 감염
  (마) 증상 : 발진과 구토

245 수돗물 정화과정으로 순서가 맞는 것은?
  (가) 여과 - 폭기 - 침전 - 소독
  (나) 침전 - 여과 - 소독
  (다) 모독 - 폭기 - 여과 - 침전
  (라) 여과 - 침전 - 소독

ANSWER
241 (나)   242 (가)   243 (라)
244 (마)   245 (나)

246 화학적 발암인자가 암을 유발시키는 기전에 대해 '개시 → 촉진 → 진행'의 다단계이론이 설득력을 얻고 있다. 이 이론에서 언급한 암 발생의 개시인자가 아닌 것은?
㉮ benzopyrene　　　　　㉯ asbestos
㉰ nickel carbonyl　　　　㉱ saccharin

247 방사선 중 투과력의 순서는?
㉮ α선 > β선 > γ선　　㉯ α선 > γ선 > β선
㉰ β선 > α선 > γ선　　㉱ β선 > γ선 > α선
㉲ γ선 > β선 > α선

248 다음 중 공기, 물, 무균실 등의 소독에 사용되는 것은?
㉮ X선　　㉯ 자외선　　㉰ 적외선
㉱ 초음파　㉲ 감마선

249 특이동적 작용을 가장 많이 하는 영양소는?
㉮ 탄수화물　㉯ 단백질　㉰ 지방
㉱ 무기염류　㉲ 비타민

> 특이동적 작용 : 식품 자체의 소화·흡수 및 대사로 인하여 소모되는 에너지 대사량의 증가

250 환경개선으로 예방이 가능한 질병으로 보기 어려운 것은?
㉮ 파라티푸스　　㉯ 페스트
㉰ 홍역　　　　　㉱ 이질

251 우리나라의 환경정책법상 매연 한계기준은?
㉮ 링겔비탁표 1도　　㉯ 링겔비탁표 2도
㉰ 링겔비탁표 3도　　㉱ 링겔비탁표 4도

ANSWER
246 ㉱　247 ㉲　248 ㉯
249 ㉯　250 ㉰　251 ㉯

252 다음 중 자연성 식중독의 주요 성분으로 잘못 연결된 것은?
㉮ 감자-솔라닌
㉯ 버섯-무스카린
㉰ 맥각-베네루핀
㉱ 복어-테트로톡신

253 다음 보기 중 부영양화현상에 관여하는 것만으로 짝지어진 것은?

| 보기 |
| ㄱ. 질산염   ㄴ. 인산염   ㄷ. 카드뮴   ㄹ. 구리 |

㉮ ㄱ, ㄴ
㉯ ㄱ, ㄷ
㉰ ㄴ, ㄷ
㉱ ㄷ, ㄹ

254 다음 중 방열복에서 가장 많이 사용되는 재료는 어느 것인가?
㉮ 고무
㉯ 플라스틱
㉰ 석면
㉱ 알루미늄
㉲ 폴리에틸렌

> 방열복은 화염에 접근해서 작업하는 소방수들이 입는 방호복으로, 복사열을 반사하도록 섬유에 알루미늄을 입힌 알루미나이즈드 소재가 주로 이용된다.

255 다음 중 온난화를 발생시키는 대표적인 성분은?
㉮ CFC
㉯ CO_2
㉰ SO_2
㉱ NO_2

256 산업보건안전에 관한 규칙에서 정밀작업 시 작업면의 적절한 조도는?
㉮ 50 Lux 이상
㉯ 120 Lux 이상
㉰ 150 Lux 이상
㉱ 200 Lux 이상
㉲ 300 Lux 이상

257 다음 중 단순히 산소 결핍을 일으키는 기체는?

| 보기 |
| ㄱ. 질소   ㄴ. 이산화탄소   ㄷ. 메탄   ㄹ. 이황산가스 |

㉮ ㄱ, ㄷ
㉯ ㄴ, ㄹ
㉰ ㄱ, ㄴ, ㄷ
㉱ ㄱ, ㄴ, ㄷ, ㄹ

ANSWER
252 ㉰ 253 ㉮ 254 ㉱
255 ㉯ 256 ㉲ 257 ㉰

258 소독약과 사용농도의 연결이 맞게 된 것은?

> 보기
> ㄱ. 과산화수소 – 5% ㄴ. 크레졸 비누액 – 13%
> ㄷ. 석탄산 – 13% ㄹ. 알코올 – 75%

㉮ ㄱ, ㄴ, ㄷ ㉯ ㄱ, ㄷ ㉰ ㄱ, ㄹ
㉱ ㄹ ㉲ ㄱ, ㄴ, ㄷ, ㄹ

259 다음 대기가 매우 안정하여 대기오염 발생 우려가 가장 큰 것은 무엇인가?

㉮ 풍속(isothermal) ㉯ 역전(inversion)
㉰ 미단열(subadiabatic) ㉱ 과단열(superadinbatic)

기온역전 : 대기의 상태가 안정되어 공기의 순환이 일어나지 않음

260 다음 중 강한 음영으로 피로도가 큰 조명방법은 어느 것인가?

㉮ 굴절조명 ㉯ 반간접조명 ㉰ 직접조명
㉱ 간접조명 ㉲ 반직접조명

261 간헐적으로 유행하여 지속적 감시가 필요한 법정전염병은?

㉮ 1군전염병 ㉯ 2군전염병
㉰ 3군전염병 ㉱ 4군전염병

262 조류독감에 대한 설명으로 틀린 것은?

㉮ 조류에 의해 전파되는 급성바이러스이다.
㉯ 감염된 조류의 75%가 폐사
㉰ 잠복기가 3~14일이다.
㉱ 일반 독감과는 증상이 현저히 다르다.

263 다음 중 감염형으로만 연결된 것은?

㉮ 살모넬라, 장염비브리오 ㉯ 포도상구균
㉰ 포도상구균 ㉱ 보톨리누스

ANSWER
258 ㉱ 259 ㉯ 260 ㉰
261 ㉰ 262 ㉱ 263 ㉮

264 세균이 음식에서 번식하여 장독소를 일으키는 것은?
  ㈎ 살모넬라   ㈏ 비브리오
  ㈐ 포도상구균   ㈑ 디스토마

265 체내 부족 시에 유산이나 불임증을 일으킬 수 있는 것은?
  ㈎ 비타민 K   ㈏ 비타민 E
  ㈐ 비타민 F   ㈑ 비타민 D

266 다음 중 연결이 잘못된 것은?
  ㈎ 복어 – tetrodotoxin   ㈏ 알광대버섯 – venerupin
  ㈐ 청매실 – amygdaline   ㈑ 감자 – solanine

▶ 알광대버섯 : muscarine

267 다음 중 잘못 연결된 것은?
  ㈎ 증식형 – 페스트, 황열
  ㈏ 발육형 – 뎅기열, 발진열
  ㈐ 발육증식형 – 말라리아
  ㈑ 경란형 – 록키산 홍반열, 재귀열
  ㈒ 배설형 – 발진티프스, 페스트

268 다음 중 진동과 관련이 있는 질환은?
  ㈎ C_5 – dip   ㈏ 잠함병(caisson disease)
  ㈐ 안구진탕증   ㈑ 열중증
  ㈒ 레이노드 현상(Raynaud's phenomenon)

269 폐에 침착하여 진폐증을 유발시킬 수 있는 입자의 크기는?
  ㈎ $0.1\,\mu m$ 이하   ㈏ $0.5 \sim 5.0\,\mu m$
  ㈐ $0.5 \sim 50\,\mu m$ ㈑ $10 \sim 20\,\mu m$
  ㈒ $20 \sim 50\,\mu m$

ANSWER
264 ㈐ 265 ㈏ 266 ㈏
267 ㈏ 268 ㈒ 269 ㈏

270 대기 오염에 의한 2차 오염물질은?
  (가) 오존
  (나) 이산화황
  (다) 황화수소
  (라) 일산화탄소

271 다음 중 연결이 바르게 된 것은?
  (가) 종형 – 유입형
  (나) 별형 – 인구유출형
  (다) 항아리형 – 인구정지형
  (라) 피라미드형 – 인구증가형

272 질병 발생 3대 요인은?
  (가) 청결, 환경, 위생
  (나) 병인, 환경, 숙주
  (다) 병인, 환경, 위생
  (라) 병인, 위생, 청결

273 다음 중 런던 스모그와 LA 스모그의 비교 중 틀린 것은?
  (가) 런던형 – 방사성 역전
  (나) 로스엔젤레스형 – 침강성 역전
  (다) 런던형 – 발생시간이 주로 아침
  (라) 로스엔젤레스형 – 습도 85% 이상
  (마) 로스엔젤레스형 – 광화학적 반응

> LA 스모그 : 습도 70% 이하
> 런던스모그 : 습도 85% 이상

274 헤모글로빈과 결합하여 청색증을 일으키는 것은?
  (가) 질산성 질소
  (나) 암모니아성 질소
  (다) 아질산성 질소
  (라) 질소

275 지상의 모든 생물들을 해로운 자외선, 우주선, 감마선으로부터 보호해 주는 오존층을 파괴하고 있는 원인물질은?
  (가) CO_2
  (나) PAN
  (다) CFCS
  (라) NO_2
  (마) CO

ANSWER
270 (가) 271 (라) 272 (나)
273 (라) 274 (가) 275 (다)

276 제3군 전염병 중 간헐적으로 유행할 가능성이 있어서 지속적으로 그 발생을 감시하는 것은?
㉮ 페스트 ㉯ 세균성 이질
㉰ 렙토스피라증 ㉱ 파라디프스

277 국가간이나 지역간에 비교가 되는 건강지표는?
㉮ 영아사망률, 조사망률, 평균수명
㉯ 비례사망지수, 신생아 사망률, 평균수명
㉰ 영아사망률, 비례사망지수, 평균수명
㉱ 비례사망지수, 영아사망률, 의사1인당 의 환자수

278 플라스틱 제품 제조업체에서 근무하는 노동자에게 다발성 신경장해인 하반신 마비를 일으키는 물질은?
㉮ 노말 헥산 ㉯ 트리클로로레틸렌(TCE)
㉰ 포름알데히드 ㉱ 벤젠

279 주로 농산물 진균이 대사산물을 만들며, 곡류 속에 있으면서 간암을 유발하는 독소는?
㉮ ergotoxin ㉯ mycotoxin
㉰ entrotoxin ㉱ tetrodotxin

280 쥐가 옮기는 질병으로 옳은 것을 모두 고르면?
㉮ 페스트 ㉯ 츠츠가무시병
㉰ 렙토스피라증 ㉱ 디프테리아
㉲ 살모넬라증

ANSWER
276 ㉰ 277 ㉮ 278 ㉮
279 ㉯ 280 ㉮, ㉯, ㉰

281 다음 인구구조 유형의 설명 중 틀린 것은?
   (가) 피라미드형은 0~14세 인구가 50세 이상 인구의 2배를 초과한다.
   (나) 종형은 0~14세 인구가 50세 이상 인구의 절반이다.
   (다) 항아리형은 0~14세 인구가 50세 이상 인구의 2배 이하이고 선진국형이다.
   (라) 별형은 도시형으로서 15~49세 인구가 전체 인구의 50%를 초과한다.

282 창의 채광효과를 높이려면?
   (가) 앙각 > 개각
   (나) 앙각 < 개각
   (다) 앙각 = 개각
   (라) 개각과 무관하다.
   (마) 앙각과 무관하다.

283 완속사 여과법에 대한 설명으로 옳은 것은?
   (가) 생물막 제거법(사면대치)
   (나) 약품 침전에 의한 역류세척
   (다) 좁은 면적에서도 가능
   (라) 건설비가 적게 들고 경상비가 많이 든다.

284 재해지표에서 건수율의 분자는 무엇인가?
   (가) 재해건수
   (나) 연근로시간수
   (다) 손실일수
   (라) 근로자수

285 WHO의 기능이 아닌 것은?
   (가) 환경위생
   (나) 모자보건
   (다) 환경오염
   (라) 전염병관리

286 사회적 안녕의 설명으로 옳은 것은?
   (가) 사회복지제도가 완비된 나라
   (나) 사회복지제도에 힘쓰는 나라
   (다) 사회 환경 속에서 각자의 기능과 역할을 충실히 수행하는 상태
   (라) 사회환경이 쾌적한 나라

ANSWER
281 (나) 282 (가) 283 (가)
284 (가) 285 (다) 286 (다)

287 다음 중 유행주기가 올바른 것은?
  ㉮ 장티푸스 : 5~6년   ㉯ 디프테리아 : 3~4년
  ㉰ 홍역 : 2~3년   ㉱ 유행성이하선염 : 30년

장티푸스 : 30년
디프테리아 : 20년
유행성이하선염 : 3~4년

288 아래의 내용 중 불쾌지수를 구하는 방법으로 맞는 것은?
  ㉮ (건구온도×습구온도)×0.72+40.6
  ㉯ (건구온도×습구온도)+0.72+40.6
  ㉰ (건구온도+습구온도)×0.72+40.6
  ㉱ (건구온도+습구온도)÷0.72+40.6
  ㉲ (건구온도−습구온도)×0.72+40.6

289 식품을 통해 감염될 수 있는 기생충은?

  ─────┤ 보기 ├─────
  ㄱ. 이질, 아메바   ㄴ. 말레이사상충   ㄷ. 트리코모나스
  ㄹ. 십이지장충   ㅁ. 간흡충   ㅂ. 톡소플라스마

  ㉮ ㄱ, ㄴ, ㄷ   ㉯ ㄱ, ㄷ, ㄹ
  ㉰ ㄱ, ㄹ, ㅁ   ㉱ ㄴ, ㄷ, ㅁ

290 태반 감염이 가능한 질병으로만 짝지어진 것은?
  ㉮ 매독, 콜레라   ㉯ 매독, 홍진
  ㉰ 나병, 요충증   ㉱ 콜레라, 홍진
  ㉲ 장티푸스, 요충증

291 질병의 관리대책 중 회복기 혈청이나 항독소를 환자 또는 위험에 처해 있는 사람에게 주는 방법은?
  ㉮ 선천 면역   ㉯ 자연 능동 면역
  ㉰ 인공 능동 면역   ㉱ 자연 피동 면역
  ㉲ 인공 피동 면역

ANSWER
287 ㉰ 288 ㉰ 229 ㉰
290 ㉯ 291 ㉲

292 생균백신이 <u>아닌</u> 것은?
 (가) 광견병 백신   (나) 홍역 백신   (다) 결핵 백신
 (라) 두창 백신   (마) 장티푸스 백신

> 사균백신 : 인플루엔자, 일본뇌염, 장티푸스, 백일해 등

293 석면에 의한 인체의 영향에서 위험이 강한 순서는?
 (가) 크로시드라이트 > 아모사이트 > 크로소타일
 (나) 아모사이트 > 크로소타일 > 크로시드라이트
 (다) 크로소타일 > 크로시드라이트 > 아모사이트
 (라) 아모사이트 > 크로시드라이트 > 크로소타일

294 Heinrich가 주장한 산업장 내의 현성 장애와 불현성 및 잠재성 재해의 비는?
 (가) 1 : 10 : 15   (나) 1 : 29 : 300   (다) 1 : 5 : 10
 (라) 1 : 10 : 30   (마) 1 : 30 : 600

295 고온작업을 하는 노동자가 특히 많이 섭취해야 할 영양소는?
 (가) 식염   (나) 티아민(비타민 B_1)   (다) 술
 (라) 지방   (마) 칼슘

296 병원체가 숙주로부터 배출되기 시작하여 배출이 끝날 때까지의 기간은?
 (가) 감시 기간   (나) 발병 기간   (다) 세대 기간
 (라) 잠복 기간   (마) 전염 기간

ANSWER
292 (마) 293 (가) 294 (나)
295 (나) 296 (라)

297 다음 중 소독에 대하여 가장 잘 설명한 것은?
- ㈎ 물리 또는 화학적 방법으로 병원체를 파괴시킴
- ㈏ 오염된 물질을 깨끗이 닦아냄
- ㈐ 미생물의 발육을 저지시켜 분해 또는 부패를 방지함
- ㈑ 병원성 세균은 사멸시키고 비병원성 세균은 정지시킴
- ㈒ 모든 미생물을 전부 사멸시킴

298 장티푸스 영구 보균자에서 균의 주 생성장소는?
- ㈎ 신장
- ㈏ 장
- ㈐ 누관
- ㈑ 위
- ㈒ 담낭

299 복어 중독의 주증상이라고 할 수 없는 것은?
- ㈎ 혀의 지각 마비
- ㈏ 소화 장애
- ㈐ 언어 장애
- ㈑ 운동 마비
- ㈒ 호흡근 마비

300 온열요소의 인자가 아닌 것은?
- ㈎ 기습
- ㈏ 기압
- ㈐ 복사열
- ㈑ 기류

301 다음 중 개달물인 것은?
- ㈎ 공기
- ㈏ 모기
- ㈐ 수건
- ㈑ 파리

302 순화독소(toxoid) 접종 후 생기는 면역은?
- ㈎ 자연능동면역
- ㈏ 인공능동면역
- ㈐ 자연수동면역
- ㈑ 자연수동면역

ANSWER
297 ㈑ 298 ㈏ 299 ㈏
300 ㈏ 301 ㈐ 302 ㈏

303 수인성 전염병의 특징이 아닌 것은?
　㈎ 피해지역과 음료수 사용지역이 일치한다.
　㈏ 환자가 집단적 혹은 폭발적으로 발생한다.
　㈐ 음료수 사용중지 또는 개선으로 환자 발생률이 감소한다.
　㈑ 일반적으로 발병률과 치명률이 낮고 2차 감염자가 많다.

304 대기오염에 대한 설명이 틀린 것은?
　㈎ 풍력이 강할수록 확산이 잘 되어 오염도가 높아진다.
　㈏ 기온이 낮을수록 오염도는 높다.
　㈐ 풍향이 오탁지역을 결정짓는다.
　㈑ 대기오염측정항목 : 아황산가스, 일산화탄소, 질소산화물, 부유물질, 옥시던트, 탄화수소

305 다음 중 연결이 잘못된 것은?
　㈎ 감염형(세균 자체) – salmonella균속, 장염 vibrio, campylobacter, 병인성 대장균 등
　㈏ 독소형(세균의 독성) – 포도상구균, Botulinus균, Cereus균 등(설사형)
　㈐ 생체내 독소형(감염형과 독소형의 중간형) – Welchii균, 독소원성 대장균, Aeromona균, Cereus균
　㈑ Allergy성 식중독(부패 amine에 의해) – 보톡스균 등에 의한 부패 생성물

306 진동에 의한 국소장애 현상이 아닌 것은?
　㈎ 건초염　　㈏ 관절연골괴저　　㈐ 연부조직병변
　㈑ 골조직 이상　㈒ 손가락 창백

307 실내의 기류를 측정하고자 할 때는 다음 중 어느 것을 쓰는가?
　㈎ 풍속계　　　　　　㈏ 카타온도계
　㈐ 흑구 온도계　　　　㈑ Aneroid기압계
　㈒ 건구 온도계

ANSWER
303 ㈑　304 ㈎　305 ㈑
306 ㈐　307 ㈏

308 침강성역전에 관한 다음 설명 중에서 옳지 <u>않은</u> 것은?
- ㈎ 고기압 내에서 상공의 공기가 침강하여 형성된다.
- ㈏ 침강공기는 습윤단열로 승온한다.
- ㈐ 역전층에는 석유계 연료의 연소·배출가스나 매연이 농축된다.
- ㈑ 광화학작용에 의한 스모그가 발생한다.

309 PAH(다핵방향족 화합물)에 대한 설명 중 <u>틀린</u> 것은?
- ㈎ 제철소의 코크스 제조공정에서 발생한다.
- ㈏ PAH 대사에 관여하는 효소인 시토크롬 P-448의 중간 대사산물이 암을 유발한다.
- ㈐ PAH는 배설을 쉽게 하려고 수용성으로 대사된다.
- ㈑ 톨루엔이나 크실렌 등은 벤젠 고리가 두 개 이상이다.

▶ 톨루엔의 고리는 1개

310 BOD와 관련된 것은?
- ㈎ 유기물질   ㈏ 무기물질
- ㈐ 부유물질   ㈑ 침강물질

311 상수를 처리함으로써 수인성전염병이 감소하고 일반사망률이 현저히 저하하는 현상을 무엇이라고 하는가?
- ㈎ 물재생현상
- ㈏ 수명연장
- ㈐ 전도현상
- ㈑ 밀스-레인케(Millis-Reincke) 현상

312 다음에 나열된 대기의 조성물질 중에 농도가 가장 높은 물질은?
- ㈎ CO_2 ㈏ SO_2 ㈐ NO_2
- ㈑ O_3 ㈒ CH_4

ANSWER
308 ㈏ 309 ㈑ 310 ㈎
311 ㈑ 312 ㈐

313 비만증이 있는 근로자에게 부적당한 작업은 어느 것인가?
㉮ 고열작업   ㉯ 통신공업   ㉰ 기계공업
㉱ 화학공업   ㉲ 정신적인 긴장작업

314 단독 정화조의 청소 의무는?
㉮ 주 1회 이상   ㉯ 월 1회 이상
㉰ 연 2회 이상   ㉱ 연 1회 이상

▶ 오수·분뇨 및 축산 폐수의 처리에 관한 법률

315 대기의 평균온도 상승을 초래하는 기체가 <u>아닌</u> 것은?
㉮ N_2O ㉯ CFCs   ㉰ CH_4
㉱ CO_2 ㉲ SO_2

316 인수공통전염병 중 성질이 <u>다른</u> 것은?
㉮ 결핵   ㉯ 브루셀라
㉰ 광우병   ㉱ 돈단독

317 검역법에 규정된 검역 전염병은?
㉮ 유행성 출혈열, 일본뇌염, 홍역
㉯ 페스트, 콜레라, 황열
㉰ 천연두, 뎅기열, 재귀열
㉱ 장티푸스, 파라티푸스, 발진티푸스

▶ WHO : 두창, 황열, 콜레라, 페스트

318 수영장 등급을 정하는 데 이용되는 것은?
㉮ 냄새   ㉯ 탁도   ㉰ 대장균수
㉱ 물온도   ㉲ 물 성분

ANSWER
313 ㉮   314 ㉱   315 ㉲
316 ㉰   317 ㉯   318 ㉰

319 미국 ACGIH에 의해 확인된 발암물질(confirmed carcinogen)은?
  ㉮ 카드뮴   ㉯ 6가 크롬   ㉰ 아연   ㉱ 납

▶ 6가 크롬은 도금공정에서 발생하며, 폐암을 유발한다. 노출기준은 $50g/\mu m^3$

320 산업재해지표 공식으로 알맞은 것은?
  ㉮ 건수율 : 재해건수/평균근로시간×1000
  ㉯ 강도율 : 근로손실일수/평균근로자수×1000
  ㉰ 건수율 : 재해건수/평균근로자수×1000
  ㉱ 강도율 : 근로손실일수 / 연근로자수×1000

321 온실효과를 일키는 기체가 <u>아닌</u> 것은?
  ㉮ CO_2 ㉯ CFC   ㉰ O_2 ㉱ H_2O

322 자극성이 적고 무포자균에 대한 소독력이 강하여 구내염의 소독에 적당한 것은?
  ㉮ 승홍수 0.1%   ㉯ 과산화수소 3%
  ㉰ 석탄산 3%   ㉱ 크레졸 3%
  ㉲ 알콜 80%

323 다음 설명 중 맞지 <u>않는</u> 것은?
  ㉮ 미나마타 병이나 이타이이타이병은 생물농축의 전형적인 예이다.
  ㉯ 생물의 먹이사슬이 생물농축에 큰 역할을 한다.
  ㉰ 영양염이나 방사선물질은 생물농축이 되지 않는다.
  ㉱ 염화탄화수소는 생물농축이 된다.
  ㉲ 수은이나 카드뮴은 신장에 축적되어 단백뇨의 증상을 유발한다.

ANSWER
319 ㉯   320 ㉰   321 ㉰
322 ㉯   323 ㉱

324 성층현상과 가장 관계가 깊은 요소는?
  (가) 적도현상
  (나) 유기물에 의한 오염 정도
  (다) 질소, 인농도
  (라) 온도
  (마) 염류농도

325 온도, 습도, 기류의 3가지 인자에 의해 이루어지는 체감을 무엇이라고 하는가?
  (가) 감각온도
  (나) 복사온도
  (다) 온열온도
  (라) 쾌적온도
  (마) 지적온도

326 산업환기로 제거될 수 있는 것은?

보기
ㄱ. 유해한 고열　　ㄴ. 특정한 화학물질 ㄷ. 금속먼지　　　ㄹ. 유기용제(중금속)

  (가) ㄱ, ㄴ
  (나) ㄱ, ㄷ
  (다) ㄱ, ㄴ, ㄷ
  (라) ㄱ, ㄴ, ㄷ, ㄹ

327 상수의 처리과정 중 급속여과에 대한 설명으로 옳지 <u>않은</u> 것은?
  (가) 1일 처리수량이 완속여과에 비해 크다.
  (나) 역세척을 실시하여 모래를 재생한다.
  (다) 약품에 의해 응집 침전시킨 후에 여과한다.
  (라) 유지관리비가 적게 든다.
  (마) 탁도가 높은 물의 처리에 적합하다.

328 간헐적으로 유행하여 지속적 감시가 필요한 법정전염병은?
  (가) 1군전염병
  (나) 2군전염병
  (다) 3군전염병
  (라) 4군전염병

ANSWER
324 (라)　325 (가)　326 (다)
327 (라)　328 (다)

329 WHO의 건강개념에 포함되지 않는 것은?
㉮ 신체적 안녕 ㉯ 정신적 안녕
㉰ 사회적 안녕 ㉱ 경제적 안녕

330 질병 관리를 위한 5단계 예방대책 중 불현성 감염을 조기에 발견하기 위한 대책은?
㉮ 환자 진료 실시 ㉯ 집단 검진 실시
㉰ 예방 접종 실시 ㉱ 재활 의학 강화
㉲ 환경 위생 개선

331 질병의 발생요인 중 틀린 것은?
㉮ 병인 : 박테리아, 곰팡이 ㉯ 환경 : 경제생활
㉰ 숙주 : 유전적 요인 ㉱ 환경 : 사람, 토양
㉲ 병인 : 매개곤충(파리, 모기)

332 바다 생선을 생식함으로써 감염될 수 있는 기생충은?
㉮ 선모충 ㉯ 사상충 ㉰ 간흡충류
㉱ 아니사키스류 ㉲ 유구조충

333 근로자의 화학물질에 대한 노출을 평가하는 방법과 거리가 먼 것은?
㉮ 개인시료
㉯ 생물학적 모니터링
㉰ 위해성평가(risk assessment)
㉱ 건강감시(medical surveillance)

334 법정전염병의 연결이 잘못된 것은?
㉮ 1종 – 페스트, 장티푸스, 세균성이질
㉯ 2종 – 백일해, 홍역, 유행성이하선염
㉰ 3종 – 말라리아, 성병, 일본뇌염
㉱ 3종 – AIDS, 발진열

▸ 말라리아, 성병, 일본뇌염 : 2종

ANSWER
329 ㉱ 330 ㉯ 331 ㉯
332 ㉱ 333 ㉰ 334 ㉰

335 지구환경용량을 초과하지 않는 범위 내에서 지속적인 성장을 가능하게 하는 개발(SD)을 실현하기 위한 국가와 지방정부의 역할의 중요성을 천명한 것은?
㉮ 스톡홀름 선언　㉯ 바젤 협약　㉰ 몬트리올 의정서
㉱ 교토 협약　㉲ 리우 선언

336 수인성 전염병 특징이 <u>아닌</u> 것은?
㉮ 오염수계에 한해서 폭발적 발생
㉯ 환자는 성, 연령, 직업에 무관하게 발생
㉰ 잠복기는 길고, 2차 발병률이 낮다.
㉱ 치명률이 높다.
㉲ 계절과 관계없이 발생

337 살균력을 평가할 때 이용되는 균주는?
㉮ 콜레라균　㉯ 대장균　㉰ 장티푸스균
㉱ 이질균　㉲ 결핵균

338 지구환경보호를 위해 1992년에 우리나라가 가입한 협회는?
㉮ UN세계기후변화협약　㉯ 몬트리올 의정서
㉰ 리우선언　㉱ 교토의정서

339 광화학반응에 의한 2차 오염물질은?
㉮ PAN　㉯ O_2　㉰ CH_4　㉱ CO

PAN, O_3, 알데히드

340 수질기준이 <u>틀린</u> 것은?
㉮ 시안 – 0.05ppm　㉯ 납 – 0.05ppm
㉰ 질산성 질소 – 10ppm　㉱ 수은 – 0.001ppm

ANSWER
335 ㉲　336 ㉱　337 ㉰
338 ㉰　339 ㉮　340 ㉮

341 대기환경기준에 포함되지 <u>않는</u> 것은?
　㈎ SO_2　　㈏ CO_2　　㈐ NO_2　　㈑ O_3

342 다음 중 연결이 <u>틀린</u> 것은?
　㈎ 증식형 – 재귀열　　㈏ 발육형 – 발진티푸스
　㈐ 발육증식형 – 말라리아　　㈑ 배설형 – 페스트

343 하수를 호기성 처리했을 때 가장 많이 발생하는 가스는?
　㈎ CO　　㈏ CO_2　　㈐ SO_2
　㈑ CH_4　　㈒ NH

344 다음 중 연결이 <u>틀린</u> 것은?
　㈎ 중국얼룩무늬모기 – 말라리아
　㈏ 작은빨간집모기 – 일본뇌염
　㈐ 토고숲모기 – 뎅기열
　㈑ 열대숲모기 – 황열

345 호흡기계 질병의 관리방법으로 옳은 것은?
　㈎ 예방접종 실시　　㈏ 보균자의 관리
　㈐ 접촉자 색출　　㈑ 환경위생의 철저

346 돼지고기와 관계된 기생충은?
　㈎ 폐흡충　　㈏ 무구조충
　㈐ 유구조충　　㈑ 간흡충

ANSWER
341 ㈏　342 ㈏　343 ㈏
344 ㈐　345 ㈏　346 ㈐

347 휘발성 유기화합물(VOCs)에 대한 설명 중 옳지 않은 것은?
　㈎ 100℃ 이하이고 25℃에서 증기압이 1mmHg보다 큰 유기물질을 말한다.
　㈏ 세탁시설이나 석유정제시설에서 많이 발생된다.
　㈐ 급·만성 신경장애나 호흡기 장애를 유발할 수 있다.
　㈑ 차량운행시 불완전 연소로 발생한다.
　㈒ PAN(peroxy acetyl nitrate) 생성을 저감시킨다.

348 위생 보호구를 선택할 때의 주의사항으로 잘못된 사항은?
　㈎ 손질이 쉽고 사용자가 사용하기 편한 것
　㈏ 사용목적에 적합한 것
　㈐ 품질이 양호한 것
　㈑ 규격과 성능이 검정된 제품
　㈒ 포집효율이 높고 흡·배기저항이 높은 것

349 급성중독현상은 나타나지 않으나 인체의 칼슘균형을 파괴하여 연화증을 일으키는 물질은?
　㈎ Cd　　㈏ Hg　　㈐ Cr　　㈑ As

350 환경호르몬이 체내에서 정상 호르몬을 교란시키는 작용기작에 대한 설명으로 옳지 않은 것은?
　㈎ 정상 호르몬의 생성에만 관여한다.
　㈏ 정상 호르몬을 대신하여 세포물질과 결합한다.
　㈐ 정상 호르몬처럼 행세한다.
　㈑ 성호르몬을 변형시킨다.

351 다음 수질오염물질과 피해형태의 연결 중 맞지 않은 것은?
　㈎ 메틸수은 – 중추신경장애　㈏ 시안 – 맛과 냄새
　㈐ ABS – 비린내와 거품　㈑ 비소 – 흑피증
　㈒ 납 – 적혈구 감소

> 흑피증 : 향료나 유분이 함유된 화장품의 접촉

ANSWER
347 ㈒　348 ㈒　349 ㈎
350 ㈎　351 ㈑

352 대기오염물질 중에서 벤조피렌 가스의 농도가 증가하는 주요 원인은?
㉮ 자동차 배기 가스
㉯ 담배연기나 고기를 구울때의 연기
㉰ 석탄 또는 피치의 연기
㉱ LNG 연소
㉲ LPG 연소

353 다음 중 전염병을 예방하는 방법이 아닌 것은?
㉮ 급성 환자 격리
㉯ 음료수는 반드시 끓여서 음용
㉰ 하수도나 인분 등의 위생적인 처리 – 우물이나 야채 오염 예방
㉱ 예방주사를 맞는다.
㉲ 식기, 조리기구, 내의 등 전파 가능한 물건의 소독

354 가을철에 식당에서 음식을 먹은 학생들이 24시간 내에 구토와 설사, 복통을 일으킨다면 무엇을 의심할 수 있는가?
㉮ 포도상구균   ㉯ 살모넬라
㉰ 비브리오   ㉱ 보툴리누스

355 다음의 내용은 인공조명의 구비조건에 관한 내용이다. 적절하지 못한 것은?
㉮ 조도는 시간과 장소에 따라 불변하고 균등해야 한다.
㉯ 폭발의 위험성이 없어야 한다.
㉰ 광색은 주광색에 가까워야 한다.
㉱ 열의 발생이 적어야 한다.
㉲ 휘도가 커야 한다

356 다음 하수 처리법 중 호기성 처리법이 아닌 것은?
㉮ 활성오니법   ㉯ 소화법   ㉰ 살수여상법
㉱ 산화지법   ㉲ 회전원판법

ANSWER
352 ㉮   353 ㉱   354 ㉱
355 ㉲   356 ㉯

357 다음 보기 중 쥐가 옮기는 질병으로 옳은 것은?

보기
ㄱ. 페스트   ㄴ. 츠츠가무시병   ㄷ. 렙토스피리증
ㄹ. 디프테리아   ㅁ. 살모넬라증

㈎ ㄱ, ㄴ, ㅁ   ㈏ ㄴ, ㄷ, ㄹ
㈐ ㄷ, ㄹ, ㅁ   ㈑ ㄱ, ㄷ, ㄹ

358 연결이 틀린 것은?
㈎ 세균선 : 페스트, 이질, 서교증, 살모넬라증
㈏ 리케치아성 : 발진열, 양충병(츠츠가무시병)
㈐ 바이러스성 : 유행성출혈열
㈑ 기생충 : 선충증, 흡충층, 선모충증
㈒ 원충성 : 조류독감

▶ 원충성 : 이질아메바

359 광화학반응에 의한 2차 오염물질은?
㈎ PAN   ㈏ CH_4 ㈐ NO_2 ㈑ CO_2

360 법정전염병의 특성에 대한 설명으로 옳은 것은?
㈎ 제1군 법정전염병 : 예방접종으로 관리 가능(디프테리아, 백일해)
㈏ 제2군 법정전염병 : 간헐적 유행가능성이 있다(인플루엔자, 결핵).
㈐ 제3군 법정전염병 : 전염속도가 빠르고 위해가 크므로 즉시 격리(콜레라, 페스트)
㈑ 제4군 법정전염병 : 긴급방역대책 요구(황열, 뎅기열)

361 WHO의 건강 개념은?
㈎ 육체·정신적으로 가장 안녕한 상태이다.
㈏ 정신적·사회적으로 가장 안녕한 상태이다.
㈐ 단순히 질병이 없거나 허약하지 않은 상태이다.
㈑ 육체·정신·사회적으로 안녕한 상태이다.

ANSWER
357 ㈎   358 ㈒   359 ㈎
360 ㈑   361 ㈑

362 파리가 매개하여 발생하는 질병은?
㉮ 사상충   ㉯ 살모넬라증
㉰ 학질   ㉱ 황열

363 전염병을 예방하기 위한 3가지 방법은?
㉮ 감염력 증가, 병원소 격리, 환경위생 개선
㉯ 면역 증가, 환경위생 개선, 숙주 제거
㉰ 병원소 파괴, 환경위생 개선, 숙주 제거
㉱ 병원소 제거, 환경위생 개선, 면역 증가

364 다음 하수처리법 중 생물학적 처리법이 <u>아닌</u> 것은?
㉮ 활성오니법   ㉯ 살수여상법   ㉰ 부패조
㉱ 응집침전법   ㉲ 산화지법

365 작업자 중심의 산업합리화를 위해 작업자에 대한 검사를 해야 하는데, 다음 중에서 꼭 필요하다고 볼 수 <u>없는</u> 것은?
㉮ 정신적 적성검사   ㉯ 신체계측   ㉰ 신체기능검사
㉱ 체력검사   ㉲ 건강진단

366 미생물을 이용하여 폐수처리를 할 때, 유기물 분해속도가 가장 빠른 단계는?
㉮ 감소성장 단계   ㉯ 내호흡 단계   ㉰ 대수성장 단계
㉱ 정지기   ㉲ 대수 – 감소성장 단계

367 광절열두조충을 유발하는 제2중간숙주는?
㉮ 다슬기   ㉯ 가재
㉰ 송어, 연어   ㉱ 우렁이

ANSWER
362 ㉯   363 ㉱   364 ㉱
365 ㉱   366 ㉰   367 ㉰

368 대기 부유분진의 환경학적 특성에 관한 설명 중 맞지 <u>않은</u> 것은?
  ㉮ 기체상 물질은 시간이 지남에 따라 미세분진에 함유되게 된다.
  ㉯ 입경이 클수록 유해물질의 함유량이 많다.
  ㉰ 미세분진은 대기 중 체류시간이 길다.
  ㉱ PM_{10}은 호흡가능성 분진을 말한다.
  ㉲ 조대분진은 미세분진에 비해 자연적 오염원에서 많이 발생한다.

369 다음 중 폐디스토마의 중간숙주는?
  ㉮ 돼지고기   ㉯ 쇠고기
  ㉰ 무우, 배추   ㉱ 왜우렁이, 참붕어
  ㉲ 다슬기, 가재

370 공장폐수 중 부상(浮上)처리법에 의한 처리가 적합하지 <u>않은</u> 것은?
  ㉮ 유지공장의 폐수   ㉯ 제지공장의 폐수
  ㉰ 합성세제공장의 폐수   ㉱ 요업공장의 폐수
  ㉲ 식품공장의 폐수

› 부상처리법 : 난분해성 물질의 처리

371 다음중 하천수의 수질기준으로 틀린 것은?
  ㉮ 비소 : 0.05ppm 이하   ㉯ As : 0.05ppm 이하
  ㉰ 6가크롬 : 0.01ppm 이하   ㉱ Pb : 0.05ppm 이하
  ㉲ 카드뮴 : 0.01ppm 이하

› 6가크롬 : 0.05ppm 이하

372 질병의 관리를 위한 5단계 예방 대책 중 불현성 감염을 조기에 발견하기 위한 대책은?
  ㉮ 환자 진료 실시   ㉯ 집단 검진 실시
  ㉰ 예방 접종 실시   ㉱ 재활 의학 강화
  ㉲ 환경 위생 개선

ANSWER
368 ㉯ 369 ㉲ 370 ㉱
371 ㉰ 372 ㉯

373 일반적으로 도시하수의 2차 처리공정은 어느 방법을 이용하는가?
  ㈎ 접촉여상법   ㈏ 활성오니법   ㈐ 응집침전법
  ㈑ 산화지   ㈒ 임호프조

374 환경위생을 철저하게 관리하는 것이 전염병 예방에서 가장 중요한 질병은?
  ㈎ 결핵   ㈏ 디프테리아   ㈐ 장티푸스
  ㈑ 백일해   ㈒ 홍역

375 WHO의 회원국에 대한 주요 기능이다. 관계가 먼 것은?
  ㈎ 의약품 지원 사업   ㈏ 기술 지원 사업
  ㈐ 교육 훈련 사업   ㈑ 보건 정보 및 자료 공급
  ㈒ 국제적인 보건 사업의 지휘 및 조절

376 근로자의 육체적 근로강도를 표시하는 데 사용되는 지표는?
  ㈎ 에너지 대사율   ㈏ 근로 대사량
  ㈐ 기초 대사   ㈑ 작업시 에너지 소비량
  ㈒ 작업시간

377 영아 사망률을 계산할 때 분자가 되는 것은?
  ㈎ 생후 1주일 이내 사망자 수
  ㈏ 생후 4주일 이내 사망자 수
  ㈐ 생후 4주일 이후 1년 이내 사망자 수
  ㈑ 생후 6개월 이내 사망자 수
  ㈒ 생후 1년 이내 사망자 수

378 시골에서 단체로 음식을 오후 6시에 섭취하고 난 뒤, 오후 11시에 오심과 구토 증상이 나타나고 얼굴이 창백해졌다면 의심할 수 있는 식중독은 무엇인가?
  ㈎ 보툴리누스균 식중독
  ㈏ 장염 비브리오균 식중독
  ㈐ 살모넬라균 식중독
  ㈑ 포도상구균 식중독

ANSWER
373 ㈏   374 ㈐   375 ㈎
376 ㈎   377 ㈒   378 ㈑

379 다음 Hypoxia로 발생되는 질병의 원인물질은 어느 것인가?
  ㈎ N_2 ㈏ H_2 ㈐ O_2
  ㈑ He   ㈒ CH_4

380 식품의 부패는 주로 무엇이 변질된 것인가?
  ㈎ 단백질   ㈏ 탄수화물
  ㈐ 지방   ㈑ 무기질

381 다음 중 식중독을 일으키는 식품과 독소의 연결이 바른 것은?
  ㈎ 독버섯 – ergotoxin   ㈏ 맥각 – muscarine
  ㈐ 독미나리 – saxitoxin   ㈑ 감자 – solanine

독미나리 : 시쿠톡신
맥각 : 에르고톡신
독버섯 : 무스코신

382 다음 중 감염지수(접촉지수)가 가장 높은 질환은?
  ㈎ 백일해   ㈏ 홍역
  ㈐ 소아마비   ㈑ 디프테리아

383 유행성 이하선염은 몇 군 전염병인가?
  ㈎ 제1군   ㈏ 제2군   ㈐ 제3군   ㈑ 제4군

384 다음 중 설명이 바르지 않은 것은?
  ㈎ 철분(Fe) – 함유식품은 간, 고기, 노른자, 굴, 복숭아, 살구 등이다.
  ㈏ 요오드(I) – 갑상선 기능유지 작용을 한다.
  ㈐ 식염(NaCl) – 과량섭취 시 고혈압의 원인이 된다.
  ㈑ 인(P) – 체중의 약 0.01% 정도가 체내에 함유되고 있다.

ANSWER
379 ㈐   380 ㈎   381 ㈑
382 ㈏   383 ㈏   384 ㈑

385 다음 내용에서 작업환경 개선의 기본원칙인 격리에 관한 사항이 아닌 것은?
㉮ 시설의 격리　㉯ 저장물의 격리　㉰ 공정의 격리
㉱ 발생원의 격리　㉲ 작업장소의 격리

386 접촉감염지수가 적은 질환은?
㉮ 천연두　㉯ 디프테리아　㉰ 성홍열　㉱ 소아마비

387 C_5-dip현상과 관계 깊은 요인은?
㉮ 수질오염　　㉯ 대기오염
㉰ 소음진동　　㉱ 폐기물오염

388 분유를 섭취한 신생아에 대한 피해로서 감염되면 수막염, 패혈증, 균혈증및 발작을 일으키는 것은?
㉮ 사카자키균　　㉯ 아나사키즈
㉰ 방성균　　㉱ 바이러스

389 항생제 옥시테트라사이크린에 대한 설명으로 틀린 것은?
㉮ 축산물이나 수산물에서 가장 많이 검출된 항생제는 옥시테트라 사이클린이다.
㉯ 이는 임산부ㆍ아동의 치아의 뼈를 황갈색으로 변화시킨다.
㉰ 피해로 임산부가 기형아 출산의 위험도가 높다.
㉱ 사람에게 식중독이 생겼을 때 내성을 생기게 하여 약효를 떨어뜨린다.

㉱는 엔로플록사신

390 Taylar-pelmear의 손팔진동증후군(HAVS)의 4단계에 대한 설명이 틀린 것은?
㉮ 1단계 - 손가락 끝이 창백해지고 감각이 없어진다.
㉯ 2단계 - 하나 이상의 손가락에서 끝마디 이상의 부위가 창백해진다.
㉰ 3단계 - 광범위하게 손가락이 창백해지지만 단추를 끼우는 데는 지장이 없다.
㉱ 4단계 - 손가락 침범이 심해져서 직업적 생활을 할 수 없다.

ANSWER
385 ㉲　386 ㉱　387 ㉰
388 ㉮　389 ㉱　390 ㉰

환경위생학 기출고시

01 하수처리에서 분해가 잘 안 되어 생물학적 처리가 곤란하다고 생각되는 용존물질은?
㉮ 유기탄소화합물
㉯ 분뇨
㉰ 단백질
㉱ ABS(alkyl beenzene sulfonate)
㉲ LAS(linear alkyl benzene sulfonate)

▶ 경성세제

02 상수에 있어서 Mills-Reincke 현상이란?
㉮ 대장균과 잡균의 열성질환 발생 현상
㉯ 염소 소독시에 세균감소 현상
㉰ 물을 여과하여 급수시에 세균수의 감소현상
㉱ 물을 통한 수인성 질환의 발생현상
㉲ 물을 가열시 잔류염소의 감소현상

▶ 상수처리 시 여과

03 Raynaud's 현상의 원인은?
㉮ 소음 ㉯ 진동(white finger 현상)
㉰ 조명 ㉱ 산업폐수
㉲ 분진

▶ 레이노이드 현상 : 국소진동은 주로 손에 나타나며, 원인은 진동

04 다음 중 간에 중독을 일으키는 Aflatoxin을 생산하는 곰팡이는?
㉮ Aspergillus flavus ㉯ Aspergillus niger
㉰ Aspergillus oryzac ㉱ Penicillium citrinum
㉲ Penicillium islandicum

▶ Aspergillus flavus : 저장된 곡류가 오염되면 Aflatoxin 생성

05 다음 중 가열 조리한 후 직접 섭취된 식품이나 살균된 우유 등에서도 발생 가능한 식중독은?
㉮ Vibrio 식중독 ㉯ Botulinus 식중독
㉰ Salmonella 식중독 ㉱ Welchii균 식중독
㉲ Staphylococus 식중독

01 ㉱ 02 ㉰ 03 ㉯
04 ㉮ 05 ㉲

06 장티푸스 발병지역의 관리대책과 밀접한 관계가 없는 것은?
㉮ 보건교육을 실시해야 한다.
㉯ 다른 지방에서 들어오는 보균자 출입금지
㉰ 음용수의 철저한 소독
㉱ 식품의 유통관리 감시 철저
㉲ 음식점 주방기구의 철저한 소독관리

07 다음은 음용수의 자외선 소독법에 관한 내용들이다. 옳지 않은 것은?
㉮ 적용파장범위는 200~300nm(2500~2850Å)이다.
㉯ 세균의 원형질을 파괴한다.
㉰ 다른 세균소독법에 비하여 염가이므로 대량의 물소독에 이용된다.
㉱ 자외선은 수중의 교질콜로이드 혼착물질에 쉽게 흡수된다.
㉲ 자외선은 수은등으로부터 발생된다.

08 가정폐수 중의 병원균 오염으로 전염병 유행을 유발하는 질병은?
㉮ 발진티푸스   ㉯ 파상풍
㉰ 장티프스   ㉱ 디프테리아
㉲ 습진

09 잠함병(Caisson's disease)을 일으키는 것은 어느 때인가?
㉮ 고기압상태에서 이산화탄소가 과도하게 높을 때
㉯ 고기압상태에서 저기압상태로 급히 변화할 때
㉰ 고기압상태에서 산소압이 과도하게 높을 때
㉱ 저기압상태에서 산소가 부족할 때
㉲ 저기압상태에서 고기압상태로 급히 변화할 때

10 다음 중 선모충(Trichinella spiralis) 감염 예방법은?
㉮ 야채 생식금지   ㉯ 다슬기의 생식금지
㉰ 패류의 생식금지   ㉱ 돼지고기의 생식금지
㉲ 가재의 생식금지

06 ㉮ 07 ㉰ 08 ㉰
09 ㉯ 10 ㉱

11 다음은 불연속성 염소소독(break-point chlorination)에 관한 설명이다. 옳은 것은?

㈎ 수중물질과 반응 후 자유염소가 발생하도록 처리하는 법
㈏ 염화 제1아민이 생성될 정도로 소독하는 법
㈐ 염화 제2아민이 생성될 정도로 소독하는 법
㈑ 간헐적으로 염소량을 조금씩 투입하는 방법
㈒ 생성된 염화유기화합물, 클로라민은 산화, 파괴되지 않음

12 O_3(오존)이 건축자재에 미치는 영향 중 가장 큰 것은?
㈎ 고무제품 ㈏ 금속부품
㈐ 아연관 ㈑ 석조 건재
㈒ 목재

> O_3에 의한 피해 : 각종 석유류를 퇴색시키고 고무의 균열 및 노화를 일으킨다.

13 다음 중 수인성 질병의 특징이 <u>아닌</u> 것은?
㈎ 발생된 범위가 오염된 물을 취급한 구역과 같다.
㈏ 주증상이 소화기계로 나타난다.
㈐ 주증상이 호흡기계로 나타난다.
㈑ 연령과 관계 없이 발생한다.
㈒ 원인이 되는 물의 공급을 중지하면 발생률이 감소한다.

14 균체의 단백질을 응고시킴으로써 소독의 효과를 발휘하는 소독제는?
㈎ 산 ㈏ 알코올
㈐ 승홍 ㈑ 염소
㈒ 오존

15 오존에 의한 저온살균법의 목적에 가장 부합되는 것은?
㈎ 항생제의 제거 ㈏ 단백질 함량의 증가
㈐ 모든 미생물의 멸균 ㈑ 크림층의 감소
㈒ 결핵균의 멸균

11 ㈎ 12 ㈎ 13 ㈐
14 ㈐ 15 ㈏

16 다음은 음용수의 오존처리에 관한 내용이다. 옳지 <u>않은</u> 것은?
㉮ 프랑스나 독일 등 유럽지역에서 오래전부터 이용하고 있다.
㉯ 오존은 세균뿐만이 아니라 유기물질도 산화시킨다.
㉰ 정수처리 후 배급수관 내에서 오존농도가 잔류된다.
㉱ 발암물질인 THM이 발생되지 아니한다.
㉲ pH변동에 민감하지 않다.

- 박테리아와 바이러스 멸균
- 맛과 냄새, 색깔을 나타내는 유기물질의 구조변형
- 철, 망간과 중금속(납, 아연, 카드뮴과 니켈)의 산화
- 분자량이 큰 NBDOC를 BDOV로 전환시킴
- 입상활성탄 여과지에 산소를 공급하여 호기성박테리아를 활성화시킴
- 침강성 향상
- THM전구물질, 술파이드, 시아나이드의 산화
- 조류 파괴

17 전염병예방에 필요한 환경위생관리 상황과 가장 관계가 <u>먼</u> 것은?
㉮ 우유의 위생관리   ㉯ 소독의 실시
㉰ 매개체 관리   ㉱ 물의 정화
㉲ 보균자 격리

18 다음 인공감미료 중 사용이 금지된 불허용 감미료는?
㉮ sacchain sodium   ㉯ D-sorbitol
㉰ sulcin   ㉱ glycyrrhizinate disodium
㉲ glycyrrhizinate trisodium

19 감염지수가 가장 낮은 것은?
㉮ 성홍열   ㉯ 폴리오
㉰ 두창   ㉱ 디프테리아
㉲ 백일해

홍역·천연두 : 90%
백일해 : 60~80%
성홍열 : 40%

20 Cadmium(Cd)의 피해와 직접 관계가 있는 것은?
㉮ 만성 셀렌증   ㉯ 크루프성 폐렴
㉰ 미나마타 병   ㉱ 이타이 이타이 병
㉲ 폐 섬유종

디프테리아 : 10%
소아마비 : 0.1%
(폴리오)

16 ㉰ 17 ㉲ 18 ㉲
19 ㉯ 20 ㉱

총무처 7급 환경직

01 여름철 실내의 냉방시 실내외의 온도차가 몇 도 이내라야 위생학적으로 적당한가?
㈎ 1~2도 이내 ㈏ 2~4도 이내
㈐ 3~5도 이내 ㈑ 4~6도 이내
㈒ 5~7도 이내

02 보온작용을 위해 제일 좋은 방한복의 CLO는?
㈎ 1 CLO ㈏ 2 CLO
㈐ 4 CLO ㈑ 6 CLO
㈒ 8 CLO

03 잠함병(Caisson's disease)과 직접 관련이 있는 것은?
㈎ N_2 ㈏ O_2
㈐ CO ㈑ CO_2
㈒ He

04 다음 중금속 중 비중격천공을 일으키는 것은?
㈎ 수은 ㈏ 크롬
㈐ 납 ㈑ 카드뮴
㈒ 망간

05 소음에 의한 신체장해가 아닌 것은?
㈎ 타액 및 위액 분비증가 ㈏ 위운동 억제
㈐ 빈맥 ㈑ 혈압 및 뇌압상승
㈒ 전신근육의 수축

01 ㈒ 02 ㈐ 03 ㈎
04 ㈏ 05 ㈎

06 재래식 된장에 있는 Aspergillus foavus균이 일으키는 독은?
(가) Aflatoxin　　(나) Tetrodotoxin
(다) Solanin　　(라) muscarin
(마) cicutoxin

▶ 곰팡이균

07 고체폐기물의 처리방법이 <u>아닌</u> 것은?
(가) 위생적 매몰법　　(나) 소각법
(다) 퇴비화법　　(라) 영구저장법
(마) 가축사료법

08 하수처리법 중 활성오니법의 작용은?
(가) 침전작용　　(나) 응집작용
(다) 희석작용　　(라) 호기성균에 의한 산화작용
(마) 혐기성균에 의한 산화작용

09 세균성 식중독인 보툴리누스균의 설명 중 <u>틀린</u> 것은?
(가) 독소형 식중독이다.
(나) 치명률이 가장 낮다.
(다) 신경계 증상을 일으킨다.
(라) 혐기성 세균으로 아포를 형성한다.
(마) 균체외 독소에 의해 일어난다.

10 다음 중 소독에 관한 설명 중 <u>틀린</u> 것은?
(가) 자외선 멸균 – 수술실, 무균실
(나) 알콜 – 피부소독
(다) 과산화수소 – 상처, 구내염, 인두염
(라) 석탄산 – 소독약 살균력 비교
(마) 생석회 – 식품소독

▶ 생석회 : 분뇨, 축사, 수분함유 오물의 소독

06 (가)　07 (라)　08 (라)
09 (나)　10 (마)

11 실내의 기류측정에 사용하는 온도계는?
  ㈎ 카타온도계   ㈏ 습구온도계
  ㈐ 건구온도계   ㈑ 흑구온도계
  ㈒ 수은온도계

12 이따이 이따이병의 원인은?
  ㈎ Cd   ㈏ Hg   ㈐ Cu   ㈑ Fe   ㈒ Pb

▶ Cd : 골연화증

13 대기오염물질 중에서 1차오염물질은?
  ㈎ O_3 ㈏ 알데히드
  ㈐ NO_X ㈑ PAN
  ㈒ 아크로레인

▶ 2차 오염물질 : O_3, PAN, 알데히드, 아크로레인

14 모기가 매개하는 질병이 아닌 것은?
  ㈎ 뎅기열   ㈏ 사상충증
  ㈐ 발진열   ㈑ 황열
  ㈒ 말라리아

▶ 발진열 : 벼룩

15 SO_2의 설명 중 옳지 않은 것은?
  ㈎ 중유의 연소과정에서 다량 발생한다.
  ㈏ 공업지대의 대기나 터널 등에 많다.
  ㈐ 도시공해 요인이다.
  ㈑ 자극성 취기가 없다.
  ㈒ Smog의 경보는 SO 농도로 산출된다.

11 ㈎ 12 ㈎ 13 ㈐
14 ㈐ 15 ㈑

16 수인성 전염병이라고 볼 수 없는 것은?
  ㈎ 장티푸스   ㈏ 파라티푸스
  ㈐ 전염성 간염   ㈑ 소아마비
  ㈒ 발진티푸스

17 해변에서 조개 등의 어패류 등의 음식물을 먹고 걸릴 수 있는 식중독은?
  ㈎ 포도상구균 중독   ㈏ 장염비브리오 중독
  ㈐ 살모넬라 중독   ㈑ 보툴리누스균 중독
  ㈒ 솔라닌 중독

18 대장균 검사의 순서는?
  ㈎ 추정시험 → 완전시험 → 확정시험
  ㈏ 추정시험 → 확정시험 → 완전시험
  ㈐ 완전시험 → 추정시험 → 확정시험
  ㈑ 확정시험 → 추정시험 → 완전시험
  ㈒ 시료채취시험 → 추정시험 → 완전시험

19 열중증에 있어서 열경련의 가장 중요한 원인은?
  ㈎ 중추신경 마비   ㈏ 체내 수분 및 염분 결핍
  ㈐ 순환기계기능 마비   ㈑ 뇌온 상승
  ㈒ 체온조절의 부조화

20 일광의 보건학적 작용이 아닌 것은?
  ㈎ 비타민 D 형성   ㈏ 식욕감소 및 장기대사 증진
  ㈐ 산소결합능력 증가(Hb증가) ㈑ 피부 살균작용
  ㈒ 구루병 예방 치료

16 ㈒ 17 ㈏ 18 ㈏
19 ㈏ 20 ㈏

경기도 기출모음

01 다음 중 B.O.D(생물화학적 산소요구량)을 가장 잘 나타낸 것은?
㈎ 수중생물의 생존에 필요한 산소량
㈏ 하수 중의 유기물을 산화하는 데 소모되는 산소량
㈐ 하수 중의 용존산소량
㈑ 20°C에서 5일 동안 하수에 용존되는 산소량

02 상수의 정수과정에 해당되지 않는 것은?
㈎ 염소소독   ㈏ 여과법
㈐ 침전법   ㈑ 희석법

03 수인성 전염병(水因性傳染病)이 아닌 것은?
㈎ 발진티푸스 ㈏ 콜레라
㈐ 파라티푸스 ㈑ 장티푸스

▶ 발진티푸스 : 위생곤충(이)

04 다음 중 소독약의 지표로 사용되는 것은?
㈎ 생석회   ㈏ 알콜
㈐ 크레졸   ㈑ 석탄산

05 다음 중 체온조절의 부조화로 볼 수 있는 열중증은?
㈎ 열경련   ㈏ 열사병
㈐ 열피로   ㈑ 열허탈증

06 부패성 유기물질 쓰레기를 매립시에 그 층의 높이는 폐기물관리법상 얼마를 넘지 않아야 하는가?
㈎ 4m   ㈏ 3m   ㈐ 2m   ㈑ 1m

▶ 매립층의 높이는 3m 이내이며 가장 적당한 높이는 1~2m

01 ㈏ **02** ㈑ **03** ㈎
04 ㈑ **05** ㈏ **06** ㈏

07 다음 중 질소화합물의 최종 분해산화물질은?
  (가) 단백질   (나) 암모니아성 질소
  (다) 아질산성 질소   (라) 질산성 질소

08 다음 인체부위 중 전리방사선에 대한 감수성이 가장 높은 장기는?
  (가) 생식기   (나) 골수
  (다) 근육조직   (라) 피부

09 다음 대기오염물질 중 광화학적 반응에 의해서 발생하는 물질은?
  (가) CO (나) CH (다) SO_2 (라) PAN

10 다음 중 거의 모든 사람이 쾌적감을 느낄 수 있는 겨울철의 최호적 감각온도는?
  (가) 40°F (나) 50°F (다) 61°F (라) 71°F

▶ 71°F = 21.6°C

11 다음 중 공기의 자정작용과 관계가 없는 것은?
  (가) 태양광선에 의한 살균작용   (나) 세정작용
  (다) 희석작용   (라) 여과작용
  (마) 탄소동화작용

12 다음 중 벼룩이 매개하는 전염병은 어느 것인가?
  (가) 재귀열   (나) 발진열
  (다) 참호열   (라) 발진티푸스
  (마) 콜레라

▶ 벼룩 : 페스트, 발진열

13 유기물질이 혐기성 상태에서 부패될 때 가장 많이 발생하는 가스는?
  (가) 황화수소(H_2S)   (나) 부탄가스
  (다) 메탄가스   (라) 이산화탄소
  (마) 암모니아

▶ CH_4

07 (라) 08 (나) 09 (라)
10 (라) 11 (라) 12 (나)
13 (다)

14 조류(藻類)가 광합성을 하는 데 가장 중요한 것은?
㈎ O_2　　　　　　㈏ CO_2
㈐ 수심　　　　　　㈑ 빛
㈒ 온도

15 우리나라의 주택에서 발생되는 쓰레기 중 가장 많은 것은?
㈎ 유리　　　　　　㈏ 음식물 쓰레기
㈐ 휴지　　　　　　㈑ 비닐
㈒ 낙엽

16 상수처리에서 황산동을 사용하는 목적은 무엇 때문인가?
㈎ 유기질의 감소　　㈏ 세균의 감소
㈐ 무기질의 감소　　㈑ 조류의 제거

17 실질적인 재해 정도를 가장 잘 나타내는 재해지표는?
㈎ 견근마비율　　　㈏ 강도율
㈐ 중독률　　　　　㈑ 도수율

18 한국에서 산업안전보건법이 제정 공포된 해는 언제인가?
㈎ 1957년　　　　　㈏ 1965년
㈐ 1977년　　　　　㈑ 1981년

19 모기의 유충은 몇 번 탈피를 하고 번데기로 변태하는가?
㈎ 1번　　　　　　 ㈏ 3번
㈐ 4번　　　　　　 ㈑ 5번

20 수영장이나 목욕탕에서 전염되지 않는 질병은?
㈎ 디프테리아　　　㈏ 피부병
㈐ 트라코마　　　　㈑ 질트리코모나스

14 ㈑　15 ㈏　16 ㈑
17 ㈑　18 ㈑　19 ㈐
20 ㈎

서울시 6급 연구직

01 다음 중 완속여과법과 관계가 먼 사항은?
  ㈎ 건설비가 많이 든다.
  ㈏ 세균제거율은 98~99%
  ㈐ 수면이 잘 동결되는 지역이 좋다.
  ㈑ 여과속도는 3m/day이다.
  ㈒ 사면대치를 한다.

02 식품의 냉장목적과 가장 관계가 적은 것은?
  ㈎ 미생물 증식 저지   ㈏ 식품의 신선도 단기유지
  ㈐ 자기소화 지연   ㈑ 변질의 지연
  ㈒ 병원미생물의 사멸

03 다음 중 작업장의 매 1인당 소요 기적은?
  ㈎ 40m³ ㈏ 30m³ ㈐ 20m³ ㈑ 10m³ ㈒ 5m³

04 다음 중 연소근로자의 장애가 아닌 것은?
  ㈎ 지적활동과 발달이 늦어진다.
  ㈏ 신체기능이 지연되고 기형이 된다.
  ㈐ 성년에 비해 공업중독이나 산업질환에 대한 감수성이 크다.
  ㈑ 인격발달이 왜곡되기 쉽다.
  ㈒ 기본 체력이 강하므로 화학물질에 대한 이환율이 적다.

05 일반적으로 한옥(韓屋)에서의 바람직한 1일 환기 횟수는?
  ㈎ 1회 ㈏ 1.5~3회 ㈐ 4회 ㈑ 5회 ㈒ 6회

06 복어에서 독성분이 가장 많은 곳은?
  ㈎ 난소, 고환   ㈏ 근육, 피
  ㈐ 지느러미   ㈑ 간장
  ㈒ 피부(살갗)

01 ㈐ 02 ㈒ 03 ㈑
04 ㈒ 05 ㈏ 06 ㈎

07 다음 중 광화학적 오염에 관여하는 물질이 <u>아닌</u> 것은?
㈎ 질소산화물(NO_X)　　㈏ 유황산화물(SO_X)
㈐ 무기물　　㈑ 탄화수소(CH)
㈒ 오존(O_3)

08 1인 1일 분뇨배출량은 대체로 얼마인가?
㈎ 1l　㈏ 2l　㈐ 3l　㈑ 4l　㈒ 5l

09 종말처리장의 유지관리와 관계 있는 내용을 연결하였다. 바르게 연결된 것은?

> ① 활성오니　　㉠ 찌꺼기 제거
> ② 살수여상　　㉡ 충만 방지
> ③ 침사지　　　㉢ 일류 방지
> ④ 스크린　　　㉣ 에어레이션

㈎ ①-㉠　②-㉡　③-㉢　④-㉣
㈏ ①-㉡　②-㉢　③-㉣　④-㉠
㈐ ①-㉠　②-㉢　③-㉠　④-㉡
㈑ ①-㉣　②-㉢　③-㉠　④-㉡
㈒ ①-㉣　②-㉢　③-㉡　④-㉠

10 풀장(pool)의 수질기준으로 맞지 <u>않은</u> 것은?
㈎ 일반세균수는 1ml당 100 이하일 것
㈏ 대장균은 10ml의 원숙 5개 중에서 양성에 3개 이하일 것
㈐ 탁도는 5도 이하일 것
㈑ pH(수소이온 농도)는 5.8~8.6일 것
㈒ 1ml당 200개의 세균이 검출된 것이 전 검사의 15% 이하일 것

11 손 등 인체피부의 소독으로 사용되는 승홍수의 농도는?
㈎ 0.1%　㈏ 0.5%　㈐ 1%　㈑ 3%　㈒ 5%

12 다음 중 완전변태를 하는 해충은?
㈎ 이　㈏ 벼룩　㈐ 모기　㈑ 빈대　㈒ 바퀴벌레

07 ㈐　08 ㈎　09 ㈒
10 ㈎　11 ㈎　12 ㈐

13 자연환기가 잘 되는 실내는 일반적으로 중성대가 어느 위치에 있는가?
   ㈎ 창틀 가까이 ㈏ 중간 지점
   ㈐ 방바닥 가까이 ㈑ 천장 가까이
   ㈒ 위치에 무관하다.

14 사람을 많이 접촉하는 직업 종사자의 신체검사는 연 몇 회 실시해야 하는가?
   ㈎ 1회 ㈏ 2회 ㈐ 3회 ㈑ 4회 ㈒ 5회

15 다음 기생충 중 야채와 관련이 없는 것은?
   ㈎ 구충 ㈏ 편충
   ㈐ 유구낭충 ㈑ 유구조충
   ㈒ 람블 편모충

▶ 유구조충은 돼지가 중간숙주

16 불쾌지수(DI)가 견딜 수 없는 정도의 상태는?
   ㈎ 60 ㈏ 70 ㈐ 80 ㈑ 86 ㈒ 95

▶ DI가 86일 때는 일반적으로 사람이 견딜 수 없는 상태이다.

17 다음 중 고공비행 여행이 가능한 환자는?
   ㈎ 혈당조절이 안 되는 당뇨병환자
   ㈏ 작업가능한 심장병환자
   ㈐ 중증의 위궤양환자
   ㈑ 심한 빈혈환자
   ㈒ 혈압이 높은 고혈압환자

18 다음 중 방류하수의 BOD 허용기준은?
   ㈎ 50ppm 이하 ㈏ 40ppm 이하
   ㈐ 30ppm 이하 ㈑ 20ppm 이하
   ㈒ 10ppm 이하

13 ㈑ 14 ㈏ 15 ㈑
16 ㈎ 17 ㈐ 18 ㈑

19 토물, 객담, 배설물 소독에 널리 쓰이는 소독약은?
㈎ 70% alcohol ㈏ 승홍수
㈐ 생석회(CaO) ㈑ 3% phenol
㈒ formaline

20 창의 채광효과를 높이려면 어떻게 해야 하는가?
㈎ 앙각 > 개각 ㈏ 앙각과 무관하다.
㈐ 개각 = 앙각 ㈑ 개각과 무관하다.
㈒ 앙각 < 개각

19 ㈑ 20 ㈎

서울시 9급 보건직

01 무구조충의 감염은 다음 어느 식품으로부터 오는가?
㈎ 어패류 ㈏ 야채류
㈐ 과일류 ㈑ 돈육(돼지고기)
㈒ 우육(쇠고기)

▶ 무구조충 : 소
유구조충 : 돼지

02 다음 중 복사열 측정에 이용되는 기구는 어느 것인가?
㈎ 아스만 통풍 건습계 ㈏ 아우구스트 건습계
㈐ 카타온도계 ㈑ 흑구온도계
㈒ 열선 풍속계

03 일상적으로 폭로될 때 청력장애(난청)을 일으키기 시작할 수 있는 최저치는?
㈎ 65~70 dB ㈏ 75~80 dB
㈐ 90~95 dB ㈑ 100~105 dB
㈒ 110 dB 이상

▶ 두 귀의 청력 손실이 90dB 이상인 자(특수교육 진흥법)

04 다음 중 부영양화 현상을 유발하는 원인물질인 것은?
㈎ 용존산소, 메탄가스 ㈏ 수중세균, 아메바
㈐ 카드뮴, 수은 ㈑ 인산염, 질산염
㈒ 농약, 살충제

05 대기 중의 함량이 높아질 경우, 온실효과(Greenhouse Effect)를 일으키는 기체는?
㈎ NO_2 ㈏ CO_2
㈐ SO_2 ㈑ CO
㈒ O_3

06 소독약제의 살균력 측정시험시 표준으로 사용되는 것은?
㈎ 석탄산 ㈏ 역성비누
㈐ 크레졸 ㈑ 알콜
㈒ 승홍

01 ㈒ 02 ㈑ 03 ㈐
04 ㈑ 05 ㈏ 06 ㈎

07 상수도 수의 잔류염소량 측정시약은?
  ㈎ 페놀프탈레인   ㈏ 표백분
  ㈐ Benzopyren   ㈑ o-tolidine
  ㈒ Nessler 시약

08 상수 처리과정 중 급속여과에 대한 설명으로 옳지 않은 것은?
  ㈎ 탁도가 높은 물의 처리에 적합하다.
  ㈏ 약품에 의해 응집 침전시킨 후 여과한다.
  ㈐ 유지 관리비가 적게 든다.
  ㈑ 역류세척을 실시하여 모래를 재생한다.
  ㈒ 1일 처리수량이 완속여과에 비해 크다.

09 다음 중 적합한 비교습도는 얼마인가?
  ㈎ 20~30%   ㈏ 40~70%
  ㈐ 70~80%   ㈑ 80~90%
  ㈒ 90~100%

발진티프스 : 이
재귀열 : 이, 페스트
페스트 : 설치류, 쥐
발진열 : 쥐

10 다음 중 질병명과 매개체의 연결이 맞는 것은?
  ㈎ 황열 – 모기   ㈏ 발진열 – 이, 벼룩
  ㈐ 재귀열 – 파리   ㈑ 페스트 – 진드기, 벼룩
  ㈒ 발진티프스 – 벼룩, 이

11 다음 중 보건소의 업무에 해당되지 않는 것은?
  ㈎ 보건통계에 관한 사항
  ㈏ 보건사항의 계몽에 관한 사항
  ㈐ 모자보건과 가족계획에 관한 사항
  ㈑ 결핵, 성병, 나병 등 전염병과 기타 질병의 예방과 진료에 관한 사항
  ㈒ 모두 해당없음

07 ㈑ 08 ㈐ 09 ㈏
10 ㈎ 11 ㈒

12 가능한 한, 전 인류가 건강을 달성하도록 하는 것을 목적으로 설립되어 스위스의 제네바에 본부를 두고 있으며 6개의 지역기구를 두고 있는 국제적인 기구는?
  ㈎ 국제노동기구(ILO)   ㈏ 세계보건기구(WHO)
  ㈐ 국제인구활동기금(UNFPA)   ㈑ 식량 및 농업기구(FAO)

13 다음 중 하수의 합류식 처리법이 분류식 처리법에 비해 단점인 것은?
  ㈎ 악취의 발생과 하수가 범람될 수 있다.
  ㈏ 하수관이 크다.
  ㈐ 수리, 검사, 청소 등 관리가 불편하다.
  ㈑ 하수의 희석 및 자연청소가 되지 않는다.

14 게나 가재를 날 것으로 먹었을 때 감염되는 기생충은?
  ㈎ 편충   ㈏ 폐흡충
  ㈐ 선모충   ㈑ 민촌충
  ㈒ 십이지장충

15 실내공기의 오염 척도를 나타내 주는 지표가 되는 가스는?
  ㈎ 아황산가스   ㈏ 탄산가스
  ㈐ 매연   ㈑ 이산화질소
  ㈒ 오존

16 공중보건상 전염병 관리면에서 가장 중요하고도 어려운 것은?
  ㈎ 환자문제   ㈏ 보균자문제
  ㈐ 동물병원소문제   ㈑ 음료수문제
  ㈒ 토양문제

17 의료보험제도에 있어서 피보험자가 보험자에게 납부해야 하는 것은?
  ㈎ 장제비   ㈏ 국고부담금
  ㈐ 보험료   ㈑ 보험급여
  ㈒ 표준보수월액

12 ㈏ 13 ㈎ 14 ㈏
15 ㈏ 16 ㈏ 17 ㈐

18 모성사망의 발생 원인으로 가장 거리가 먼 것은?
   ㈎ 임신중독증   ㈏ 기생충
   ㈐ 산욕결   ㈑ 자궁외 임신과 유산
   ㈒ 출산 전후의 출혈

19 우유의 살균법 중 HTST 법이란?
   ㈎ 보온법   ㈏ 저온살균법
   ㈐ 고온단시간 살균법   ㈑ 초고온 순간살균법
   ㈒ 완전멸균법

- HTST(high Temperature short time)
- 71~72°C에서 1초 이상 살균

20 일반적으로 한 지역사회의 보건수준을 평가하는 지표로 쓰이는 사망률은?
   ㈎ 모성 사망률   ㈏ 사인별 사망률
   ㈐ 남자 사망률   ㈑ 영아 사망률
   ㈒ 주산기 사망률

18 ㈏   19 ㈐   20 ㈑

경기도 9급 보건직

01 Ringelmann Chart는 무엇을 알아보는 데 사용하는 것인가?
(가) CO 검출   (나) NO_2 검출
(다) SO_2 검출   (라) 먼지량 측정
(마) 연기량 측정

02 작업환경에 있어서 일산화탄소의 최대 허용치는? ▶ 0.01%
(가) 40ppm   (나) 60ppm
(다) 80ppm   (라) 100ppm
(마) 120ppm

03 수질검사에서 최확수(MPN)와 관계가 깊은 것은?
(가) 일반세균   (나) 생물지수
(다) 대장균군   (라) 생물학적 산소요구량
(마) 염소요구량

04 진폐증을 잘 일으키는 먼지 입자의 크기는?
(가) 10~50μ (나) 0.5~5μ
(다) 1.0μ 이하   (라) 50~100μ
(마) 100μ 이상

05 겨울철에 많이 발생하는 일산화탄소 중독의 원인은?
(가) CO_2가 CO로 환원되고 헤모글로빈과 결합하기 때문이다.
(나) CO가 자극성가스이므로 호흡장애를 주기 때문이다.
(다) CO는 O_2보다 헤모글로빈과의 결합력이 250배 강하기 때문이다.
(라) CO_2는 O_2보다 헤모글로빈과의 결합력이 250배 강하기 때문이다.
(마) CO는 헤모글로빈과의 결합력보다 인체호흡과 관계가 깊기 때문이다.

01 (마) 02 (라) 03 (다)
04 (나) 05 (다)

06 미나마타 병의 원인이 된 독성물질은?
  (가) 연의 축적독성 (나) 유기수은의 축적독성
  (다) DDT의 축적독성 (라) PCB의 축적독성
  (마) 카드뮴의 축적독성

07 LD_{50}의 의미는 무엇을 나타내는가?
  (가) 치명률 (나) 사망비
  (다) 발생량 (라) 치사량
  (마) 이환율

▶ 한 무리의 실험동물 50%를 사망시키는 독성물질의 양

08 Ringelmann Chart를 사용하여 어느 굴뚝의 매연농도를 측정한 결과 5도 8회, 4도 12회, 3도 35회, 2도 25회, 1도 60회, 0도 180회였다면 이 매연농도는 몇 도인가?
  (가) 1도(약 20%) (나) 2도(약 40%)
  (다) 3도(약 60%) (라) 4도(약 80%)
  (마) 5도(약 100%)

09 자외선의 가장 대표적인 광선인 도노선(Dorno-ray)의 파장은?
  (가) 2900~31500Å (나) 2900~3150Å
  (다) 4000~7000Å (라) 3000~5000Å
  (마) 400~700Å

10 석탄산 계수가 2이고 석탄산의 희석배수가 30인 경우, 실제 소독 약품의 희석배수는?
  (가) 15배 (나) 25배 (다) 35배 (라) 50배 (마) 60배

▶ $2 = \dfrac{x}{30}$

11 다음 중 의복의 방한력을 나타내는 단위는?
  (가) ABS (나) MPH (다) CLO (라) REM (마) BOD

12 고기압 환경에서의 작업시에 발생할 수 있는 질환은?
  (가) 백내장 (나) 항공병
  (다) 잠수병 (라) 중이염
  (마) 안구탕진증

06 (나) 07 (가) 08 (나)
09 (나) 10 (마) 11 (다)
12 (다)

13 다음 중 대기오염 모니터링(Monitoring)의 기능이 아닌 것은?
㉮ 대기오염으로 인한 인체, 동식물, 재산의 피해를 알 수 있다.
㉯ 대기오염을 일으키는 오염원을 알 수 있다.
㉰ 대기오염물질의 양과 종류를 알 수 있다.
㉱ 대기오염의 경향을 알 수 있다.
㉲ 대기오염의 존재를 알 수 있다.

14 대기오염 현상 중 특히 아황산가스와 관계 깊은 지표만으로 묶여진 것은?
㉮ 이환률, 유병률, 사망률   ㉯ 사망률, 이환률, 발생률
㉰ 질병발생률, 유병률, 사망률   ㉱ 발생률, 유병률, 수진율
㉲ 유병률, 질병발생률, 이환률

15 다음 중 부영양화의 원인물질인 것은?
㉮ 농약   ㉯ 수은
㉰ 병원균   ㉱ 인산염
㉲ 수중무기물

16 청력검사에서 직업성 난청을 조기에 발견할 수 있는 주파수는?
㉮ 1000 Hz   ㉯ 2000 Hz
㉰ 3000 Hz   ㉱ 4000 Hz
㉲ 5000 Hz

17 겨울철에 많이 먹는 복어에 들어 있는 독소는?
㉮ Aconitine   ㉯ tetrodotoxin
㉰ Saxitoxin   ㉱ Mytilotoxin
㉲ Venerupin

18 상수처리 중 폭기작용(aeration)에서 일어나지 않는 것은?
㉮ 살균   ㉯ 탄산가스 주입
㉰ 광물질제거   ㉱ 산화에 의한 냄새 제거
㉲ 이취·이미 제거

13 ㉮　14 ㉰　15 ㉱
16 ㉱　17 ㉯　18 ㉯

19 풀장의 잔류염소 기준치는 몇 ppm이어야 하는가?

㈎ 0.1~0.3 ㈏ 0.3~0.5 ㈐ 0.4~1.0 ㈑ 1.0~1.2

20 어느 우물물을 조사한 결과, 다음과 같은 수치가 나타났다. 다음 중 음료수의 수질기준을 초과하는 항목은?

㈎ 질산성 질소 15 ppm
㈏ 암모니아성 질소 음성
㈐ 과망간산칼륨 소모량 2 ppm
㈑ 염소이온 100 ppm
㈒ 일반세균수 1mℓ 당 50마리

> 질산성질소 : 10mg/l 이하
> 암모니아성질소 : 0.5mg/l 이하
> 과망간산칼륨 : 10mg/l 이하
> 염소이온 : 150mg/l 이하
> 일반세균 : 1mℓ 중 100 CFU

19 ㈐ **20** ㈎

서울시 9급 보건직

01 실내의 적당한 지적온도 및 습도는 다음 중 어느 것인가?
  ㈎ 16±2°C, 40~70% ㈏ 20±2°C, 30~50%
  ㈐ 18±2°C, 40~70% ㈑ 22±2°C, 60~80%
  ㈒ 20±2°C, 60~80%

02 다음 중 수인성 질병이 아닌 것은?
  ㈎ 장티푸스   ㈏ 이질
  ㈐ 간염   ㈑ 소아마비
  ㈒ 반상치

03 부영양화(Eutrophication)를 발생시키는 요인과 관계가 없는 것은?
  ㈎ 경도   ㈏ 분뇨
  ㈐ 합성세제   ㈑ 정체성 수역
  ㈒ 화학비료

04 활성탄을 사용하여 오염물질을 제거하고자 할 때 적당치 않은 것은?
  ㈎ 색도 ㈏ 맛 ㈐ 냄새 ㈑ CN^- ㈒ ABS

05 방사선 장애에 있어서 투과력의 순서로 맞는 것은?
  ㈎ β>α>γ선   ㈏ α>γ>β선
  ㈐ β>γ>α선   ㈑ α>β>γ선
  ㈒ γ>β>α선

06 정수장에서 THM(Trihalomethane) 생성을 방지하기 위한 대책이 아닌 것은?
  ㈎ 클로라민 살균법을 이용   ㈏ 오존처리법으로 대체
  ㈐ 원인 유기물질을 제거한다. ㈑ 저농도의 염소를 주입한다.
  ㈒ 양호한 수질의 원수를 이용한다.

▶ 불소에 의한 치과 질환

▶ CN(시안) : 산화처리

01 ㈐   02 ㈒   03 ㈎
04 ㈑   05 ㈒   06 ㈑

07 다음 중 수질오염이 인간생활에 미치는 영향이 <u>아닌</u> 것은?
  ㈎ 공중위생상의 영향   ㈏ 수산물에 주는 영향
  ㈐ 농업에 미치는 영향   ㈑ 기후에 미치는 영향
  ㈒ 공업제품에 미치는 영향

08 살균력이 강한 ethylalcohol의 농도는 몇 %인가?
  ㈎ 50%   ㈏ 60%   ㈐ 70%   ㈑ 80%   ㈒ 90%

09 일반적으로 생물화학적 산소요구량(BOD)이라 함은 몇 도에서 얼마 동안 저장한 후 측정한 값인가?
  ㈎ 10°C, 1일 간   ㈏ 10°C, 5일 간
  ㈐ 20°C, 7일 간   ㈑ 15°C, 3일 간
  ㈒ 20°C, 5일 간

10 대기오염의 일반적인 지표로 사용되는 것은? 지표식물은 이끼
  ㈎ CO_2 ㈏ O_2 ㈐ SO_2 ㈑ N_2 ㈒ CO

11 음료수의 수질기준 항목과 관계가 <u>없는</u> 것은? 염소 : 소독
  ㈎ 증발잔류물   ㈏ 염소요구량
  ㈐ 색도   ㈑ 수소이온농도
  ㈒ 암모니아성 질소

12 다음 중 쓰레기 소각법의 장점이 <u>아닌</u> 것은?
  ㈎ 건설비가 비싸다.
  ㈏ 남은 열의 회수가 가능하다.
  ㈐ 기후에 영향을 거의 받지 않는다.
  ㈑ 매립에 비해 넓은 토지를 필요로 하지 않는다.
  ㈒ 시의 중심부에 설치가 가능하다.

07 ㈑   08 ㈐   09 ㈒
10 ㈐   11 ㈏   12 ㈎

13 법으로 규정되어 있는 수영장의 유리 잔류염소량은?
   (가) 0.05ppm   (나) 0.1ppm
   (다) 0.2ppm   (라) 0.3ppm
   (마) 0.4ppm

14 하수의 생물학적 처리방법이 아닌 것은?
   (가) 활성오니법   (나) 산화지법
   (다) 부패조   (라) 응집침전법
   (마) 살수여상법

15 폐에 침착하여 진폐증을 유발시킬 수 있는 먼지의 입자는?
   (가) 0.1μ 이하   (나) $0.5\sim5\mu$
   (다) $5\sim10\mu$ (라) $10\sim20\mu$
   (마) $20\sim50\mu$

16 분뇨의 악취 발생의 원인이 되는 가스는 주로 어떤 것인가?
   (가) CO_2과 NH_3 (나) CH_4과 CO_2
   (다) NH_3와 H_2S (라) CH_4과 NH_3
   (마) CO와 CO_2

17 다음 중 병원쓰레기 처리법 중 가장 안전한 것은? 병원균 사멸
   (가) 해양투기   (나) 소각처분
   (다) 퇴비화   (라) 매물처분
   (마) 가축사료이용

18 연탄에서 발생되는 일산화탄소는 혈색소와의 친화력이 산소보다 약 몇 배가 높은가?
   (가) 50배   (나) 100배
   (다) 150배   (라) 200배
   (마) 250배

13 (마) 14 (라) 15 (나)
16 (다) 17 (나) 18 (마)

19 물 1kl를 40%의 유효염소를 함유한 표백분을 사용하여 0.2ppm 농도로 염소소독할 경우 필요한 표백분의 양은?

㈎ 10mg ㈏ 50mg ㈐ 100mg ㈑ 200mg ㈒ 300mg

▶ $1kl(m^3) \times 0.02g/m^3 \times \dfrac{100}{400}$
 $= 50mg$

20 다음 중 지표수의 특징이 <u>아닌</u> 것은?

㈎ 경도가 낮다.
㈏ 부유성 유기물이 적다.
㈐ 미생물과 세균번식이 활발하다.
㈑ 수온과 탁도의 변화가 심하다.
㈒ 용존산소를 많이 함유하고 있다.

▶ 지하수에 비해 부유성 유기물이 많다.

19 ㈏ 20 ㈏

인천시 9급 보건직

01 직업과 그 직업에서 오는 직업병을 연결한 내용 중 관계 없는 것은?
   (가) 항공기 정비사 – 소음성 난청
   (나) 도료공 – 빈혈
   (다) 용접공 – 백내장
   (라) 인쇄공 – 진폐증
   (마) 용광로 화부 – 열쇠약

▶ 유기용제 사용 : 신경계질환

02 하수를 호기성 처리했을 때, 가장 많이 발생하는 가스는?
   (가) CO   (나) CH_4 (다) SO_2 (라) CO_2 (마) NH_3

03 건강인이 들을 수 있는 음역의 범위는?
   (가) 20~2,000Hz   (나) 50~2,000Hz
   (다) 20~20,000Hz   (라) 50~20,000Hz
   (마) 100~20,000Hz

▶ 가청주파수

04 자연 환기가 잘 되기 위한 중성대의 위치는 어느 곳인가?
   (가) 천장 가까이   (나) 방바닥과 방 중앙의 중간
   (다) 방바닥 가까이   (라) 방 중앙
   (마) 위치와 무관

05 여름철 실내 냉방시 실내외 온도 차가 몇 도 이내라야 위생학적으로 적당하겠는가?
   (가) 5~7도 이내   (나) 4~6도 이내
   (다) 3~5도 이내   (라) 2~4도 이내
   (마) 1~2도 이내

06 다음 중 1ppm과 같은 농도 단위는?
   (가) $\mu g/l$ (나) g/l (다) mg/l (라) mg/m^2 (마) mg/ton

01 (나) 02 (라) 03 (다)
04 (가) 05 (가) 06 (다)

07 광화학 스모그는 자동차 등으로부터 대기 주에 배출되는 탄화수소와 (　　)이 태양광선을 받아서 반응한 결과로 생긴다. 다음 중 (　　)에 알맞은 것은?

㈎ 메탄가스(NH_4)　　㈏ 산화제(Oxidant)
㈐ 일산화탄소(CO)　　㈑ 질소산화물(NO_X)
㈒ 황산화물(SO_X)

▶ 광화학 스모그 : 탄화수소+질소산화물+자외선

08 대기의 온상효과는 지구의 온도를 높인다고 한다. 그 이유는 무엇인가?

㈎ 일산화탄소 증가로 자외선 부근의 복사열을 흡수하기 때문
㈏ 아황산가스 증가로 적외선 부근의 복사열을 흡수하기 때문
㈐ 대기 중 먼지의 증가로 이 먼지가 복사열을 흡수하기 때문
㈑ 화산 폭발로 인한 방사열이 대기 중에 흡수되어 있기 때문
㈒ 탄산가스의 증가로 적외선 부근의 복사열을 흡수하기 때문

▶ 온실효과 유발물질 : CO_2

09 다음 중 음료수의 대장균군의 검출 의의는 무엇인가?

㈎ 대장균의 존재는 유독물질이 없다는 것을 증명하므로
㈏ 대장균의 생존 여부로 유독물질 함유 여부를 추측할 수 있으므로
㈐ 대장균 자체가 병원균이므로
㈑ 분변의 오염 여부를 파악하기 위하여
㈒ 일반 세균의 존재 여부를 파악하기 위하여

10 다음 중 파리에 의한 전파가 불가능한 질병은 무엇인가?

㈎ 살모넬라균에 의한 식중독　　㈏ 장티푸스
㈐ 파라티푸스　　㈑ 파상풍
㈒ 이질

11 진동과 관계가 있는 질환은 어느 것인가?

㈎ 안구진탕증
㈏ 열중증
㈐ 레이노드 현상(Raynaud's phenomenon)
㈑ 잠함병(caisson disease)
㈒ C_5-dip

07 ㈑　08 ㈒　09 ㈏
10 ㈑　11 ㈐

12 다음은 납에 대한 설명이다. 틀린 것은?
(가) 납 중독을 확인하는 데는 혈액 중 ZPP 농도를 이용할 수 있다.
(나) 축전지 제조업, 광명단 제조업 근로자가 노출될 수 있다.
(다) 최근의 납의 노출 정도는 혈중 납 농도로 확인할 수 있다.
(라) 폐암을 일으키는 발암물질로 확인되었다.

13 수질오염물질과 그로 인하여 생길 우려가 있는 건강장해를 서로 짝지은 것 중 틀리게 된 것은?
(가) 유기 수은 – 시야 협착   (나) 불소 – 반상치
(다) 카드뮴 – 골연화증   (라) 납 – 적혈구의 감소
(마) 시안 – 흑피증

14 다음 중 통조림 등 밀봉식품의 부패로 인한 식중독은?   ▶ 보툴리누스 중독
(가) 프로테우스 중독   (나) 프토마인 중독
(다) 살모넬라 중독   (라) 보툴리즘
(마) 포도상구균 중독

15 다음은 유기용제로 인한 직업병 사례를 설명한 것이다. 틀린 것은?
(가) 우리나라에서 유기용제로 인한 가장 큰 직업병 사건은 원진레이온의 이황화탄소에 의한 것이다.
(나) 유기용제로 인한 건강상의 장애가 나타난 원인은 사업주가 제거 시설을 하지 않아서 일어난 급성중독이 대부분이다.
(다) 우리나라에서 직업병을 야기한 주요 원인인자는 이황화탄소와 2-브로모프로판이다.
(라) 유기용제에 의한 중독은 발암성을 포함한 중추신경계의 억제 자극작용이다.

16 다음 중 잠함병을 일으키는 원인물질은 어느 것인가?
(가) 질소 기포   (나) 탄소 기포
(다) 일산화탄소 기포   (라) 수소 기포
(마) 산소 기포

17 대기의 오염도를 측정할 때 지표로 사용되는 가스는?
(가) O_3 (나) H_2
(다) CO_2 (라) CO
(마) SO_2

12 (라)　13 (라)　14 (라)
15 (나)　16 (가)　17 (마)

18 다음 중 일산화탄소 중독의 후유증과 가장 관계가 적은 것은 어느 것인가?
㉮ 시야 협소　　　　㉯ 지각기능 장애
㉰ 뇌 장애　　　　　㉱ 신경 장애
㉲ 소화기능 장애

19 다음의 하수처리법 중 호기성 처리법이 <u>아닌</u> 것은?　　　　▶ 혐기성 소화
㉮ 살수여상법　　　㉯ 회전원판법
㉰ 산화지법　　　　㉱ 소화법
㉲ 활성오니법

20 다음 소독약과 사용 농도와의 연결이 바르지 <u>않은</u> 것은?
㉮ 과산화수소 - 3% 수용액　　㉯ 알코올 - 95% 수용액
㉰ 크로르갈키 - 5% 수용액　　㉱ 승홍 - 0.1% 수용액
㉲ 석탄산 - 3% 수용액

● **18** ㉲　**19** ㉱　**20** ㉯

서울시 9급 보건직

01 다음 중에서 폐암과 관계가 깊은 것은?
 ㈎ 흑연   ㈏ 석탄   ㈐ 칼슘   ㈑ 규소

02 상수의 염소소독에서 조건이 모두 같다면 살균력이 가장 큰 것은 다음 중 어느 것인가?
 ㈎ HCO_3 ㈏ $HOCl$ ㈐ $NHCl_2$ ㈑ NH_2Cl

03 고열 작업장에서의 만성적인 증상은 어느 것인가?
 ㈎ 열사병   ㈏ 열허탈   ㈐ 열경련   ㈑ 열쇠약

04 보건학적 실내 온도와 습도로 바르게 나타낸 것은?
 ㈎ $18\pm2°C$, 40~70%   ㈏ $18\pm2°C$, 30~50%
 ㈐ $16\pm2°C$, 40~70%   ㈑ $16\pm2°C$, 30~50%

05 다음의 대기오염물질 중 액체입자로 된 것은?
 ㈎ 검댕   ㈏ 미스트(mist)
 ㈐ 연기   ㈑ 흄(fume)

▶ 검댕, 연기 = 고체 입자

06 어느 상수원의 BOD 값이 2.2 ppm이었다. 세계보건기구(WHO)의 권고수치보다 아직 몇 ppm의 여유가 있는가?
 ㈎ 4.2   ㈏ 4.0   ㈐ 3.8   ㈑ 3.6

07 다음 중 진동에 의한 국소장애 현상이 아닌 것은?
 ㈎ 골조직 이상   ㈏ 연부조직병변
 ㈐ 건초염   ㈑ 관절연골괴저

▶ 주로 뼈에 관여하는 병

- 01 ㈏ 02 ㈏ 03 ㈑
  04 ㈎ 05 ㈏ 06 ㈐
  07 ㈏

08 적조현상은 어패류의 죽음까지 몰고 온다. 다음 중 적조현상의 촉진요인이 아닌 것은?
㈎ 염분농도 증가 ㈏ 수온의 상승
㈐ 영양염류의 증가 ㈑ 해류의 정체

09 다음의 가옥의 벽체 재료 가운데서 열전도율이 가장 큰 것은?
㈎ 나무 판자 ㈏ 붉은 벽돌 ㈐ 흙벽돌 ㈑ 콘크리트

10 다음 중 도시 쓰레기 매립법과 가장 관계 없는 것은?
㈎ 악취제거장치 ㈏ 메탄가스 배출 방지
㈐ 해충이나 쥐 등의 번식 방지 ㈑ 지하수 오염방지

▶ 최근에 메탄가스 이용 장치를 매립장에 설치해서 사용 중

11 자연 대기 중에서 오존(O_3)의 최대허용농도는 몇 ppm인가?
㈎ 0.0001ppm ㈏ 0.001ppm
㈐ 0.01ppm ㈑ 0.1ppm

12 다음 물질 중에서 식물연쇄에 의한 농축이 일어날 수 없는 것은?
㈎ 유기인 ㈏ 카드뮴 ㈐ 크롬 ㈑ 수은

13 산업폐수의 처리법과 관계 없는 것은?
㈎ 중화법 ㈏ 산화환원법
㈐ 역삼투압법 ㈑ 이온교환법

▶ 상수처리

14 다음 중 건열멸균법은 160~170°C에서 최소 얼마 동안 실시해야 하는가?
㈎ 2시간 ㈏ 1시간 30분
㈐ 1시간 ㈑ 30분

▶ 1~2시간

15 다음 중 분뇨의 겨울철 부숙기간은 얼마 이상인가?
㈎ 4개월 이상 ㈏ 3개월 이상
㈐ 2개월 이상 ㈑ 1개월 이상

08 ㈎ 09 ㈑ 10 ㈏
11 ㈑ 12 ㈎ 13 ㈐
14 ㈐ 15 ㈏

16 다음 사항 중 산업재해 지표와 관계 없는 것은?
 ㈎ 발병률   ㈏ 도수율   ㈐ 강도율   ㈑ 건수율

17 다음 중 가장 강한 살균력을 갖는 알코올의 농도는?
 ㈎ 85~90%   ㈏ 80~85%
 ㈐ 70~75%   ㈑ 50~60%

18 바퀴가 옮기는 질병이 아닌 것은?
 ㈎ 화농성 질환   ㈏ 소아마비
 ㈐ 결핵   ㈑ 소화기 질환

19 다음 중 상수처리에서 폭기작용(aeration)에 의해 일어나지 않는 것은?   ▶ O_2 유입으로 pH 상승
 ㈎ 산화에 의한 냄새 제거   ㈏ CO_2 가스 제거
 ㈐ 물의 pH 하강   ㈑ 살균

20 다음 중 방사능 물질에 가장 예민한 신체부위는?   ▶ 면역감지기관
 ㈎ 임파선   ㈏ 간
 ㈐ 골격   ㈑ 신장

---

16 ㈎   17 ㈐   18 ㈎
19 ㈐   20 ㈎

참고문헌

구성회 · 정문식, "환경위생학", 신광출판사
김두희, "환경위생학", 배영출판사
윤오섭 외 2인, "환경위생학", 진로연구사
하청근 · 김주영, "환경위생학", 교문사
한국교육기획, "환경위생"
고시학회, "환경위생"
김두희, "보건학개론", 경북대학교출판부
구성회 외, "공중보건학", 고문사
김종오 외 3인, "공중보건학", 고문사
대학보건행정교수협의회, "현대 공중보건학", 지구문화사
송형익 외 4인, "식품위생학", 지구문화사
김수생 외 4인, "환경과 공해", 동화기술
정용 · 옥치상, "인간과 환경", 지구문화사
양창희 · 이승원, "환경관리 대기기사 연습", 원화
류재근, "공중보건학 문제집", 신광출판사
김광종 외 6인, "산업위생관리", 신광출판사
편집부, "예방의학과 공중보건 문제집", 계축문화사
편집위원회, "예방의학과 공중보건", 계축문화사
이인모 외 2인, "공중보건학", 청구문화사
김종오 외 2인, "보건직공무원", 고려의학
박선섭 · 박명준 외 3인, "위생관계법규", 지구문화사
박승조 · 장부규 외 2인, "환경생태학", 지구문화

| 환경직 공무원 / 농업기반공사 | **환경위생학** |

2014년 1월 15일 개정초판 발행
2019년 3월 10일 개정재판 발행

편저자 장부규 · 문효정 · 김동우

발행인 주 병 오

발행처 지구문화사 JIGU PUBLISHING Co.

경기도 파주시 회동길
파주출판문화정보산업단
영업부 (031) 955 – 7566
편집부 (031) 955 – 7731
FAX (031) 955 – 7730

등록번호 1979년 7월 13일 제 9-57호

ISBN 978-89-7006-411-6   값 15,000원

본서의 무단복제 또는 복사는 저작권법
침해이오니 절대 삼가하시기 바랍니다.